COUTUMES ET INSTITUTIONS

DE L'ANJOU ET DU MAINE

ANTÉRIEURES AU XVIᵉ SIÈCLE

SECONDE PARTIE

TOME QUATRIÈME

OUVRAGES DU MÊME AUTEUR :

COUTUMES ET INSTITUTIONS DE L'ANJOU ET DU MAINE antérieures au xvi⁰ siècle. — Textes et documents avec notes et disser-
tations. 1ʳᵉ partie : Coutumes et styles, 1877-83, 4 vol. in-8.

*(Ouvrage qui a obtenu la première médaille au concours des Antiquités
Nationales 1883.)*

COUSTUMES DES PAYS DE VERMENDOIS ET CEULX DE ENVYRON,
publiées d'après le manuscrit inédit des Archives du département
de l'Aube, 1858, gr. in-8.

LE LIVRE DES DROIZ ET DES COMMANDEMENS D'OFFICE DE
JUSTICE, publié d'après le manuscrit inédit de la Bibliothèque de
l'Arsenal, 1865, 2 vol. gr. in-8.

COUTUMES ET INSTITUTIONS

DE

L'ANJOU & DU MAINE

ANTÉRIEURES AU XVIe SIÈCLE

PAR

M. C.-J. BEAUTEMPS-BEAUPRÉ

Docteur en Droit,
Conseiller honoraire à la Cour d'Appel de Paris.

SECONDE PARTIE

RECHERCHES SUR LES JURIDICTIONS DE L'ANJOU & DU MAINE
PENDANT LA PÉRIODE FÉODALE

TOME QUATRIÈME

Preuves des Institutions de l'Anjou et du Maine.

PARIS

A. DURAND ET PEDONE-LAURIEL, ÉDITEURS

Libraires de la Cour d'Appel et de l'Ordre des Avocats.

A. PEDONE, Successeur,

13, RUE SOUFFLOT, 13

1897

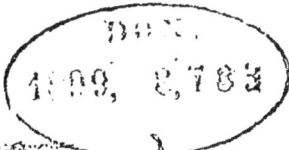

INSTITUTIONS DE L'ANJOU & DU MAINE

1

Entre 1162 et 1170.

Cartulaire du prieuré de Gouiz, fᵒ 38, rᵒ; Lat. 5447.

Ego Stephanus siniscallus Andegavensis omnibus ad quos littere iste pervenerint, salutem. Sciatis quod quedam controversia inter priorem de Guilcio et Gaufridum de Avers diu fuit agitata super quibusdam consuetudinibus quas Gaufridus de Avers in feodis que monachi de eo tenent exigebat, et postea in hunc modum pacificata fuit et sedata : in die enim assignato coram Girardo de Cleeriis et Matheo vicario qui locum domini Regis et mei ibidem obtinuerant, ex utraque parte precepto meo apud Durestallum convenerunt, ut coram eisdem utriusque partis causa ibidem judicio terminaretur. Ibique predictus Gaufridus divina stimulatione compulsus, consilio et ammonitione proborum et discretorum qui intererant, omne jus Sancti-Albini recognovit, consuetudinesque illas quas a monachis exigebat injuste in manu domini Guillelmi abbatis Beati-Albini Andegavensis qui cum melioribus monachis suis ibidem aderat dimisit et quitavit, ita quod predictus Gaufridus et heredes sui nec talliatam, nec vendas, nec vicariam, nec sanguinem, nec duellum amplius poterint in omnibus feodis clamare que monachi de sepedicto Gaufrido tenent, feodo Guillelmi Gaudini excepto ; monachi eidem pro omni servicio reddentibus xviii d. Andegav. in festo Sancti-Albini kalendis Marcii et charitatem trium justiciarum vini, et trium mi-

carum ad Pascha, et similiter ad Natale. Si vero talliata a
principalibus dominis super feoda illa legitime fuerit cons-
tituta, prior de Guilcio solummodo reddet xii denarios. Hec
omnia predicta Gaufridus de Avers et coheredes sui absolute
et integre concesserunt, pacifice monachis in perpetuum
possidenda. Propter quod habuit de priore de Guilcio Gaufrido de Alence xl solidos in charitate. Hujusmodi pax coram me apud Andegavum in aula domini Regis in plenaria
curia recitata fuit, et ex utraque parte concessa. Hoc vide-
runt et audierunt isti : Mauricius de Creonio ; Philippus de
Saucogne ; Ninardus de Ruperforti ; Stephanus Mieta ; Petrus de Troee ; Guillelmus Rollandi ; Matheus Vicarius ;
Gaufridus de Cannis, et plures alii. Et ut firmius haberetur
sigilli mei testimonio confirmavi.

2

Après 1132.

Dom Housseau, t, XII, 2, nᵒ 7221 ; Ext. du cartul. de Noyers,
fᵒ 72 vᵉ.

Noscant presentes et futuri quod Johannes de Monteba-
sonis calumpniatus est boscum de Menne ad castrum suum.
claudendum, et terram, et exsartos ipsius terræ abbati
Bernerio et monachis Nuchariensibus. Quapropter ipse
abbas et monachi acceperunt placitum cum eo in curia
comitis Andegavensis, in qua judicatum fuit a baronibus
bellum inter abbatem et Johannem. Die autem statuto venit
abbas paratus in curiam in qua Johannes defuit, et de ipsa
causa deficiens se nullomodo presentavit. Judicatum est
ergo abbati et monachis Nuchariensibus.....
omnem boscum et terram integre possidere, etc... (sic).

3

Après 1180.

Carta de rebus datis prioratui Sancti-Martini Cenomanensis a Scolastica uxore Guarini (1) Rustici.

A. Cartulaire de Vivoin, f° 86, r°; Bibliothèque du Mans, n° 100.
B. Cartulaire du prieuré de Saint-Martin du Mans, page 3; Bibliothèque du Mans, n° 207.
   Quelques extraits, Cartul. de Marmoutier, t. II, p. 271, Vivoin; coll. Gaignières, Bibl. nat. Lat. 5441.

Ego Gaufridus Malus Canis senescallus Cenomanensis omnibus ad quos presens scriptum pervenerit salutem. Omnibus notum fieri (2) cupio quod Garinus Rusticus et Scolastica uxor ejus, et Guillelmus Garnier, et Agnes uxor ejus, emerunt quandam (3) terram apud Roillon ab Elinando de Roillon, quietam ab omnibus serviciis et ab omni tallia, reddendo III solidos cenomanensium et I denarium censuales annuatim, qui requirendi sunt. Illam terram habebat Elinandus a domino Guillelmo de Roillon; dominus Guillelmus habebat a domino Hugone de Orta qui tocius feodi capud erat et dominus. Hugo vero de Orta super illa terra quamdam interrogabat talliam Guillelmo de Roillon, Guillelmus Elinando, Elinandus Scolastice uxori Guarini Rustici et sociis suis. Scolastica autem et socii sui illam talliam reddere noluerunt, dicentes quod Elinandus terram illam quietam ab omnibus serviciis et ab omni tallia sibi vendiderat, reddendo annuatim III solidos cenomanensium et I denarium censuales. Elinandus dicebat quod talliam illam non vendiderat, et affirmabat quod a Scolastica et a sociis ejus sesinam illius tallie habuerat. Hoc negabat Scolastica et socii ejus. Elinandus dixit se habere testem qui se ipsum sesinam

(1) Garini, B.
(2) Fierit, B.
(3) Quam, B.

illam viderat habuisse. Hoc totum negabat Scolastica et
socii ejus. Super hac contentione constituti, die vero assignato in curia domini Regis coram domino Johanne de Melna
tunc temporis sinescallo Cenomanensi, judicatum fuit quoddam judicium, et adterminatum, et calefactum. Illo die recognovit Elinandus nullam se habere talliam in illa terra.
Sed illam terram vendiderat ab omnibus quietam, reddendo
III solidos cenomanensium et I denarium census annuatim ;
et ita Scolastica et socii sui dederunt Elinando v solidos
cenomanensium, et sic facta fuit pax inter eos. Hujus rei compositionem concesserunt filii Elinandi et uxor ejus. Postea
vero Scolastica partem quam in illa terra habebat in elemosinam legavit monachis Sancti-Martini de Majori Monas-
terio. Longo tempore post, Richardus de Orta filius Hugo-
nis de Orta super terra prenominata talliam Elinando interrogavit. Elinandus interrogavit illam monachis qui talliam
illam reddere noluerunt, dicentes quod Scolastica que terram illam eis dederat ab eodem Elinando quiete emerat,
reddendo annuatim III solidos cenomanensium et I denarium
census, et dixerunt quod alia vice idem Elinandus Scolasti-
cam in causam traxerat, et quod fine judicii eorum contentio
fuerat terminata in curia domini Regis coram domino
Johanne de Melna tunc temporis siniscallo (1) Cenomanensi.
Hoc negavit Elinandus. Interrogatus Elinandus utrum curie
domini Regis recordationem vellet accipere, dixit se velle.
Constituti autem in curia domini Regis die prefixo, recordata est curia quod Elinandus pacem fecerat cum Scolastica
et sociis ejus fine unius judicii, et recognoverat quod terram
illam vendiderat Scolastice et sociis ejus quietam ab omnibus, reddendo annuatim III solidos cenomanensium et I denarium census, et quod illam terram aquitare et quietam
custodire debebat, quia tantum alterius feodi sibi reman-
serat quod terram illam quam vendiderat aquitare poterat
et debebat, et insuper recordata est curia quod Scolastica
Elinando v solidos cenomanensium dederat, et quod hujus
rei compositionem filii Elinandi et uxor ejus concesserant. Et

---

(1) Senescallo, B.

ita rebus se habentibus, illa terra ut justum erat monachis
Sancti-Martini in pace remansit. Et sic terminata est contentio inter monachos et Elinandum in curia domini Regis
coram Gaufrido Malo Cane tunc temporis siniscallo Cenoma-
nense. Hujus rei sunt testes : Gaufridus Malus Canis ; Ful-
conus decanus Sancti-Petri-de-Curia ; Marcollus tunc villi-
cus Cenomanensis ; Garinus de Dusagiis ; Nicol placitator ;
Herbertus camerarius ; Odo Dexloie ; Juhellus de Foro ;
Nicholaus Bruslon ; Radulfus Primaut ; Fulco de Nemore,
et plures' alii. Ut autem hoc fidelius conservetur, sigilli
meo (1) testimonio communivi. Valete.

4

1190.

Cartul. de Fontevrault, t. I, p. 73, Lat. 5480; coll. Gaignières.

Paganus de Rupeforti senescallus Andegavensis omnibus
presens scriptum inspecturis in perpetuum. Contentio qui-
dem fuit inter Fontem-Ebraudi et pretorem Salmurii de
viaria platee ubi venditur bladum, ubi pretor Salmurii habere querebat districta et ceperat nummos ibidem, unde
rectum suum esse dicebat. Ideo coram nobis et domina
Regina Alienor conquesti sunt abbatissa Fontis-Ebraudi et
fratres ejusdem loci. Auditis vero hinc et inde clamoribus
et querelis, congregavimus sapientes homines de Salmurio
et antiquos qui noverant consuetudinem, et adjuravimus
eos supra sacramentum quod domino Regi fecerant et super eorum fidem quod inde verum dicerent. Nicholaus de
Sancto-Paterno, Bartholomeus Rollant, W. de Curceio, qui
diu fuerant pretores Salmurii testificati sunt quod omnia
recta platee ecclesie Fontis-Ebraudi erant, sicut erant domini Regis Anglorum Henrici die illa qua concessit et dedit
plateam predicte ecclesie. His dictis, Johannes Baraton,
tunc pretor Salmurii dixit se nolle reddere nummos quos

(1) Mei, B.

ceperat, quoniam eos ceperat in domo quadam longe a platea : abbatissa vero et fratres Fontis-Ebraudi dixerunt quod
rectum nummorum illorum habere volebant, quoniam factum fuerat marcheium illud in platea, et se perrexerant
mercatores paiare procul a platea. Facto autem coram me
et coram domina Regina judicio concordaverunt per judicium omnes qui aderant quod omnia recta et viaria platee
debebant esse ecclesie Fontis-Ebraudi quocumque prove-
nerint. Judicio siquidem faciendo adfuerunt Guillelmus
Pictavensis episcopus, Mauricius Nannetensis episcopus,
Aimericus vicecomes Thoarcensis, Gaufridus Crispini, W.
de Mallebrario, Balduinus de Savoneriis, Stephanus Amenon
senescallus Mirabelli, Gaufridus Imberti senescallus Mon-
tiscantor, Thomas de Sancto-Cassiano pretor Chinonii et
alii plures. Et ne qua posset super hoc in posterum subo-
riri calumpnia, rem precepi mandari litteris, et sigilli mei
apposui firmamentum. Actum apud Salmurium. Teste domina Alienor Regina anno Incarnati Verbi m° c° xc°.

5

Juin 1200 (1).

Dom Housseau, t. XII, 2, n° 7579 ; Extr. des Archives du Ronceray.
Copie du XVᵉ siècle.

Guillelmus de Rupibus senescalus Andegavie omnibus
tam presentibus quam futuris salutem. Universitati vestre
notum sit quod ad dominum Regem Anglie Johannem ac-
cedens Hersendis de Sableio Beate-Marie de Caritate abbatissa conquesta est quod Jherosolimitani fratres Hospitalis
domum quandam Andegavis, que Elemosinaria vocatur,
que ad ecclesiam Beate-Marie de jure spectabat, violenter
intrusi occupaverant. Cognita igitur veritate bone opinionis

---

(1) L'abbesse du Ronceray va trouver le Roi Jean, ce qui semble bien indiquer qu'il était à Angers. Il y a séjourné du 18 au
21 juin 1200.

virorum testimonio super abbatisse querimonia licteras etiam preferentis in quibus jus suum continebatur, dominus Rex nemini in jure suo deesse volens, jus suum abbatie Beate-Marie restitui precepit in integrum. Sed ne precipitata domini Regis et indiscreta videretur precepcio, sapientum consilio dignum duxi ordine judiciario faciendam restitucionem. Convocatis igitur tam abbatissa quam fratribus hospitalariis qui in supradicta Elemosinaria morabantur, et aliis ejusdem domus fratribus, et in presencia mea constitutis coram seneschalo Normannie Garino Clapion et Richardo Sancte-Susanne vicecomite, et Juhello de Meduana, in medium protulit abbatissa Elemosinariam supradictam, et in proprio solo, in parrochia Sancte-Marie a Stephano de Marcai quondam pie recordacionis Henrici Regis Anglie senescallo fundatam fuisse, qui in ea constituit tam clericos quam laycos ad serviendum Deo et pauperibus. Proposuit etiam abbatissa quod post multa in quibus ministri Elemosinarie ecclesie Beate Marie tenerentur subici et obedire, inter predictum Stephanum et Emmam tunc temporis abbatissam hec intercesserat pactio, quod si ad aliam religionem transire contingeret Elemosinariam, ad solam Beate-Marie abbatiam transiret in cujus feodo fundata erat ; et hanc conventionem licteras pie recordacionis Radulfi Andegavensis episcopi continentes sepedicta preferebat abbatissa, necnon et testes qui hec audierant non paucos producebat. Quum igitur abbatissa Hospitalarios domum Elemosinarie et rerum ejus administrationem presumptuose occuppasse videbat, juxta predictam conventionem et domini Regis preceptionem fieri sibi querebat domus restitucionem ; lectis igitur licteris prenominatam conventionem continentibus, ejusdem convencionis testes producti sunt : Radulfus quondam tesaurarius Beati-Mauricii filius scilicet vicecomitis Sancte-Susanne ; Bartolomeus Rollant ; Matheus Gram ; Nicholaus Probushomo ; Petrus Saumelli ; Guilelmus de Sabulo, et omnes fere qui aderant de villa Andegavensi id verum esse adclamaverunt. Cum autem presentes essent Hospitalarii, nec ad proposita responderent, nec esset etiam qui reclamaret, justum visum est sapientibus qui aderant abbatisse adjudicandam esse possessionem Elemosinarie et omnem rerum Elemosinarie pertinencium ; secundum igitur judicium abbatissam sessiri de domo supradicta et rebus ad eam pertinentibus, ut res pauperum fideliter ministrentur de cetero per manum abbatisse, et omnes domus ministri ejus subiciantur obediencie. Hoc judicium actum est in capitulo Beati-Mauricii, anno ab Incarnatione Domini m° cc°, presentibus et testibus his. . . .

6

Vers 1201.

A. Bibl. du Mans, n° 95, f° 109, v°.
B. Liber controversiarum Sancti-Vincentii, Lat. 5444, p. 509;
Coll. Gaignières.

Hamelinus de Roorta dilectis suis Raginaldo Cordebol et Guillelmo Lochet salutem. Ex parte domini senescalli Andegavensis vobis mando quatinus his visis (1) litteris eatis apud Dangolium (2) seisire domum et terram domini Roberti de Dangolio, et in eadem domo bonas custodes ponatis, et nullam ullo modo recredationem inde faciatis; et faciatis per foros et per ecclesias banire quod nisi Gaufridus de Dangolio infra viii dies juri apparebit, ipse erit penitus forisbanitus et quod omnes tam milites quam rustici qui eum viderint ipsum capiant, vel a terra domini Regis exeant; Preterea dicatis donino Roberto de Dangolio quod sit apud Saum. (3) hac instanti die Martis coram domino senescallo, de violentia a fratre suo in terra domini Regis illata responsurus, et ducatis vobiscum apud Dangolium Hugonem de Mellai. Valete.

---

(1) Correction du copiste de Gaignères, A porte *universis.*
(2) Dangeul, bourg du Grand Archidiaconé, du doyenné de Beaumont, à l'O. de Marolles (Donnarium.....). Cauvin, Géogr. anc. du dioc. du Mans.
(3) C'est bien je crois de Saumur qu'il s'agit. Le *m* dans le ms. est surmonté d'un petit trait recourbé. La distance entre Dangeul et Saumur, quoique grande, pouvait permettre dans un cas urgent de citer à huitaine.

7

Vers 1202 (1).

Inquisitio de jure Bellifortis.

A. Bibl. Nat. Lat. 9778, f° 218 r° (Cartul. F de Phil. Aug.).
B. Cartul. de Philippe-Auguste, f° 92 v°, col. 2. Arch. Nat. JJ. 8(7 et 8).

M. abbas Sancti-Florentii de Salmuro, abbas Sancti-Mauri, priores Sancti-Sergii et de Cunaut, in religione sui ordinis adjurati; Gauterius de Monte Sorel, Gaufridus de Losduno, Joslanus de Blou, jurati; dixerunt se vidisse temporibus H. et R. quondam Regum Anglie, quod senescalli Andeg [avie] vendebant preposituram Bellifortis; et nemus mortuum foreste Valee habebat prepositus in prepositura; sed in nemore vivo nichil habebat: immo si servientes senescalli Andeg [avie] quos idem senescallus ad custodiendam forestam ponebat prepositum secantem nemus vivum invenissent, illum caperent. Prepositus Bellifortis mittebat suos ballivos in balliis foreste. Si vero homines foreste hominem forisfacientem invenerint, de eo emendam (2) LX solidorum levabunt, de quibus prepositus habebit duas partes, et servientes foreste feodati terciam partem. Pasnagia et charnagium sunt domini Regis, et ad illa recipienda senescallus suos servientes et clericos mittebat. Prepositus Bellifortis habebat in singulis pasnagiis VI solidos; et herbagium, et maagium foreste Valeie est prepositi. Si autem prepositus hominem forisfacientem invenerit, de ipso jus suum et emendam LX solidorum levabit, sine participatione aliorum. Si vero servientes de parte senescalli ad custodiendam forestam positi hominem forisfacientem in foresta Valee invene-

---

(1) M. abbé de Saint-Florent est ici sans aucun doute Mainerius qui a été abbé de 1176 à 1203, et qui, par conséquent, a pu déposer de faits remontant jusqu'à Henri II.

(2) *Bennerium* ou *hennerium*, A. Mais le ms B écrit *emendam* qui est préférable.

rint, jus suum exinde levabunt sine participatione prepositi.
Ballia Bellifortis durat usque ad Belepole, et usque ad nemus domini Gaufridi de Losduno. §. Absalon et Joscelinus
filius Droconis milites jurati dixerunt quod foresta Valeie
non est de castellania Bellifortis, quia Bellumforte non habet
castellaniam, immo est de castellania de Baugi, et quod prepositus nichil habebat in foresta nisi illam accensaret, quia
foresta erat de ballia Andeg [avie]; Bellumforte enim erat
domini de Sancto-Michaele, et comes Andegavensis fecit
fortericiam Bellifortis in dominio loco et terra domini de
Sancto-Michaele, et exinde debebat domino de Sancto-
Michaele tres solidos censuales.

8

Août 1204.

Littere Guillelmi de Ruppibus de juribus que habet
senescallus Andegavie (1).

Arch. Nat. J 179 n° 1, Craon; Original scellé.

Guillermus de Ruppibus senescallus Andegavie, omnibus
ad quos littere presentes pervenerint salutem. Noveritis
quod hec sunt jura que ego habeo in senescalcia Andegavie, Cenomanie et Turonie: Ego nichil capiam in domini-
cis redditibus domini Regis Francie in senescalcia Andegavie, Cenomanie et Turonie. Sed ego habebo de prepo-
sitis et preposituris de singulis quinquaginta libris unam
marcham argenti ad pondus Turon [ense] quas prepositi
persolvent pro preposituris. Si dominus Rex vendiderit nemora sua, nichil de venditione nemorum habebo. Preterea
nullam costumam in forestis suis habebo. Et si dominus
Rex fecerit demandam vel talliam in Christianis vel Judeis

---

(1) Cette rubrique appartient à l'une des nombreuses copies de
cet acte qui se trouve dans le ms. dit Cartulaire de Saint-Louis,
aux Archives, JJ 31, f° 91 r°, col. 2. Je reproduis rigoureusement
le texte de la charte originale.

de senescalcia Andegavie, Cenomanie et Turonie, illa demanda vel tallia levabitur per manum meam ad opus domini Regis per legitimum compotum et scriptum; sed ego
de demanda vel tallia illa nichil habebo. De omnibus aliis
tam forisfactis quam expletis et serviciis que michi fient
habebit dominus Rex Francie duas partes et ego terciam.
Preterea sciendum est quod ego neque per feodum, neque
per consuetudinem possum querere custodiam castellorum
vel fortericiarum domini Regis. Et si dominus Rex michi
forte aliquod castellum vel fortericiam ad custodiendum tra-
diderit, vel aliquis ex parte ipsius Regis, ego reddam predicto Regi et heredibus suis, vel ipsius certo nuncio cui credi
debeat, et qui litteras domini Regis patentes super hoc affe-
rat, castella et fortericias integre quotienscumque requisi-
tus fuero a dicto Rege vel ejus herede. Hec omnia bona fide
juravi domino Regi et heredibus suis in perpetuum fideliter servanda : et dominus Rex Francie de omnibus supradictis sicut predictum est in hominem ligium me recipit,
ita quod ego et heredes mei de uxore mea desponsata tene-
bimus hec omnia a domino Rege et heredibus suis in hom-
magium ligium sicut predictum est. Et ut hoc firmum sit et
ratum, presentem paginam sigilli mei munimine feci roborari. Actum Pictavis Anno Domini M° CC° quarto, mense
Augusto.

9

Septembre 1204.

Arch. Nat., K 214, n° 19; Ex regestro rerum Andegavensium
Cameræ compotorum Parisiensis, f° 77, copie du XVIII° siècle.

Philippus D. G. Fr. R. Noverint universi præsentes pariter
et futuri, quod nos volumus et concedimus ut amicus et fidelis noster G. de Ruppibus seneschallus Andegavensis tantum
capiat per totam senescalliam suam in terris et feodis quæ
nos dedimus, quicumque ea teneat, quantum ipse capit in
propria terra nostra, sicuti senescallus debet capere et sicut carta nostra testatur quam habet de senescallia sua,

ponendo baillivos et omnia faciendo quæ ad senescalliam pertinent. Quod ut perpetuum robur obtineat, præsentem paginam confirmamus. Actum Senon. anno Domini millesimo ducentesimo quarto, mense Septembris.

10

1208.

A. Bibl. du Mans, n° 95, f° 102 v°.
B. Liber Controversiarum Sancti-Vincentii, p. 495, Lat. 5444;
Coll. Gaignières.

Guillermus de Rupibus Andegavensis senescallus omnibus presentes litteras inspecturis salutem. Noverint universi presentes pariter et futuri quod cum Gauterius Le Boigne miles pro salute anime sue et antecessorum suorum abbati [Sancti]-Vincentii Cenomani et monachis ibidem Deo servientibus et domui predictorum monachorum de Aceio usagium suum et quidquid eis necesse fuerit in omnibus rebus in foresta sua que vocatur Pail, et dimidium pratum de Vallibus, et terram suam de Campolongo, et totam sepem suam transversam inter Acceium et domum Leprosorum de Aceio, et xx sol. cenomanensis monete annuatim reddendos ad diem Natalis Domini super molendino suo de prato assinatos, in perpetuam elemosinam dedisse et concessisse (1), tandem post mortem dicti Galterii Philippus de Douceola ejus heredes easdem elemosinas volens subtrahere memoratam abbatiam et domum suam de Asceio a predictis elemosinis spoliavit. Tunc vero Hamelinus de Roorta qui loco domini Regis et meo intererat ad querimoniam abbatis et monachorum jamdictum Philippum apud Baloon in curia domini Regis venire coegit, et audita monachorum querela et dicti Philippi responso, post quandam mostrationem inde eis adjudicatam carta quas dictus Gauterius de supradictis elemosinis dederat abbatie judicio curie domini Regis idem Hamelinus et milites viri legitimi in curia presentes audierunt ; quibus auditis judicio mediante decreverunt et judicaverunt quod

---

(1) Concedisset, A.

abbas et conventus possessionem et sessinam haberent integram de omnibus elemosinis supradictis, sicut in cartis dicti Galterii continebantur, et ibidem judicio abbatem et monachos, supradicto Philipo vidente et audiente, de supradictis elemosinis seisierunt et investierunt, presente Gauterio abbate de Cultura; Simon Lancelin; Hatone de Luce; Odo de Aleriis; Matheo de Rochella; Patricio Chabot; Ernaudo Chacelee; Roberto de Grateil; Willelmo Espechel; Hamelino de Montibus; Matheo de Arrablei; Guillelmo de Loumeie, et pluribus aliis. Postea idem Philippus supradictam abbatiam injuste vexari non cessavit super terra de Campolongo predicta. Ego autem ad querimoniam dicti abbatis supradictum Philipum et abbatem et monachos apud Cenomanum in curia domini Regis curie ante meam feci presentiam, et auditis abbatis conquestionibus, supradictus Philippus penitus deneguavit quod postquam memoratum judicium factum fuerat in supradictis elemosinis manum non intulerat, nec aliquid ibidem habere querebat, et ita mediante judicio decrevimus et judicavimus, sicut in curia domini Regis et mea coram mandato meo alia vice fuerat judicatum, quod seisina et possessio supradictarum Elemosinarum supradicte Elemosine abbatie quiete et pacifice remanerent tam a predicto Philippo quam a quodam medietario qui supradictam terram per consuetudinem colere injuste asserebat. Ad hoc interfuerunt Guarinus abbas de Cultura; Raginaldus abbas de Sancto-Carilefo; Simon Lancelin; Herbertus de Tusse; Herbertus Corpin; Gaufridus de Rupibus; Andre de Capella; Frogerius Cordoenne; Rembaut de Monnet; Willelmus Auvere, et plures alii. Quod ut firmius habeatur, presentes litteras feci annotari, et sigilli mei munimine robora confirmari. Actum fuit hoc anno gracie M° CC° VIII°.

11

1216.

Dom Housseau, t. VI, n° 2420 ; Arch. de l'abb. de Loroux.

Universis ad quos presens scriptum pervenerint, H. de Roorta ballivus senescalli Andegaviæ salutem et testimonium

veritatis. Universitati vestræ volumus innotescat quod qui-
dam homines de Belfort, scilicet Theobaldus Bidens, Johannes de Spineto, Willelmus frater ejus, Hilarius de Brolio
filius Johannis porcarii, Ozanna filia Johannis Agathæ in pre-
sentia nostra constituti, plenarium jus monachorum de Oratorio super suis maresiis de Belfort recognoscentes, quandam querelam quam habebant adversus eos super lana et
pascuis pecudum in predictis maresiis de Belfort omnino
deposuerunt, astricti etiam fide data quod infra metas predictorum mariseorum nichil de cetero reclamabunt, adden-
tes etiam quod jus monachorum ad antedicta maresia pertinens pro posse suo tuebuntur, nec eorum detrimentum
super maresiis in ligno patientur, et quod antedicti monachi
infra metas mariseorum suorum quicquid voluerint quiete
et libere et absque ulla eorum contradictione poterunt ope-
rari. Factum est hoc anno Incarnationis Dominice m°. cc°.
xvi°. presentibus Willelmo de Sodai ; Matheo Lovel ; Roberto de Longuelande ; Willelmo Pinel ; Ricardo Clerico ;
Gaufrido de Javarde ; Johanne Carpentario ; Robino Liseart
tunc preposito de Baugeio ; Asazeto tunc preposito Andegaviæ; Roberto Gale ; Johanne de Laval ; Johanne Quarrel et
pluribus aliis. Quod ut ratum et stabile habeatur sigilli nostri et sigilli Asazeti tunc prepositi Andegaviæ munimine
roboratur.

12

1226.

Titres et Chartes de l'abb. de Mellinais, p. 41, Cartulaire ; Bibl.
Sainte-Geneviève.

Universis Christi fidelibus præsentes litteras inspecturis
vel audituris, officialis curie Andegavensis salutem in Domino. Universitati vestræ notum facimus quod cum abbas et
conventus Mellinensis peterent coram nobis a Garino Gine-
bert quartam partem vinearum de Valors, et quartam partem cujusdam domus, et quartam partem unius torcularis,
quæ omnia defuncta Maria de Merei eis contulerat in puram

et perpetuam elemosinam, sicut idem abbas et conventus asserebant, tandem post inspectionem factam, lite solemniter contestata, rationibus et allegationibus, nec non ipsorum probationibus diligenter inspectis, omnibusque rite peractis, de dictorum abbatis et conventus confessione nobis constitit evidenter. Unde cum a parte adversa nihil contra hæc objectum seu probatum, de virorum prudentium consilio quartam partem vineæ de Valors, et quartam partem domus, et quartam partem torcularis superius prefatorum per diffinitivam sententiam dictis abbati et conventui adjudicavimus, perpetuum silentium super hoc parti adversæ imponendo. In cujus rei testimonium, robur et munimen præsentem paginam sigillo curiæ Andegavensis fecimus roborari. Actum anno Domini millesimo ducentesimo vicesimo sexto.

13

Janvier 122$\frac{6}{7}$.

Arch. Nat. J 179, n° 4; Craon. Original scellé.
Martene, Amplissima Collectio, t. I, col. 1206, reproduit l'ordonnance de Saint-Louis conforme à cette déclaration.

Ego Johanna de Credona Andegavie senescalla notum facio universis presentes litteras inspecturis quod dominus noster Ludovicus Rex Francorum illustris recepit nos in feminam suam ligiam de senescalcia Andegavie, Cenomannie et Turonnie tenenda et habenda, sicut bone memorie Guillermus de Ruppibus genitor noster eam tenuit et habuit antequam inclite recordationis Philippus quondam Francorum Rex avus ipsius ei tradidisset civitatem Andegavum et Baugiacum. Et vult idem dominus Rex ut eo modo fiat per nos tanquam pro senescalla feodata. Et si contencionem aliquam oriri contingeret inter ipsum et nos quin dictam senescalciam teneremus et haberemus sicut predictum est, volumus ut per dilectos nostros P. de Roya Francie camerarium, et Matheum de Montemorenciaco Francie constabularium, Johannem de Bellomonte, vicecomitem Castri Dunensis, vicecomitem Bellimontis et Hugonem de Bauceyo, ad inquisitionem eorum legitimam dicta contentio sopiatur. Actum Parisius anno Domini m° cc° vicesimo sexto, mense Januario.

14

3 Février $122\frac{8}{9}$.

Cartul. de Fontevrault, t. I, p. 69 ; Lat. 5480, coll. Gaignières.

Anno Gratie 1228, in crastino purificationis Beate-Marie adjudicata fuit abbatisse et monialibus Fontis-Ebraudi, in curia domini Regis apud Salmurium seisina domus et mobilium Philippi More tale videlicet quale habebant pro re judicata et pacificata in curia eorum, presentibus tunc in dicta curia domini Regis Ricardo Clerico posito in loco domini Regis et senescalisse, et domino Luca de Montesorelli in loco Petri Baronii senescalli ; Willelmo Marcario preposito Salmurii.....

15

1229.

Cartul. de Fontevrault, t. I, p. 69 ; Lat. 5480, coll. Gaignières.

Anno Domini 1229 cum domina A. de Blesis abbatissa Fontis-Ebraudi teneret in manu sua quoddam feodum Philippi More seisitum per judicium curie sue pro defectu servicii, et idem Philippus eam traxisset in placitum primo in curia domini Regis apud assisas Salmurii, et post modum in curia Christianitatis coram officialem Andegavensem, tandem die sabbati proxima post Quasimodo accessit idem Philippus apud Fontem-Ebraudi in curia et peciit judicium curie, supponens se in omnibus judicio curie abbatisse, et datum fuit judicium tale : quod videlicet quia fecerat falsum clamorem de abbatissa in curia domini Regis dicens contra eam quod ipsa denegaverat ei judicium curie sue et quod eum invitum coegerat quoddam facere sacramentum, super quibus arti-

culis defecit in probatione, et convictus est, judicatum fuit
quod ipse penitus amitteret feodum supradictum, et con-
dempnatus est tam in amissione feodi illius quam in recom-
pensatione expensarum ea occasione factarum, et dampnorum illatorum ad valenciam decem librarum. Domina tamen
abbatissa de gratia sua et misericordia dedit ei et heredibus
suis feodum illud et relaxavit predictas x libras usque ad
sex litras scilicet, sexaginta solidos pro equo servicii pro quo
seisitum fuit feodum predictum, et sexaginta solidos pro ex-
pensis ; hac tamen conditione quod ipsum feodum remanebit
in manu nostra donec sufficientem dederit securitatem de
predictis sex libris, et quod accedet ad curiam domini Regis
ubi predictum clamorem fecerat, et publice in plena curia,
presente ibidem domina abbatissa vel suo mandato, protes-
tabitur et recognoscet se falsum fecisse clamorem. Denarii
tam quos recepimus de censibus predicti feodi cadent de
summa predictarum sex librarum, et omnia que custodes
nostri de instauramentis illius feodi quamdiu fuit in nostra
custodia expenderunt super ipsum remanebunt. Isti interfuerunt judicio : priorissa de Fonte-Ebraudi, priorissa de
Sancto-Lazaro, priorissa de Magdalena.... Post hec dedit
plegios tales.....

16°

1230.

Dom Housseau, t. XIII, I, n° 10629. Cartul. de la Toussaints
d'Angers, f° 6.

Richardus Clericus Ballivus Johannæ dominæ de Credonio
senescallæ Andegavensis et Cenomanensis et Turonensis salutem in Domino, etc... Noveritis quod nos et dominus Guillelmus de Feugero miles tunc temporis ballivus domini Regis
in Andegavi et alii ballivi domini Regis, sciremus et audire-
mus quod domnus abbas Omnium-Sanctorum Andegavensis
et conventus ejusdem loci suum nemus venderent quod vo ·
catur nemus de Insula, nos cepimus illud et arrestavimus
etc... nos vero de prudentum virorum consilio et per judi-

cium curie domini Regis prædictum nemus deliberavimus et veditum (1) nostrum amovimus. Et ne super hoc de cetero oboriri potuisset contentio, litteras nostras eisdem dedimus sigilli nostri munimine in testimonium veritatis roboratas. Actum publice anno Domini m. cc. xxxº.

17

1230 *(Vidimus du Vendredi après la Saint-Julien 1325).*

Dom Housseau, t. VI, nº 2693. Arch. de l'abb. de Loroux.

Universis Christi fidelibus presentes litteras inspecturis, Guillelmus de Fougerio miles tunc temporis baillivus domini Ludovici regis Francie in Andegavia et Turonia, et Ricardus tunc temporis baillivus domine Johannæ senescalissæ Andegaviæ, salutem in Domino. Noveritis quod cum quædam contentio verteretur inter abbatem et conventum de Oratorio ex una parte, et communitatem castellaniæ de Belloforti ex altera, super maresiis de Belloforti, tandem post multas altercationes adjudicatum fuit coram nobis in curia domini Regis ut super fideles homines juratos totum ejusdem altercationis arbitrium poneretur. In ea vero die ad hoc assignata pariter congregati asseruerunt quod dicta maresia ex dono piæ memoriæ Ricardi quondam Regis Angliæ ad jus dictorum monachorum pertinebant ad omnimodam voluntatem suam penitus faciendam, sicut quondam defunctus Guillelmus de Rupibus senescallus Andegaviæ post partibus predictis juratis fecit dividi metis et fossis ab aliis dictis (2) circum adjacentibus. Hoc solummodo excepto quod proprii mansionarii Bellifortis possent colligere camium ad usagium suum sine ponte et sine plancha et sine chalauno tempore scilicet quo camium posset in predictis maresiis congrue reperiri, ita tamen quod de eodem camio

---

(1) *Veditum* pour *vetitum*, de *vetare* defense.
(2) Mot en blanc dans le ms.

dire et vendere ea vel àlio modo distrahere cuiquam illorum
penitus non licebit. Ut hoc autem ratum et stabile permaneat in futurum de consensu prudentium virorum presentes
litteras sigillorum nostrorum munimine dignum duximus
roborari in testimonium perpetuæ firmitatis. Actum anno
gratiæ millesimo ducentesimo tricesimo. Ad majorem vero
confirmationem Fulco Quatrebarbes et Robertus Lysiart et
Gaufridus de Ha (1)   milites qui presentes huic
facto fuerunt de assensu et voluntate nostra sigilla sua ap-
posuerunt ad testimonium veritatis.

18

30 avril 1240.

Dom Housseau, t. VII, n° 2876. Arch. de l'abb. de Loroux.

Universis ad quos præsentes litteræ pervenerint, Gaufridus Pagani ballivus domini Regis in Andegavia et Cenoma-
nia salutem in Domino. Cum abba Beatæ-Mariæ de Oratorio
Cisterciensis ordinis Andegavensis diocesis pro se et pro
conventu suo conquereretur in curia domini Regis de Jos-
berto Gastevin de Rocha, milite, qui indebite manu armata
intraverat garennam dictorum abbatis et conventus, et indebite tres querquus abscidi fecerat violenter, et in quemdam de hominibus ipsorum manus injecerat violentas, et
dictus miles hoc confiteretur in dicta curia, asserens quod
hoc facere poterat ratione Johannæ filiæ Gervasii de Moste-
riolo quam habebat in ballio, tandem in plenis assisiis
apud Salmurium recognovit dictus Gastevin quod predictas
tres querquus indebite abscidi fecerat. Unde judicavimus
quod dictus Gastevinus pro dictis querquubus pro una qua-
que scilicet querquu sexaginta solidos teneretur solvere
pro emenda dictis abbati et conventui ; quos eisdem in
plenis assisiis et plenarie tradidi[t] coram nobis. Et quia

(1) Sic, ms.

manus violentas injecerat in quemdam de servientibus dictorum abbatis et conventus, unde dictus serviens dampni-
ficatus fuerat ad valorem quadraginta solidorum, judicio curie domini Regis quadraginta solidos tradidit in plenis assisiis dicto abbati coram nobis et coram pluribus aliis
fide dignis dictus Gastevin, promittens quod de cetero ratio-
nem *(sic)* ballii dictæ Johannæ nichil in predicta garenna scin-
deret vel etiam expletaret, et de hoc fuit dictus Gastevin per
judicium curiæ domini Regis in plenis assisiis judicatis *(sic)*.
Si vero dicta Johanna a dictis abbate et conventu aliquid
petere voluerint, dicti abbas et conventus eidem Johannæ
prout jus dictaverit respondeant et se ipsos defendant prout
sibi ipsi viderint expedire. In cujus rei testimonium perpetuum et munimen, de consensu partium presentes litteras
sigilli nostri munimine cum sigillis Johannis de Coirrun et
Aimerici .de la Chevriere militum nobis in hoc facto assis-
tentibus fecimus roborari. Actum est hoc apud Salmurium
vigilia apostolorum Philippi et Jacobi, anno Domini millesimo ducentesimo quadragesimo.

19

1248.

*Carta de concessione senescalli super nemoribus de Broce
de Rousel.*

Cartulaire de Vivoin, f° 41 r°. Bibl. du Mans, n° 100.

Universis presentes litteras inspecturis, decanus de Bellomonte salutem in Domino. Noverit universitas vestra quod
cum prior et monachi de Vivonio comparassent a Bartho-
lomeo Renart et Radulfo Viel quedam nemora sita prope
Marescheium in feodo senescalli de Bellomonte, que nemora
de Broce Rousel vulgariter appellantur, et dictus senescallus nollet consentire quod dicti monachi dicta nemora
possiderent, immo vellet quod dicta nemora ponerent extra
manum suam et in manu mitterent laicalem, tandem de

bonorum virorum consilio idem senescallus voluit et concessit quod dicta nemora remaneant dictis monachis et successoribus suis in perpetuum laice possidenda. Et pro hujus modi concessione dicti monachi dicto senescaulo contulerunt vi libras turonenses in peccunia numerata ; de quibus denariis idem senescallus coram nobis se tenuit pro pagato, renuntians exceptioni pecunie non numerate. Et de hoc fideliter et firmiter observando idem senescaullus in manu nostra fidem prestitit corporalem. In cujus rei testimonium et munimen ad petitionem dicti senescalli dictis monachis presentes litteras contulimus sigilli nostri munimine roboratas. Actum anno Domini м° cc° quadragesimo octavo.

20

8 mai 1258.

Mercredi après l'Ascension, Paques le 24 mars.

Carta de compositione inter priorem de Vivonio et Hubertum Ribole dominum de Aceio super justicia de Valgoderia.

Cartulaire de Vivoin, f° 149 r°. Bibliothèque du Mans, n° 100 (1).

Universis presentes litteras inspecturis officialis Cenomanensis salutem in Domino. Noveritis quod cum inter priorem de Vivonio et ejus predecessores nomine domus sue de Valgoderia ex una parte, et dominum de Aceio le Ribole ex alia talis compositio intervenisset, quod dum aliquis committit furtum in feodo de Vaugoderia, et ille captus sit propter furtum, debet duci apud Aceium judicandus, et cum judicatum fuerit debet reddi cum omnibus bonis suis dicto priori ut judicatum exequatur, nisi furem illum ad mor-

---

(1) Le Cartulaire de Vivoin a été tout récemment imprimé. Les numéros 3, 19 et 20 se trouvent respectivement aux pages 131, 65 et 207.

tem contigeret judicari ; et quia de novo duo fures capti
fuerint in dicto feodo propter furtum, et dominus de Aceio,
Herbertus de Aceio miles, et ballivi, et allocati dicti domini
illos fures ceperint, et captos detineant ut dicitur minus
juste, et dictos dominum, et Herbertum, et alios ballivos et
allocatos dicti domini moneri fecerimus de reddendo et resti-
tuendo dicto priori dictos fures, et non reddiderint nec res-
tituerint, die Mercurii post Ascensionem Domini eisdem
domino et ejus ballivis et allocatis coram nobis assignata
causam quam pretenderint probaturis, coram nobis compa-
ruit dicta die dictus Herbertus de Aceio miles obligans se
pro eisdem domino et ejus ballivis et allocatis ad penam
decem librarum turonensium de rato, premissa recognovit
esse vera, proponens quod vicecomes Bellimontis et ejus
allocati dictos duos fures sesierant et sesitos detinebant ;
quare non [erant] ausi illi dominus et ejus allocati et servientes illos fures reddere priori memorato. Et graavit et
promisit dictus Herbertus, sub pena predicta pro illis domino
et ejus ballivis et allocatis, quod ipsi dicto priori illos duos
fures reddent et restituent quam cicius a sesina dicti vicecomitis illi fures fuerint liberati per dictos dominum et ejus
ballivos; et nos ad petitionem dicti Herberti hec omnia ad-
judicamus tenenda. Datum dicta die, anno Domini M° CC°
quinquagesimo octavo.

21

19 décembre 1261.

Dom Housseau, t. XIII, I, n° 10856. Extr. du Cartul. de la Trinité
de Vendôme, f° 163. Addition au Cartulaire.

Anno Domini 1261, die Jovis ante festum B. Thome apos-
toli, data fuit sententia apud Baugé pro abbate et conventu
de Vindocino contra Philippum de Voiers super contentio-
nibus aq de poce (1). Sancti-Beati usque ad torrentem fontis

(1) Sic, ms.

Sancti-Beati, Philippo hostellario tunc temporis procuratore ipso die pro abbate et conventu, cum Johanne elemosinario et Reginaldo priore de Baignous. Istis presentibus et audientibus : Guillelmo de Razei ballivo domini comitis Andegavensis qui fecit judicium ; Stephano Trenchant milite loco senescalli Andegavensis ; Petro de Sace milite ; Hugone de Rocha milite ; Hardoino Doschetes milite ; Guillelmo de Mardon milite preceptore hospitalis de Tornee.....

22

Octobre 1262.

Carta decani et capituli Sancti-Laudi Andegavensis de quitatione facta dampnorum que habuerint in constructione castri.

Cartulaire F de Philippe-Auguste, f° 276, Lat. 9778.

Universis presentes litteras inspecturis, Rodericus decanus totumque capitulum Beati-Laudi Andegavensis salutem in omnium Salvatore. Noverint universi nos recepisse et habuisse per manum Gaufridi de Villeta, baillivi in Turonia excellentissimi domini nostri Ludovici Dei gratia illustris Francorum Regis pro dicto domino Rege et nomine ipsius, ducentas libras turonenses pro restitutione dampnorum et deperditorum nobis et ecclesie nostre illatorum in edificatione castri et fossatorum Andegavi, et omnium aliorum ad dictum castrum pertinencium, tam in dimissione ecclesie nostre et domorum et edificiorum nostrorum destructione, quam aliarum nostrarum rerum et ecclesie in dicto castro et circa existencium amissione; quittantes ex tunc et in perpetuum penitus coram Deo et hominibus dictum dominum Regem et ejus heredes, ac etiam antecessores ejusdem, de omnibus et singulis dampnis et deperditis supradictis pro dictis ducentis libris, ac trecentis libris turonensibus, et domibus, et vineis, et rebus aliis nobis et ecclesie nostre jamdiu est solutis et etiam assignatis, de mandato dicti domini Regis et nomine ipsius pro restitutione dampnorum et deperditorum supradictorum. In cujus rei memoriam testimonium et munimen presentibus litteris sigilla nostra duximus apponenda. Datum et actum anno Domini m° cc° lx mo secundo, mense Octobris.

23

16 mai 1272.

Cartul. de Fontevrault, t. 1, p. 76. Coll. Gaigniéres. Lat. 5480.

Karolus Dei gracia Rex Sicilie, ducatus Apulie et principatus Capue, Alme Urbis senator, Andegavie, Provincie et Forcalquerii comes, Romani imperii in Tuscia per Sanctam Romanam Ecclesiam vicarius generalis, ballivo Andegavie fideli suo gratiam suam et bonam voluntatem. Ex parte abbatisse et conventus monialium monasterii Fontis-Ebraudi, fuit expositum coram nobis quod cum ipse habuerint et perceperint ab antiquo medietatem coustume cere, piperis et cumini, aliarumque specierum que ad libram seu pondus apud Salmurum in nundinis Sancti-Florentii vendi contingit, ballivi et allocati nostri easdem abbatissam et conventum elapsis jam xx annis perceptione predictarum rerum indebite spoliarunt ; nos igitur super hiis certificari volentes fidelitati tue precipiendo mandamus quatinus diligenter inquiras quare hujusmodi spoliatio facta fuerit, nec non et de jure tam nostro quam ipsius monasterii in hac parte, et quicquid de hiis inveneris in scriptis redactum fideliter sub sigillo tuo ad curiam nostram mictas. Datum Rome anno Domini 1272, mense Maii xvi ejusdem, xv^e indicionis, regni nostri anno septimo.

24

10 octobre 1277.

Arch. Nat. J 178, n° 39. Anjou.

Karolus Dei Gr. Rex Jerusalem, Sicilie, ducatus Apulie et principatus Capue, Alme Urbis senator, Andegavie, Pro-

vincie, Forchalquerii et Tornodori comes, Romani impe
rii per Sanctam Romanam Ecclesiam in Tuscia vicarius
generalis, baillivo Andegavie fideli suo graciam suam et
bonam voluntatem. Intelleximus quod capitulum Ceno-
manense in solo nostro prope curiam nostram tenet quandam domum in nostre curie prejudicium et jacturam ; quare
volumus et mandamus quot super hoc diligenter inquirens,
si tibi de jure nostro super dicto solo constiterit, requiras
dictum capitulum, et procures prout melius poteris apud
ipsum, quod domum ipsam solvendo saltem exinde censum
aliquem a nostra curia recognoscat, nisi forsan per nos vel
predecessores nostros Cenomanenses comites jus in eodem
solo concessum fuerit capitulo supradicto. Si vero recogni-
cionem hujusmodi ab eodem capitulo nequiveris obtinere,
rescribas nobis quicquid feceris et inveneris de condicio-
nibus ipsius soli, ac jure nostro et ipsius ecclesie nos plenius informando. Volumus etiam ut Johannem de Ceno-
manis computare facias de pecunia quam pro sigillo curie
nostre recepit, et id totum in quo inventus fuerit nobis de-
bitor solvere curie nostre compellas ; si vero curia nostra
eidem in aliquo teneatur, illud nobis significes, et nos tibi
exinde nostrum bene placitum rescribemus. Et quia domus
quam magister Robertus Tortus juxta fossatum castri
nostri Andegavensis ex concessione nostra construxit debet ad nos post ejus obitum pervenire, volumus ut predictam domum ad manus curie nostre capias si dictus magister jam mortuus est, vel quam cito ipsum mori conti-
gerit, ita quod ad manus alienas nequeat pervenire. Ad hec
cum nos quondam Petro Coppacoli quandam domum cum
pertinenciis et aliis frumentagiis in Valleya in phundum in
civitate Andegavensi duxerimus concedendam, et dictus Petrus phundum nostrum alienare presumens quandam pe-
cuniam super domo ipsa pro anima sua legaverit sicut
dicitur propter quod dicta domus est ut accepimus ab aliis
occupata, volumus ut sine dilacione qualibet domum ipsam ad manus nostre curie revocare procures, et habita
deliberacione cum consilio nostro si visum fuerit quod
secundum jura et consuetudinem terre alia bona predicta

debeant, ob delictum hujusmodi ad nostram curiam revo-
cari illa similiter capere ac revocare procures. Datum Melfie
per magistrum Guillelmum de Farunvilla prepositum ecclesie Sancti-Amati Duacensis, regnorum Jhlm et Sicilie vice-
cancellarium, anno Domini $M^oCC^oLXXVII^o$, die x Octubris,
VIe indictione. Regnorum nostrorum Jerusalem anno primo,
Sicilie vero tercio decimo.

25

6 avril 1292, Paques.

Arch. nat. J 178, n° 48. Original scellé du grand sceau de
cire verte à lacs de soie rouge et verte.

Philippus Dei Gracia Francorum Rex notum facimus universis tam presentibus quam futuris quod nos deliberamus
carissimo ac dilecto et fideli fratri nostro Carolo Valesie,
Alenconii, Andegavie et Cenomanie comiti, gardas omnium
ecclesiarum, capellarum et monasteriorum comitatuum
Andegavensis et Cenomanensis; excepta gardá ecclesiarum
cathedralium Andegavensis et Cenomanensis, et earum que
de garda nostra speciali existunt per privilegium speciale,
earum que quas gardare consuevimus a tanto tempore quod
jus nobis acquisitum existat gardiandi easdem; excepto quod
regali nostro prout sede vacante in ecclesiis cathedralibus
antedictis per nos aut predecessores nostros ab eo tempore
quo comitatus Andegavie et Cenomanie ad bone memorie
quondam Carolum olim Dei gracia Regem Sycilie et comitem
comitatuum predictorum devenerunt gardari consuevit,
salvo tamen in aliis jure nostro et jure quolibet alieno. Quod
ut ratum et stabile permaneat, in futurum presentibus litteris nostrum fecimus apponi sigillum. Actum apud Lochas
in die Resurrectionis Domini, anno ejusdem millesimo ducentesimo secondo; mense Aprilis.

26

1301-1302.

Extrait de la procédure suivie par le comte Charles d'Anjou contre ceux de ses sujets qui refusoient de payer l'aide pour le mariage de sa fille.

Arch. nat. J 178, Anjou, n° 61, rouleau de parchemin sur lequel est écrit : *Le procès contre les appellans d'Anjou et du Mans.*

. . . .

Ce sont les raisons et les defenses que les genz le Conte d'Anjou et du Maine baillierent aus auditeurs et commissaires nostre sires le Roy seur les contenz de l'aide du mariage de la fille dudit Conte, contre les raisons que les procureurs des gentishommes et de leur sougiez d'Anjou et du Maine ont baillié ausdiz commissaires, à cele fin que lesdiz commissaires soient apoiez et enformez à mains croire à ce que lesdiz procureurs lor ont baillié, fors en tant comme raison donrra.

Premierement. A ce que les procureurs dient que par la coustume d'Anjou et du Maine nul n'est tenu à obeir par adjornement partie contre autre qui est fait à ban et que il leur tourneroit à desheritance, itel adjornement quelque chose les commissaires eussent mandé avoir esté fait à ban et par le Conte d'Anjou, par lequel ban se les procureurs des apelans y obeissoient il renonceroient à leur apiaus : — Responnent et dient les genz le Conte en faisant ceste protestacion que se Monsr le Conte avait à fere en son non de tel adjornement par ban, que il le pourroit faire de son souverain droit, quer les contez d'Anjou et du Maine furent données du Roy de France au Roy Challes de Sezille en partage ausi franchement et o tel droit comme il i avoit sanz riens retenir fors le pur ressort de deffaut de droit et de mauvais jugement ; le Roy de France le pooit faire quant les terres estoient en sa main. Ausi dient les genz le Conte que il le peut fere quant il en ara mestier. Et à ce que les

procureurs dient que lesdiz commissaires manderent que
le ban fust fait de par le Roy, et l'en le fist de par le conte,
— Dient les genz le Conte que se il fut dit et crié : — « Oez.de
par le Conte d'Anjou et du Maine ; nous faisons à touz barons,
chevaliers et autres gentiz hommes, religion. bourgeois et
à touz autres à qui la cause de l'aide touchera que vous
soiez à tel jour devant le genz le Roy au Mans pour oïr leur
volenté seur ce que le Roy leur a commis; » — ce ne fut
nul prejudice, sauf ce que Monsr le Conte le puisse faire
comme dessus est dit. Mes eissi ne fut mie fet, quar les
soubaillis qui firent l'execucion du mandement tesmoignent
par leur lettres de leur relacions seellées leur seaus que
le ban fu fait de par le Roy segont la fourme de la commission du Roy dont la copie leur avoit esté envoïé. Et à ce que
les procureurs dient que le ballif d'Anjou le rapela se riens
en avoit esté fait de par le Conte, — Dient les genz le Conte
que le contraire est verité, et le baillif meismes ; mes à touz
diz fet protestacion que il le peust fere de par le Conte se le
mandement lui apartenist comme dessus est dit, et que ce
que les procureurs disoient ne peust nuire à Monsr le Conte.

Item. A ce que les procureurs dient que les [gens] le
Conte vouloient aler avant sanz monstrer procuracion en la
demande de l'aide devant les commissaires, et que les commissaires ne lour en firent point monstrer que les genz le
Conte eussent, tout la requersissent il o instance : — Responnent les genz Monsr le Conte que à aler avant en tant
comme il leur puet touchier jouste la commission du Roy,
n'entendent il à faire mes à avancer que verité soit seue de
la cause à lour povair. Et à ce que les genz Monsr le Conte
doivent monstrer procuracion, — Dient il que eus ne sont
tenuz ; quer nostre sire le Roy mande aus commissaires que
eus facent venir à certain jour devant eus touz ceus à qui
l'aide touche en Anjou et u Maine, et que presenz les genz
Monsr le Conte il enquergent la verité qui doit l'aide, comment elle est deue, et par qui main ; par ceste commission
les genz le Conte dient que il ne convient point monstrer de
procuracion, car les genz le Conte i sont souffisaument,
comme le chevecier de Chartres chancelier le Conte, et

frère sire Renaut Barbou à ce envoiez de par le Roy, et lesquiex sont mestres et gardes de la terre le Conte oveques
autres, le ballif d'Anjou et du Maine pour le Conte, et le
reeeveur desdiz lieus pour le Conte, si que il dient que segont le mandement le Roy nostre sire les genz Monsr le
Conte y sont souffisaument : car eus ont povoir en ce et en
gregnors choses pour Monsr le Conte, et se sont offers et
offrent touz jours que se lesdiz commissaires ont à faire
que eus les enfourment de resons, de tesmoins, ne d'autres
choses par quoy eus puissent plus clerement segont leur
commission venir à la verité de la cause, euls le feront volentiers.

Item. A ce que les procureurs dient que eus ne sont pas
tenuz à respondre à la demande de l'aide que Monsr leur demande par reson de sa fille, comme il ne tiegne que par
bail les conteez d'Anjou et du Maine que il prist à mariage
o la mere à ladite fille, et que la coustume est tele que nus
se il n'est heritier ne peut fere demande de heritage se la
cause n'est commencié de l'eritier avant le temps du bail :
— Responnent les genz Monsr le Conte que ceste deffense ne
puent il prendre : car Monsr le Conte ne tient mie les conteez
en bail, mes comme seues propres, par certains convenan'z
qui furent fez au mariage de lui et de Madame Marguerite
fille le Roy de Sezile, si comme il apert par lettres fetes sur
cen que l'on monstrerra bien en lieu et en temps se mestiers
en estoit.

Item. A ce que les procureurs dient que toutes personnes
sont franches de servitute haineus ; — Dient les genz Monsr
le Conte que ce qui est deu par general coustume ne peut
estre apelé service haineus, quer tele aide et autres quant
les cas avienent sont deues par general coustume à ses sougiez esdites conteez, et en usent communelment, et aussi
bien de droit et de coustume sont les princes parconniers es
coustumes qui courent en lour terres, comme leur sougez ;
car les princes n'ont pas un droit pour eus et autre pour leur
voisins, fors es cas que il ont de lour souveraineté qui pas-
sent commune coustume d'entre seigneur et sougiet et
touz autres en sa terre, et sont apelées ces aides les loïals

aides d'Anjou et du Maine, non mie services haineus ; car elles sont deues sus le treffonz.

Item. A ce que lesdiz procureurs dient que eus ne sont tenuz à l'aide et que la coustume des lieus dessusdiz est tele que nus n'est tenuz à rendre aide jugié fors au seigneur de qui il tient nu à nu et par reson des choses que il tient de lui, et les procureurs nient que eus ne tienent rien du Conte nu à nu des choses dont est le coutenz, par quoi il dient que tenuz n'i sont se ceste coustume leur est congneue, et se elle est niée eus l'entendent à prouver ; — Responnent les gens Monsr le Conte que cest propos ne fet pas à recevoir en la maniere que il est proposé par deux resons : l'une si est que la coustume que Monsr le Conte propose pour soi à cele fin que ladite aide li soit deue ou cas proposé est general affirmative, et a esté usé segont ladite coustume en Anjou et ou Maine quant le cas est avenu ; et la coustume que les procureurs proposent à cele fin que eus ne sont pas tenuz à ladite aide en cas proposé est negative, ne ne dient pas fet contraire affirmatif sus quoi coustume peust estre maintenue ne usée : car se le sougiet doit son devoir à son seigneur, et le seigneur le lieve une foiz en une maniere et une autre foiz en une autre, il ne s'ensuit pas que le devoir ne li soit deu pour la manere du lever ; car il proposent qu'il ne sont pas tenuz à fere l'aide au Conte par ce que nus si comme il dient n'est tenuz à rendre l'aide fors que au seignor de qui il tient nu à nu, et comme il ne tiennent rien du Conte nu à nu, il dient que eus n'en sont de riens tenuz au Conte ; — Responnent les genz le Conte que il ne s'ensuit pas ; car l'aide est levée pour la cause du Conte et est deue au Conte.

Item. A ce que les procureurs dient que la coustume d'Anjou et du Maine est tele que saisine prise de seigneur sus son home où sus son souget n'acquiert pas droiture au seigneur contre son homme quant à acquerre proprieté sanz titre de fet qui appere, lequel titre n'appert pas contre les sougiez ; — Responnent les gens Monsr le Conte que se la coustume estoit tele en cest cas comme les procureurs dient, laquele n'est mie tele, si dient les gens le

Conte que quant general coustume est pour eus en non de Monsr le Conte, et de fet Monsr le Conte et ses ancesseurs en ont usé en ce cas present et en autres d'autretele condicion quant il sont avenuz, que c'est bien titre qui li doie souffire, car à un de ses petiz sougiez souffiroit il en autel cas ou en semblable.

Item. A ce que les procureurs dient que l'en porroit dire que le Conte seroit de peour condicion que ses sougez ou cas de l'aide se il ne l'avoit de ses hommes quant eus l'aroient des leur, et que les barons font services au Conte de chevaus et d'armes qu'il ne pourroient faire se il ne le prenoient sur leur subgez ; — Responnent les gens Monsr le Conte que se l'en dit teles paroles ou non ce ne sont que devinalles, et se les barons font services à Monsr le Conte d'armes et de chevaus, cette deffense n'appartient mie as sougiez des barons.

Item. A ce que les procureurs dient que il plut as seigneurs d'Anjou et du Maine à ballier les baronnies par certains devoirs à leurs barons, et que ausi liesoit il as barons à ballier à leur sougiez par certaine redevance par quoi les barons ont l'aide de leur subgez, et ne la doivent mie les sougez au Conte ; — Responnent les gens Monsr le Conte que les procureurs ne se pevent deffendre ne couvrir du fet ni de l'accion d'autruy ; quar ceste aide et les autres d'autele condicion sont si generaument deues en Anjou, ou Maine, en Poitou, en Touraine, et en Normendie, et en toutes les conquestes que les Roys de France firent envers les Roys d'Engleterre, que nul ne s'en puet franchir que il ne les doie quant les cas avienent, se n'est par fet ou par titre especial. Et à ce que les procureurs dient que les barons qui sont hommes liges Monsr et li doivent services de cors, de chevaux et d'armes pour touz autres services et pour toutes aides, — Dient les gens le Conte que à eus procureurs des sougez des barons n'appartient pas ceste response : et se à eus appartenoit, si appert le contraire de ce que eus dient quant il i a partie des barons qui veulent tenir et garder leur foy et leur ligece à Monsr le Conte qui li congnoissent ses aides, l'un xl lb., l'autre l lb., l'autre lx lb., et les autres

plus ou moins, comme le visconte de Meleun, la dame de
Faye la Vineuse, le visconte de Touarz, le sire de Harecourt,
le sire de la Ferté et plusieurs autres. Et si doivent il au
Conte service de chevaux et d'armes si comme il appert
bien que les aides sont si generaument deues que nul ne
s'en puet defendre sanz espiciauté.

Item. A ce que les procureurs dient et requierent estre
premierement restabliz de ce qui a esté levé sur eus et sus
leur sougez par reson de l'aide devant l'appel et depuis, et
que la coustume est tele que eus le doivent estre en neant
la demande, o plege donnant; — Responnent les gens Monsr
le Conte que ce que le Roy veult et mande par ses lettres
à ses commissaires, que eus n'i metent nul debat, et que eus
veulent que les commissaires le facent segont la vertu de
leur commission, et non autrement.

Ce sont les responses que les gens Monsr Challes font
contre celes que les procureurs de la ville d'Angers ont
ballié as commissaires nostre sire le Roy pour eus defendre
de la talle.

Premierement. A ce que eus dient que eus n'entendent à
aprouver le Conte à partie ne son conseil, ne le fere partie
vers eus quant eus ne n'ont fet demande devant les commissaires, ne fet sen partie contre les procureurs, et si en
ont esté requis, et de eus fonder pour le Conte, et que il ne
ballent ces resons as commissaires fors à aler avant de
pur office; — Responnent les gens Monsr Challes que se
les procureurs ne veulent aprouver Monsr le Conte à partie
quant ses gens n'en ont fet demande, les gens Monsr n'i
font force : car ceste commission ne requiert mie plet ordené o tout ce que la demande a esté fete des ce que Monsr
la vout faire lever sus la ville d'Angers et sus le commun,
et eust fet lever, et feist oncore se il ne pleust au Roy
nostre sire à avoir aresté ceste cause. Et à ce que eus
dient que il ne se veulent estre fondez, — Dient les gens
Monsr que il ne n'ont mestier quant le Roy nostre sire a
mandé as commissaires que les gens Monsr presens eus

enquierent la verité qui doit l'aide, sus quele fourme et par qui main, [quiex] gens s'i sont presentez par tels personnes qui doit soufliere, comme le chevecier de Chartres et sire Renaut Barbou, envoïez à ce de par le Roy : et bien soufist as commissaires quant il sont gardes de sa terre o autres, son ballif d'Anjou et du Maine et son receveur.

Item. A la protestacion que les procureurs font que eus ne viennent mie obeir par le ban que la gent le Conte firent faire ; — Responnent la gent Mons' que envers les autres il ont respondu, et que ce qui fut fet, fut fet de par le Roy, si que les gens Mons' ne veulent que cele protestacion leur tiengne lieu ; mes eus font protestacion que Mons' le puet faire et le fera quant il en ara à fere en semblable cas ou en greigneur, et eust fet de par soi en cest cas se le mandement ne fust de par le Roy.

Item. A ce que les procureurs dient que la ville n'en doit point, et que villes closes ne fermées qui font talles n'en doivent point, et la ville d'Angers a acheté la talle que ele fesoit et tout ce qui y porroit appartenir, et en ont bonnes lettres de Mons' et de Madame, et confermement du Roy ; — Responnent la gent Mons' que ceste aide et les autres qui sont deues quant les cas aviennent et levées par autele condicion sont si generaument deues que nul ne s'en puet defendre se il n'est excepté par fet exprès ; o tout ce que depuis ce que la ville d'Angers acheta la taille pour eus defendre de ceste aide, les procureurs de la ville aporterent leur lettres devant Mons', son conseil present, et leur fut rendu par arrest que leur lettres ne les en delivrent point, ne ne leur tenoit à ce nul lieu ; et reçurent l'arrest sanz y metre debat et sanz faire appel.

Item. A ce que les procureurs dient que la ville s'est passée par païant la taille que il devoient sanz faire autre taille, et s'i sont plusieurs foiz plusieurs cas avenuz ; — Responnent les gens Mons' que se la ville s'est passée d'aucunes talles que l'en a levé ailleurs, talles ne sont mie aides, ne de riens ne leur semblent ; quar tailles sont levées par cas de neccessité et de volenté de prince : mes cestes aides nulne puet lever se les v cas pour quoi eles sont deues, ou l'un des cas n'avient, ne eus ne povent monstrer par fet apparissant que eus s'en soient passez ne franchiz par jugement ne par autre voie qui les en deffende. Si dient les gens Monsr que ceste passée ne ceste soufrance se einsi est encore ne les deffent mie par la grant grevance dont eles sont deues sanz fet apparent.

Item. A ce que les procureurs dient que servise haineus doit estre restraint de droit et non mie alognié sus ceus qui fet ne l'ont; — Responnent les gens Monsr que ce qui est deu par general coustume ne puet estre apelez servise haineus; et se avenuz sont les cas et fet ne l'ont, moult de choses sont seuffertes, les autres par grace, les autres par pitié, les autres par finances ou par autres contraus, si que non fere ne tout à seigneur son droit et especialment à souverain à qui tel devoir est deu par si grant grevance, et la doivent les treffons, non pas les personnes.

Item. A ce que les procureurs dient et font retenue que se cestes resons ne leur souffisent, que eus baudront autres se mestrer leur est; — Responnent les gens Monsr que ainsi ne fineroit jamès cause, et que eus ne veulent mie recevoir doubles resons, ne trebles, ou cas present, et leur soufist pour respondre à cestes defenses qu'il ont balliés as commissaires en eus fondant par procuracion mise par-devers les commissaires. Et à ce que les procureurs dient que se les resons et les coustumes que les autres debatans l'aide ont balliés leur pevent tenir lieu que eles leur valent; — Responnent les gens Monsr que à ce que les procureurs ont ballié eus obeissent à respondre si comme reson donrra; mes à estre batuz d'autre baston ne veulent il entendre; quar ausi pourroient dire que toutes les decretales et touz les droiz qui sont escriz leur tenissent lieu à leur querele, si aroient droit de le vouloir s'il leur estoit souffert. Mes parmi toutes ces resons les gens Monsr dient et offrent à maintenir ce que il dient estre vray; et se lesdiz commissaires ne sont plenierement enformez, il les en offrent à enfourmer en tout ou en partie tant avant comme reson donrra, à cele fin que les resons et les deffenses que il proposent à eus defendre de l'aide ne leur tiengne lieu segont ce que balliés sont, et segont ce que respondu y est.

A vous honorables hommes et discrez, messire l'evesque
de Soissons, le chantre de Paris, et noble homme monsieur
Gaucher d'Autresche, chevalier, commissaires envoïez de
par le Roy nostre sire es parties d'Anjou et du Maine, signi-
fient, denoncent et supplient les gens Mons' Mons' Challes
Conte esdites conteez que comme ledit Mons' le Conte eust
commencé ou fet commencer à lever esdites terres l'aide
du mariage Madame Ysabiau sa fille ainsnée sus touz ses
sougez desdites terres, et aucuns desdiz sougiez les uns par
appel, les autres par complainte et par supplicacion fussent
venuz à la court nostre sires le Roy en requerant que le Roy
nostre sires meist conseil en cele chose, et que il enqueist
quiex persones doivent cele aide, sus quele fourme, et par
quele maniere elle devoit estre levée, en disant ceus qui s'estoient apelez que ele n'estoit mie deue en la maniere que
on la vouloit lever ; et nostre sires le Roy voulant et desirant
que la terre et le droit dudit Mons' le Conte son frere soient
gardez et gouvernez par reson, et garder la pes et de ses
soubgez pour bien de pez o l'acort des genz et du conseil
Mons' le Conte et des complaingnanz et des procureurs des
appelans, vous eust mandé par ses lettres pendanz que vous
feissiez venir au Mans à certain jour pardevant vous touz
les barons et les abbez, les prieurs, les chapitres des eglises collegiaus et toutes autres personnes d'Eglise à qui touche la negoce de l'aide, et touz nobles et touz autres pour-
seanz fiez et rerefiez dudit Mons' le Conte esdites conteez,
et les cyteiens d'Anjou et du Mans et de toutes autres villes à
qui l'en demande lesdites aides, et illeques, presenz les
gens dudit Mons' le Conte vous enquerissiez diligeaument
desquiex persones lesdites aides sont deues, sus quel
fourme et par quel main il sont à lever, et se vous trouvez
certaineté desdites choses, vous souffrissiez les genz Mons'
le Conte lever lesdites aides en ostant tout empeeschement,
et se vous trouvez aucunnes choses doutouses, que vous
les raportassiez au Roy nostre Sire pour faire en sa volenté ;
et vous lesdiz commissaires selonc la teneur de la commission qui fete estoit l'aïez mandé bien et souffisaument, et
vostre mandement fait et acompli sollempnelment si

comme il apert par la relacion des executeurs qui ont fet
ledit commandement de par nostre sires le Roy, que toutes
les personnes dessusdites à qui le negoce de l'aide touche
fussent pardevant vous au mardi emprès la Saint-Andreu,
et il s'en offrit aucunnes personnes à cel jour, desqueles
nous les genz Monsr le Conte dessusdit vous requerions que
vous alissiez avant segont vostre commission, et les autres
qui ne se paressoient vous tenissiez pour defaillans pour
porter en tele poine et tel domage comme il s'en puet issir,
et vous de nostre volenté sanz nostre gré, fesanz protestacion pour Monsr le Conte que grace que vous feissiez d'alon-
gner le terme d'eus comparer ne feist prejudice à Monsr que
il n'en peust porter tel proufit comme il en puet chaoir segont ce que fet estoit, eussiez alongné le terme au mecredi,
juedi, venrredi, samedi, dyemenche, lundi et mardi ensi-
vans, si vous requerons que de ceus qui ne se sont comparuz souffisaument par eus ou par procureur que vous les
tiegniez pour defallans, et que il vous plaise à oster la
main le Roy et la vostre que Monsr puisse esploiter son
droit sus ceus qui point n'i metent debat quant du povoir le
Roy que vous avez vous les avez fet appeler souffisaument, et apparuz ne se sont : et se vous estes enfourmez du
droit Monsr le Conte quant envers ceus qui apparuz se sont
vous le vuilliez delivrer et soufrir que il puisse lever son
droit en ostant tout l'empeschement, si comme le Roy l'a
mandé.

Item. Nous faisons protestacion à monstrer en lieu et en
temps que ceus qui ont envoïez procureurs ne sont mie
souffisaument venuz fondez ne o procureurs, par quoi il
doivent estre receuz : et ceste protestacion nous avons touz
jours maintenue et entendons à maintenir pour avoir en
tel proufit ou cas dessusdit comme il s'en puet issir, comme
pour defallant en cas proposé quant les appiaus se cessent par ceste commission, se lesdites procuracions ne
se pevent soustenir.

Item. Nous pour Monsr le Conte fesons protestacion que
vous ne puissiez ne ne doiez recevoir tesmoins de la partie
des appelans et des debatans l'aide qui li face prejudice en

sa demande, ne aide en leur deffense, comme Mons' le
Conte soit acteur en cest cas, ne il ne li demandent riens,
mes se deffendent de sa demande si que à negative prouver ne doivent il estre receuz par droit.

Item. Nous pour Mons' le Conte fesons protestacion que
tesmoignage qui soit porté contre lui par les tesmoinz que
il ont bailliez ne li puisse nuire, car à touz ceus ceste demande est faite, et ainsi deposeroient il en leur cause et en
voudroient porter proufit, laquele chose ne pourroit estre
soufferte par droit, et o tout cen d'iceus tesmoins il i a grant
partie qui ont pledié la cause et conseillié encore Mons'
tout en appert devant les genz Mons' par plusieurs fois, et
devant vous commissaires, si que à leur tesmoingnage ne
doit estre foy adjoustée en ce cas, en maniere que il porte
prejudice à Mons' le Conte ne proufit à ses contraires, car
la cause est leur principaument.

Item. Nous pour Mons' le Conte faisons protestacion et
retenue que nous avons à metre tesmoins bien sachanz,
dignes de foy, vieuz et anciens qui sont malades et ne puent
estre venuz aporter tesmoing en ceste cause, que nous vau-
drons qui soient oiz en lieu et en temps se mestier est ; et
si avons registres anciens en chastel Mons' le Conte à Angers qui font mencion de ceste aide, et d'autres semblables
en la manere comment elles ont este levées ; dont nous
faisons protestacion de les traire en lieu et en temps se mestier
est, et vous n'estes souffisaument enfourmez du droit Mons'
en la manere que nous le proposons.

Item. Nous pour Mons' le Conte fesons protestacion que
ceus qui sont amenez contre eus à prouver ou à tesmoignier
les coustumes leur tesmoignage ne nuise ; quar il sont prin-
cipaus demandeurs en la cause de l'appel, et leur touche
principaument, et tesmoingnent en leur cause meismes ;
et sont ceus meismes qui ont appelé, et l'ont confessé plusieurs persones.

La coustume general est tele es conteez d'Anjou et du Maine
que quant noble homme ou gentilhomme est fet chevalier.

Et quant son filz ainzné est fait chevalier,

Et quant il a marié sa fille ainznée,

Et pour la raacon de son cors,

Et quant il achate terre une foiz en sa vie,

Les aides sont dues au Conte es v cas dessusdiz de leur sougez.

Et que ce est commune renommée es contez dessusdites.

Item. Que il en usent et sont en bonne saisine d'en user quant le cas dessusdit ou aucun d'iceus avienent.

Item. Que le Conte d'Anjou et du Maine par soi ou par ses devanciers est et a esté en bonne saisine de si lonc temps que il doit souffire de lever et de faire lever lesdites aides es v cas dessusdiz ou en aucuns d'iceus quant il sont avenuz.

Item. Que quant lesdites aides sont abonnées de ancienneté, les nobles et les gentis dessusdiz prouvent l'abonnement.

Item. Que quant les aides ne sont pas abonnées, eles sont dues en la manere qui s'ensuit :

C'est assavoir de chascun quartier de vigne, de pré, de bois, et de chascune sextiere de terre 1 d. en Anjou et 1 mansais ou Maine.

Item. du four à ban.

Item. du pressour à ban.

Item. de la masure à ban.

Item. de la disme qui vaut lx s. de rente ou plus

v. s. t. en Anjou et mansais en Maine.

Item. Es villes et es bours le double dou chef (?) cens.

Et de ces choses se puet l'en enformer par le commun du païs.

Cette affaire fut terminée par la transaction qui suit.

27

6 mai 1302

Arch. Nat., J 178, Anjou, n° 62. Original scellé.

Philippus Dei Gracia Francorum Rex, universis presentes litteras inspecturis salutem. Notum facimus quod in nostra

curia constituti karissimus germanus et fidelis noster Karolus, Andegavie et Cenomannie Comes per se ex una parte,
et Guillelmus de Veer d'Aron miles, Radulphus de Romp-
perous, Johannes le Veer de Voutre, frater Thomas de
Savigneyo et frater Guillelmus Brune procuratores quam-
plurium qui ad nostram audienciam una cum eisdem appel-
laverant a dicti comitis curia, racione quorumdam auxilio-
rum que idem comes ab eis petebat pro se et dictis eorum
dominis ex altera, qui procuratores pro se et dictis appel-
lantibus quorum sunt procuratores dicte appellacioni sue in
primis renunciaverunt, et de bene placito curie nostre que
super eis remisit emendam, super totali debato predicto concordaverunt prout in cedula curie nostre ab ipsis partibus
tradita continetur, cujus cedule tenor sequitur in hec verba :

Il est acordé entre Monseigneur Charles, Comte d'Anjou
et du Maine d'une part, et les procureurs des appelanz
d'Anjou et du Maine en leur non et où non desdiz appelanz
de qui ilz sont procureurs souffisaument establiz, *Premierement* faite renunciation de touz appeaus tout simplement,
que ce que les genz dudit Conte ont levé par raison de l'aide
de sa fille marier li demourra franc et quitte segon la
forme et la maniere que ses gens l'assistrent.

Item. Que il donnent des orendroit audit Conte à prendre
par sa main seur les gentilz homes, et les gentilz homes
seur leur subgiez, autant comme une des aides monteroit à
lever de touz leurs subgiez de degré en degré, en la forme
et en la maniere que l'en la lieve pour aucuns des barons
quant le cas li eschiet de lever aide de ses subgiez : et aura
ledit Conte ce qui sera levé entierement senz ce que nul des
subgiez en puisse riens retenir.

Item. Que par ce que il lessent au Conte ce que ses genz
ont levé et que il li donnent autant comme un aide vaudroit
si comme il est dessus dit, ne leur soit fait prejudice ou temps
à venir en proprieté ne en saisine ; et de ce leur donrra ledit
Conte ses lettres.

Item. Que les genz dudit Conte, rendront et remetront à
estat deu ce que il ont pris seur les appelanz ou seur leur
subgiez l'appel pendant pour ce que il ne leur ont obei.

Item. Il est acordé que ledit Conte oïes les raisons desdiz appelanz et de touz ceus qui à cest acort se voudront tenir, enquerra ou fera enquerre en la maniere que il verra que bon soit et par qui que il voudra savoir mon se il li doivent les aides, et se il les li doivent, comment et par queles mains il doivent estre levées, et ce enquis il pronuncera segon sa conscience en laquele il se mettent du tout, en renonçant à tout appel et à toute supplicacion et à toute autre voie par quoi il pourroient venir contre sa sentence ; et de sa pronunciacion il leur donrra tel assenement qui portera fin à touz jours mais.

Item. Que pour cas qui aviengne ou soit ja avenu ledit Conte ne pourra lever ne demander aide jusques à tant que il ait donné sa sentence.

Item. Il est accordé que par ceste ordenance ne soit fait prejudice audit Conte que il ne puisse demander l'aide aus barons se il cuide que il la li doient, en tel maniere que se il estoit trouvé que les barons la deussent et que il la peussent prandre seur leurs subgiez, que ce que il en donnent maintenant leur tourne en paiement, et ne fera prejudice aus subgiez cognoissance que les barons en facent.

Item. Il est acordé que se il est declaré par la sentence du Conte que les appelanz doivent l'aide, ce que il donnent maintenant de leur volanté sera converti en paiement de l'aide deue pour raison de Ysabel, jadis fille ainnée doudit Conte.

Item. Que pour raison de l'appel ne de chose qui faite soit, ne de sentence que il donne en ceste cause de tant comme appartient à ces aides, ledit Conte ne demandera ne ne levera amende desdiz appelanz, ne de ceus qui à cest acort se voudront tenir, se il n'aloient contre sa sentence.

Item. Il est acordé que touz ceus qui à cest acort se voudront tenir pourront comparer pardevant ledit Conte et aler avant par procureurs souffisaument establiz senz grace en ce qui demeure à faire par ledit Conte seur les aides.

A toutes ces choses tenir et fermement acomplir se sont obligiez monseigneur Guillaume le Veer d'Aron, et Raoul de Raoulperrous en leur non en tant comme il leur touche,

ɔmme procureurs en non desdiz appelanz, senz obliger
s biens pour lesdiz appelanz.

em. Il est acordé que il pourront amener d'une partie
autre les tesmoins qui ont autrefoiz esté traiz par raison
aide, senz ce que ce que il ont esté examinez leur face
udice.

em. De cinc abbeïes qui estoient en cest appel, c'est
voir Savingny, Evron, Fontaine Daniel, Clermont et
npaigne, il est acordé que il n'en poieront nient ne euls
urs hommes jusques à tant que monseigneur Raoul de
ɛcourt en aura dit sa volanté sus qui il s'en sont mis du
en tout, senz venir encontre. Et ne seront lesdiz reli-
s tenuz à païer amendes fors aussi comme les appelanz
ɩusdiz.

ı cujus rei testimonium presentibus litteris nostrum feci-
ɩ apponi sigillum. Actum Parisius apud Luparam, co-
nobis de consensu partium predictarum, die Sabbati
festum Beati-Gregorii anno Domini millesimo trecen-
esimo secundo.

28

Mars 1308.

Arch. Nat. J 179. Anjou, n° 71.

ɩalles filz de Roy de France, conte de Valoys, d'Alençon,
hartres, d'Anjou et du Maine, à nos chiers et amez Erart
de Valery, chevalier, mestre Pierres, dit Le Riche,
ɩ-doïen de Chartres, et mestre Pierres Goujeul, doïen
fans, salut et bon amour. Les lettres faites sus les acorz
levant nostre sire le Roy entre nous et nos subjez de
ontée d'Anjou et du Maine seellées du seel nostre sire
oy, nous vous envoïons [en] la forme qui s'ensuit, con-
ınt: Philippus, etc. . . . .

. . . .

ɩr la vertu desqueles lettres nous vous mandons et com-
tons que vous augiez en propres personnes es lieus de
te contée et enquerez bien et diligaument selonc la te-

neur des acorz contenuz esdictes lettres, la maniere et la forme de lever et esploitier les aides de quoi il fait mencion esdictes lettres et en quantes manieres, et pour quoi les-dictes aides sont deues, et oez toutes les raisons des barons et de touz les autres nobles hommes, et de toutes les per-sonnes de religion, abbez, prieurs et convenz et chapi-tres d'eglises collegiaus, et de toutes autres manieres de per-sonnes d'Eglise quelles que il soient, de religion ou de siecle, abbeesse, prieuresses, freres de l'hospital de Grant-Mont et des subgiez de l'ordre qui fu jadis du Temple, et de ceuls des citez d'Angiers et du Mans, et de toutes autres bonnes villes grosses et petites, assises dedenz les fins de la terre d'Anjou et du Maine, quelles quelles soient, et comment il soient appelées et receues, en seur que tout toutes manieres de preuves et de tesmoins qui à ce seront neccessaires, et enquerez bien du tout en tout et diligaument de tout ce qui y appartient à enquerre selonc la teneur dudit acort la ve-rité, si et en tele maniere que parce vous en aroiz fait, trouvé et enquis, et nous aroiz rapporté ou envoïé enclos souz voz seaus, appellez noz genz et touz ceuls qui i sont à appeler, lesquiex nous faisons semondre et appeler par-devant vous au jour dou mois de Pasques prochain venant à Angiers ; et mandons à noz souz-baillis que il vous certefient par leurs lettres pendanz annexées as noz la maniere des semonses et des appeaus comment ilz aront esté faiz, que nous ce oy et rapporté et veu o diligence, puissons dire, or-dener et pronuncier selonc nostre conscience et la teneur dudit acort nostre sentence la maniere de lever et esploiter lesdictes aides, et commandons à touz et donnons en comman-dement par la teneur de ces lettres que ils obeissent à vous en toutes ces choses et en totes celes qui y pevent apparte-nir et en sont deppendanz, sus quant que il se pevent meffaire en vers nous. Et est nostre entente que se tous trois n'i povez estre ensemble, que deuls de vous les devantdites choses et ce qui y puet appartenir puissiez faire et acom-plir selonc la teneur dudit acort. Et aurons ferme et estable ce que vous en feroiz et ce qui en sera fait par vous en la maniere dessusdite en non de nous et pour nous ; et vous

donnons povair de adjorner, semondre et mettre jour as-
dictes parties pardevant nous à jour certain, et selonc le jour
que vous leur mettroiz par voz lettres nous certefiez. Donné
souz nostre seel la semaine devant la mi-karesme l'an de
grace mil ccc et huit.

29

23 octobre 1312.

Arch. Nat. J 179, n° 87. Anjou.

Challes filz de Roy de France, conte de Valeys, d'Alenczon,
de Chartres et d'Angeou, fesons savoir à touz que comme
ou temps passé nostre ballif d'Angeou ou terreour et en la
chastelenie de Saumur feist bannir et crier à ban que touz
ceaux qui nous devoient serjanz d'armes les monstrassent
pardavant luy ou à son lieutenant pour venir emprès nous
e ovesques nous en la guerre de Flandres, e ce fet le prioul
de Cunaut qui nous devoit et doit treize serjanz de pyé quant
nous avons guerre contre noz ennemis ne nous en eust nul
envoyé, ne aucun n'en venist de par luy ovesques nous en
ladicte guerre, e pour ce nostre ballif le traïst en cause pardevant luy en nostre court de Saumur, disant que il en avoit
esté en deffaute e le vouloit pour ce traiere à amender, li-
dis prioul disant que ce ne devoit pas estre fait par mout de
reisons en soy deffendant e sauvant à l'encontre, e espicialment entre les autres reisons pour ce que il n'aveit pas esté
souffisaument requis desdiz serjanz monstriez e envoyez
ovesques nous en ladicte guerre, e fust ore pousé que il eust
esté de ce souffisaument requis, laquelle chose il ne que-
noysoit mie, si disoit il que il n'i estoit pas tenuz à envoyer
lesdiz serjanz oveiques nous en la guerre de Flandres
quant ce n'estoit par la reson de nostre contée d'Anjou, et
que il devoit estre requis espicialment à ce par nous ou
par autre de nostre espicial commandement, e à ce monstrer e prouver il mist avant seu ses privileges et espicialment unes lettres seelés dou seal de nostre predecessour
Jouffroy, jadis conte d'Anjou; pour quoy les resons oyes e

entendues et regardées lesdictes lettres, nous vousimes e
voulons que ledit prioul soit sus ce lessiez ester sanz aucunes molestes, sauve que il e ses successeurs sunt e soient
tenuz de nous monstrer, presenter et envoyer en nostre
guerre contre noz ennemis quant le cas aviendra treize
serjanz de pyé selonc la coustume du pays e du terreour
d'Anjou, requis sus ce souffisaument par avant selonc la tenour desdictes lettres e de ses privileges; lesquiex nous
voulons que il demuergent en vertu. En tesmoign de ce nous
avons feit mettre notre seel à ces presentes lettres données à
Paris l'an de graice mil troys cenz e douze, le lundi apres la
feste Saint-Luc Evangeliste.

Data presentis copie sub sigillo curie Andegavensis, die
Dominica post octabas Assumptionis Beate Marie Virginis,
anno Domini millesimo trecentesimo quarto decimo.

30

Vers mars 1314.

Arch. Nat. J 179, n° 102ª. Anjou. Annexé au n° 102.

A ses chiers seigneurs commissaires, Monseigneur Monseigneur Challes et au bailif d'Anjou, Geffroy Le Bouthelier
serjant de la quinte d'Angiers me recommant à vous. Je
vous [faiz] asavoir que j'ai ajourné pardevant vous au Mans
troiz semaines après la Pentecouste les personnes si de-
sous nommées. Premierement.....

31

15 juin 1314.

Arch. Nat. J. 179, n° 102. Anjou.

A honorable et très-sage home sire Pierre Honnouré,
bailli d'Anjou et du Mainne, Girart de la Villenueve, sous-
bailli de Baugé vostre subgez, honneur et reverance et toute

obeissance à voz commandemens. Mon chier seigneur savoir vous fays que secont vostre mandement que vous nous avés fait par vos lettres, nous avons commandé de par nostre chier seigneur le conte d'Anjou et de par vous aus sergens nostredit seigneur ou ressort de Baugé que il adjournassent aus troys semainnes de Penthecouste derrenierement passée au Mans pardevant le noble conseilg et les commissaires de nostre chier et puissant seigneur dessusdit les barons, les nobles et non-nobles, les abbés, les prieurs et toutes les autres personnes d'yglise et les bourgoys estagiers oudit ressort, liquel sergent nous ont raporté par leurs serement et par souffisant recort que il ont fait lesdiz adjournemens suffisaument et secont ce que il est contenu es escriptures desdiz sergens que je vous envoy enclous souz mon seau. Escript sous mon seel ces lettres le semady après la Saint-Barnabé l'an mil ccc xiiii.

32

19 avril 1317.

Serment de fidélité fait au Roi par l'eveque d'Angers.

Dom Housseau, t. VIII, n° 3483.

A tous ceuls qui verront et orront cestes presentes lectres, Almauri sire de Craon aïant povoir e commandement de très-excellent prince Monsour Philippe par la grace de Dieu Roy de France e de Navarre, e de recevoir les chouses qui se ensevent, salus en Noustre Seignour. Sachez que en noustre presence personnelment establi reverent pere en Dieu, Guillaume dit Le Maire, par la permission divine evesque de Angers, en la chapelle doudit reverent pere de Villevesque, en l'an de grace 1317 le 19e jour d'avril, fist audit nostre sire le Roy de France absent, e à nous en non de li, serment de foyauté en la meniere qui s'enseit : c'est assavoir l'estole li mise au coul en maniere de croy et la main mise au pis, les evangiles devant lui mises, jura foy et loyauté audit Monsieur Philippe, Roy de France, e à son fils Roy doudit royaume après lui, e que il gardera lour corps, lour menbres et lour vies, lour drois e lour honnour temporel, e si il li demandent conseil il le lour donrra bon e loïal, e si plus i a de generauté de ce que les autres prelas devient faire, il le tient pour fait. Cestes chouses furent faites ou devantdit jour et leu, presens à ce G. de Brain, doyen de Saint-Jouhan d'Angiers ; Herbert de l'iglise de Villeevesque ; G. de Souvigné, de l'iglise de Brain-sus Aution, retor ; Macé, priour dou Port, prestres : Huet de Courcillon, valet, et plusours autres. En tesmoing de laquelle chouse nous li avons donné cestres presentes lestres sellées de noustre seau. Donné ou jour e ou leu e en l'an desusdis.

33

Décembre 1295. — Juin 1317.

Arch. Nat. K 214, n° 19 ; Ex registro rerum Andegavensium Cameræ compotorum Parisensis, f° 77.

Philippus D. G. F. R., notum facimus universis tam presentibus quam futuris quod cum Mauricius de Credonio quondam miles, tempore quo vivebat nos requisierit ut ratione suæ senescalliæ Andegaviæ, Cenomaniæ et Turonis sibi liberaremus tertiam partem emendarum pro nobis levatarum a Lombardis captis prima vice, pro eo quod contra prohibitiones regias in regno nostro usuras exercuerant qui tunc temporis in sua senescallia morabantur ; *Item,* similiter nos requisierit ut tertiam partem emendarum nobis factarum et pro nobis levatarum a Lombardis in sua senescallia morantibus ultima vice pro causa consimili captis sibi liberaremus ; *Item,* nos requisierit ut tertiam partem emendarum nobis factarum pro delictis commissis contra episcopum Seno. (1) de garda nostra existentem sibi liberaremus, dic-

_____

(1) *Sic.* Ms. Mais il s'agit ici bien plutôt de l'évêque du Mans que de l'archevêque de Sens.

toque Mauricio in suis predictis petitionibus ad plenum non exaudito viam universæ carnis ingresso relicta predicti Mauricii nomine Amaurici filii et heredis dicti Mauricii quoniam habet suum ballum dictas petitiones nobis fecit cum instantia, petens nomine dicti filii sui tertiam partem dictarum emendarum rationibus predictis sibi reddi ; Baillivo nostro Turonis pro nobis ex adverso dicente per plures rationes dictam dominam nullum jus habere debere in predictis emendis ; tandem auditis hinc inde propositis et partium rationibus plenius intellectis ; visa carta senescalliæ, visis etiam aliquibus instrumentis, et visa etiam inquesta super expletatione facta ex parte dictæ dominæ pro bonis exhibitis, pronunciatum fuit per curiæ nostræ judicium tertiam partem dictarum emendarum ad dictam dominam ratione et nomine filii sui predicti pertinere. Quod ut firmum et stabile permaneat in futurum presentibus litteris nostrum fecimus apponi sigillum. Actum Parisius anno Domini 1295, mense decembris.

Et comme notre amé et feal Amaury, sire de Creon, seneschal de Touraine, d'Anjou et du Maine se fut complains à nous que notre tres-chier seigneur et pere le Roy Philippes de bonne memoire ou temps que il vivoit, et son baillif et le procureur de la baillie de Touraine, et le procureur general dudit notre tres-chier seigneur et pere qui pour le temps etoit luy avoit mis empechement et encores le mettoit nos gens, par quoy il ne pouvoit avoir et percevoir la tierce partie que il disoit à soy appartenir pour raison de sadite senechaussée es amandes cy dessous nommées, c'est à savoir es amandes en quoy furent condamnés Hues sire de Baucay et ses complices ou Parlement de Paris, pour plusieurs meffais faiz et commis par force d'armes à Guy Oudart, chevalier, et en ses biens assis dedans les bornes de sadite senechaussie de Touraine, desquelles le baillif de Touraine et les procureurs dessusdis qui pour le temps etoient en Parlement à Paris disoient et affermoient nulle portion et nulle partie audit seneschal appartenir, pour ce que lesd. meffais avoient esté fais par force d'armes, desquelles ils disoient la congnoissance et

punissement appartenir seulement à nous et non à autre,
et pour ce que la congnoissance et condampnation desdiz
meffais avoient esté faittes en Parlement à Paris et non pas
devant ledit seneschal ou son lieutenant en ladite seneschaucie, et par plusieurs autres raisons ; *Item*, sur ce qu'il
demandoit la tierce partie de l'amande en laquelle le sire de
Milly avoit esté condampné en Parlement pour plusieurs meffais fais par luy à l'abbé et autrement de Saint-Julien de
Tours, en l'un de leurs priorés assis dedans les bornes de
ladite senechiaussie ; *Item*, sur ce que il demandoit la tierce
partie de l'amende en quoy avoit eté condamné en Parlement
le sire de Prully pour plusieurs meffais commis et faits par
luy à l'abbé et au couvent de Prully en ladite seneschaucie ;
Item, sur ce que il demandoit avoir la tierce partie de
l'amende en laquelle avoit eté condamné en Parlement Robert d'Antenaise, chevalier pour plusieurs meffais commis
par luy et fais à l'evesque du Mans et en sa terre, esquelles
trois amendes lesdis baillif et procureur disoient nul droit
ne nulle raison appartenir audit seneschal, pour ce mesmement que lesdis abbés et couvens et ledit evesque et
leurs biens etoient et sont de notre garde especial, par quoy
disoient à nous appartenir purement et seulement la congnoissance et punissement desdits meffais, et tous les
emolumens qui despendre s'en povoient, et encore pour ce
que la congnoissance et condemnation de ces meffais avoit
esté faittes en Parlement à Paris, et non pas devant led. se-
neschalle ou son lieutenant en ladite seneschaussie ; *Item*,
sur ce que ledit seneschal disoit et proposoit en prejudice
de luy et de son droit avoir eté faite separation des prevostez de Tours et de Chinon, esquelles il a et prend comme
seneschal de chacune cinquante livres un marc d'argent ou
pois de Tours, les peages par terre et par eaux, et aucunes
autres rentes qui anciennement avoient esté affermées et
levées ensemble avec lesdites prevostez, et esquelz peages
et rente il avoit accoutumé à prendre et il prenoit ses mars
dessusdis, pour quoy il requeroit ladite separation et des-
seurance estre mise au neant et estre ramenée au premier
estat. Lesdits baillif et procureur au contraire proposans

et disans que tout en usent ledit seneschal et ses devanciers
[ont] usé et exploittié de long temps, toutevoyes n'y devoit il
plus rien prendre pour ce que selon la teneur de sa lettre de
sadite seneschaucie, de laquelle la teneur est cy-dessus contenue, en nos demaines royaux tout'ce soit ce que il preingne
lesdis mars desdites prevostés, et que celles choses separées
et desseurées des dites prevostez, est eussent et sont demaines
renteiz; *Item*, sur ce que ledit seneschal disoit les sous-baillis
de Tours, de Chinon et de Loudun et aucuns autres lieutenans
ou commissaires tenir assises et plais en absence dudit
seneschal ou de son lieutenant esdites seneschaussées, l'e-
molument et le prouffit de queux assises et plaiz il traient
et s'efforcent de traire tout entierement par devers nous ou
prejudice dudit seneschal et de son droit. *Item*, sur ce que
ledit seneschal disoit aucuns lieux assis dedans sadite
seneschaussie, esquiels il a son droit comme seneschal,
avoient esté conjoinz et appliquez en prejudice de soy aux
chastellenies de Loches et de Chastelon, lesquels sont hors de
saditte seneschaucie, et où il ne prend riens : *Item*, sur ce
que ledit seneschal requeroit la tierce partie de l'amende en
laquelle avoient eté condampnés les bourgeois de Cheteneu
de Tours pour plusieurs excès commis et fais par eux es
personnes du chapitre Saint-Martin de Tours dedans les bornes dudit Cateuneu. *Item*, sur ce que ledit seneschal requeroit à avoir en la ville et chastellenie de Longès le tiers de
toutes les amendes et ses mars et autres droits ainsi comme
il avoit es autres chatellenies et prevostez de sadite seneschaucie. Lesdis baillif et procureur disans et proposans
ledit seneschal en ladite ville et chastellenie avoir nul droit
es amendes ne es mars d'icelles, pour ce que Maurice de
Craon pere dudit Amaury avoit donné le droit que il avoit à
feu Pierre de la Brossa, la cause duquel estoit revenue à
nous : *Item*, sur ce que ledit seneschal demandoit avoir la
tierce partie des amendes esquelles les bailliz, sergens et
autres officiers de ladite seneschaucie avoient esté condampnez par certains commissaires en ladite seneschaucie envoyez par plusieurs fois, lesdis baillif et procureur disans par
plusieurs raisons que ledit seneschal n'i devoit riens prendre.

Sur lesquelles choses toutes et singulieres ledit seneschal avoit requis à notre tres-chier seigneur et pere dessusdit et à notre tres-chier seigneur et frere le Roy Loys nos predecesseurs, et encore à grant instance requeroit à nous et generaument sur le droit qu'il avoit et pouvoit avoir et li avoit eté octroyé ou à ses ancesseurs es seneschaucies dessusdites, à luy estre faite delivrance et pleniere declaration et restitution de ce qui luy en partenoit ou pouvoit et devoit appartenir. Nous, entendues et diligeamment examinées les raisons tant de notre partie comme de la partie dudit seneschal, veillans restraindre toutes malices et oster toutes doubtes et obscurtés qui sur les lettres et autres choses dessusdites pourroient naistre ou temps à venir, considerans le grand service, la cause et les raisons pour lesquels lesdites seneschaucies furent octroyées par nos predecesseurs aux ancesseurs dudit seneschal, et enformez plainement des exploits et usages de celui et de ses devanciers, eu sur ce notre conseil et notre deliberation, disons, prononcons et declarons en la fourme qui s'ensuit : Premierement, des amendes du sieur de Baucay et de ses complices, *Item*, de l'amende dudit sieur de Mailly, *Item*, de l'amende dudit sieur de Pruilly. *Item*, de l'amende dudit sieur d'Aurnoise chevalier, la tierce partie appartenir audit seneschal pour raison de sadite seneschaucie, non contrestant les raisons proposées au contraire par lesd. baillif et procureurs. *Item*, qu'il aura et prendra ses mars d'argent es prevostez et es peages de sesdites seneschaucies, tant par terre comme par eaue, et en toutes les choses appartenans aux prevotez, exceptez nos propres demaines, c'est assavoir terres, vignes, prés, cens, rentes certaines et perpetuelles, esquelles il ne prendra riens pour raisons desdits mars. *Item*, les soubaillifs desdites seneschaucies, lieutenans et commissaires ne tendront plaiz ne assises des ores en avant en absence dudit seneschal ou de son lieutenant, si n'est en cas hastifs qui ne pouroient attendre prolongue ou dilation, et en ceux cas les pourront tenir sauf le droit dudit seneschal es amendes et en tout ce qui en pourroit despendre. *Item*, les lieux qui ont eté soustraits de sesdites seneschaucies et conjoins à autres chastellenies

dehors icelles, esquelles chastellenies il ne prend rien,
nous voulons que par le baillif de Touraine et par le lieutenant dudit seneschal ou de ses successeurs qui pour le
temps seront soient ramenées à l'estat ancien, et sur ce
leur donnons plain pouvoir. *Item*, de la demande des bourgeois du Chateau noef de Tours, ledit seneschal se est
assenti pour certaines causes, sans toutefois prejudice de
son droit et autres choses, que il ne aura riens ne d'autres meffais commis et fais des ores en avant dedans les bornes dudit Chateau noef ; mais en tous les cas où les habitans dudit Chateau noef se mefferoient hors lesdites bornes,
ou feroient autres choses pour lesquelles aucuns proffits
nous pourroient estre acquis, ledit seneschal y aura son
droit comme sur les autres de sa seneschaucie. *Item*, en la
ville et chastellenie de Langès ledit seneschal n'aura nuls
mars, ne il ne prendra riens es amendes jugies et tauxies
en ladite chastellenie : mais si les habitans de cette ville et
chastellenie commettoient aucuns meffais hors de ladite
chastellenie esdites seneschaucies, ou estoient condamnés
ou tauxés en aucunes amendes ou forfaitures, ledit seneschal y auroit son tiers. *Item*, des amendes et forfaitures et
punitions qui ont eté et seront levées des baillifs, sergens
et autres officiaux de Touraine dont ledit seneschal estoit
requerant, il aura son tiers non obstant les raisons par nos
gens pour nous proposées. Et voulons outre ce generaument le droit dudit seneschal esdites seneschauciez decla-
rans, et les lettres dessus escriptes interpretans à la fin que
ou temps à venir aucune obscurté, doubte, ou quelconque
ambiguité n'en puisse naistre ou issir, que de tous les meffais, forfaitures et explois faits et commis, et qui avendront
et avenir pourront esdites seneschaucies tant pour le tems
passé comme pour le temps à venir, ledit seneschal ait en tout
et partout, exceptez les lieux dont ledit seneschal s'est accordé
que il n'aura riens, si comme dessus est contenu, son tiers
paisiblement en quelconque lieu, par quelconques juges ordinaires ou extraordinaires la congnoissance et condempnacion
ou l'une d'iceux soient faites, sans ce que fraude en puisse
estre faitte sous couleur de finance, de composicion ou de

don, ou en autre quelconque maniere que toujours et en tout
tems son droit ne luy soit purement et clairement acquis dès
le temps du meffait fait ou commis, ou de l'exploit avenu, et
toutes les lettres dessus escriptes, et les teneurs d'icelles en
tous et singuliers articles à pleniere deliberation eue sur ce ;
et de certaine science nous loons, approuvons, ratifions, et de
notre auctorité royal confermons, et à perpetuel memoire des
choses passées pour le temps à venir publions avec les declarations dessus contenues, voulans et consentans cette presente ratification, confirmation, publication valoir et avoir
fermeté en tout et partout à tous jours mes aussi comme les
originaux d'iceux lettres dessus escriptes, et noyantmains
voulons que ledit seneschal, ses hoirs et ceulx qui de luy
auront cause lesdites seneschaussies tiengne, gouverne et
exerce tant en mettant ses lieutenans comme ses clercs et sergens usans des offices ou gouvernement desdites seneschaucies en la maniere que il a accoutumée. Et ces choses dessusdites toutes et chacune d'icelles nous declarons audit seneschal
et à ses hoirs et successeurs et à ceulx qui de luy auront
cause ou temps à venir et à perptuau fermeté disons et pro-
nonçons et de notre povoir et auctorité royal et de certaine
science confermons. Et pour ce que toutes les choses dessusdites et chacune d'icelles soient à tous jours fermes et
estables, gardées sans empechement nul, nous avons à ces
presentes lettres fait mettre notre seel, sauf en autres choses
notre droit, et en toutes choses le droit d'autry. Ce fut fait et
donné à Livry en Lannois l'an de grace mil trois cens et dix
sept au mois de juin.

34

1319.

Limitation du droit de chasse.

Arch. nat. J 177, n° 24; La Ferté-Bernard. Original scellé.

Nous Phelipe fuiz ainzné dou Conte de Valoys, Conte dou
Mayne, fesons asavoir à touz que nous pour toute la terre

que nous devions assoair à Bernart de la Ferté le plus jeunre
e à Johanne sa fame par unes convenances pieca faites entre
nous..... avons baillé et assigné..... par heritaige le
chastel et toute la chastelerie de Loupelande o toutes les
gaigneries..... o tout droit, saignourie, justice, juridiction
haute et basse..... Et voulons et nous assentons que si lesdiz
Bernart et Johanne ou ceulx qui cause en auront, ou qui ladite chastelerie tendront et pourrsserront, levoient ou fesoient
lever bestes esdites chouses à eulx baillées et assignées de
nous si comme desus est dit, il ne les pourront parcourre
ne suyvre en ce que nous avons retenu, ne en noz autres
lieus et doumaines, fors tant soulement une archée ou environ, poy plus poy mains. Et se les chiens qui suyvraint
la beste levée couroient plus avant que ladite archée ne
monteroit si comme desus est dit, il n'en seroit fait point
d'amende, pour quoy le veneour qui la beste suyvroit vousist jurer et faist voir par son serement que il auroit fait son
poair des chiens retraire. Et se par aventure la beste cha-
ciée estoit prinse outre le point et le mette desusdiz, en nous
rendant la beste prinse point d'autre amende n'en seroit
faite, en fesant o tout ce dou veneours le serement comme
desus est dit.....

35

Mars 1330.

Angiers.

Littera domini de Credonio per quam dimittit domino Regi
et transfert in eum totum jus quod habebat in senescallia
sua Andegavie et Cenomanie pro M V° *l. terre, et* X^m *l. semel*
in pecunia; et data mense marcii anno M° CCC° XXX°.
Ponenda in thesauro litterarum domini Regis.
Tradita per magistrum J. Acquile XII^a *marcii anno* M° CCC° XLVII°
michi J. de Cava.

A. Archives Nationales, J 175 , n° 36. Original scellé.
B. Dom Housseau, t. VIII, n° 3537.

A touz ceus qui ces presentes lettres verront et orront,
Amalri seigneur de Craon salut. Savoir faisons à touz pre-

senz et à venir que comme nous nous soiens complainz pluseurs fois à nostre tres-chier et tres-redouté seigneur Monseigneur Philippe par la grace de Dieu Roy de France, en
disant que pour cause de nos seneschauciees des bailliages
d'Angeou et du Maine, le tiers des amendes des officiauls,
sergens, advocaz, des portemenz d'armes, des proufiz advenanz d'eschaetes es champs de bataille nous appartenoit
comme à seneschal, ouquel l'en nous avoit mis empêeche-
ment indeuement et contre raison ou temps passé, et que
nostre très-chier seigneur Monseigneur de Valois son pere
que Diex absoille et luy avoient pluseurs amendes données
et quittiées, desqueles nous disions le tiers à nous appartenir comme à seneschal, et que celles donnoisons et quit-
tances soit ce que elles peussent valoir quant aus deus
parties à eulz appartenanz, toutes voies quant à la tierce
partie à nous comme à seneschal appartenanz elles ne nous
povoient ne devoient porter prejudice si comme nous disions, et pour ce ou temps de nozdiz seigneurs jusques à
maintenant nous aions poursui nostredicte complainte,
afin que dudit tiers es cas dessusdiz qui estoient advenuz
et escheuz en leur temps, restitution et declaration nous
fust faite et satisfaction competente, lequel tiers noùs disions monter à une bien grant somme, et les genz de nozdiz seigneurs proposassent pluseurs raisons au contraire à
la fin que nous comme seneschal ne deussiens avoir le tiers
desdictes amendes es cas dessusdiz, finablement eue entre
nostre très-chier et très-redouté seigneur dessusdit d'une
part et nous d'autre part grant, longue et.meure deliberation, traitié et conseil sur ce et sur les choses qui s'ensuient,
et consideré diligemment le proufit de luy, ses hoirs et successeurs et aussi de nous, noz hoirs et successeurs, pour
bien de pais et d'acort perpetuels, avons accordé ensemble
et faiz les eschanges, permutations, transpors, cessions,
accors, transactions, pactions et convenances qui s'ensuient.
C'est asscavoir, que Nous seigneur de Craon dessusdit
pour nous, nos hoirs et successeurs avons baillié, delivré,
cessé, delaissié, quittié et transporté en nostre très-chier seigneur dessusdit, pour luy, ses hoirs et successeurs, pure-

ment (1) et perpetuelment à touz jours (2) noz seneschauciees d'Angeou et du Maine par lesquelles nous mettions
seneschaus ezdiz bailliages et certain nombre de clers et
de sergenz, et prenions et percevions la tierce partie es
prouffiz, emolumenz et quelconques revenues par raison de
justice, jurisdiction et seneschaucie desdiz bailliages en
forfaitures, amendes et autres obventions quelconques,
sauve ce que il ne cognoissoit pas que nous eussons le
tiers es cas ci-dessus especiaument nommez : c'est assavoir
des amendes des officiaux, sergenz, advocaz, de portement
d'armes, des proufiz advenanz des eschaetes, es champs de
bataille, et es amendes données et quittiées par luy et par
les Contes d'Angeou et du Maine : Nous nientmoinz affer-
mant et maintenant le contraire : toutevoies avecques le
trasport dessusdit desdictes seneschaucies avons transporté
en luy tout le droit que nous avions et povyons avoir en
quelconques manieres et par quelconque cause que ce fust
à demander ledit tiers es cas dessus nommez et especifiez
se aucun droit y avions ou povyons avoir. Et encores avons
transporté en luy pour les causes dessusdictes les mars
d'argent à nous appartenanz sur les prevostez d'Angiers, du
Mans, de Saumur, de Baugé, de Beaufort et de Moliherne ;
et generaument toutes les appartenances et appendances
desdictes seneschaucies et de chascune d'ycelles, et tout le
droit, raison et action, emolument et proufit que nous avions
et povyons avoir en ycelles et à ycelles au temps de la confection de ces lettres, sauve et excepté à nous seigneur de
Craon dessusdit et à ceuls qui ont ou auront cause de nous
sept livres dix soulz de rente deuz pour mars d'argent sur
la prevosté de la ville de Longué, lesquiex soit ce que anciennement il fussent des dependances desdictes seneschauciees, toutevoies pour ce que ladicte ville n'est pas à
nostre seigneur dessusdit à domaine quant à present, il de-
mourent par especial à nous et à ceuls qui ont ou (3) auront

---

(1) Présentement, B.
(2) Tous jours mais B.
(3) Ou qui, B.

cause de nous ou de noz successeurs. Et en oultre avons
quittié et delessié à nostredit seigneur pour luy, ses hoirs
et successeurs tout le droit, raison et action que nous avions
ou povions avoir se aucun en avions à demander, les arrerages du tiers desdictes amendes des cas ci-dessus especiaument nommez et declairiez de tout le temps passé jusques
au temps de la confection de ces presentes lettres ; et nostre
très-chier et redouté seigneur dessusdit pour les choses,
droiz, proufiz et emolumenz dessusdiz en lui transportez
par nous (1) par (2) cause d'eschange, permutation, trans-
porz, cessions, accors, transaction, paccion et convenances
si comme dit est ; et en recompensation d'ycelles et d'yceux
nous a baillé, delivré. cessié, quittié et delessié et en nous
transporté pour luy, ses hoirs et quelconques successeurs
et qui cause auront de luy, et encores baille, delivre, cesse,
quitte et delesse et en nous transporte par vray et pur
transport et cession, purement et perpetuelment à touz jours,
mil et cincq cenz livres de bons tournois de rente, lesqueles il nous a promis faire asseoir tantost et sanz delay à value de terre, bien, loyaument et convenablement en Xainc-
tonge es lieus qui s'ensuient : c'est assavoir la baillie de
Champaigne, Nautras, Montesglin et Broe, avec les appartenances d'iceuls lieus. Et se es lieux dessusdiz et leurs appartenances lesdictes mil et cincq cenz livres de bons tournois de rente ne povoient estre entierement selon juste,
loyal et convenable pris et estimation assises à value de terres, il nous a promis parfaire (3), enteriner et asseoir tout ce
que s'en defaudra en ses terres de Maienne et en ses autres
terres plus prochaines sanz moyen, et continuelment des
lieus dessusdiz, tant en manoirs, forteresces, justices hau-
tes, basses et moiennes teles comme il les a et puet avoir
es lieus et choses dessusdictes, comme en quelconques autres rentes, proufiz et revenues convenablement et loyaument prisiées et estimées, ainsi toutevoies que les forteres-

---

(1) *Par nous* manque dans B.
(2) Pour B.
(3) Parfaire entièrement, B.

ces ou manoirs seront estimez et prisiez selonc juste, loyal
et commune value de rente, et desdictes choses lesquelles
il nous a pour les causes dessusdictes baillées et en nous
transportées pour nous, nos hoirs et successeurs et qui
cause auront de nous, et de chascune d'ycelles par la teneur des lettres de son grant scel seellées que il nous en a
baillées, il nous a baillié la saisine corporele o tout droit de
quelconque possession de saisine, de proprieté, de seigneurie, de justice haute, moienne et basse, chasteaux et forteresces se il les y avoit, en nous faisant et establissant vray
seigneur, possesseur et proprietaire de toutes les choses
dessusdictes, et de chascune d'ycelles jusques à la somme
et value desdictes mil et cincq cenz livres de bons tournois
de rente assises, prisiées et estimées si comme dit est, lesquelles il nous a promis et encores avec plainiere deliberation et de certaine science promet garantir et defendre à
touz jours mais perpetuelment pour nous, noz hoirs et successeurs, et qui cause auront de nous, especiaument envers
et contre le Roy d'Engleterre et duc de Guienne, ses hoirs
et successeurs et qui cause auront de eulz et pevent avoir
ou temps à venir, et generaument envers touz et contre touz
autres tant comme de droit et de raison sera, et nous enteriner et acomplir loyaument en bonne foy et sanz diminution toutes les choses qui font à faire, et sont et doivent estre faites en cas de loyal et pleniere garentaige et de evic-
tion. Et se il avenoit par aventure que le Roy d'Engleterre,
duc de Guienne qui est ou sera pour le temps recouvrast
lesdictes mil et cincq cenz livres de rente ou aucune choses d'ycelle rente par droit ou par force et violence, ou que
nostre très-chier et très-redouté seigneur dessusdit ou ses
successeurs Roys de France les lui rendissent, luy et ses
successeurs Roys de France que il nous en a promis et
obligiez seront tenuz à en desdommaigier nous, noz hoirs
et noz successeurs, et à les nous asseoir en lieus convenables. Et se par deffaut des choses dessusdictes ou de celles
qui s'ensuient ou d'aucunes d'ycelles faire, tenir, acomplir
et parfaitement enteriner, nous, noz hoirs et successeurs
ou qui cause auront de nous avions, soustenions ou encou-

rissions quelconques dommaiges, couz, missions ou interest, il a obligié et en bonne foy promis pour lui, ses
hoirs et quelconques successeurs à nous en desdommaigier plenierement et parfectement et entierement, faite
par nous foy desdiz dommaiges, missions et interest
soumierement et de plain, sans estrif et figure de jugement. Et toutes les choses dessusdictes bailliées et assises par luy à nous seigneur de Craon dessusdit pour
lesdictes mil et cinq cenz livres de bons tournois de rente
nous, nos hoirs et successeurs ou qui cause auront de nous,
tendrons de nostredit seigneur ses hoirs et successeurs Roys
de France en fié à foy et hommage lige. Et encores en oultre
toutes les choses dessusdictes par lui à nous baillées et assignées et nous promises à asseoir, parfaire et enteriner
pour cause de l'eschange, permutation, transport, cession,
accors, transactions, pactions et convenance dessusdiz, il a
promis loyaument et en bonne foy à nous bailler, paier et
rendre presentement et sanz quelconques dilations et difficulté dix mil livres de bons fors petiz tournois une foiz
payez. Et les choses dessusdites ainsi baillées de nous à
nostredit seigneur par cause des eschanges, permutations,
transpors, cessions, accors, transactions et convenances
dessusdiz, nous li avons promises et promectons guerir et
garantir envers touz et contre touz, et faire ce qui est et sera
à faire en cas de evictions des choses dessusdictes et de-
clairiées. Lesquelles choses dessusdictes, toutes et chascune
d'ycelles nous voulons, loons, ratiffions et de certaine science
accordons et les promettons loyaument en bonne foy à touz
temps tenir, garder, enteriner et acomplir sanz encontre
venir; et à tout ce obligons nouz, noz biens et noz hoirs et
successeurs quelconques et touz noz biens presens et à venir. Et comme nous soions et aions esté bien advisé de
nostre droit et de nostre raison sur les choses dessusdictes,
et les aions faites et accordées si comme dessus est devisé
à grant deliberation et meur conseil pour ce que nous y
voions et appercevions clerement le grant proufit de nous et
de noz successeurs bien advisé et bien acertené, renuncons
à exception de dire une chose avoir esté faite et autre

escripte, de toute decevance grande et petite et toute autre quelle que elle soit, et nommeement et par especial à exception de decevance oultre la moitié de juste, loyal et vraie value des choses dessusdictes, et à exception de toute fraude, barat, tricherie et malice, et à toutes autres raisons, allegations, privileges, subventions et aides de droit escript et non escript, coustume et usaige par lesquelles ou aucune d'ycelles les choses dessusdictes ainsi parlées et accordées en bonne foy, pourroient estre retardées, empeechiées ou anullées en tout ou en partie; et en oultre par especial à touz droiz disanz general renunciation non valoir es cas es quiex il est besoinz que elle soit faite par especial. Et voulons que tuit li cas ausquels seroit besoins de renuntier par especial soient compris souz la clause general. Et à la fin que ce soit ferme chose et estable à touz temps (1) mais perpetuelment, nous avons fait mettre et apposer nostre seel à ces presentes lettres. Ce fu fait à Paris l'an de grace mil trois cenz et trente, ou mois de mars.

36

Janvier 133$\frac{3}{4}$

Privilèges accordés à l'abbaye de Loroux par Jean, fils de France, duc de Normandie, comte d'Anjou et du Maine.

Dom Housseau, t. VIII, n° 3549. Arch. de l'abbaye de Loroux.

Jehan fils ainsné du Roy de France, duc de Normandie et comte d'Anjou et du Meine, Savoir faisons à tous presens et à venir, que oye et consideré la supplicacion de nos amés l'abbé et le couvent de Lourouer, nous leur avons octroïé et octroïons de grace especial par ces presentes lettres pour ce que il soient relevés de despens et de griés, et que il puissent mieus entendre à faire le service Dieu, que toutes

---

(1) Tous jours, B.

les causes que il ont et auront ou temps à venir tant en demandant que en deffendant ez assises d'Anjou et du Meine et en chascune d'icelles soient delivrées le quart jour desdictes assises et de chascune d'icelles, non obstant que il fussent adjournés ausdictes assises generaument ou à certain autre jour en yceles, et que autrement ne soient contrains d'aler avant ou proceder en leursdictes causes ou en aucune d'iceles : et mandons et defendons estroictement aus baillis d'Anjou et du Meine et à leurs lieuxtenans et à chascun d'iceus qui à present sont et qui pour le temps seront, que contre la teneur de ces presentes lectres ne contraignent ou molestent lesdis religieus en quelconques maniere, mais leur deputent un certain sergent toutes fois que mestier en sera à leurs despens pour leur faire assavoir les quars jours desdictes assises d'oirs en avant. Et que ce soit ferme et estable à tousjours, nous avons fait mettre nostre seel à ces presentes lectres, sauf en autres choses nostre droit et l'autrui. Ce fu fait au bois de Vincennes l'an de grace mil trois cens trente et trois ou mois de janvier. Par le duc, du commandement du Roy à la relacion de M. R. Jacquet et de M. Frc de Puigneguy.

Confirmées au mois de novembre 1340 par le Roi Philippe VI.

37

3 septembre 1335
Juin 1341.

Lettres de Philippe, Roi de France, par lesquelles l'abbaye de Vendôme et ses dépendances sont déclarées relever immédiatement de la couronne de France et du comté d'Anjou.

Dom Housseau, t. VIII, n° 3585. Archives de St-Clément de Craon d'après une copie collationnée en 1647 à l'original qui est à Vendosme. D. H.

Philippe par la grace de Dieu Roy de France, Savoir faisons à tous presants et à venir que nous avons veu une lettre en double queue sellée de notre grand sceel contenant la fourme qui s'ensuit :

Philippe par la grace de Dieu Roy de France, savoir faisons que comme plais fut pardevant certains commissaires entre notre procureur en la conté d'Anjou d'une part et notre amé et feal le Comte de Vendosme d'autre part, sur ce que notredit procureur disoit la garde, la souveraineté et le ressort sans nul moyen des religieux l'abbé et le convent de Vendosme, de tous leurs hommes, terres et possessions et tous les biens à eux appartenants en chief et en ses membres, et en tous cas mesmement de ce qui etoit assis en Vendomois appartenir à nous ; ledit Comte maintenant au contraire quant à ce qui estoit dans la comté de Vendosme ; ledit abbé de Vendosme avouant toutes les choses dessusdites à tenir de nous sans nul moyen ; c'est ascavoir tout ce qui etoit en la conté d'Anjou, de nous comme Conte d'Anjou, et ce qui est ailleurs en nostre royaulme de nous comme Roy. Finablement ledit Conte vint pardevers nous à La Suze le xxiiie jour d'aoust, et nous recognut et confessa et delaissa du tout la garde, la souveraineté et le ressort de toutes les choses dessusdites en la maniere que notredit procureur les demendoit pour nous et en nostre nom, et que ledit abbé les avoit avouées à tenir de nous ; lequel aveu il avoit fait en la presance de nous et de nostre conseil et de nostredit procureur et de plusieurs autres le vintiesme jour d'aoust au Gué de Mauny delez Le Mans. Et sur lesdites choses nostredit procureur pour nous et ledit abbé pour luy et pour l'abbeïe requisrent à avoir nos lettres ouvertes lesquelles nous leurs octroïasmes. En temoin de laquelle chose nous avons fait mettre nostre sceel en ces lettres. Donné à la Fontaine-Saint-Martin ou Maine le iiie jour de septembre l'an de grace mil trois cent trente et cinq, ou mois de decembre.

Nous, voulans ensuivre les fais de nos predecesseurs et iceulx tenir fermes, ratifions et avons agreables lesdites lettres et toutes et chacunes les choses contenues en icelles : voulons avec ce et octroyons par ces presantes auxdits religieux de grace especial et de certainne science et pour cause, que ladite garde, le ressort et souveraineté, les justices, seigneuries, et autres droits quels qu'ils soient que nous

avons et poons avoir en et sur iceulx religieux, sur leurdite
eglise et abbaïe en chief et en membres, sur leurs terres,
terrouers, hommes, biens, justices, saisines et possessions
d'iceulx de leurdite abbaye et de chacun des membres
d'icelle estans ou seans en nostredite conté d'Anjou et ou ressort d'iceluy tant en Vendomois comme ailleurs soient et
demeurent perpetuellement en nostre domaine sans aucun
moyen, et que nous ou aucuns de nos successeurs Comtes
d'Anjou ne les puissions en tout ou en partie separer, divi-
ser, delaisser ou mettre hors de notredite garde, ressort,
souveraineté et domaine dessusdit, ne les transporter, bailler ou mettre hors de notredite garde, ressort, souveraineté et domaine dessusdit, ne les transporter, bailler, ou
mettre en quelque maniere, en tout ou en partie, en main,
jurisdiction, subjection, cohercion ou seigneurie d'aucun
aultre par quelque cause que ce soit ou temps à venir : et que
ce soit ferme et stable à tousjours, nous avons fait mettre
nostre sceel à ces presantes lettres. Ce fut fait au bois de
Vincennes en l'an de grace mil trois cent quarante et un, ou
mois de juin.

Les lettres confirmatives du Roi sont données au même lieu
et portent la même date.

38

26 août 1344.

Arch. Nat. 177, n° 35 *bis*. La Ferté-Bernard.

A mes très-chiers et redoubtez seignours, mes seignours
de la Chambre des comptes du Roy nostre Sire à Paris,
Nicolas Le Chandelier, recevour d'Anjou et du Maine, salut
et dilection o toute reverence et obeissance. J'ay receu voz
lettres clouses fesanz mencion que je prensise et sesise en
la main du Roy nostre Sire, et baillasse à esploiter par main
de court les terres d'Avese, de La Plesse et de la Boce que
tenoit le sire d'Ambaize, et que je adjournasse pardevant
vous à certain jour ledit sire d'Ambaize pour respondre des

arrerages. Par vertu desquelles j'ay prins et sesi lesdictes terres en la main du Roy nostre Sire, et baillé jour audit sire pardevant vous au mardi après la Septembresche, xiiiᵉ jour de septembre pour respondre desdiz arrerages. Et ce je vous certeffi par ces lettres sellées de mon seel. Escript au Mans le Jouedi après la Saint-Berthelemi, l'an mil ccc xliiii.

39

30 décembre 1355.

Arch. Nat. K 214, n° 21; ex registro rerum Andegavensium Cameræ compotorum Parisiensis, fᵒ 27, vᵗ.

Johannes D. G. Fr. R. seneschallo Andegavensi et Cenomanensi aut ejus locum tenenti salutem. Cum temporalitas episcopatus Andegavensis ad nostram regaliam ratione obitus episcopi dicti loci nuper devenerit, vobis tenore præsentium committimus et mandamus quatenus temporalitatem prædictam ad manum nostram ponentes omnes redditus, fructus et emolumenta ejusdem cum suis pertinentiis universis levari ac explectari nomine nostro et pro omnibus solito, nec non castra et fortalitia episcopatus prædicti visitari et custodiri ac Regi bene et fideliter faciatis, ne ob defectum bonæ custodiæ aliquod periculum, quod absit, habeam sustinere; et insuper caveatis ne garnisiones quæ in eis erant tempore obitus prefati episcopi et nunc sunt ibidem amoveantur. Sed si ab inde aliquæ captæ fuerint vel distractæ, volumus ipsas per distractores refectui sine mora facietis fieri cum diligentia omnia alia ad ea pertinentia et necessaria tam juxta certarum litterarum per dilectas et fideles gentes compotorum nostrorum Parisius super hoc vobis directarum continentiam et tenorem adeo quod de negligentia possitis minime reprehendi. Datum Parisius die penultima decembris, anno domini millesimo trecentesimo quinquagesimo quinto per gentes compotorum, presente domino Cath. episcopo. Cappelle.

40

29 mars. 135$\frac{6}{7}$. Jeudi après *Judica me.*

Registre XXI de la Chambre des comptes, f° 328 v° ; Lat, 9067.

Nous en avons envoïé sans jours Johan et Johan les
Martins et Benoiste fame feu Robin de la Saulaie demourant c'est assavoir lesdis Martins à La Huilliere et l'autre à La Lontiere, et ladicte fame en l'estre de la Saullaye
qui fut feu Robin Huraut, de la demande que nous leur fe-
sions d'avoir fauché et cueilly bruïeres, ez bruïeres de la
forest, et pastures à leurs bestes ou leu monstré qui est
jouxte Granmont, entre le molin de Grantmont et les me-
sons desusdictes et le gué Dauce, parce que ils ont prové
suffisamment par fin d'enqueste que eux et lors predecesseurs en sont en saisine et poussession par l'espace de
quarante ans, et de plus soubz l'ombre d'un privilege que
les religious de Grantmont en Burcay nous ont monstré
aujourd'huy, et parce que les dessusdis sont demourans et
estagers soubz lesdicts religious, et tiennent lesdictes chouses desdicts religious à chiere rente, et est l'heritage desdits religious anciennement qui fu baillé à celle rente, et
par ce que nous avons demandé et enquis en jugement
à Guillot Eveillart, à Blezot, sergens en ladicte forest de
Burcay, et à Cone qui en fut sergent, se ils virent ne seurent
oncques que les dessusdis ne les devanciers païassent
avenages par reson des leus dessusdis ; lesquiex ont respondu par leurs seremens que ils n'en virent oncques païer
avenages, aincois ont tosjours oy dire que ils n'en devoient
point, et par ce que nous avons demandé à Aubelet de Gar-
maincourt, procureur de monsieur le Comte en la baronnie
dou Chastel-du-Loir s'il savoit qu'el i eust chouse par quoy
nous deussons juger en cause pour eux ; lequel nous a respondu que non, et que se il le sceust que il ne l'eust pas à
dire. Et est ce fait en la presence de Johan Pignau, lieutenant de seneschal en ladicte baronnie, et de Johan de la

Forest, chastellain du Chastel-du-Loir, et de Jeuffroy Morin André, chevalier juré de la forest, et de Pierre Laguine et de plusieurs autres, ausquieux nous avons demandé par leurs seremens se il y avoit chouse par quoi nous deussons tenir en plait les dessusdicts, lesquelx nous ont respondu que veu et regardé les chouses devandictes nous en devons envoïer sans jour les dessusdis Johan, et Johan les Martins et ladicte Benoiste. Donné en l'assise de Jupilles tenue par Juliot Quentin, à Jupilles, le juedi emprès que l'en chanta en Sainte-Eglise *Judica me*, l'an 1356. Ainsi signé acord par les remembrances, P. Richier pour J. Dou pont. Cette copie escrite le mardy veille de la Cheire Sainct-Pere, l'an 1373.

41

Mars 135 $\frac{7}{8}$.

Vidimus et confirmation par le Roi, du mois de juin 1365.

Extraits des cartulaire et chartes de Bourgueil, f° 71 v° coll. Gaignères, Lat. 17127.

Loys fils du Roy de France, conte d'Anjou et du Maine, seigneur de Montpellier, et lieutenant de Monseigneur en nosd. contés et en Touraine et es parties d'environ, à tous ceulx qui ces presentes lectres verront, salut. Savoir faisons à tous presens et à venir nous avoir veu les lectres saines et entieres en seel et en escripture cy-dedans incorporées, contenant la forme qui s'ensuit :
Henricus.....

Et comme les habitans de lad. Turcie, especialement des villes et parroisses de Rosiers, de Saint-Martin de la Place, de Saint-Lambert, de Ville-Bernier, de Varennes, de Chozé et de la Chapelle blanche, et des autres paroisses, villages et estagiers appartenans et habitanz à lad. Turcie entre Loyre et le grant chemin ou chemin comme l'en va de Tours à Angers, et des le port de Sourges jusques à La Flannière,

nous aient monstré et supplié que combien que ilz tiengnent
lad. Turcie en estat, à grans travaulx et couz, sanz laquelle
le païs de Valée ne pourroit estre sauvez, ains seroit perdu,
tout non contrestant les officiers et seigneurs du pays ne
lours laissent joyr paisiblement desd. privileges, ne n'ont
laissié ou temps passé mesmement durant les guerres, nous
voulsissions ratifier et confirmer lesd. privileges et faire
joïr lesd. habitans d'iceulx paisiblement : sur lesquelles
choses Nous, voulans proceder meurement, avons fait faire
bonne et solempnee informacion, laquelle raportée nous
avons fait veoir à grant deliberation de nostre conseil par
laquel nous appareu que lesdiz habitans tiennent et tousjours ont tenu lad. Turcie en estat à grans couz et mises,
et si ce n'estoit, tout le païs de Valée seroit perdu si comme
dit est, et que ilz ont tousjours ce fait entierement et acompli,
par laquelle lesd. privileges leur furent donnez; pour quoi
Nous, eue consideration aux choses dessusd., eu conseil et
deliberation à ce, lesd. lectres et tout ce que est contenu en
ycelles aïanz fermes, estables et agreables, de nostre grace
espicial et de l'auctorité et puissance à nous sur ce donnée
et commise de par nostredit seigneur et de la nostre, voulons, louons, greons et ratifions et approuvons, et par la teneur de ces presentes confirmons et voulons que elles soient
tenues de point en point, non obstant touz usages ou exploix
faiz au contraire par quelque forme ou personne que ce soit.
Si donnons en mandement à nostre seneschal d'Anjou et du
Maine et au baillif de Touraine ou à leurs lieuxtenans, et à
tous autres justiciers, officiers, sergens, commissaires et
subgez de nostred. seigneur et de nous qui sont ou pour
le temps seront, que de nostre presente grace, don et confirmacion dessusd. facent et laisent joïr et user paisiblement d'ores en avant lesd. habitanz, sanz metre en ce aucun
empeschement ou contredit, non obstant quelconque chouse
que l'on leur ait fait ou temps passé au contraire ; lesquelles choses et chacune faictes au contraire nous revocons,
et du tout en tout adnullons par ces presentes. Et pour ce que
ce soit ferme et estable chose à tousjours Nous avons fait
mettre nostre grant seel en ces presentes, sauf en autre

chose nostre droit et l'autruy en toutes. Donné en nostre chastel de Chinon, l'an de grace mil ccc cinquante et sept, ou moys de mars.

La confirmation du Roi de France est dans les mêmes termes.

42

18 août 1359.

Arch. Nat., P. 1344, n° 561 (P 329, n° XXIIII, ancien classement).

A touz ceulz qui ces lectres verront et orront. Vincent Dolebeau, lieutenant ou Maine de noble homme et saige mons^r Johan de Saintré chevalier, senechal d'Anjou et du Maine ; Nicholas Le Chandelier, procureur ou Maine de très-exellent prince Monseigneur le Conte d'Anjou et du Maine ; et Michiel Turpin, lieutenant ou Maine de honnorable homme et saige Gervese Ligier receveur d'Anjou et du Maine, salut. Comme il fust neccessité que une tourelle et la place d'auprès qui est sur les murs de la cloaison du Mans au lieu appellé Engouffer, joignant d'un bout..... fust reparée et mise en estat au proufilt de nostredit seigneur le Conte pour ce que elle est ruyné et em peril de choairs du tout, eussions fait crier en plain marché que se il y avoit aucun qui la vousist prendre perpetuelment au proufilt de nostredit seigneur, il se traisist pardevers nous et il y seroit receuz, et ceste chouse faismes crier et publier solempnement comme dit est par quatre jours de lundi, jours de marché : c'est assavoir le premier ban le lundi apres *oculi mei* l'an mil trois cens cinquante et huit, presens ad ce..... *Item*, le segont ban le lundi après la me-karesme l'an dessusdit, presens ad ce... *Item*, le tiers ban, le lundi feste de la Marcesche cellui an, presens..... *Item*, le quart ban, le lundi apres l'Ascension l'an mil trois cenz cinquante et noef, presens..... Et après ce se fust trait pardevers nous mons^r Johan Fayau prestre, lequel nous bailla un denier à Dieu offrant apprendre ladicte tourelle et ladicte place pour lui et pour ses hoirs pour vint

soulz de tournois en monnoie courant de rente perpetuel,
et à laquelle offre noùs le receusmes, o protestacion faicte
que s'il y avoit qui plus y vousist donner il y seroit receuz;
et après ce feismes publier solempnement ladicte prinse
par trois jours de lundi jours de marché selon ce qu'il est
acoustumé : c'est assavoir le premier ban, le lundi après la
Saint-Berthelemer l'an mil trois cenz cinquante et noef, presens..... *Item*, le segont ban, le lundi après la decollacion
Saint-Johan-Baptiste ensuivant, presens ad ce..... *Item*,
le tiers ban, le lundi après l'Angevine ensuivant, presens...
Et pour ce que après lesdictes subastations ainsi faictes
solempnement comme dit est, aucun ne se traïst pardevers
noùs pour contredire ladicte prinse ne pour encherir ycelle
pour les vint soulz de rente comme dit est ; Nous pour le proufilt de nostredit seignour en cas qu'il li plera avons baillé
et baillons par la tenour de ces presentes lectres aud. mons[r]
Johan Fayau et à ses hoirs perpetuelment à touz jours mes
ladicte tourelle et ladicte place si comme elle se comporte
juques au chemin, la quelle il sera tenu et promet ediffier
et haucer de mur et de la hautour ou plus des autres tours,
et la hourder par dehors tout entour ; à la tenir, poursuir
et expletter du dit mons[r] Johan Fayau et de ses hoirs et de
ceulz qui aront cause de lui perpetuelment à touz jours mes,
et ad en faire toute lour pleniere volenté par titre de ceste
baillée pour les vint soulz de rente dessusdiz et pour deux
deniers de cens à estre renduz dudit mons[r] Johan Fayau et
de ses hoirs à Monseigneur le Conte ; c'est assavoir dix soulz
à Noel, et dix soulz et les deux deniers de cens à la Saint-Johan-Baptiste chacun an perpetuelment. En tesmoign de ce
nous avons mis à ces presentes lectres nos seaulx em-
semble ovec le seel dudit Monseigneur le Conte establi au
Mans pour les contraz que nous y avons fait meitre en plus
grant cognoessance des noz. Ce fut donné où jour de semadi
après la me-aoust xviiie jour du dit moys, l'an de grace mil
trois cenz cinquante et noef.

43

. Mai 1370.

Lettres de Charles V qui accordent au duc d'Anjou son frère des Grands Jours.

Dom Housseau, t. XXVIII, II, n° 160. Original.

Charles par la grace de Dieu Roy de France; Savoir faisons à touz presens et à venir que comme nostre très-chier seigneur et pere que Dieux absoille ou temps qu'il vivoit eust donné, ottroïé et assigné à nostre très-chier et très-amé frere Loys duc d'Anjou et conte du Maine lesdiz duchié d'Anjou et conté du Maine, lesquieulx il tint de lui, tient de Nous, et tendra de noz successeurs Roys de France à une seule foy et homage, à tenir en parrie et exempcion de toute juridicion et court temporeles, et de touz autres seigneurs, et à ressortir tant seulement à nous et à nostre Parlement; et pour ce que nous voulons d'abondant luy acroistre en seigneurie et en honneur, et desirons le bon gouvernement de lui, sesdiz païs et des habitans en iceulx, et que justice y soit faicte et gardée, et les subgiez relevez et gardez de oppressions, griefs, molestes et dommages et nourriz en paix, transquilité et en justice, et les volentez indeues et mal ordrenées des seneschaux, baillifs, maistres de eaües et forests, prevos, segreiers, sergens, et autres juges et officiers desdiz païs soient depressées, refrenées, amendées et reformées, Avons ottroïé et ottroïons perpetuelment par concession et donnoison inrevocables à nostredit frere, que par raison de sesdiz païs et occasion d'iceulx et toutes ses autres terres et seigneuries que il tient à present et tendra ou tenir pourra ou temps à venir en iceulx païs tant à cause de lui comme de nostre très-chiere et amée seur sa compaigne ou autrement, il ait et tieigne, puisse tenir ou faire tenir ses Grans Jours en un lieu en sesdiz païs là où bon lui semblera. Ausquelx jours l'en ressortira sans moïen de ses seneschaux, baillifs et autres juges et officiers, et non ail-

leurs ne en autre court, tant en cause d'appel comme autrement. Et d'iceulx Grans Jours l'en ressortira à nous et à
nostre Parlement. Et voulons que iceulx Grans Jours face
crier et publier en sesdiz païs aux lieux solempnez et acoustumez à faire criz et publicacions, et les assigner chascun
an au lieu qui à ce sera ordenné par lui ou par son Conseil.
Si donnons en mandement à nostredit frere et aux deputez
de par lui que iceulx Grans Jours tiennent et facent tenir,
excercent et facent excercer en la maniere qu'il est acoustumé affaire en tel cas ; et à tous noz justiciers et officiers
que ilz en facent et lessent joyr paisiblement; et à tous noz
subgiez que en faisant les choses dessusdictes, dependances et sequelles d'icelles, obeissent et entendent diligement.
Et pour ce que ceste chose soit ferme, estable et valable à touz
jours, nous avons fait seeler ces lectres de nostre grant
seel. Ce fut fait à Meleun sur Sainne l'an de grace mil trois
cens soixante et dix ou mois de may, et de nostre regne
le septiesme.

   Scellé à lacs de soie rouge et verte : le sceau manque.
   Sur lerepli :   Par le Roy,
                         Signé : P. Michiel.

· Une ordonnance postérieure autorise le duc d'Anjou à
tenir ses Grands Jours à Paris, ou dans telle ville qu'il voudra de ses duché, comté ou terres, Arch. Nat. K 214, n° 23,
*ex Registro rerum Andegavensium cameræ compotorum
Parisiensis*, f° 76, avec la date du 22 septembre 1372, et de
notre regne le neufviesme, et au Recueil des ordonnances,
t. V, p. 435 avec la date du 22 novembre 1371. (Arrêts et ju-
gés du Parlement de Paris, Reg. 22, f° 57 v°.)

- 44

^ 4 mai 1370.

Du fait des sayneurs et poissonniers d'Angiers.

Archives Nationales, P. 1334⁴, f° 111 r°, copie d'un vidimus du
19 mai 1372.

Le samedi ii° jour d'aoust m cccc x

Fut baillé et assigné jour aux poissònniers d'Angiers tant sayneurs come autres, d'apporter leurs lectres et privilleges en la Chambre des comptes devant Messieurs du Conseil ouquel estoient Monsieur de Saint-Aubin, le juge ordinaire, Me R. Lemaczon, le lieutenant, le procureur, Michel Delacroiz et Giles Buynart, et plusieurs genz de la ville d'Angiers à mercredi vi^e jour dud. moys d'aoust celui an ; auquel jour lesdiz poissonniers vindrent et apporterent une copie ou escript dont la teneur est telle : Sachent touz presenz et à venir que Nous en nostre court à Angiers avons aujourd'ui veu et leu de mot à mot unes lectres seellées du seel de noble homme messire Pierres d'Avoir seneschal d'Anjou et du Maine, non viciées, non cancellées, ne corrompues en aucune partie d'icelles, saines et entieres en seel et en escripture, contenans ceste forme : Copie de une escroee ou cedulle faisant mencion des droitz et raisons que les parageurs de la ville d'Angiers ont en ladicte ville et dehors en certaines mectes, qui cy après plus à plain seront declairées : *Premierement,* lesdiz parageurs à cause dud. parage sont frans d'ost et de chevauchée et de toute taille. *Item,* pour cause dud. parage *comme marchanz royaulx ilz ne sont tenuz à respondre devant nulz juges fors devant le seneschal d'Anjou ou son lieutenant.* *Item,* nul de quelque condicion qu'il soit ne puet vendre poisson d'eaue doulce pour vendre à regrat en la poissonerie d'Angiers, se se ne sont lesdiz parageurs, et que heure de tierce (1). *Item,* lesdiz parageurs le puet vendre à regrat touteffoiz qu'ilz veulent et à qui que leur plest en toutes heures. *Item,* la boyre de Plon et le pont d'Angiers nulz ne pu (2)... poisson d'eaue doulce pour revendre en la poissonerie d'Angiers ne ailleurs, se se ne sont lesdiz parageurs. *Item,* nul ne puet achater poisson audessus du pont d'Angiers jusques à Briolay pour revendre à regrat en la poissonerie d'Angiers ne ailleurs entre la boyre de Plon et Briolay, si se ne sont lesdiz parageurs.

---

(1) Ce mot est un peu endommagé par un petit trou dans le papier.
(2) La fin de cette ligne manque par suite d'une déchirure dans le papier. Le mot qui manque est très-probablement : achater.

Item, dient que si aucuns l'ont fait, ce a esté en emble et desceu de eulx, et ou prejudice du prince, et en amenuisant et emblant le droit desdiz parageurs. *Item*, dient que de ceste chose avoir et de la deffendre sont lesdiz parageurs en bonne possession et saisine par tant de temps qu'il souffist à bonne saisine avoir acquise. *Item*, Monseigneur le duc d'Anjou et ses gens sont tenuz à les garder et tenir en cestes franchises et libertez de si long temps qu'il n'est memoire du contraire. *Item*, que touteffoiz que les gens du prince ou lesdiz parageurs ont trouvé aucun faisant le contraire, ils les ont prins et trait à amende touteffois qu'il est venu à leur congnoissance, et que le cas y est advenu. *Item*, lesdiz parageurs font protestacion expressé retenue que si aucun mectoit en fait ou en barre de deffendre aucuns des articles dessusdiz, lesdiz parageurs n'atendent en rien mectre en fait come vers partie ne mais à enformer juges de leursdictes libertez et franchises, lesquelles ilz ont par la maniere dessusdicte; et de toutes choses dessusd. ilz font protestacion et expresse retenne de non les mectre en fait come vers partie, mes de enformer jugé en ce et en tant come ilz seroit tenuz. *Item*, que à ce que Monseigneur le duc d'Anjou leur est tenuz à garder en leursdictes libertez et franchises, lesdiz parageurs lui sont tenuz à faire porter ses lectres pour le fait de la conté et touchant le fait de l'ordinaire de la conté par toute la seneschaucie du ressort d'Angiers non ailleurs. *Item*, par semblable voye, toutes les lectres de son seneschal ou de son receveur, et de l'enquesteur ou de leurs lieuxtenans par toute la seneschaucie du ressort d'Angiers touchant le fait de l'ordinaire de la conté (1). *Item*, que par raison de la sayne qu'ilz ont audessoubz du pont d'Angiers, sy le saumon est prins audessus dudit pont jusques à Coulevreuse d'Espinaz le premier il rendra au receveur d'Anjou ou à son lieutenant, en rendant auxdiz sayneurs xxv d. pour le saumon et v d. pour l'alouse. *Item*, ont acoustumé lesdiz parageurs à cause dud. parage que tou-

---

(1) Il était tombé un paté d'encre sur cet endroit; mais cette lecture me paraît certaine.

teffoiz qu'ilz meurent un parageur ou sayneurs, ilz eslisent un homme proufitable pour l'office qui y voudra estre, et le presentent au seneschal pour faire le seremēt; et à leur rellacion y est commis et institué en faisant le seremeñt, et la servira de soy sanz autre y commectre, sauve le marchant de la sayne. Donné soubz le seel de Nous, Piérres d'Avoir, seneschal d'Anjou et du Maine, le quart jour de may, l'an mil ccc lxx. Collacion faicte. Ainsi signé : Lemasle. Et cest present vidimus fut fait à Angiers et seëllé du greigneur seel establi aux contrax de ladicte ville et du ressort le xixᵉ jour de may l'añ de grace mil ccc lxxii. Ainsi signé, collacion faicte par P. Marin. Laquelle copie fut cy enregistrée ledit mercredi viᵉ jour d'aoust par ordonnance dudit Conseil, etc...

BRICOÁN.

Item, Fut demandé par les genz dudit Conseil auxdiz poissonniers s'ilz avoient ne vouloient bailler autres lectres ne privileges pour eulx aider que ladicte lectre cy devant enregistrée; lesquelx respondirent que non. Presens touz les gens de Conseil et autres de la ville et Université d'Angiers, etc... Le jour et an dessusdiz.

45

7 mars 137$\frac{0}{1}$

Dom Housseau, t. VIII, nº 3675. Cartul. de Bourgueil.

Charles etc... (1) au baillif des nouveaux ressorts etc... (1) A la supplication de nostré amé et feal l'abbé de l'abbaïe de Bourgueil en Valée disant qu'à cause de la temporalité d'icelle abbaïe laquelle il tient de nous en chief et en membres il nous est tenu quant il est nouvel abbé creé d'icelle faire en sa personne serement de feaulté, lequel encore il pour les perils des chemins et pour son impotence ne nous

(1) Sic, ms.

a peu venir faire, mais tousjours depuis qu'il fut abbé l'avons de ce mis et tenu en nostre souffrance par nostre grace jucques à certain terme briesment venant, et que à present il est si fraille et ancien et sont les chemins si perilleux que pour ce faire il ne pourroit bonnement venir devers nous, dont il pourroit encores grant dommaige si par nous ne lui estoit pourveu de nostre habundant grace et de convenable remede; Nous de grace especial et certaine science voulons et te commandons et commettons par ces presentes que si ledit abbé est si fraille et debile que bonnement et honnourablement selon son estat il ne puet venir devers nous pour nous faire ledit serment de feaulté, tu pour et ou lieu de Nous recoyve ceste fois icelluy serment de feaulté dudit abbé sans ce que nous face aucun prejudice, ne que pour ceste nostre presente grace icelluy abbé ou aucun de ses successeurs abbés dudit lieu le puissant traire à consequence, ne eulx en aider ou temps à venir autre fois contre nous ou nos successeurs Roy de France, laquelle chose en faveur audit abbé, Nous ou cas dessusdit luy avons octroyée et octroyons de nostre grace non obstant ordonnances roïaulx et lettres ad ce contraires. Donné à Paris en nostre chastel du Louvre le vii° jour de mars l'an de grace mil ccc lxx, et de nostre regne le septiesme. Par le Roy en ses requestes, ainsi signé, Vaasseur.

46

5 décembre 1370.

Vidimus du 2 janvier 1371.

Dom Housseau, t. VIII, n° 3678. Cartul. de Bourgueil.

Charles par la grace de Dieu Roy de France; à nostre bailli des ressors et exemptions de Thouraine, d'Anjou et du Maine ou à son lieutenant salut. Comme à la supplication de nostre très-cher et très-amé frere le duc d'Anjou, et pour certaines considérations qui nous ont esmeu, nous avons

nagueres donné et octroyé à nostredit frere le duché de Touraine à tenir et à en joïr sa vie durant seulement, reservé à
nous et à nos successeurs l'homage lige, et tout droit de ressort, de souveraineté, d'exemptions et tous autres droits
royaulx oudit duchié si comme en nos lettres et en icelles
de nostredit frere sur ce faites est plus à plain contenu, et
nous aïons entendu que depuis ledit don les gens et officiers de nostredit frere ont voulu et se sont efforcés d'avoir
la cognoissance des eglises exemptes dudit duchié et des
subgiets d'icelles et de vous y empescher, disant qu'iceulx
subgets ne sont pas ny ne doivent estre entendus ou compris en ladite exemption : Nous, eue sur ce meure deliberation en nostre Conseil par laquelle avons trouvé que icelles
eglises en chief et en membres, et personnes exemptes et
leursdis subgets sont et doyvent estre comprins et entendus en ladite exemption ; vous mandons et commandons expressement en commectant si mestier est que vous
prenez et tenez la cognoissance seul et pour le tout de l'e-
glise cathedrale de Tours, des eglises de Saint-Martin de
Tours, de Mairemoustier, de Bourgueil, des eglises de fondation et garde roïal et autres exemptes oudit duchié ; et
aussi des personnes de leursdits subgets, et semblablement
des eglises cathedraux d'Angiers et du Mans et des autres
exemptes comme dit est esdits païs, et des personnes d'i-
celles et de leurs subgets ; et ne seuffrez que les gens et
officiers de nostredit frere ou autres en cognoissant ne se
entremectant en aucune maniere. Et cestes nos lettres et
deliberacion faictes publier en vos pleines assises si que
aucun ne s'en puisse excuser d'ignorance. En defendant
ausdites personnes exemptes et à leursdits subgets sur
grandes peines à applicquer à nous, ausquelx nous mesme
deffendons que pardevant autre que pardevant vous ne
respondent en aucun cas. Mandons aussi et deffendons par
ces mesmes lettres ausdis gens et officiers de nostredit frere
sur quancque ils se pevent meffaire envers nous que d'ores
en avant ne vous empeschent soubs quelque couleur, voye
ou maniere que ce soit. Et si aucune chose etoit actemptée
au contraire, si le faictes tantost et sans delay reparer et

mettre en estat deu. Donné à Paris le ve jour de decembre l'an de grace mil ccc lxx, et de nostre regne le septiesme, ainsi signé, par le Roy, J. de Reims.

47

Antérieure à 1372.

Formule écrite sur la première feuille de garde du manuscrit du cartulaire de Vivoin, Bibl. du Mans, n° 100.

Supplie humblement T. humble prieur dou priouré de Vivain en la conté dou Maine, que comme il li soit deu plusieurs debtes, que il vous plaise mander et commettre au seneschal d'Anjou et dou Maine ou à son leutenant, le faire païer de sesdictes debtes congneues ou à cognoistre (1) par lectres, jugiez, instrumens, confession de partie, cenz, rentes, droiz seignouriaux comme par autres bons loyaux ensaignemens. Et o tout ce que des causes commencées ou à commencer pardevant luy ou son lieutenant, tant en assise que dehors, comprins les procès et actes en l'estat où il sont ou seront il en cognoisse et face les parties proceder et avant aler sommierement et de plain, en assises et dehors, par competens dilacions, non obstant us, stille, coustume de païs, clams faiz ou à faire, et lectres subreptices impetrées ou à impetrer au contraire.

48

9 mai et 8 juin 1372.

Dom. Housseau, t. VIII, n° 3644. Cartul. de Bourgueil.

A tous ceulx etc. ... (2) Jehan de la Taille (3) baillif des ressorts et exemptions de Touraine, d'Anjou et du Maine sa-

---

(1) Mot douteux.
(2) Sic, ms.
(3) Son vrai nom est de la Tuille ou Thuille.

. lut. Nous avons receus les lettres du Roy nostre sire contenant la forme qui s'ensuyt :

Charles par la grace de Dieu etc... (1) au baillif des exemptions et nouveaulx ressors d'Anjou, de Touraine et du Mayne ou à ses lieutenans, à tous les autres officiers et justiciers de nostre reaulme. Savoir faisons que aujourd'uy nostre amé et feal conseiller l'abbé de Bourgueil en Valée nous a fait le serment de feaulté lequel il nous estoit tenu de faire pour cause de son eglise. Si vous mandons à chacun de vous si comme a luy appartiendra que pour cause dudit serment de feaulté non fait vous ne molestez ne souffrez estre contrainct ou molestés coment que ce soit en aucune maniere ; mais si aucun arrest ou empeschement avoit pour ce esté mis à son temporel ou autres de ses biens, si luy mettés ou faictes mettre tantost et sans delay à plaine delivrance etc... (1) Donné à Paris en nostre chastel du Louvre le ixe jour de may l'an de grace mil ccc lxxii et de nostre regne le ixe, par le Roy, J. Coban.

Par vertu desquelles lettres nous avons mis à plaine delivrance le temporel de ladite abbaïe à reverend pere en Dieu maistre Macé Gautier abbé dudit lieu et conseiller du Roy nostre sire, lequel temporel nous, à cause de nostre office, avions prins et saisi et mis en la main du Roy nostre sire roiaulment et de fait comme vacant par la mort de frere Pierre Voyer, nagueres abbé dudit lieu, et dont la guarde appartenoit au Roy nostredit seigneur touteffois qu'elle vacque, et jusques à tant qu'il apparoisse de y avoir abbé nouvel, et qu'il ait fait le serment de feaulté ou estre en souffrance du Roy nostredit seigneur. Si mandons et commandons à tous les officiers, justiciers et subgiets dudit bailliage que led. abbé et ses justiciers ou officiers ils n'empeschent ou molestent en aucune maniere pour la cause contenue esdites lettres roïaux, ains les en lessent joïr et user paisiblement selon le contenu d'icelles. Donné à Tours soubs le seel de nostre bailliage le viiie jour de juing l'an de grace mil ccc soixante et xii : ainsi signé, Girart.

---

(1) Sic, ms.

49

6 décembre 1378. Original.

Arch. de la Sarthe, H 32, n° 83 *bis*.

Sur ce que nous disions contre le priour du priouré de
Soulesmes que Michiel Lebescoz son sergent avoit fait traire
du lieu monstré de l'ayve de Sarte en justiczant feuz Guillaume Gautier et Michiel Lemaczon qui se y estoint nayez,
et que ledit priour en fist delivrance aux amis et donna
congié de les enterrer, et voulions que ledit priour l'amendast pour ce que nous disions que il n'avoit pas telle justise
que il le peust faire, lequel priour avoua droit de le faire, et
proposa que ses predecesseurs et lui avoient esté et estoient en saisine et en possession telle et par tant de temps
que valoir li devoit de faire traire du lieu monstré les gens
qui se y estoint nayez, et d'en faire delivrance aux amis
quant il estoit trové par informacion que ils estoint nayez
par cas d'aventure ; et li fut nyé pour la court, et il en devoit prouver à suffire, laquelle enqueste fut faicte, et fut
autreffoiz d'ascentement de prendre droit par ladicte enqueste. En avons envoïé sanz jour et absoulx par jugement
ledit priour parce qu'il a suffisaument prouvé par fin d'enqueste son intencion, et qu'il a droit de user des cas de
haute justice. Donné à l'assise de Sablé tenue par Thebaut
Levraut, le lundi vi[e] jour de decembre, feste Saint-Nicolas
d'iver l'an mil trois cens soixante dix et huyt.

(Signé) P. HAMELIN.

En marge, d'une autre écriture :
Le juge, le chastelain et le procureur.

50

6 décembre 1378. Original.

Arch. de la Sarthe, H 32, n° 83 *bis*.

En ce où le priour du priouré de Soulesmes estoit en enqueste sur ce que nous disions qu'il avoit prins le cordage

d'un chalon qui estoit aventuré en l'ayve de Sarte ou lieu qui autresfoiz li fut monstré, lequel priour cognut autresfoiz que il le print, et qu'il avoit droit de le faire ou lieu qui li fut monstré et es autres lieux de la condicion, et proposa que ses predicesseurs et lui avoint esté et estoint en saisine et en possession par avant l'ajournement telle que valoir li devoit d'avoir espaves ou lieu monstré et es lieux de la condicion. En avons envoyé sans jour ledit priour et absoulx par jugement, parce qu'il a prouvé suffisaument que le lieu qui li a esté monstré est de la condicion de la chose où il a promis qu'il a droit d'avoir haute justise, et que ses predicesseurs et lui ont esté en saisine et en possession de avoir espaves oudit lieu monstré et ailleurs en sa terre et feage de Soulesmes et es lieux de la condicion. Donné à l'assise de Sablé tenue par Thebaut Levraut le lundi vi⁰ jour de decembre feste Saint-Nicolas d'iver, l'an mil trois cens soixante dix et huyt.

(Signé) : P. Hamelin.

En marge, d'une autre écriture :

Le juge, le chastelain et le procureur.

51

22 août 1381.

Journal de Jean Lefebvre. Fr. 5015, f° 2 r°.

De par le Duc d'Anjou et de Touraine (1).

Chancellier, savoir vous faisons que pour le très-grant bien, souffisance et diligence de nostre bien amé maistre Jaques Biderel, nous ycellui avons aujourd'huy retenu et retenons par ces presentes en nostre secretaire aus gaiges, drois, prouffis et emolumens qui y appartiennent. Si vou-

---

(1) Ce document et le suivant ne sont pas dans le journal publié par M. Moranvillé.

lons et vous mandons, que receu, dudit maistre Jaques le
serement, en, tel cas acoustumé et le signe dont, il vouldra,
user oudit office, vous le faictes enregistrer es registres et
papiers de nostre chancellerie et joïr et user dudit office et
desdiz gaiges, drois, prouffis, emolumens et autres libertez
et franchises qui y appartiennent sanz aucun contredit.
Donné en nostre ville de Tours soubz nostre seel de secret
le xxii⁰ jour d'aoust l'an de grace mil trois cens quatrevins
et un. Ainssi signé : par Mons⁰ le Duc, Ar. La Caille. Signum
manuale mei Jacobi Biderelli presbyteri superius nominati
domini ducis Andegavensis secretarii est tale ut sequitur.

Ja. BIDEREL (avec paraphe).

52

22 août 1381.

Journal de Jean Lefebvre. Fr. 5015, f⁰ 2 r⁰.

De par le duc d'Anjou et de Touraine.

Maistres de nostre hostel, et vous maistre et conterolleur
de nostre chambre aus deniers : Savoir vous faisons que
pour le bon rapport qui nous a esté fait du bien, souffisance et bonne diligence de nostre bien amé maistre Jaques Biderel, nous ycellui avons aujourd'huy retenu et retenons par ces presentes en nostre secretaire aus droiz,
gaiges, prouffis et emolumens acoustumez. Si voulons et
vous mandons que es papiers de nostredicte chambre vous
le enregistrez ou faictes enregistrer. Et des drois, gaiges,
prouffis, emolumens, franchises et libertez qui appartiennent audit office, et dont usent et ont acoustumé user noz
autres secretaires le faictez, souffrez et laissez d'ores en
avant joïr et user paisiblement sanz aucun contredit. Donné
en nostre ville de Tours soulz nostre seel secret le xxii⁰
jour d'aoust, l'an de grace mil trois cens quatrevins et un.
Ainssi signé, par Mons⁰ le Duc, Ar. La Caille.

53

Octobre 1383.

Rachaz.

Arch. Nat. P 1334¹, n° 6, f° 54.

Memoire que ou mois d'octobre l'an mil ccc iiii^XX iii fut ordenné par ma Dame la Royne de Jherusalem et de Sicile, duchesse d'Anjou et de Touraine, contesse du Maine, eue sur ce pleniere deliberacion à son conseil que pour ce que ou temps passé les receveurs desdiz pays d'Anjou, de Touraine et du Maine avoient acoustumé à finer des rachaz quant ilz escheoient au seigneur à leur plaisir et volenté sanz savoir la valeur des terres, par quoy a esté trouvé le seigneur avoir eu très-grans dommages à avoir procedé en telx faiz sans en avoir avant aucune congnoissance,

Que d'ores en avant nul receveur ne finera d'aucun rachat jusques à tant qu'il ait esté ou envoyé certaines et suffisans personnes sur les lieux et terres, et raporté par escript à la Court les parties des cens, rentes et autres revenues des terres qui escherront en rachat pour le temps à venir.

Et pour avoir memoire d'ores en avant de ladicte ordenance, fut ordené aussi que les parties de la valeur desdiz rachaz seroient mises en escript au plus près que faire se pourroit en la maniere qui s'enssuit...

54

Vers 1384.

Advis de Requestes injustes et non passables (1).

Journal de Jean Lefebvre, Fr. 5015, f° 30 bis r°.

Se lieutenant de seneschal demandent povoir congnoistre generalment de toutes causes jusques à xx livres ou au

---

(1) Ce document n'est pas dans le journal publié par M. Moranvillé.

dessous, on ne leur doit ottroïer ; ce est contre raison et
coustume de pays et en prejudice de la juridicion ordinaire
tant des assises comme des prevos et des barons et hauls
justiciers ; et est absorbement des lectres de debitis en prejudice du seel.

Item, se aucun aïant cause en assise requiert que elle soit
mise hors d'assise devant les lieutenans du seneschal pour
congnoistre de jour en jour, il ne fait à ottroïer ; mais pour
abreger procès on puet commettre au juge ordinaire que il
en congnoisse de jour en jour durant les assises ; raison
quar lors pueent avoir conseil qui hors assise n'en pueent
recouvrer.

Item, se aucun demande de cause pendant en assise congié de pacefier sanz amende, trop grief est au segneur de
le ottroïer pour le grand damage qui li en vient, comme de
confiscacion, de juridicion, de subget, de meubles, etc...

Item, se aucun demande remission de crime, on doit
avoir advis avec le juge et procureur et le conseil lay.

Item, aus requestes qui touchent comptes ou receptes on
doit avoir advis avec le receveur et ceulx de la Chambre
des comptes.

Item, requestes de oster officiers pour aultres mettre, se
il n'i a cause raisonnables, ne sont pas justes ne à ottroïer.

55

12 septembre 1385

Arch. Nat. P 1338, n° 412 (334, n° LXXVI, ancien classement ;
V° LXVII).

Jehan Saulaie, lieutenant general de noble homme messire
Pierre de Bueil, chevalier, general maistre et enquesteur des
eaues et forestz d'Anjou et du Maine au segreier de la forest de Monnois et à touz et chacun les segreiers et officiers
de ladicte forest, salut. Savoir faisons que nous avons baillé
à touzjours mes à heritage à Jehan Quignonneau, prieur de
Moliherne et à ses heirs dous arpens et demi de frou, et le

cours de l'ayve par iceulx seans en la baillée de Marczon au Pont Hubert, joignans à la forest de toutes pars pour vingt soulz de cens à païer au receveur d'Anjou qui à present est et qui pour le temps à venir sera, chacun an au jour de la Saint-Remi, terme commancant à la prouchaine Saint-Remi, laquelle baillée nous avons fait crier, benir et subhaster par plusieurs foiz si come il est acoustumé, et n'a point esté encheri sur led. Quignonnneau, et par tant lui est demouré come à plus ouffrant. Et l'en avons mis en saisine et possession et donné congé de espleter. Si vous mandons et commandons et à chacun de vous que ledit Quignonneau et ses heirs vous lessez et sueffrez joïr et user paisiblement de sadicte prinse sanz aucun contredit. Et en tesmoing de verité nous lui en avons donné ces lectres saellées de nostre propre seel le xii⁰ jour de septembre l'an de grace mil trois cens quatre vings et cinq.

LORANS.

56

34 juillet 1387.

Extraits des cartulaire et chartes de Bourgueil, p. 219, coll. Gaignières. Lat. 17127.

A touz ceulx qui ces lettres verront, Guillaume Aignen, procureur du Roi nostre sire et Guillaume Hue, enquesteur pour iceluy seigneur au bailliage de Touraine comme (1) par Monsʳ le gouverneur dud. baillaige à visiter les benefices ruyneux en iceluy baillage et es pays d'Anjou et du Maine et à y pourveoir selon les ordonnances royaulx faites sur ce, salut. Comme le penultieme jour de ce present moys de juillet nous nous serions transporter au monstier de Bourgueil pour icellui visiter, et aïons trouvé l'eglise dud. monstier cheue et abbatue, et pour ce ayons fait assembler les officiers dud. monstier, c'est assavoir le maistre-prieur, le soubz-prieur, le chantre, l'armaire, le

---

(1) *Sic,* il faut lire : commis.

segretain et l'aumosnier, et plusieurs autres religieux d'i-
celuy, en la presence de religieux et honeste personne
mons^r l'abbé dud. monstier, leur avons monstré les lettres
de commission de Mg^r le gouverneur, et après plusieurs
questions et demandes, nous ont dit qu'ilz doivent estre
selon leur fondation 36 religieux, et que à present ils sont
30 pour faire le service divin ; et avecques ce leur avons dit
et enjoint que s'ilz n'avoient bien leur devoir de l'abbé en
ce qu'il leur doit faire ilz le nous deissent et nous y pour-
verrions : aussi deismes aud. M^r l'abbé que si sesdiz religieux ne faisoient leur devoir envers luy des charges et
pensions qu'ilz luy sont tenuz faire, il le nous deist affin
que nous y pourveissions selon la teneur desd. ordonan-
ces : lesquelz interrogez et advisez particulierement, c'est
assavoir lesd. abbé et officiers nous ont dit et respondu que
tous font bien leur devoir comme bons religieux. Et pour ce
que nous avons veu en visitant ledit monstier que l'eglise
d'iceluy est cheue et desmolie, et voulions mettre les rentes
et revenus de la temporalité dud. monstier en la main du
Roy nostre sire pour la faire gouverner par certains commissaires qui meissent lad. eglise en estat et reparacion convenable, et feissent les autres choses necessaires à faire, led.
abbé nous dit et exposa que 24 ans a ou environ lad. eglise fut
arse et destruite par fortune de feu et des guerres, et qu'il
n'a esté abbé que par 3 ans ou environ, ouquel temps il a
fait reedifier et relever une bonne maison double au lieu de
Milleureau, et une autre maison et grange, et depuis a co-
mencé à faire redifier lad. eglise, si que dejà a fait lever
et recouvrir la charpenterie du cuer d'icelle : lesquels ou-
vrages luy ont cousté plus de 1500 livres tournois ; et a
bonne volenté et affection de parfaire lad. reparacion à l'aide
de Dieu : par quoy il disoit et maintenoit que nous ne lui devions aucunement empescher l'administracion et gouvernement dud. monstier. Et pour ce que nous avons veu l'ouvrage qu'il a fait faire pour la redificacion de lad. eglise, et
que par lesd. officiers et par leurs rapors avons été acertenez qu'il a fait faire lesd. maisons es lieux dessusd., et mesmement que le nombre desd. religieux estans à present oud.

monstier souffist assez pour y dire le divin service selon les revenuz dud. monstier, nous avons cessé de proceder sur le gouvernement dud. monstier jusques à ce que nous aïons rapporté les choses dessusd. à Mgᵣ le gouverneur pour en ordonner comme bon lui semblera. Donné à Bourgueil-en-Vallée et seellé soubz noz sceaulx le desrrain jour dud. moys de juillet l'an 1387.

57

23 mars 138 $\frac{7}{8}$.

Dom Housseau, t. VIII, n° 3728. Archives du duché de La Vallière.

Marie, par la grace de Dieu, Royne de Jerusalem et de Sicile, duchesse d'Anjou, contesse de Prouvence, de For-calquier, du Maine, de Pimont et de Roncy, ayant le bail, garde et administration de Loys, Roy desdis royaumes, et Charles, nos enfans maindres de age et de toutes leurs ter-res, aux seneschal et juge ordinaire de nosdis païs d'Anjou et du Maine ou à leurs lieutenans à Baugé, salut. De la partie de messire Pierre Trousseau sire de Chasteaux nous a esté exposé en soy comme finent complaignant disant que comme ses sujets et estagiers plusieurs se soient de lui clamés et l'ont fait adjourner en nos assises et siege de Baugé, pour lesquels clams et adjournemens les cens, ren-tes et devoirs dudit sire se deperissent moult grandement, por que aucunement ne les ose faire executer pendans les-dits clams et adjournemens, eux disant par cette cause estre exemps de lui et de sa juridicion, et il soit ainsi que nos-dictes assises de Baugé ne soient tenues que troys ou qua-tre foys en l'an au plus, par quoy et par les longues suytes et dilacions qui selon la coustume, usaige et stille de nos-dis païz sont en pledoiere, iceulx clams et adjournemens pourroient moult longuement durer, qui a esté, est, et seroit en son très-grant grief, prejudice et domaige si comme il dit, en nous humblement suppliant que sur ce lui vueillons prouveoir de remede convenable ; pour ce est-il que nous,

eue consideration aux choses dessusdites et que ne vou-
drions nos subgiés aucunement estre defraudés ne endoma-
gés par telles dilacions, vous mandons et se mestier est
commettons que appellez les parties et ceulx qui seront à
appeller pardavant vous audit lieu de Baugé en lyeu où ils
puissent avoir et recouvrer suffisante copie de conseil, vous
cognoissez et determinez desdits clams et adjournemens
sumierement et de plain, de jour, en jour en assise et dehors par brefves et competens dilacions, en leur faisant
elles oyes en leurs raisons bon et brief acomplissement
de justice reprins en l'estat les actes et procès se aucuns
sont sur ce fais esdites assises : car ainsi nous plaist il estre
fait, et audit sire l'avons octroyé et octroïons de grace
especial par ces presentes se mestier est, non obstant us,
stille et coustume de païs quant à attente d'assise et quelconques lettres subreptices empetrées ou à empetrer à ce
contraires. Donné ou chastel d'Angiers sous nostre seel secret en l'absence de nostre grant le xxiiie jour de mars l'an
de grace mil trois cens quatrevings et sept.

Par la Royne, Le Tort, et scellé en queue.

58

24 avril 1391.

Arch. Nat. P 343, n° L (mil LXV).

Robin Bouchait a aujourd'ui juré la staige lige à cause
et par reson de la sergenterie fayée et appartenances de
Sillié-le-Guillaume, resortant au siege de ciens, que souloit
tenir Colin Throul qui en fist vencion et transport à Guillaume
Lelier ; duquel Guillaume led. Robin a eu ceulle (1) sergenterie et appartenances comme presme dud. Throul par rec-
trait, et nous en a gagié les ventes, et a juré que à Madame la
Royne de Sicille comme bail de mes seignours ses effans (2)

---

(1) *Sic*, il faut lire : icelle.
(2) *En marge :* le juge.

foy et leauté li portera tout aussi come s'il estoit entré en sa foy et homaige lige, ne d'autre que d'elle ne s'en advouera, et que au plus toust que à sa notice sera venu qu'elle sera venue en son pays, il soy tresra pardevers elle pour lui faire son debvoir. Donné à l'assise du Mans tenue par Lorens Detorce (ou Detorte) pour Thebaut Levraut juge ordinaire d'Anjou et du Maine, le xxie jour d'avril l'an mil ccc iiii[xx] et onze.   (Signé) P. AUDRI (avec parafe).

59

Vers 1392.

Avis de jurisconsultes du Mans au sujet de l'hommage de la ville et chastellenie de Sablé.

Arch. Nat. P 1334[1], 6; feuille intercalée avant le f[r] 5.

L'advis des conseilz coustumiers estanz au Mans. Et que si le duc de Bretaigne se trait devers Madame la Royne et lui face offre de foy et de homage par raison du chastel et chastellenie de Sablé, devant toute euvre le duc doit monstrer son tiltre par vertu duquel il fait l'offre, et d'icelui tiltre avoir copie avant que lui faire nulle responce : et le tiltre eu, lui respondre que sur tout elle aura advis avec son conseil, et après lui fera responce telle que suffire li devra.

Item, que le mielz est que elle differe à tout povoir de non le recevoir ne le mettre en son sauffrespit ; car autrement elle derogueroit à la grace que messire Pierre de Craon lui donna au contract de la vencion que madicte dame fit au dit messire Pierre.

Item, et s'il commettoit importunité ou autrement que elle receust ledit duc en sa foy que premierement et avant tout euvre ledit duc ratiffie, conferme et appreuve, jure et promette par la foy de son corps tenir et accomplir, garder et enterine à madicte dame la grace tele que ledit messire Pierre de Craon donna à madicte dame quant elle lui bailla ledit chastel et chastellenie.

Item, et de ce avoir lettres dudit duc les meilleurs que l'en pourra faire et deviser soubz son seel signées de sa main, et non point soubz nulz des seaulx d'aucuns des contractz de madicte dame, et pour cause.

Item, est le meilleur de differer de le recevoir qui pourra.

Item, est la coustume d'Anjou et du Maine tele que se je refuse mon vassal de recevoir à homme d'aucune chose dont il doye estre mon homme de foy, et ledit vassal se tourne devers mon souverain lui faire l'offre de ladicte foy et hommage, et ledit seigneur l'y recoit, tout ce ne lui puet valoir, ny à moy à qui la foy est déue nuyre ne porter prejudice, jasoit ce que en France et en Bretaigne soit usé le contraire.

60

7 novembre 1397.

Arch. Nat. P 1334⁴, f° 16 *bis*; parchemin attaché au f° 17 du registre.

En la demande que nous faisions à Olivier sire de Prez de la somme de cent et cinquante livres t. pour deux amendes en quoy feu messire Guillaume siré de Prez son pere fut jà piecà condampné et tauxé es assises du Mans, c'est assavoir en l'assise de *Jubilate* l'an M CCC LXVI par l'amenée du sergent de Balon pour deffault de terme jugié d'office en applaigement de reffus de plaige envers les heritiers de feu Perrin de Jupilles, lequel adjournement fut baillé à Guillaume Ragot son sergent et recordé souffisaument; cent livres. Et à l'assise tenue apres la mi-aoust l'an dessusd. par l'amenée de Gervaise de Culoyson pour finance de deffaulx de soy rendre et de paines commises sur plusieurs cas contenus ou papier de la court, cinquante livres, Et en laquelle demande ledit Olivier a esté autreffoiz continué, et pour le derrenier à aujourduy; s'est comparu ledit Olivier en la personne de Jehan Letexier son procureur par procuracion de lui et par la grace du Roy nostre sire dont la coppie est mise devers la court; lequel procureur a fait protestacion pour led. sire de Prez qu'il n'a preuve en rien la jurisdiction ne le siege de la Chambre des

comptes de la Royne de Sicille duchesse d'Anjou et contesse
du Maine es noms qu'elle procede, fors en tant et pour tant
comme raison et justice donneroit, a esté de rechief continué
ledit sire de Prez en l'estat ouquel sont les causes desdictes
deux amendes dud. jourd'uy, jusques au quart jour de la
prouchaine assise d'Angiers, auquel jour ledit Olivier de Prez
doit comparoir souffisaument en ladicte Chambre des comptes à Angiers pour procéder et avant aler en ycelles causes
comme de raison sera ó les protestacions dessusd., et reservé au procureur de nostredicte dame la Royne et du Roy
Loys son ainsné filz ses protestacions au contraire en lieu
et en temps. Donné à Angiers en ladicte Chambre des comptes
le vii° jour de novembre l'an mil ccc iiii^{xx} et dix et sept.

Le xiii° jour de decembre se comparurent lesdiz procureurs ; et fut la cause dès c l. prorogée au xiii° jour dud. mois ;
auquel jour leur fut enchargié aporter leurs raisons et deffenses par escript entre ci et le ix° jour de la prouchaine assise, auquel ix° jour leur sera fait raison. Et quant aux l l., ledit sire de
Prez et demeure quite par quitance de Martin de Fay receveur
d'Anjou (1) dont la coppie est rendue sur l'aquit des debtes.

F° 17 v° au bas :

Le xiii° jour de decembre m ccc iiii^{xx} xvii se comparut le sire
de Prez en la personne de Jehan Letexier son procureur
pour prendre droit sur le contenu en la coppie d'une certificacion de Martin de Fay jadis receveur d'Anjou, touchant
l'aquit de c l. dont en la premiere partie de ceste page est
faicte mencion. Et fut dit aud. procureur que ladicte certificacion ne souffisoit mie pour ce qu'elle touchoit la descharge dud. Martin, et que du contenu en ycelle n'aparois-
soit point de registre du juge que ladicte somme de c l. devoit avoir moderée à une lay de xv s. Et sur ce offrit ledit
procureur à bailler raisons par quoy ladicte certificacion
souffisoit. Et li fut jour assigné au ix° jour de la prouchaine
assise d'Angiers qui sera tenue à la mi-karesme pour li
faire droit sur tout.

F° 20 v° au bas:

_____

(1) F° 17 v° désigné comme receveur du Maine.

Le 27 mars continuée au vııı° jour de l'assise d'Angers qui sera tenue à la Saint-Jean prochaine. Les raisons par écrit du sire de Prez, sont baillées à M° Jeh. Orry, procureur d'Anjou pour les visiter et en faire son rapport au Conseil.

La cause et procès dessusd. est envoïée pardevant Madame estant au chastel d'Angiers, à comparoir à ıııı heures après-midi aujourd'uy vıııº jour de juillet M CCC ıııı^{xx} xvııı.

F° 23 r°. — Le 12 septembre 1398.

... A finé et composé pour toute ladicte amende à la somme de trente escuz d'or du coign du Roy nostre sire et pour tout contens eschiver ; ... à laquelle finance ledit procureur a esté receu pour le très-bon raport qui fait a esté de la bonne obeisssance que a fait et fait chascun jour led. sire de Prez à madicte dame, et de la bonne justice que il garde...

61

1398.

Arch. Nat. P 1334⁴, f° 18 *bis*, attaché au f° 19.

A la Royne de Sicile.

Suplie humblement Jehan Robert marchant demourant en vostre ville d'Angiers, que comme en l'an mil CCC ıııı^{xx} xvıı deux marchans de vins demourans à Rennes en Bretaigne appellez Bertran Le Bart et Guillaume Quero eussent avanturé en la riviere de Loyre au pont de Sée certaine quantité de vins, lesquieulx furent trouvez et peschez partie ou fyé à la dame de Sainte-Jame, et partie ou fyé de la Roche-au-Moyne ; pour lequel vin ainsi avanturé ilz se obligerent en la somme de xLV l: t. envers vous et envers ladicte dame à rendre et païer ou cas que deuement seroit trouvé que il eust forfaicture ou confiscacion, et en fut plaige ledit supliant, et depuis fut commis et ordenné par les gens de vostre Conseil à maistre Jehan Orry lors vostre procureur soy informer sur celui fait des droiz appartenans à vous et à ladicte dame ; lequel après l'informacion sur ce faicte en fist delivrance et fist rendre aud. supliant l'obligacion que lesdiz marchans et lui en avoient passée; neantmoins comme ledit supliant a entendu, il en est encoures registré dès celui temps en vostre Chambre des comptes, il vous plaise, consideré ce que dit est, mander et ordenner aux genz de voz comptes ou à Gillet Buynart clerc d'iceulx comptes que se il leur appert ladicte obligacion avoir esté ainsi rendue audit supliant, il en deschargent et acquittent en vostredicte Chambre à touz jours.

Madame mande aux gens de la Chambre des comptes que se il leur appert ladicte obligacion avoir esté rendue audit Jehan Robert, ilz l'en tiennent quicte et deschargé.

JOULAIN.

Dictus habuit quittanciam seu obligacionem supradictam per manum dicti procuratoris, et de illa est possessor. Ideo remanet quittus de dicta obligacione.

BUYNART.

Au dos est écrit:
Duplication pour Jeh. Robert.

62

11 décembre 1398.

Arch. Nat. P 1334⁴, f° 24 r°.

Le xi⁰ jour de decembre, en la chambre où estoient messieurs le doyan d'Angiers, maistre Jehan Lebegue, maistre Denis Dubreil et maistre Estienne Buynart, vindrent plusieurs barons, chevaliers et escuïers d'Anjou et du Maine, c'est assavoir le seigneur de La Suze, le seigneur de La Haye, le sire de Clerevaux, le 'sire des Roches, le sire de Champaigne, le sire de Bellay, le sire de La Sale près Monstereul-Bellay, messire Robert d'Anjou, et plusieurs autres chevaliers et escuïers avec leurs genz; et par la bouche de maistre Guillaume Roillon advocat firent dire et exposer que ilz s'estoient assemblez pour avoir advis et deliberacion avecques mesdiz seigneurs

du Conseil par quelle voie et en quelle maniere l'en pourroit
obvier aux grans maulx et inconveniens qui de jour en jour
aviennent sur le menu pueple par les fermiers, sergenz et
commissaires ordenez sur le fait des aydes du Roy nostre
sire; et à ce que par cry à ban l'en veult compeller lesdiz
nobles à prendre sel en la gabelle du Roy nostre sire; et
que auxi comme ilz estoient tenuz de nourrir et soustenir
leurs homes et subgiz, semblablement les devoit madame
la Royne soustenir et garder en leurs libertez et franchises. Lesquelx du Conseil leur firent response par la bouche dud. mons' le doyen que en ladicte Chambre ilz n'estoient
à celle heure assemblez fors pour oyr les comptes du réce-
veur ordinaire du Maine, et que sanz la presence de monseigneur l'evesque d'Angiers, chancelier, de l'abbé de Saint-
Aubin, Guillaume Aygnan, le tresorier, et autres du Conseil
de madicte dame qui estoient absens, aucune deliberacion
ne provision n'y povoit par eulx estre mise, ne aucune response certaine ne leur povoient faire.

63

2 mai 1399.

Arch. Nat. P 1334⁴, f° 27 r°.

Le ii° jour de may l'an m ccc iii^{xx} xix ou Conseil ouquel estoient mons' l'abbé de Saint-Aubin d'Angiers, maistre Jehan
Lebegue, Guillaume Aignan, maistres Jehan Dupuy tresorier
et Estienne Buynart, le lieutenant et le receveur d'Anjou,
vint et se presenta maistre Guillaume de Jumieges à present chappellain de la chapelle du chastel d'Angiers, auquel
par ledit receveur en absence du procureur fut dit que en
exerçant et faisant exercer certains plaiz et juridicion par
lui encommancez à faire à cause des cenz apartenans à
ladicte chapelle contre lesquelx exploiz le procureur de
Madame la Royne s'estoit autreffoiz opposé, et que que soit
dedens temps deu, ycelui maistre Guillaume levoit et
exigeoit à son prouffit plusieurs ventes et amendes pour

ventes recelées et pour cenz non payez à jour, ce que il ne
povoit ne ne devoit, et que à lui comme chapellain n'apar-
tenoit pas telle juridicion et congnoissance, veu que ses
predecesseurs n'en avoient onques joy qui feust de memoire d'omme, mais devoit estre et apartenir à la recepte
ordinaire dud. receveur; et en oultre fut dit par maistre
Jehan Lebegue que dès le temps de feu maistre Bernart
Pouderoux, lors procureur d'Anjou, touz les rolles et memoires touchans les cenz de ladicte chapelle pour celle
mesme cause furent mis hors de la main du chapellain qui
pour lors estoit, et lui en fut osté toute congnoissance, et
que depuis n'y avait eu chapellain qui y eust aucunement
procedé. A quoy respondi ledit maistre Guillaume que lesdiz cenz et autres revenues estoient de si petite valeur que
qui lui osteroit lesdictes ventes et amendes il ne pourroit
bonnement porter les fraiz et coultz neccessaires à la verif-
ficacion desdiz cenz, ne n'auroit de quoy faire deservir ladicte chappelle, et que sur ce on regardast aucunne bonne
voye proufitable, etc. Et pour ce fut avisé par ledit Conseil
que ledit Mᵉ G. n'y procederait plus avant, mais seroient
attenduz Madame la Royne et le Roy son filz pour en ordenner à leur plaisir. Après toutes lesquelles choses, à la
requeste dud. maistre Guillaume fut appointé de son assentement que il recevroit lesdictes ventes et amendes pour
ceste presente année et feroit les despens neccessaires pour
l'exercicion de la justice, sanz prejudice d'une part ne d'autre, et seroit tenu d'en compter en la Chambre des comptes
à Angiers. Et à ce se soubzmist et obligea et en fut jugé
par moy, etc.; presens Nicolas du Plessys et Guillaume
Huel.   BUYNART.

64

8 mars $\frac{1399}{1400}$.

Arch. Nat. P 1344, n° 607 (336, n° XV, ancien classement;
VII°XXXVII).

Sachent touz presens et à venir que comme à la requeste
et poursuite du procureur de très-excellent et puissan

prince le Roy de Jherusalem et de Sicile, duc d'Anjou et
conte du Maine, procès feust meu ou esperé à mouvoir à
l'encontre de Ysabel de Germaincourt à present vuefve de
feu messire Jehan Pelerin chevalier, sur ce que ledit procureur disoit à l'encontre de ladicte dame que ledit Pelerin
avoit servi par très-long et grant temps passé le Roy de
Sicile derrain trespassé que Dieu absoille, et depuis Madame
la Royne pour le temps qu'elle a eu le gouvernement et administracion des païs et terres dudit seigneur et de Monseigneur le prince de Tarente son frere, durant lesquelx services icelui Pelerin avait prins, cueilli, exigé et receu pour
et ou nom desdiz dame et seigneurs, d'eulx et de pluseurs
leurs receveurs et subgiz pluseurs parties et sommes de
finance dont il n'avoit fait ne rendu aucun compte, s'estoit
avecques ce ensaisiné de pluseurs joyaulx, pieces de vais-
selle d'or et d'argent, de chambres, tapiceries et chappelles
de soye et autres biens, et avoit esté chargié par pluseurs
foiz de porter tant es parties d'Ytalie et de Provence come
ailleurs pluseurs et grandes sommes et parties d'or et d'argent, de joyaux, de vivres et d'autres garnisons dont il avoit
retenu et converti à son proufit très-grant quantité sanz en
avoir depuis fait aucune restitucion ; et requeroit ledit procureur que des choses dessusdictes ladicte dame Ysabel fust
condampnée et contrainte rendre audit seigneur bon et loyal
compte et reliqua. A la deffense desquelles demandes elle
proposast et entendist avoir aucunes raisons. En nostre
court du Mans en droit pardevant nous personnelment es-
tablie ladicte dame.... (Transaction. Elle renonce à tous
les droits qu'elle peut avoir sur la chastellenie de Louppe-
lande et sur les terres d'Atenay et de Voeuvres)... Desquelles choses et de chacune d'icelles ladicte dame Ysabel
pour tant comme à elle puet et doit competter et appartenir s'est aujourd'hui despoillée et dessaisie et en a vestu et
saisi ledit seigneur, ses hoirs et successeurs et ceux qui de
lui auront cause en la personne de honnorable homme et
saige maistre Estienne Fillastre, licencié en lays, juge ordinaire d'Anjou et du Maine par la tradicion d'une cedule de
papier que ladicte dame Ysabel tenoit en sa main.....

.... Et à tout ce que dessus est dit tenir, adcomplir, et avoir ferme, estable et agreable perpetuelment sanz jamès venir encontre est tenue ladicte Ysabel et astrainte par la foy de son corps sur ce donnée et baillée en nostre main et condampnée par le jugement de nostredicte court à sa requeste. Ce fut donné le huitiesme jour de mars l'an de grace mil trois cens quatrevings et dix neuf. Presens ad ce honorables hommes et saiges maistre Estienne Fillastre, licencié en lais, juge ordinaire d'Anjou et du Maine, et Guillaume Hue, lieutenant ou Maine en office de seneschal, tesmoign leurs saingns manuelx mis à ces presentes. Ainsi signé : Estienne Fillastre, G. Hue, Le Roy, Lemercier.

65

Mai 1400.

Arch. Nat. P 1334⁴, f° 32 v°.

La provosté d'Angiers excepté la justice, les guez, le merc des registres, les amendes des assises d'Angiers et de devant le lieutenant, les vinages, forfaictures et confiscacions, les cens et rentes, c'est assavoir les mues dessus le pavement que doyvent les poulaillers, la place aux choux, les cloystres de Toussains, la visitacion et amendes de la foyre de Saint-Berthelemier-des-Landes, et les rentes de deniers et de blez de Bescon, Saint-Clement et de Pruyllé, et les poulailles, est baillée et affermée pour troys anz commenczans à l'Ascension Nostre Seigneur mil cccc à Lancelot Barbin pour la somme de xiiiiᶜ livres t. à enchiere acoustumée jusques à la Toussains prouchain ensuivant, et toutes et chacunes les choses quelconques, circonstances et deppendances de lad. provosté qui ont acoustumé à estre cuillies et levées ou temps passé sont et demeurent aud. fermier et en son marché, reservées les choses declairées et non autres. Et avecques ce est comprinse aud. marché dud. fermier la voyerie d'Angiers, et la justice et autres droiz appartenans à icelle vayerie, et la boyste de Candé. Et fut baillée lad. ferme le xxvᵉ jour de may l'an m cccc.

66

31 mai 1400.

Ordenances faictes par nous Loys par la grace de Dieu Roy de Jherusalem et de Sicile, duc d'Anjou, conte du Maine, à nostre première venue de nostredit royaume de Sicile en nozdiz païs d'Anjou et du Maine, ou mois de mars l'an mil ccc iiii^{xx}xix.

Arch. Nat. P 1334⁴ au commencement (329 n° XLIII ancien classement). Lecoy de la Marche, Le Roi René, t. II, p. 209.

Premierement, nous ordenons que les hommenages à nous faiz et affaire par noz barons et subgiz de nosdiz païs d'Anjou et du Maine soient escripz et enregistrez en deux livres dont l'un demourra en nostre chastel d'Angiers, et l'autre en la Chambre de noz comptes illeq.

Item, que les aveuz que nosdiz barons et autres noz subgiz aront baillez et bailleront soient semblablement escripz en deux livres qui demourront comme dessus. Et que par noz seneschal ou juge ordinaire d'Anjou et du Maine lesdiz barons et autres noz subgiz soient contrains à bailler leurs aveuz par declaracion tout au long, ainsi comme il a esté ordenné estre fait pour le domaine de Monseig^r le Roy.

Item, que noz cens, rentes, vinages et autres devoirs de nosdiz païs d'Anjou et du Maine soient tout de nouvel bien diligeaument recerchez et refourmez, et mis et enregistrez en livres à memoire perpetuel ainsi qu'il appartient à faire.

Item, et pour ce que ou temps passé l'en a acoustumé bailler à ferme avecques noz prevostez de nosdiz païs pluseurs de noz cens, rentes, vinages et autres devoirs nommuables, lesqueulx par la negligence des prevostz qui ou temps passé ont tenu lesdictes fermes sont moult diminuez, nous voulons et ordenons que d'ores en avant nos receveurs ordinaires desdiz païs reczoyvent à part iceulx cens, rentes, vinages et autres devoirs, et que ilz les baillent par declaracion sur leurs comptes.

Item, et que lesdictes prevostez quant au fait de la justice et desdiz cens, rentes et devoirs soient gouvernées en nostre main par certaines personnes qui ad ce seront commis de par nous ; et que le sourplus desdictes prevostez soit receu en nostre main ou baillé à ferme comme l'en verra que bon sera.

Item, que les cens qui anciennement furent baillez à la fondacion de la chappelle de nostredit chastel d'Angiers, lesqueulx comme nous avons entendu sont moult diminuez et aussi comme deperiz par la negligence des chappellains d'icelle, soient d'ores en avant receuz par nostre receveur d'Anjou, et que le chappellain de ladicte chappelle soit recompensé ailleurs jusques à la valeur desdiz cens, ainsi comme nostre conseil verra que sera à faire.

Item, pour ce que nous avons entendu que la charge d'un seul nostre procureur en nostre païs d'Anjou a esté et seroit trop grande, consideré la distance de nostredit païs ouquel il a troys ressors, nous avons ordenné que en chacun desdiz ressors ait un nostre procureur aux gages qui cy après sont declairez : c'est assavoir cellui d'Angiers et du ressort L l., et les autres deux, chacun xxv l., par an.

Item, pour ce que par ordenance de Monseigneur le Roy nous prenons le proufit des aides en nosdiz païs, et que nous voulons savoir la valeur d'iceulx, nous avons ordené que après les tiercoyemens ou doublemens des fermes ou au moins en la fin de l'an, les esleuz sur ledit fait baillent la valeur d'iceulx en nostre Chambre des comptes à Angiers.

Item, que les receveurs desdiz aides et les grenetiers après ce que ils aront compté en la Chambre des comptes de Monseigneur le Roy apportent leurs comptes en nostredicte Chambre à Angiers pour savoir leur estat et la distribucion des deniers de leurs receptes.

Item, pour ce que nous avons entendu que en nosdiz païs a trop grant nombre de commissaires sergens sur ledit fait des aides et de la gabelle, et peu savans, par quoy le puepple de nosdiz païs est moult grevé et oppressé en pluseurs manieres, nous avons ordenné que sur ce soit pourveu par les gens de nostredit Conseil à Angiers au mieulx et plus proufitablement que faire se pourra.

Item, quant au fait de la Chambre de nosdiz comptes à
Angiers, nous, confians applain du sens, loyauté, prodom-
mie et bonne diligence de noz bien amez conseillers, reverent pere en Dieu nostre chancelier l'evesque d'Angiers,
l'abbé de Saint-Aubin, maistre Jehan Lebegue, messire Jehan
d'Escherbaye, Guillaume Aygnen, maistre Denis du Brueil,
maistre Estienne Buynart et maistre Lucas Lefevre, et messire Brient Priour, et pour clercs de ladicte Chambre Gillet
Buynart et Jehan Fromont, et pour huissier de ladicte Chambre Jehan Duvivier, iceulx nozdiz conseillers, clercs et huissier avons ordennez et instituez pour le fait et gouvernement de nostredicte Chambre et des circonstanees et deppendances. Et voulons que quatre ou troys de nozdiz
conseillers puissent proceder et avant aller oudit fait, non-
obstant l'absence des autres. Constat en interlineaire messire Brient Priour.

Lesquelles noz ordennances nous voulons et nous plaist
estre tenues, gardées et observées en la maniere cy-dessus
contenue.

Em tesmoign desquelles choses nous avons fait mettre et
apposer nostre seel à ces presentes. Donné en nostre chastel d'Angiers, le darrain jour de may, l'an mil quatre cens.

Sur le repli de la marge d'en bas est écrit :
Par le Roy, la Royne presente.

(Signé) DELACROIX, avec paraphe.
Le sceau est perdu.

67

4 mai 1401.

Arch. Nat. P 1334⁴, f° 54 r°.

La prevosté de Saumur sera baillée à ferme en la fourme
et maniere que acoustumé a esté ou temps passé ; excepté :
la juridicion et tout ce que s'en depent, les cens et rentes
de blez et de deniers, les vinages, les Prez-le-Conte, espaves,
forfaitures, aubenages et aventures. Et toutes cestes choses

seront gouvernées, levées et receues en la main du seigneur sanz ce que le prevost fermier y praingne riens, fors
seulement es forfaitures qui vendront par son amenée, en
quoy il prendra pour chacune forfaiture jusques à soixante
solz et au dessoubz. Et ainsi demourra en la baillée de la
ferme tout l'acquit des boestes tant par eaue que par terre,
le droit de bailler et mectre mesures en la ville et forbours
de Saumur avecques le proufit qui en depent, les estalages,
les coustumes des halles tant des drappiers que d'autres,
et toutes les autres choses qui ont esté acoustumées à bailler en la ferme de ladicte provosté.

Mise à prix par Macé Lemaistre à la somme de viii c l. t.
de premier denier pour iii ans commancans le jour de l'Ascension m cccc i à l'enchiere acoustumée. Encheri par Jehan
Lemareschal de c l. et mis à ix c l. Plaiges et compaignons
Estienne Coulon et Jeh. Marquis. . . . .

68

1 er décembre 1402.

P 344, n° XLII (ancien XI c XXXIX).

De vous très-excellant et puissant prince le Roy de Jherusalem et de Sicille, duc d'Anjou, conte du Maine et baron
du Chasteau-du-Loir, je Ysabeau de Germaincourt congnois
estre femme de foy lige au regart de voustre baronnie du
Chasteau-du-Loir à cause et par reson des choses qui sy
après s'enssuivent; c'est assavoir de tous les trespas et coustumes de la chastelerye d'Oysé et de la ville de Foulletourte,
et generalment de touttes les villes et lieux de toute ladicte
chastelerye, là où il a esté acoustumé à lever et prendre
par mes predicesseurs lesdictes coustumes et poyage, et le
rapport des coustumes des denrées vendues de touz ceulx
dont il m'apartient es villes de ladicte baronnye là où il a
esté acoustumé à l'avoir. Et le tiers dé toutes les aventures,
forfaittures et espaves venans à ladicte chastelerie d'Oysé
Et le tiers de touttes les forfaittures qui escheent en ladicte

ville de Foulletourte par reson du trespas d'icelle. Et auxy le tiers de touttes les amendes qui pevent venir par quelconque cause que se soit, tant à cause de l'assise de ladicte chastelerye d'Oysé comme en quelque autre maniere que se soit à cause de ladicte chastelerye venans par la justice d'icelle. Et avesques se, de mestre et ajuster mesures à blé et à vin aux subgiz de ladicte chastelerye là où il a été acoustumé à faire par mon prevost fermier en laditte chastelerye. Et o tout ce la moitié par indivis de toute la foyre de Mausseigné qui est le jour de la Saint-Martin d'esté. Et la tierce partye de la moitié par indivis des amendes et forfaittures qui pevent escheoirs en ladicte foyre. Et auxi de la moitié par indivis de touttes les coustumes de la foire de Pontvallain qui est le jour de la Saint-Pere d'aoust. Et la tierce partie par non devis de la moitié des amendes et forfaittures qui escheent en ladicte foyre sy comme il a esté acoustumé ou temps passé. Et par reson des choses dessusdictes vous doy et suy tenue fere gardes de quarante jours en vostredit Chastel-du-Loir. Et doy mestre et fournir de seneschal à tenir l'assise de ladicte chastelerye d'Oysé ; et auxy doy fournir de prevost et de sergent ; lesquieulx seneschal, prevost et sergent je doy presenter à vostre baillif ou procureurs de ladicte baronnie pour leurs fere fere le serment de faire les offices à eulx appartenans en ladicte chastelerye à mes perilz. Et o tout ce doy fournir de prinson en la ville de Pontvallain pour garder les prinsonniers qui seront prins en ladicte chastelerye ; et doy faire executer les prinsonniers sy aucun en y a condempné. Et doy en tenir estat l'arche et le pont de la chaussée de Pontvallain : lesquelles choses je faiz à mesdix peris.....

69

15 décembre 1402.

Arch. Nat. P 1334⁴, f° 61 v°.

Le xvᵉ jour de decembre l'an m cccc ii. Sur ce que l'en disoit ou Conseil du Roy de Sicile estant en sa Chambre des comptes à Angiers. ouquel estoient monseigneur l'evesque d'Angiers chancelier, l'abbé de Saint Aubin, le doyen d'Angiers, maistres T. Loyseau, E. Fillastre juge ordinaire, O. Tillon, G. Buynart, L. Lefevre conseillers, le Tresorier, Pierre Guiot lieutenant à Angiers, le receveur d'Anjou, les procureurs d'Angiers, du Mans et de Saumur, et plusieurs autres, que le juge ordinaire d'Anjou et du Maine, les lieuxtenans en office de seneschal d'Angiers, de Saumur, de Baugé et du Mans, et plusieurs chastellains et autres justiciers tant du Roy de Sicile comme de ses barons et vassaulx donnoient et avoient acoustumé donner le temps passé chacun en droit soy lectres apellées de biens en la fourme ordennée soubz leurs seaulx à faire païer (1) debtes de partie à partie, desquelx ilz prenoient vii s. vi d. pour leur seel en deffraudant le seel dud. seigneur ordenné pour lectres de justice, et en alant contre certaines ordennances jà pieczà sur ce faictes par madame la Royne de Sicile en son grant Conseil du temps de feu messire Almaury de Cliczon lors seneschal, et de Thibaut Levraut juge ordinaire d'Anjou et du Maine ; laquelle chose ledit maistre Estienne Fillastre congneut et confessa estre vroie, et que de son temps en avoit usé cuidant que faire le peust ainsi come l'en li avoit donné à entendre que ses predecesseurs oud. office l'avoient fait et acoustumé de faire ; mais que d'ores en avant il n'en feroit plus. Et pour ce lui fut dit et ordenné que il compteroit et rendroit le proufit qu'il en avoit eu de son temps, veu qu'il a gaiges compettans, et que que soit depuis le temps que il fut institué oud. office de juge ordinaire juques aud. xve jour de decembre l'an m cccc ii dessusd., ouquel temps il a vii ans et demi ou environ.

Et auxi doit respondre du proufit d'iceulx *debitis* par lui receu du temps que il fut lieutenant du seneschal à Angiers et ou ressort par avant que il fust juge ordinaire.

Et semblablement doivent respondre du proufit des seaulx desd. *debitis* Pierres Guiot lieutenant à Angiers, Jehan Nicholas lieutenant à Saumur, Jamet du Buron lieutenant à Baugé,

---

(1) Un mot en interligne illisible.

et Guillaume Hue lieutenant au Mans du seneschal d'Anjou
et du Maine.

Et auxi Olivier Tillon, Guillaume Roillon, Jehan Tillon,
Michel Leboucher seneschaulx et baillifs de plusieurs baronnies d'Anjou et du Maine qui semblablement en ont usé.

Cette décision des gens des comptes est bâtonnée, et en
marge est écrit : Radiata per mandatum et ord. Consilii, et
ex causa.

70

Juillet l'an mil cccc et troys.

Arch. Nat. P 1334⁴, f° 68 r°.

Le ıı° jour fut baillé à Pierre Soybaut le mandement du
Roy de Sicile touchant le reliefvement du seel ordenné pour
lectres de justice, en ce que les lieuxtenans du seneschal
d'Anjou à Angiers, Saumur, Baugé et Le Mans, et les autres
juges, baillifs et seneschaulx des barons des pays d'Anjou,
du Maine, de Loudunoys et de Maïenne la Juhés, ont donné
et donnent *debitis* en la fourme ordennée, etc., contre et ou
prejudice dud. seel ; et pour mectre au neant l'usurpacion
que lesdiz officiers y ont faicte les temps passez, pour ycelui mandement envoyer à Paris pardevers maistre Pierre
Soulaz, par maistre Jehan du Breil procureur du Maine,
afin d'en impectrer du Roy nostre sire un autre en semblable fourme et sustance pour mectre à execucion.....

71

4 mars 140$\frac{3}{4}$ présenté le 5 à l'assise du Mans.

Arch. Nat. P 343, n° XXXIX (ancien mil LVII).

De vous, très-hault et puissant prince Loys, par la grace
de Dieu Roy de Jherusalem et de Sicille, duc d'Anjou et
conte du Maine, je Jehan Le Biardoys, tiens et advoue à

tenir de vous au regart de vostredicte conté du Maine à foy
et homage lige, mon office de sergenterie appellée la sergenterie de Lucé, laquelle est generale par toute voustre
conté du Maine tant comme elle dure depuis le fil des rivie-
res de Yaigne et Sarte, du cousté de devers ladicte ville de
Lucé, en soy rendant du ponceau de Malicorne au ponceau
de Cleremont, et retournant au pont de Ceton ou Perche,
tant comme le païs de vostredite conté se estent de long et
de large. Et par raison d'icelluy office doy et suy tenu faire
par moy ou personne presenté à vous ou vostre juge et procureur oudit païs du Maine quant il vous plaist ou à eulx le
recepvoir à mes perilz, et en commectre à l'exercit dud. office, faire touz exploiz et adjournemens que sergent doit
faire, tant à requestes de partie que de vostre procureur;
et estre et comparestre à chascune de voz assises tenues en
vostredicte ville du Mans au jour que l'apel de mondit office est ou chiet d'estre, pour faire rellacion et raport par
moy, mes recors, de touz les adjournemens et exploiz que
moy et mon commissaire si aucun en y a aurons faiz, tant
à requeste de partie que de vostre procureur. Et vous doy et
sui tenu faire bonnes les amendes tauxées, et les rendre et
poïer à voustre receveur au Mans à chacune assise, ou en
monstrer suffisant diligence. Et aveques ce doy estre et
comparestre en personne, ou commissaire pour moy s'il a
commissaire, à l'exercit de mondit office le jour de Pasques
flouries en la ville du Mans, en la compaignie du bailly de
vostre provousté du Mans, de vostre procureur aud. lieu, et
du provoust s'il y est, à veoir rompre les lances au lieu
acoustumé, et les rompre par les frans qui les doivent rompre; et icelles lances rompues, aler en la compaignie de vozdiz officiers au lieu où l'en va querir la croix et cruxifi de
la grant eglise du Mans pour estre aportée par les frans
qui ce doivent faire en ladicte eglise. Et quant elle est rendue en ladicte eglise, suy tenu venir en la compaignie de
vozdiz officiers en l'auditoire où l'en tient voz assises du
Mans, et estre en leur compaignie illeques jusques ad ce que
les delivrances qu'ilz font celui jour a[v]ent disné soient te-
·nues ; et doy avoir ma despence à heure de disner aux des-

pens de vostre provoust fermier au Mans, si provoust fermier
y a, ou aux voustres si la provousté est exercée et levée en
voustre main. Et après disner m'en puis aler là, où, et quant
bon me semblera. Et aveques ce vous doy pleige gage, droit
et obeissance..

..... En tesmoign de verité, je vous en rens cest present
escript pour adveu sellé à ma requeste du petit seel dont
l'en use aux contraz de vostre ville du Mans. Donné le quart
jour de mars l'an mil quatre cens et troys (1).

Au dos est écrit:

Cest adveu baillé en jugement en l'assise du Mans tenue
par Estienne Fillastre, licencié etc., juge etc., par Jehan Le
Biardays, et y a fait arrest o les protestacions etc., le ve jour
de mars IIIIᶜ et troys.

72

14-15 mars 1406.

Aveu par Brient de la Haye de la terre de Sautere.

P 337, nᵒ LXXII³ (ancien VIIIᶜIIIIˣˣIII).

..... Maistre Estienne Filliastre homme de foy simple à
cause de La Guignetiere et appartenances. *Item* ledit maistre
Estienne homme de foy simple à cause de son hostel et appartenances de Belaise, et m'en doit chacun an une paire de
dez rendue à Sautere la veille de Noel après disner, et l'offre
de cinq soulz qu'il doit apporter pour jouer aux dez contre
autres cinq soulz.

73

Novembre 1406.

Arch. Nat., P 1334⁴, fᵒ 87 vᵒ.

Memoire.

Amendes de l'assise des eaues d'Angiers tenue au Pont
de Sée, par Jehan Le Paintre pour Jehan Saulaye, lieute-

_____

(1) Le sceau manque.

nant general de noble home messire Pierres de Bueil, chevalier, general maistre et enquesteur des eaues et forests d'Anjou et du Maine, le penultieme jour d'octobre l'an mil cccc v, lesquelles amendes ont tardé à estre tauxées jusques au temps d'après la Toussains l'an mil cccc vi que icelles amendes furent tauxées à Baugé par Macé de Saint-Jehan en la presence de maistre Estienne Fillastre juge d'Anjou et du Maine, Olivier Tillon, le procureur du Roy à Baugé et plusieurs autres gens du conseil, et lesquelles amendes ont esté baillées à Girart Christian receveur d'Anjou par Jehan Saulaye :

L'abbé et convent de Saint-Nicolas près Angiers, xx l. pour deffaut de terme o jugement la cause tenant et o intimacion, baillé et recordé par Yvonnet Thebaut nostre sergent en la personne de frere Pierre Nicolas, celerier et procureur dud. monstier, de le leur faire assavoir, sur ce que nous disions contre eulx que frere Jehan Hardi procureur dud. monstier avoit prins en justiciant et par maniere de justice sur un appellé Maurice Pelluau un engin de non maille à prandre poisson, et icellui avoit fait ardoir par maniere de justice de par lesdiz religieux, lesquelles choses ilz ne povaient ne ne devoient faire ; et autreffoiz le confessa en jugement et en fut jugé, et par tant a esté mis l'explet au nyent et decleré pour nul. Et estoit signée la cedulle dont mencion est faicte cy-devant par P. Baulaine.   (Signé) BRICOAN.

En marge est écrit : Nota. La cause en est en opposicion, et est devant le lieutenant. F° 88, r°.

F° 88, r°.

13 septembre 1407. La cause renvoyée en l'etat jusqu'au second jour de la prochaine assise d'Angers.

..... Ledit xxiiii° jour d'octobre l'an mil cccc et sept Estienne Duval soy portant procureur de l'abbé de Saint-Nicolas près Angers vint et soy comparut ceans, lequel ou nom que dessus se delessa de l'opposicion que il avait autreffoiz faicte à l'encontre de l'execucion de la somme de xx l. tournois d'amende en quoy led. abbé avoit esté condempné pardevant le maistre des eaues et forests d'Anjou au temps que feu Nicolas Duplessy lors receveur d'Anjou vivoit. Lequel procureur a promis rendre et païer à Girart Christian à present receveur d'Anjou ladicte somme de xx̲ l. t., qui cy en fut content, present led. procureur, parmi ce que led. abbé a esté mis hors de plet et procès à cause de ce senz amende. Et fut ce fait par ordennance du tresorier et de Michel Delacroix à ce presens, etc. (1).   (Signé) Bricoan.

74

28 octobre 1408.

Le fait des fours de Baugé.

Arch. Nat. P 1334⁹, f° sans n° entre 66 et 67.

Ce sont ceulx qui ont eu licence de faire fours à cuyre pain à Baugé chascun en son hostel non obstant le four à ban, pour ce que il a esté advisé par les gens et officiers du Roy de Sicile duc d'Anjou que ce sera à son prouffit, et auxi que celx qui ont congié de faire lesdiz fours l'ont requis et a esté à leur promocion. Lesquelx fours furent commancez à bailler, presens Laurens de Torcé lieutenant du juge ordinaire d'Anjou et du Maine, Jamet Rydouet procureur, Girart Christian receveur d'Anjou et Pierres Bricoan, clercs des comptes dudit seigneur, le xxviiiᵉ jour d'octobre m cccc viii en l'auditoire où l'en tient les assises de Baugé.

Et est assavoir que aucuns d'iceulx qui ont fait ou feront faire fours en leurs hostelz ou ailleurs, tant pour leurs singuliers usaiges à faire leur pain comme pour ceulx qui feront pain à vendre, ne pourront acuillir nuls autres aveques eulx pour cuyre leur pain à peine de x l. d'amende, excepté ceulx qui en payeront audit seigneur les taux et devoirs, c'est assavoir pour ceulx qui feront cuyre pain à vendre vi s. t. par an au jour de la Saint-Jehan-Baptiste, et ceulx qui cuyront pour leur usage seulement ii s. t. à lad. feste.

S'enssuivent les noms de ceulx qui ont promis payer et faire devoir audit seigneur pour lesdiz fours à Baugé.....

---

(1) Cette mention est batonnée.

75

23 octobre 1410.

Cab. des Tit., pièce orig. vol. 1154, doss^r Fillastre (26.247),
p. n° 8, orig. (extraits).

Laurens de Torcé delivrant les assises de Baugé, et lieutenant de hon. ho. et sage Est. Fillastre, lic. en l., juge
ordinaire d'Anjou et du Maine pour très-haut et puissant
prince le Roy de Sicile et commissaire dud. seigneur en cette
partie — en ce où les parties sont appellées pardevant
par vertu de certaines lettres d'anticipation dud.
seigneur impetrées par Philipon Fouchart contre Michel Ruffier, et certaine cause d'appel... Fouchart demande attente
de conseil qui lui est accordée et à Ruffier commandé garder terme o jugement s'il ne l'avoit au 2° jour de la prochaine *assise d'Angers* comme hors assise pardavant mons.
le juge ou son lieutenant pour avant aller etc... à Baugé
soubz nostre signet.

Sig. Detorcé (autogr.)

76

23 janvier 14 $\frac{10}{11}$.

*Exploit de justice torconnier fait par Jeh. Tillon
contre le Roy de Sicile.*

Arch. Nat. P 1334⁴, f° 117 r°.

Le venredi xxiii° jour de janvier l'an mil cccc x (1411),
Jeh. Tillon comme seneschal du prieur et convent de Saint-
Jehan d'Angers, et Jeh. Duchemin leur procureur. tindrent
les plez de l'aumosnerie dud. lieu de leur siege d'Esgre-
fain en une maison seant en la rue des Halles, ouquel demouroit lors un paintre, et est ladicte maison assise entre
l'ostel feu Alin Liger d'une part et l'ostel de maistre Jeh.

Leverrier d'autre part. Et est tenue ladicte maison à un denier de cens par chascun an par raison de la chappelle du
chastel, etc. Et fut fait lever led. Jeh. Tillon par André
Chanteloup, presens Belin, et adjourné de mainmise envers
la court. Et furent presens, etc. Sy soit pourveu au proufit
dudit seigneur, car il y a grant amende pour luy etc.

> En marge : Caveatur quod non remaneat
> impugnitum.

>> Baillé cedule à P. Soybaut,
>> procureur ete., le vi^e de fevrier
>> M CCCC X (1411).

Exploit fait par Jehan Tillon contre le Roi de Sicile.

Eod. f° 118, r°.

Le lundi xxiie jour de juing M CCCC XI.

Jeh. Tillon, tenant l'assise de chappitre d'Angiers devant
la Croix de simple en la maison de chappitre fist convenir
devant lui comme seneschal dud. chappitre les gens des
mestiers d'Angiers et les fist jurer et faire serement que ilz
feroient bien et loyalment leurs mestiers, etc. Laquelle
chose il ne povait ne devoit faire, comme chose appartenant seulement au Roy de Sicile, et sont les droits de sa
provosté d'Angiers. Et ledit Tillon non obstant ce a fait ce
que dit est et pluseurs autres choses ou prejudice dudit
seigneur, etc.

77

17 mars 141 $\frac{1}{2}$.

Arch. Nat. P 1334⁴, f° 123 r°.

Le xviie jour dud. moys de mars CCCC XI fut donné congié
par Pierre Guiot, lieutenant etc., et Jeh. Herbelin, commissaires sur le fait des cens, etc., à Colas Lefevre, marchant
de poisson, demourant en Reculée, de mectre et faire ferir
en la riviere de Maïenne deux paux sur bout pour atacher
chalans perciez à mectre poisson, lesquelx paux il fera ferir
près des autres paux feruz en ladicte riviere pour les quatre

marchans jurez, ou lieu moins prejudiciable pour lesd. quatre marchans que faire se pourra. Et pour ce faire ledit Colas Lefevre a promis, promect, doit, et est tenu rendre, païer et continuer au Roy de Sicile et à ses hoirs et successeurs duex d'Anjou à sa recepte d'Anjou, xx s. de cens ou devoir perpetuel par chascun an aux termes de la Saint-Jehan et de Noel par moitié. Et ad ce a obligé ledit Colas Lefevre soy, ses hoirs et tous ses biens meubles et immeubles presens et à venir, etc. Renoncant faire, etc. Passé par André du Rochier et moy, J. HERBELIN (avec paraphe).

78

12 mars 141 $\frac{4}{5}$.

Les saynes de Maïenne.

Arch. Nat. P 1334⁴, fᵒ 129 rᵒ.

Le xııᵉ jour de mars l'an M CCCC XIIII, par ordennance et commandement de Madame la Royne, furent mandez ceanz touz les marchans et paragèurs des III saynes de la riviere de Mayenne, et leur fut enjoint d'aporter le lendemain leurs lectres et tiltres des dons à eulx faiz ou temps passé des parages et marchandises desd. saynes, lesquelx les baillerent et rendirent chascun en droit soy. Et celui jour par deliberacion du Conseil ouquel estoient monsieur l'abbé de Saint-Aubin, messire Macé de Beauvau, le lieutenant, le procureur, le receveur, Gilet Buynart et Pierre Bricouain, leur fut deffendu l'exploit desd. saynes et parages. Et dès lors furent lesd. saynes et parages baillées à gouverner et exploiter au proufit du Roy de Sicile à ceulx qui les tenoient par avant, en attendant la venue du juge d'Anjou et de l'avocat fiscal du seigneur.

Item, et le xvᵉ jour d'avril ensuivant, après avoir eu deliberacion et conseil en la presence de la Royne, laquelle ordenna que lesd. saynes feussent mises ou demainne du Roy, celui jour en l'ostel du tresorier ledit juge declaira et dist par jugement aux marchans et parageurs dessusd. que ilz estoient deboutez du tout desd. saynes et parages, et que la Royne vouloit qu'ilz feussent mis et apliquez au domainne, veu que c'est le propre heritage du seigneur, et qu'ilz n'y auroient rien mes en avant, sauf que à aucuns qui avoient leurs confirmacions du Roy on leur a donné à chascun une somme d'argent pour desdommagement, dont ilz sont assignez sur Girart Christian receveur d'Anjou. Et seront trouvées les lectres desd. parageurs en un sac estant ou coffre près des aisemens. Et la fourme de bailler et affermer lesd. saynes et parages sera trouvée registrée et escripte ou livre cencier, f°

79

25 août 1414 — prés. le 16 mars 141 $\frac{4}{5}$.

Aveu par Jean, comte d'Alençon et du Perche, des châteaux, villes et terres de Châteaugontier, Pouencé et Laflèche.

Arch. Nat. P 338, n° XII à la fin (ancien IX°XVIII).

A l'assise d'Angiers, tenue par nous Estienne Fillastre, juge ordinaire d'Anjou et du Mâine, le samedi xvi° jour de mars l'an mil cccc et quatorze dessusd., cest present adveu fut baillé et presenté en jugement par Jehan Doxdefer, procureur suffisaument fondé pour monseigneur le duc d'Alenzcon comme aïant le gouvernement de madame la vicontesse de Beaumont sa mere, et y a fait arrest led. procureur ou les protestacions dedans contenues, et l'en avons jugé, presenz ad ce maistre Guillaume Roueillon, advocat fiscal de la court ; Pierre Guiot, lieutenant à Angiers ; J. Tillon ; maistre J. Bonin ; G. Roucigneul ; G. Richer, advocaz, et plusieurs autres.   (Signé) DELACROIX LOHEAC.

En marge à gauche :

Maistre Guilleaume Rouillon, conseillier de mons' le Conte et bailli desdictes baronnies.

En marge à droite :

Jehan Dosdefer, procureur esdictes baronnies pour mons' le Conte.

80

Du fait des poulaillers d'Angiers.

Arch. Nat. P 1334⁴, f° 131 v°.

Le mardi xvi° jour de juillet m cccc xv.

En la presence de maistre Estienne Fillastre licencié en lays juge ordinaire d'Anjou et du Maine, Pierres Guyot lieutenant à Angiers et ou ressort, Giles Buynart, Huet Deleif lieutenant du cappitaine d'Angiers, Guillemin Delacroiz procureur, les procureurs de l'université d'Angiers, André du Rochier, Colas Sabbart, et plusieurs sergenz du seigneur, etc., les poulaillierS et poulaillieres et regratiers de chevreaulx, oyes et autres choses appartenans à fait de poulaillerie et de regraterie firent le serement solempnel de non achater denrées avant le temps de dix heures passées audedenz de la banleue, à la paine du pillory et de privacion du mestier, etc.   BRICOAN.

81

5 mars $142\frac{2}{3}$

Arch. Nat. P 1334⁴, f° 148 v°.

Le vendredi v° jour de mars m cccc xxii, ou Conseil tenu en la Chambre des comptes à Angiers ouquel estoient mess⁽ˢ⁾ les evesques d'Angiers et de Frejus, le seigneur de Beauvau, le juge d'Anjou, Jehan Dupuy, maistre Thibaut Lemoyne arcediacre d'Angiers, Jehan Fournier et plusieurs autres, a esté present Jamet Berruel lequel a promis à la paine de ii^m l. t. d'estre, fournir et obeir à droit en ce que le procureur de la court et Jehan Grineau, et chascun d'eulx luy pourroient faire demande à cause de la ferme de la prevosté d'Angiers prinse par lesd. Grineau et Berruel pour trois ans commancans à la Toussains darreniere passée pardevant mesd. seigneurs, et de acepter à ce leur jugement ou apointement. Et de ce Pierre Quillet, Pierre Berruel et Richart

Chaillou se sont constituez ses pleges tenuz et obligez jusques à la somme dessusd. sur l'obligacion de tous et chascuns leurs biens, etc.   (Signé) J. LOHEAC.

Le jour et an dessusdiz, comparans pardevant mesd.
seigneurs led. Jeh. Grineau demandeur d'une part et led.
Jamet Berruel deffendeur d'autre, fut dit et proposé par led.
demandeur contre led. deffendeur que ou bail dessusd. de
lad. ferme de la prevosté d'Angiers ycelle mise à pris,
elle fut encherie à la chandelle de plusieurs et diverses enchieres, et sur ycelles simples enchieres fut tiercoïée par led.
Berruel deffendeur, et mise à la somme de $III^m VII^c L$. escuz.
Et après led. tiercoiement led. demandeur y mist par dessus
led. deffendeur une simple enchiere montant $VI^{xx} v$ escuz. Et
ainsi fut mise et demoura lad. ferme à la somme de $III^m VIII^c$
LXXV escuz pour trois ans commancans à lad. feste de Toussains derrain passée. Et disoit que dedans les huit jours
d'icelles enchieres afin qu'il en fust deschargé se tira devers
le tresorier de la Royne de Sicile, et lui gaigea lad. fole enchiere de $VI^{xx} v$ escuz, et fut lors signifié aud. deffendeur, et
que parce led. demandeur devait demourer deschargé de lad.
ferme et en devoit demourer chargé led. deffendeur ; et
pour ce l'avoit fait convenir et adjourner pardevant mesd. seigneurs, concluant sur ce tout pertinent etc. Et de la part dud.
Berruel deffendeur fut sur ce respondu qu'il confessoit lad.
ferme avoir esté encherie et prinse par la maniere que dit
est, et que par avant lesd. enchieres et depuis led. Grineau
demandeur, Jehan de Belligne, led. Berruel deffendeur et
autres, avoient esté d'acord et promis l'un à l'autre d'estre
compaignons ensemble de lad. ferme à perte et à gaing, à
quelque pris qu'elle fust mise par l'un d'eulx, et en avoient
fait et signé entre eulx deux cedules par lesquelles il povoit
apparoir qu'ilz en estoient compaignons ensemble, et avoit
led. demandeur lesd. cedules devers lui ; requerant led.
deffendeur qu'il fust contraint d'icelles exhiber, et au contenu
d'icelles il offroit d'obeir, disant que par le moïen dud. accort
led. demandeur ne devoit estre receu à soy descharger de
lad. ferme par gaige de lad. fole enchiere ne autrement, et

qu'ilz et leurs compaignons en devoient estre et démourer
chargez tous ensemble ; et disoit plusieurs autres choses à sa
deffense. Et led. demandeur disoit le contraire par autres
moïens. Et pour apointer lesd. parties et faire droit sur ce
ont esté exibées et baillées lesd. deux cedulles par devers
mesd. seigneurs par led. Grineau, signées des seings ma-
nuelz desd. Grineau et Berruel ainsi qu'ils ont confessé, et
aussi dud. Belligne ; lesquelles cedulles sont demourées
devers la court à la requeste du procureur à ce present;
et d'icelles discerné copie à chacune desd. parties. Par lesquelles cedulles il est apparu lad. societé et compaignié
avoir esté faicte entreulx de la ferme dessusd. à perte et à
gaing. Et pour ce lesd. parties oyes et lesd. cedulles veues
et leues en leurs presences, consideré ce que faisoit à veoir
et considerer d'une part et d'autre par mesd. seigneurs, a
esté declairé et jugé qu'ilz seront et demourront compaignons ensemble de lad. ferme à perte et à gaing, et ont esté
condempnez à la requeste dud. procureur de la court de
bien et deuement excercer et gouverner les faiz de lad. prevosté.

82

1er juin 1429.

Arch. Nat. P 339, n° II, f° 174 r°.

A touz ceulx qui ces presentes lectres verront, Alienneur
des Roches dame de Beaupreau salut. Comme jà pieczà feu
noble homme messire Jehan de Saincte-More mon frere,
seigneur de Mongauguier à cause de lui, et de Beaupreau
à cause de feue noble dame Jehanne des Roches sa femme,
jadis ma seur aisnée, eust esté jugé es assises d'Angiers de
bailler par adveu laditte chastellenie et terre de Beaupreau
tenue à foy et à hommaige lige de très-doubté et puissant
prince le Roy de Jherusalem et de Secille duc d'Anjou au
regard de son chastel et siege d'Angiers, en ensuivant lequel
appointement led. feu messire Jehan de Saincte-More
jadis mon frere à cause de sa femme eust baillé led. ad-

veu esdittes assises d'Angiers [et] en eust esté envoïé sans
jour, sauf à le faire revenir en cas que ledit adveu seroit
trouvé deffectif ; et depuis par partaige fait entre led. feu
messire Jehan de Sainte-More et sa femme à cause d'elle
d'une part, et feu noble homme feu messire Jehan de Baso-
ges jadis mon mary et moy d'autre part, ladicte chastellenie et terre de Beaupreau o ses appartenances ait par partaige esté baillée à mondit seigneur et à moy, et nouz ayons
depuis (1)   et evoquez esdictes assises d'Angiers
pour bailler par adveu ma dicte chastellenie, terre et appartenances de Beaupreau avecques les choses deppendentes
de ladicte foy lige ; et requeroit le procureur de ladicte
court d'Angiers que par droit et par jugement, je fusse
condampnée et contraincte à bailler mondit aveu ainsi que
en tel cas appartient au regart de ladicte chastellenie et terre
de Beaupreau. Et je disoie au contraire que je n'estoie
tenue de bailler par aveu, veu que mondit feu frere de
Mongauguier lors tenant ladicte chastellenie et terre de
Beaupreau l'avait baillé autreffoiz en son temps et par avant
que par partaige il me eust baillé ladicte chastellenie et
terre de Beaupreau o ses appartenances ainsi qu'il fist, et
par pluseurs autres raisons que je alegoie. Sur quoy eust
esté appoincté en jugement par mons^r le juge ordinaire
d'Anjou et du Maine ou son lieutenant tenant lesdictes
assises d'Angiers, que je bailleroye une confirmacion nar-
ratifve dudit aveu baillé par mondit frere comme dit est,
contenant ladicte confirmacion ce que s'ensuit cy-après.
Savoir fays que je tiens et avoue à tenir nuement du Roy de
Secille duc d'Anjou au regart de sondit chasteau et siege
d'Angiers, madicte chastellenie, terre et appartenances de
Beaupreau avecques ses droiz, justices et noblesses qui en
deppendent contenus, comprins oudit adveu autreffoiz baillé
par mondit feu frere de Mongauguier, et que je doy et suy
tenu faire les gardes liges, devoirs et servitudes dont mencion est faitte oudit adveu, lequel je conferme et promect,

---

(1) Blanc dans l'original.

alloue et approuve avoir agreable, tout ainsi que si du temps
de mondit seigneur et de moy avoit esté baillé. En tesmoing
desquelles choses je rens et baille ceste presente confirmacion seellée de mon propre seel. Donné et fait le premier
jour de juign l'an mil quatre cens vingt et neuf.

Et au doz de ladicte confirmacion est escript ce qui s'ensuit.

Baillé par Estienne Gaultier procureur de Alienneur des
Roches, contenue au blanc et a fait arrest à l'adveu dont
mencion est faicte au blanc, et s'est advoué subgit pour raison des choses contenues en icelui adveu, à l'assise d'Angiers tenue par Jehan Fournier juge ordinaire d'Anjou et
du Maine, le jeudi neufviesme jour de juign l'an mil quatre
cens vingt et neuf. Ainsi signé, Lemoyne.

83

1405-143$\frac{3}{4}$-1438.

*Procès de l'abbaye de Bourgueil avec la prevosté de Chinon,
parce que Jean Foucques, d'Ingrande fermier de ladite prevosté, avait fait un exploit de justice en la ville de Bourgueil.*

**Dom Housseau, t. XII, 1, nº 5056. Cartul. de l'abb. de Bourgueil,
fº 171.**

Instrument pour MM. de Bourgueil qui fait mencion
comme ledit Jean Foucques fermier de la prevosté de Chinon estant venu en la halle de Bourgueil avoit fait en plain
marché des exploits de justice. A la nouvelle de cette action
on envoïa à Chinon le procureur de l'abbaye, fr. Jean Fay-
dis, qui interpella ledit Foucques pour savoir si c'etoit en
son privé nom ou comme fermier de la prevosté qu'il avoit
exercé sa jurisdiction : à quoi il répondit que c'etait comme
fermier.

Ceci se passait le samedi 2ᵉ jour de janvier 1405.

Alors les religieux forment une complainte en cas de nouvelleté contre ledit Jean Foucques ; en cet acte il est dit que :

1º Lesdis religieux, abbé et couvent sont seigneurs chastellains de la ville, chastellenie et seigneurie dudit lieu ;

2º Ils ont eu de tout temps audit lieu foires à plusieurs et diverses journées en l'an, et marché public tous les mardis, où une grande quantité de peuple affluent ainsi qu'aux festes et dimanches.

3º Qu'ils ont audit lieu grans et notables halles avec toutes autres choses convenables et necessaires pour le gouvernement d'une bonne ville, pour icelles choses recevoir et garder.

4º Qu'ils ont seuls la seigneurie, toute jurisdiction et justice haute, moyenne et basse, bailly, prevost, cry et autres officiers pour leurdicte justice et juridiction exercer.

Item, qu'ils ont certains jurés pour visiter les denrées et marchandises qui sont apportées, vendues et distribuées en la ville de Bourgüeil ; et generallement tous et chacuns droits, prerogatives et preeminences que a et peut avoir seigneur chastellain, haut, moyen et bas justicier en sa justice et seigneurie.

Que ladite justice et seigneurie de Bourgueil ressortit au Roi sans moyen pardevant le plus prochain baillif royal en quelque lieu qu'il ait et tienne son siege, sans que les religieux soient en quelque cas ou maniere que ce soit subjets du duc ou duché de Touraine ou d'Anjou ou autre justicier voisin ; et ne sont pas tenus lesdits complaignans de repondre ou ressortir pardevant le prevost, bailli, ou juge ordinaire, ni autres officiers desdits duché, ni meme le prevost de Chinon.

Ledit Jean Fouques fut adjourné pour voir former ledit cas de complainte. Donné à Paris le 16ᵉ jour de fevrier, l'an de grace 1405.

Un mandement pour les religieux de Bourgueil-en-Vallée, par lequel il est mandé au premier sergent royal que non obstant certaine appellacion, que Guillaume de Fougeroys substitut du procureur du Roy au bailliage de Touraine avoit faite de André Aubureau sergent de Roi executeur de certaines lettres de complaincte en cas de nouvelleté à l'encontre de Jehan Foucques prevost fermier de Chinon et autres, de ce qu'il n'avoit receu ledit Fougeroys à opposition, il procede à l'execution et enterinement desdites lettres de complaincte, et qu'il adjourne ledit opposant appellant pour poursuir son appellation. Donné le 19 mars 1405.

84

14 juillet 1438.

Sentence donnée aux assises roïaux de Chinon et au profit des religieux de Bourgueil, contre le prevost oudit lieu de Chinon.

Dom Housseau, t. XII, 1, n° 5057 et 5058, *Ex eod.*

A tous ceulx qui ces presentes lettres verront et orront, Jacques Hamelin, conseiller du Roy nostre sire et lieutenant general de monsieur le bailli de Touraine et des ressorts et exemptions d'Anjou et du Maine, salut. Comme certaine cause de complaincte soit meue et pendante pardevant nous ez assises roïaulx de Chinon entre religieux hommes et honnestes personnes l'abbé et convent de Bourgueil-en-Valée, demandeurs et complaignans en cas de saisine et de nouvelleté par vertu de certaines lettres roïaulx de complaincte par eulx impectrées d'une part; et le procureur de la Reine à Chinon, au nom et comme aïant prins l'adveu, garantie et deffense de Jehan Foulcques prevost fermier dudit lieu de Chinon, et Guillaume Bonin sergent d'icelle prevosté, deffendeur et opposant d'autre part; par raison de certains nouveaux troubles et empeschemens que di-soient iceulx religieux leur avoir esté fais et donnés par les-dis prevots et sergens en leur territoire, fief, justice et sei-gneurie dudit lieu de Bourgueil, iceulx troubles et empes-chemens plus à plain declairés ezdites lettres roïaulx de complaincte, desquelles la teneur s'ensuit :

Charles par la grace de Dieu etc.... salut. De la partie de nos bien amés les religieux, abbé et convent de Bourgueil-en-Valée, nous a esté exposé en complaignant que jà soit

ce que à cause de leurdit monstier qui est de fondation roïal
ils aient plusieurs beaux droits, noblesses et prerogatives,
et entre les autres ayent en tout leur temporel et territoire
de Bourgueil tout tel droit de justice et juridiction haulte,
moyenne et basse avec tous les droits qui en despendent et
puent despendre soubs le ressort neument en cas d'appel
et de souveraineté de nostre bailly de Touraine et des ressorts et exemptions d'Anjou et du Maine à son siege de Chinon ; et tant à ses causes et moyens comme autrement
deuement aïans lesdits complaignans droit, aient esté et'
soient en bonne possession et saisine que Jehan Foucques
soy disant prevost, Guillaume Boyn soy disant sergent de
nostre très-chiere et très-amée compaigne la Reine dudit lieu
de Chinon, ne aultres quelxconques fors lesdits complaignans soubs le ressort dessusdit ne pevent ne [ne] doibvent
oudit temporel et territoire de Bourgueil exercer aucun droit
de justice ne jurisdiction, faire ne faire faire sur les manans
et habitans en icelluy territoire aucuns exploits de justice,
ne autrement y ont que veoir ne que cognoistre : en pocession et saisine de contredire et empescher que aucune chose
ne soit faicte au contraire des drois, pocessions et saisines
dessusdits, et se faire estoit de le faire reparer et amander
et mectre au premier estat et deu : et que desdits droits et
pocessions et saisines et autres à ce pertinens aient lesdits
complaignans joy et usé paisiblement tant par eulx que par
leurs predicesseurs, par tel et si longtemps qu'il n'est memoire, au moins qu'il souffist et doit souffire à bonne pocession et saisine, avec acquises gardes et retenues. Neanmoins lesdits Foucques et Boyn eulx disans officiers de nostredite compaigne oudit lieu de Chinon, ou autres pour et en
nom d'eulx, et desqueulx ils ont eu et ont le fait pour agreable ou autrement, se sont de fait puis an et jour en çà transporté oudit temporel et territoire dudit lieu de Bourgueil
et sur les manans et habitans ont fait plusieurs exploits en
exercent fait de justice et juridicion, qui est oultre et contre
le gré et voulenté desdits complaignans, et les troublans et
empeschant en leurdicte pocession et saisine à tort et sans
cause, indeument et deument, et aussi en enfraignant sol-

lemnellement nostre sauvegarde en laquelle ils avec leur famille, drois, choses, pocession et biens quelsconques estoient et sont deuement publiée et signifiée, tellement que aucun ne le puet ou doit ignorer, en leur très-grant prejudice et dommaige, comme ils dient requerir humblement nostre provision. Pourquoy nous, attendu ce que dit est, te mandons et commectons par ces presentes que appellé ceulx qui seront à appeller à comparoir pardavant toy sur l'un des lieux contentieux pour tous les autres lieux et choses que lesdits complaignans vouldront faire contentieuses, maintien et garde de par nous lesdits complaignans, etc... Donné à Poitiers le xiiie jour de mars l'an de grace mil iiiie xxxiii et de nostre regne le xiie. Ainsi signé par le Conseil, Bauduer.

Lesquelles lettres lesdits religieux ou leur procureur ont fait executer par Gervaise Potier sergent du Roy nostre sire ; contre l'execution desquelles les dessusdits Foucques et Bouyn ou l'un se fussent opposés, et leur eust esté assigné jour sur ce pardevant nous aux assises dernieres de ceans, ausquelles ledit procureur de ladite dame la Royne print ledit adveu et garentie desdits Foucques et Bouyn ; et pour avant aler sur ce eust esté assigné jour sur ce pardevant nous aux assises dernieres de ceans, (1) auxquelles ledit procureur de ladite dame la Royne print ledit adveu et garentie desdits Fouques et Boyn, et pour avant aler sur ce eust esté assigné jour ausdits religieux et procureur de ladicte dame à ces presentes assises auxquelles lesdits religieux ont ramené à fait le contenu en leursdictes lettres de complaincte, et sur ce ont prins leurs conclusions pertinens ; c'est assavoir qu'ils fussent maintenus et gardés en leurs pocessions et saisines contenues esdictes lettres reaulx, et lesdits defendeurs condamnés à restablir ce que prins et levé aroient des choses contentieuses, et la main du Roy nostredit sire mise sur icelles pour le debat des parties levées au proufit desdits religieux, et lesdis defendeurs condempnés en leurs despens, offrans monstrer de leurs drois, privileges et pocessions, et par especial monstroient et exhibeoient plusieurs

---

(1) Cette répétition existe dans les ms.

lettres, disans icelles servir à leur fait et entencion. Et pour la partie de Pierre Cordonnier substitut du procureur de ladite Dame eust esté dit et proposé par Jehan Potaire advocat et conseiller d'icelle Dame que au regart de ce qu'il ne scauroit que dire, et que veu par nous lesdites lettres de cómplaincte et autres lettres que monstroient et produisoient lesdits religieux ils s'en rapportoient à nostre discretion. Savoir faisons que par nous veuez lesdites lectres de complaincte et la relacion de l'execution d'icelles et autres lectres produites par lesdits religieux demandeurs et complaignans, et consideré tout ce qui fait à considerer en cette partie, nous iceux religieux avons maintenus et gardés, maintenons et gardons en leursdites pocessions et saisines desclairées ezdictes lectres de complaincte, et la main du Roi nostre sire qui mise estoit sur les choses contencieuses avons levée et levons à leur prouffit et sans despens. Si donnons en mandement au premier sergent roïal de ce bailliage sur ce requis mectre ceste nostre presente sentence à execution deüe en ce qu'elle requiert execution. En tesmoing de ce nous avons fait mectre à ces presentes le seel ordonné aux causes dudit bailliage. Donné ez assises royaulx de Chinon tenues par nous lieutenant dessusdit en la presence desdits Pierre Cordonnier substitut de Jehan Potere advocat de ladicte Dame et non contredisans ; et de Colas Dreue procureur du Roy nostre sire audit bailliage, maistre Jehan Paumart, Jehan Pineau, Jehan Billart et plusieurs autres, le xiiiiᵉ jour de juillet l'an 1438. Ainsi signé, GEBERT.

85

20 juin 1439, pres. le 25 juin 1440.

Aveu par Hector de la Jaille de la terre et seigneurie
de Mathefelon.

P 342, f 178 rº.

Et est escript au doz se qui s'enssuit :
A l'assise de Baugé tenue par nous Guillaume de la

Reauté (1), licencié en loix, juge ordinaire d'Anjou et du
Maine le xxv° jour de jung l'an mil cccc et quarente, fut baillé
cest present adveu par devers la court par Mathelin Damours
procureur fondé pour mess⁰ Estor de la Jaille, chevalier,
seigneur de Mathefelon et de Durestal ; et y fist arrest o les
protestacions dedens contenues dont il fut jugé ; et ycellui
adveu baillé à Thebaut Belin procureur de la court pour le
veoirs et visiter, savoir s'il est deffective. Et a esté baillé
jour aud. seigneur de le veoirs lire à l'assise prouchain ensuivant le jourd'uy. Ainsi signée, TALENCE.

86

7 avril 1442. — 24 mai 1442.

P 1339, n° 458 (ancien P 329, LIII).

A tous ceulx qui ces presentes lectres verront, Aymeri
humble abbé de Nostre-Dame-du-Loreux et tout le convent
dudit lieu, salut. Comme pluseurs causes soient piecà
meues et pendans tant es assises de Baugé es delivrances
du maistre enquesteur et refformateur des eaux et forests
d'Anjou, que es forests de Monnoys et de Chandeloys entre
le procureur de très-excellent prince le Roy de Jherusalem
et de Sicille, duc d'Anjou, demandeur en chacune desdictes
causes, d'une part ; et nostre procureur deffendeur, d'autre
part : L'une desdictes causes touchant ce que ledit procureur dudit seigneur disoit que nous avions usé de haulte
justice en nostre terre de Carfantain et renudé certain malfaicteur qui avoit deservi pugnicion corporelle, et pour le
renuder avions prins certaine amende, ce que nous ne
povions ne devions faire ; aucunes des autres touchans ce
que ledit procureur disoit que puis certain temps nous
avions usé esdictes forestz de plus emples droiz, libertez
et franchises que nous ne devions, tant en franchissant noz

---

(1) C'est par une erreur évidente que le scribe a donné à Gilles
de la Reauté le prénom de Guillaume.

bestes aux herbaiges et pasnaiges de ladicte forest que autrement, et les autres touchant autres choses, esquelles
causes nostredit Procureur de nostre volunté par nostre
commandement et ordonnance ait traicté, paciffié et accordé
avec ledit prince ainsi que contenu est es lectres desquelles
la teneur s'enssuit :

A tous ceulx qui ces presentes lectres verront, Pierres
Guiot lieutenant à Angiers et ou ressort, commis en office
de lieutenant de senneschal d'Anjou et du Maine, et juge
des eaux et forestz d'Anjou et du Maine pour le Roy de Sicille, salut : comme pluseurs procès soient jà piecà meuz
et pendans tant es delivrances du general maistre enquesteur et refformateur des eaux et forestz d'Anjou et du Maine
es assises de Baugé que es assises de Monnois, entre le
procureur de la court, demandeur, d'une part; et les religieux, abbé et convent de Nostre-Dame-du-Loureux deffendeurs, d'autre part; sur ce que le procureur de la court
disoit autreffois que jasoit ce que personne quelconque fors
le prince ou autre de par lui n'aient droit de chacer, tendre,
ne thesurer en ladicte forest à quelzconques bestes sauvai-
ges, soient grosses ou menues, neantmoins lesdiz religieux
avoient chacé, tendu et thesuré en ladicte forest et prins
plusieurs grosses bestes roges et noires, lievres, connilz,
regnars et autres bestes à pié rond, tant en leur garende
que en leurs autres dommaines estans en ladicte forest où
ledit seigneur a toutes garennes deffensables à toutes bestes come estans au dedens des fins et mectes de ladicte
forest dudit seigneur; et aussi sur ce que ledit procureur
disoit que jà soit ce que nul n'ait droit de pescher en la rivière
de Laten (Latan) audedens des fins et mectes de ladicte
forest, fors le Prince ou autre de par lui, pour ce que c'est
garenne deffensable, ce non obstant ilz y avoient plusieurs
foiz pesché et prins grant nombre de poisson; sur ce que
ledit procureur disoit avec ce contre lesdiz religieux qu'ilz
avoient esbranché en ladicte forest grant nombre de chesnes et autres arbres fructaux, et pareillement sur ce qu'il
disoit qu'ilz avoient prins ou fait prendre sans merc et sans
monstrée boys mort et mort boys pour le chauffaige d'eulx et

de leurs mestaïoro, tant pour les demourans es dommaines de
leur anxienne fondacion que pour les demourans es dommaines qui leur appartiennent à tiltre de nouvel acquest, don, ou
autrement où ilz n'avoient droit du faire, especialment au
regart des mestaieries qu'ilz avoient nouvelment acquises,
ou ediffices estans audedens des fins et mectes de ladicte
forest : et semblablement sur ce qu'il disoit contreulx que
neantmoins qu'ilz aient seullement droit de prendre boys à
merrains à mesonner et à leurs autres choses neccessaires
pour les lieux de leur anxienne fondacion o merc et monstrée à eulx faicte par le segreaier de ladicte forest, ce non
obstant ilz en avoient prins grant nombre sans merc et sans
monstrée et par supperfluité oultre leurs merrains neccessaires, tant pour les choses de leur anxienne fondacion
comme pour les choses qu'ilz ont nouvelment acquises ;
et mesmement aussi sur ce qu'il disoit contreulx que sobz
umbre qu'ilz ont droit de franchir aux herbaiges et pasnaiges de ladicte forest leurs bestes à eulx franches estans du
nourry des dommaines de leur anxienne fondacion et à eux
appartenans, et non pas pour la porcion de leurs mestaïers,
que depuis certain temps ilz avoient franchi aux herbaiges
et pasnaiges de ladicte forest plusieurs bestes appartenans
à eulx et leurs mestaïers demourans es dommaines de leur
anxienne fondacion et pareillement es dommaines qui leur
appartiennent à tiltre de nouvel acquest, et aussi avoient
franchy plusieurs bestes appartenans ausdiz religieux et à
plusieurs gens demourans hors des dommaines desdiz religieux qui les tenoient d'eulx à moictié ou autrement ; et
mesmement avoient franchy leurs bestes de leurs lieux du
Verdelay et de la Drouyniere qui leur appartiennent à tiltre
de nouvel acquest ; et en oultre sur ce qu'il disoit contreulx que de nouvel ilz avoient fait faire grans fossez environ partie de ladicte garende, et s'efforcoient de la parachever de clorre affin de empescher que les bestes desdiz
herbaiges et pasnaiges n'y puissent entrer, jà soit ce que
ladicte garende soit audedens de ladicte forest, et que les
bestes de ladicte forest qui ont acoustumé à y estre mises
en pasnaige et herbaige y aient acoustumé pestre et pas-

turer; et aussi en icelle avoient prins plusieurs bestes
apasnaigées ou jundrées en ladicte forest tant pourceaux
que autres bestes mises en prison, et levé plusieurs
exaccions indeues sobz couleur d'amende ou autrement indeuement de ceulx à qui elles estoient : lesquelz exploiz
et autres plusieurs deppendans desdiz cas ledit procureur
disoit que lesdiz religieux avoient fait en entreprenant sur
les droiz dudit seigneur, et en abusant contre leur don et
anxienne fondacion. Par quoy ledit procureur disoit qu'ilz
devoient perdre les droiz qu'ilz devoient avoir en ladicte
forest, ou au moins qu'ilz devoient estre condampnez à re-
parez et amender, requerant que lesdiz exploiz fussent par
nous mis au neant et decleré qu'ilz n'avoient droit du faire
pour le temps à venir et condampnez à reparer et amender
jucques à la somme de quatre mil livres, ou autre telle
amende come au cas appartient ; ledit procureur leur faisant aussi demande de monstrer les dommaines de leur
fondacion et augmentacion anxiens, et bailler par declaracion leurs rentes anxiennes : disoit avec ce ledit procureur
contre lesdiz religieux que par deux foiz certains boys leur
avoient esté merchez par les officiers de ladicte forest, lesquelz ilz avoient fait lever pour devoir emploïer à la façon
des pons par lesquelz on a acoustumé traverser la riviere
de Laten près ladicte abbeye, iceulx pons appellez les Pons
du Loureux, et pour autres ediffices neccessaires dont ilz
n'avoient riens fait, mais avoient fait emploïer lesdiz boys
en merrains qu'ilz avoient venduz et appliquez en leurs sin-
gulliers usaiges et prouffiz ; et pluseurs autres demandes
personnelles que ledit procureur faisoit ausdiz religieux
qui longues seroient à reciter. A quoy de la partie desdiz
religieux fut autreffoiz respondu, especialment en tant que
touche ladicte chace à bestes à pié rond en leurdicte garende et autres leurs dommaines, et ledit droit de pescher en
ladicte riviere, lesdiz droiz d'erbaige et pasnaige par toute
ladicte forest, prinse de boys à mesonner tant pour leur
eglise et abbeye come pour leurs dommaines estans audedens des fins et mectes de ladicte forest, et aussi boys mort
et mort boys à chauffaige qu'ilz avoient fait et fait faire, les

exploiz propousez par ledit procureur de la court et qu'ilz avoient droit de ce faire au tiltre des dons qui leur en avoient esté faiz et confermez par aucuns des predicesseurs du Roy de Sicille en leur vivant ducs ou comtes d'Anjou, comme lesdiz religieux disoient apparoir par escriptz, dons ou previlleges anxiens, et que de ce ilz avoient joy de tel temps qu'il n'est memoire du contraire; et mesmement disoient que supposé qu'ilz n'eussent droit de franchir aux herbaiges et pasnaiges de ladicte forest fors les bestes des dommaines de leur anxienne fondacion que si avoient, que si povoient ilz franchir leurs bestes desdiz lieux du Verdelay et de la Drouyniere, neantmoins que de nouvel ilz leur appartenoient pour ce que d'anxienneté ilz sont tenans du lieu de l'Orberie qui est de leur fondacion anxienne, et leur estoient iceulx lieux venuz par exponse à eulx faicte par les heritiers d'icelles choses, et en avoient joy par temps vallable : et en tant que touche ladicte demande de monstrer les dommaines de leur fondacion, doctacion ou augmentacion anxiens, de bailler par declaracion leurs rentes anxiennes, ilz respondirent qu'ils n'estoient tenuz de monstrer lesdiz dommaines ne bailler par decleracion lesdictes rentes anxiennes pour ce qu'ilz disoient estre fondez et augmentez par les seigneurs d'Anjou : et aussi en tant que touche ladicte prinse de boys pour lesdiz pons et autres prinses de boys que ledit procureur disoit qu'ilz avoient prins en ladicte forest, et pluseurs autres dommages qu'il disoit qu'ilz y avoient faiz tant en fait de chace à grosses bestes que autrement en pluseurs et maintes manieres, ilz nyerent lesdictes prinses de boys, chaces à grosses bestes par eulx avoir esté faiz, en allegant plusieurs autres faiz et raisons servans à leur entencion. Et ledit procureur reppliquoit au contraire. En chacune desquelles demandes lesdictes parties furent appoinctées ainsi que le cas le requeroit. Toutes lesquelles causes ledit procureur nous a fait commectre par vertu de certaines lectres dudit seigneur le Roy de Sicille pour en congnoistre extraordinairement en ceste ville d'Angiers par briefz et compectans delaiz. Et après aucunes procedeures faictes par lesdictes parties pardevant nous en

ceste ville d'Angiers, lesdiz religieux aient fait requeste à
messieurs les gens du Conseil et des comptes dudit seigneur
le Roy de Sicille estans à Angiers qu'ilz voussissent faire
proceder ledit procureur avec eulx sommierement et de
plain, et sans rigueur de procès savoir la verité desdictes
causes ; et pour ce faire qu'ilz voussissent veoir ou faire veoir
les demandes que ledit procureur leur faisoit, les lectres de
leur fondacion, doctacion ou augmentacion, et leurs previlleges, par lesquelles lectres ilz disoient apparoir les libertez, droiz et franchises qu'ilz avoient et ont en leurdicte
garende et autres dommaines estans de ladicte forest, et
aussi s'enquerir sommierement et de plain de leurs possessions et saisines : et si par leursdictes lectres ou autrement
deuement apparoissoit que sans cause ledit procureur les
eust mis en procès, qu'ilz les en voussissent faire mectre hors
et envoïer sans jour et sans amende : et s'il leur apparoissoit que lesdiz religieux eussent tort, iceulx religieux estoient
contens de reparer et amender à l'ordonnance de mesdiz
seigneurs, en leur requerant bonne et briefve expedicion de
justice. Oye laquelle requeste mesdiz seigneurs du Conseil
nous eussent ordonné et en nostre compaignie maistre
Jehan Bienassis, licencié en loys, lieutenant à Baugé pour
veoir les demandes dudit procureur, les deffenses desdiz
religieux et leursdictes lectres, pour leur faire rapport des
droiz desdictes parties qui par iceulx nous apparoistroient.
Lequel rapport nous et ledit Jehan Bienassis avons aujour-
d'ui fait ou Conseil dudit seigneur, ouquel estoient messire
Bertran de Beauvau, chevalier, seigneur de Precigny ; maistre Gilles de la Reaulté, licencié en loys, juge ordinaire
d'Anjou et du Maine ; maistre Alain Lequeu, arcediacre
de l'eglise d'Angiers et president en ladicte chambre ;
Phelipon de Gennes, escuïer, maistre des eaux et forestz
dudit païs d'Anjou ; maistre Jehan Bonin, arcediacre de
Montfort en l'eglise du Mans ; Guillaume Delacroiz, advocat fiscal ; Jehan Loheac, maistre Nicolle Muret, maistres
et audicteurs en ladicte Chambre des comptes ; et maistre Loys Delacroiz, procureur d'Anjou. Savoir faisons que
le rapport ainsi par nous fait, veues par ledit Conseil les

demandes dudit proourcur, les deffenses desdiz religieux avec lectres de dons et confirmacions données et octroyés ausdiz religieux par les ducs ou comtes d'Anjou, dont la principalle d'icelles est cy-après incorporée; informacion faicte sur leursdictes possessions et saisines, Nous, par l'advis et deliberacion des conseillers dessus nommez, en leur presence, et aussi en la presence dudit procureur, avons dit et decleré que lesdiz religieux joyront ou temps à venir de leurs droiz et usaiges en la maniere qui s'enssuit : c'est assavoir que lesdiz religieux joyront paisiblement de possider et exploicter ladicte garende come de leurs propres autres dommaines sans ce que ledit seigneur ne autres fors lesdiz religieux y aient que demander en fons ne en dommaine, mais y aura seullement ledit seigneur ses droiz de justice ainsi qu'il a acoustumé. Et y pourra chacer à toutes bestes sans y coupper aucun boys, pour ce que par leur don et confirmacion est expressement declairé que nul ne puisse coupper boys ne mectre bestes en pasture en leurdicte garende ainsi qu'elle est clouse à foussez sans le congé desdiz religieux; et pourront lesdiz religieux tenir ladite garende clouse de hayes et de foussez, en maniere que les bestes des pasnaiges et herbaiges de ladicte forest de Monnoys n'y puissent entrer ; et si les bestes apasnaigées en ladicte forest y entrent, ilz ne les pourront prendre, enprisonner, ne en lever ou exiger aucune amende durant ledit pasnaige, mais seullement les pourront chacer de ladicte garende sans mal leur faire. Et si durant l'erbaige le pasnaige failly ilz trouvent aucunes bestes privées en leurdicte garende, ilz en pourront demander reparacion et desdommaigement en la court dudit seigneur, selon l'usaige de ladicte forest. Et aussi pourront franchir aux herbaiges et pasnaiges des forestz de Monnoys et de Chandelays, les bestes d'eulx et de leurs mestaïers demourans en leurs mestaieries es lieux qui s'enssuyvent, c'est assavoir en leurs lieux et dommaines de Lendogis, de Champ de Compains, de Champrenier, de Pierre couverte, de Montevron, de Champiz, de Bremellec, de Becherbert, de Lancon, de leur granche de Beaufort et de leurs appartenances, de leurs ce-

liers de Carfantain avec toutes les vignes et ses appartenances, de leur celier de Biron o toutes ses appartenances,
et de leur celier de Longue, à eulx donnez et confermez par
les ducs et conte d'Anjou: et n'y pourront mectre autres
bestes de leurs autres dommaines ne d'ailleurs sans en poïer
l'erbaige et pasnaige, et mesmement de leurs lieux du Verdelay et de la Drouyniere, pour ce qu'ilz ne sont pas de
l'anxien dommaine de leur fondacion ou augmentacion par
avant leur don dessusdit, sur les peines qui y appartiennent selon raison et l'usaige desdictes forestz ; reservé
ausdiz religieux à monstrer et informer s'ilz ont autres
dommaines que les dessus declerez de leur anxienne fondacion ou augmentacion par avant leur don et confirmacion dessusdiz, et en requerir provision aux justiciers
desdictes forestz qui seront tenuz la leur faire selon
raison, qu'ilz puissent joïr en iceulx dommaines des usaiges
et libertez dessusdiz comme ilz font ou puent faire en leurs
autres dommaines dessus nommez ; et au procureur de la
court à monstrer le contraire si bon lui semble. Et pourront
aussi avoir et prendre esdictes forestz pour les neccessitez
des ediffices et reparacions de leur eglise, des herberge-
mens de leur monstier et de leursdiz anxiens dommaines,
et aussi pour l'edifficacion et repparacion des pons du
Loureux, et pour leurs autres choses neccessaires ausdiz
religieux, tout le boys qu'il leur y fauldra, en informant le
segreaier de la forest où ilz vouldront prendre boys de la
neccessité qu'ils en auront, et ce fait ledit segreaier sera tenu
leur mercher boys raisonnable selon leur neccessité, et en
lieu convenable ; et n'est point à entendre qu'ilz puissent ne
doient avoir aucuns boys pour leur fortifficacion ne pour
aucuns ediffices superfluz ou excessifz, ne pour quelz-
comques autres leurs lieux et dommaines que les dessusdiz et des autres qu'ilz pourront monstrer estre de leur
fondacion ou augmentacion par avant leur don et confirmacion ainsi que dessus est touché ; et pourront avec ce
lesdiz religieux prendre sans excès boys mort et mort boys
pour leur chauffaige ; et semblablement le pourront faire
leurs mestaïers demourans en leurs dommaines anxiens

dessusdiz. Et pourront aussi lesdiz religieux chacer ou faire chacer, tendre, thesurer et fureter en leurdicte garende à lievres et à connilz et autres bestes à pié rond, à levriers et chiens à ce convenables, et aussi pourront pescher en la rivière de Laten audedens de leurdicte garende, et y deffendre leur garenne par eaue et par terre de toutes gens sans prejudice de la chace dudit seigneur; et aussi pourront chacer et thesurer en leurs autres dommaines de ladicte forest, à bestes à pié rond come dessus est dit sans y faire de nouvel plesses, faulx, ne murgiers. Et neantmoins ne pourront empescher que ledit seigneur ou ses commis especialment à ce n'y puissent pareillement chacer. Et au regart desdictes demandes personnelles et de toutes autres accions personnelles, et dont ledit procureur faisoit demande par avant le jourd'uy en toutes les juridicions que ledit seigneur a en son ressort de Baugé, lesdiz religieux pour plait et procès eschiver ont finé et composé avec lesdiz conseillers à la somme de cent escuz à present aïans cours; lesquelz par l'ordonnance desdiz conseillers iceulx religieux seront tenuz poïer au receveur de Baugé dedens huit jours prouchains venans; et par ce faisant les avons absolz de toutes lesdictes demandes personnelles. Et aussi seront mis hors de tous procès et envoiez sans jour de toutes les demandes reelles dessus declerées et autres qui en deppendent ou puent deppendre tant es cours des Grans Jours et delivrance du maistre des eaux et forestz et autres cours et juridicions desdictes forestz de Monnoys et de Chandelays que es assises de Baugé. Et mesmement au regard de la demande que ledit procureur de la court faisoit ausdiz religieux esdictes assises de Baugé d'avoir usé de haulte justice et donné remission en leur court de Carfontain à certain malfaicteur moïennant que lesdiz religieux ont esté par nous jugez du consentemeut de leur procureur cy dessobz nommé, et d'abondant seront jugez en ladicte court de Baugé qu'ils n'avouent aucun droit de haulte justice en leurdicte court de Carfontain, mais seullement y auront et useront des droiz de moïenne et basse justice, et de ce que en deppend,

sauf que ledit seigneur y mectra mesures à blé, seul et
pour le tout, ainsi qu'il a acoustumé faire es autres
fiefz au dedens de la quincte de Baugé, au dedens de laquelle le fief et seignorie de Carfontain est assis. Et en tant
que touche ladicte demande de monstrer leurs dommaines anxiens et bailler par decleracion leurs rentes anxiennes, Nous, par l'ordonnance desdiz conseillers et du consentement dudit procureur, en avons envoyé sans jour
lesdiz religieux sans riens juger en cause pour ce qu'ilz nous
ont exibé les lectres de confirmacion de leurdicte fondacion qui font mencion de leursdiz dommaines. Et ce fait
lesdiz conseillers en nostre presence ont donné terme et
respit ausdiz religieux de deux ans de mectre hors de
leurs mains les choses heritaux et immeubles qu'ilz tiennent
oudit ressort de Baugé à tiltre de nouvel acquest, pour ce
que presentement, obstant la fortune de la guerre et la pou-
vreté du peuple, ilz ne pourroient trouver pris raisonnable
de leursdiz acquetz. Et est ce fait neantmoins que autresfoiz leur ait esté enjoinct de les mectre hors de leurs
mains dedens certain temps piecà passé dont ilz n'ont riens
fait et dont lesdiz conseillers les ont relevés de grace especial pour consideracion des choses dessusdictes. Et en
oultre après ce que lesdiz religieux ont confessé qu'ilz sont
tenuz tenir lesdiz pons du Loureux en repparacion convenable et les faire faire neufs toutes les foiz qu'il en est besoign,
lesdiz conseillers et ledit procureur de la court ont esté
d'assentement, obstant que le lieu où lesdiz pons ont
acoustumé d'estre n'est pas convenable à ce que lesdiz religieux les puissent faire et ediffier à arches ou pilliers de
maconnerie et de boys ainsi qu'il apartient au bien de la
chose publique, ou lieu qu'ilz monstrerent autreffois aux
officiers de ladicte forest estant près leur dommaine de la
fosse Bertier, et pour ce faire lesdiz conseillers ont donné
congé ausdiz religieux de prendre pierres et challouz en
ladicte forest de Monnoys où ils les trouveront ou dommaine
dudit seigneur pour emploïer en l'ediffication desdiz pons
pour la premiere foiz qu'ilz seront faiz seullement. Desquelz
appoinctemens et tout ce que dessus est dit lesdictes par-

ties presentes et mesmement lesdiz religieux, abbé et convent de Nostre-Dame-du-Loureux, en la personne de frere André Hervé, religieux dudit monstier et abbeye et leur procureur general suffisaument fondé, ont esté contens et les ont eues pour agreables ; et à iceulx tenir sans jamais venir encontre en aucune maniere, les avons jugées et condampnées en leursdictes presences et à leursdictes requestes, et par tant par l'ordonnance et commandement desdiz conseillers et du consentement dudit procureur de la court nous avons mis hors lesdiz religieux de court au regard desdiz procès. S'enssuit la teneur des don et confirmacion dessusdiz : Ricardus Dei gracia Rex Anglie, dux Normannie, Acquitanie, comes Andegavie, etc... Donné à Angiers oudit conseil ouquel estoient presens lesdiz conseillers dessus nommez sobz nostre scel et signées par leur commandement du saign manuel de Jehan Le Royer, secretaire dudit seigneur, le septiesme jour du moys d'avril après Pasques l'an de grace mil quatre cens quarante et deux. Constat en glose, de confirmacion, donné comme dessus. Ainsi signé en la marge du bas, O. Binel ; et en la marge du hault : du commandement de messieurs du Conseil dessus nommez, J. Le Royer. Et inscript en teste : Accordé de Guillaume Delacroiz, advocat fiscal d'Anjou, et de Thibault Belin, procureur de Baugé.

Savoir faisons que nous aujourd'uy assemblez ensemble et tenans chappitre audit lieu de Loureux avons veu et leu de mot à mot lesdictes lectres par lesquelles il nous est apparu les appoinctemens contenuz en icelles estre justes et raisonnables : et pour ce d'un commun assentement iceulx appoinctements et chacun d'iceulx avons confermez, louez et approuvez, confermons, louons et approuvons de point en point et d'article en article, et à iceulx tenir sans jamais venir encontre en quelconque maniere nous obligeons nous, noz successeurs, avec tous et chacuns noz biens presens et à venir. En tesmoing de ce nous avons seellé ces presentes de noz seaulx le vingt et ungnieme jour du moys de may l'an de grace mil quatre cens quarante et deux. (Les sceaux manquent.)

87

12 décembre 1445.

Arch. Nat. P 1342, n° 542. (Anc. P 329, n° CXLI).

S'ensuivent les articles que a baillés le procureur d'Anjou à mons^r le conte de Vendosme pour et ou nom du Roy de Sicille, duc d'Anjou, pour y faire ainsi que par lectres d'appoinctement est appoinctié entre eulx.

Premierement, il a esté fait plusieurs deffenses par led. conte ou ses officiers à ses subgez de non venir aux assises de Baugé ne de y traicter l'un l'autre, et qui plus est aux sergens dud. s^r le Roy de Sicille de non les y adjorner.

Item, et non seulement fait lad. defense ausd. sergens, maiz avoir esté pour ce prins et emprisonnez et entre autres Guillaume Renoul, lui estant sergent dud. s^r le Roy de Sicille, à l'occasion de ce qu'il avoit adjorné à l'assise de Baugé un appellé Maturin May, à la requeste et envers ung nommé Guillaume Guyet, led. sergent et Guyet furent prins de par led. conte et emprisonnez en chartre, et avant que partir fut contraint led. Guyet gaiger l'amende de xx s.

Item, et encore nagaires puis ung an ou environ led. Guyet a esté condemné en x s. par le bailli dud. conté pour ce qu'il avoit fait adjorner led. Maturin May à lad. assise de Baugé pour poursuivre oud. premier adjornement dessusd., et condenné et contraint icellui Guyet à mectre à ses despens icellui Maturin May hors desd. assises de Baugé.

Item, et pour tousjours entreprendre de plus en plus sur les droiz dud. s^r le Roy de Sicille, led. conte a creé et fait exercer puis aucun temps nouvelle jurisdicion, c'est assavoir que jasoit ce que selon raison et la coustume de ce pays d'Anjou notoirement gardée et observée il ne doye avoir aud. lieu de Vendosme que la jurisdicion du chastellain qui doit tenir de xv jours en xv jours, et congnoistre seulement d'actions personnelles de LX s. ou au dessoubz, et les assises que son bailli peut tenir quatre foiz l'an, il a fait tenir la jurisdicion dud. chastellain trois fois la sepmaine, et de moys en moys certains plaiz qu'il dit estre les grans plaiz du chastellain. Et tous les appeaulx d'icellui chastellain qui doivent ressortir es assises dud. s^r le Roy de Sicille, il les a fait et fait ressortir à ses assises de Vendosme, qui est bien grant prejudice aud. s^r le Roy de Sicille pour ce que lesd. appeaulx se doivent raisonnablement relever en la court dud. s^r le Roy de Sicille.

Item, et par sond. bailli a voulu faire led. conte coustumes, usages ou stilles et loiz nouvelles grandement prejudiciables aud. s^r Roy de Sicille et à ses droiz, et contre l'usage, coustume, et commune observance d'icellui pays d'Anjou, et entre autres a ordonné que tout deffendeur sera receu à plaider(1) sans grace, et tout demandeur pareillement aprez litiscontestacion.

Item, et a donné congié sond. bailli aux monniers de Vendosme d'eulz assembler et passer procuracion, et de lever sur eulz dix livres ou autre somme par forme de taille pour plaider contre le Roy de Sicille, touchant ce que lesd. monniers ont voulu empescher la visitacion que led. s^r a sur lesd. molins ; [et] d'autres pareilles commissions.

Item, a impetré led. conte commission du Roy nostre sire d'avoir juge des exemps, et y a fait nommer ung nommé maistre Estienne Oudet, laquelle commission il a obtenue très-subrepticement ; et se c'estoit chose qui peust avoir lieu seroit grandement ou prejudice dud. s^r le Roy de Sicille et de ses droiz. Mais en Anjou ne peut avoit juge des exemps sinon ung, et à la nomination dud. s^r le Roy de Sicille seulement.

Item, et jasoit ce que par la coustume du pays les mercs de justices à executer les malfaicteurs soient limitez selon la jurisdicion du seigneur, conte, baron, chastellain ou autre, chacun en son regart, et que par lad. coustume le conte ne puisse avoir sa justice que à IIII pilliers et à IIII pommectes sans aucun fest, neantmoins led. conte a fait ediffier de

---

(1) Il faut sans doute ajouter : par procureur.

nouvel ung fest sur les pilliers ou boys du hault de sad. justice.

Item, et combien que entre autres droiz et prerogatives dud. s^r le Roy de Sicille la congnoissance des pavages lui appartienne seul et pour le tout, fors seulement que les conte, baron ou chastellain pevent avoir leurs officiers presens pour controler les baillées et taisages desd. pavages faiz par le maistre d'iceulx pavages commis de par led. s^r le Roy de Sicille, afin que par leur certifficacion ce que led. maistre desd. pavages aura payé lui soit plus aisement aloué en la Chambre des comptes du Roy de Sicille, neantmoins led. conte a empesché aud. maistre des pavages qui est officier general pour tout le pays d'Anjou qu'il n'ait besongné ou fait desd. pavages en lad. conté de Vendosme, en advoant d'avoir droit seul et pour le tout la congnoissance et visitacion desd. pavages.

Item, et non content led. conte des entreprinses dessusd. ainsi par lui faictes ou fait de la justice contre led. s^r le Roy de Sicille duquel il est home de foy lige et subget à cause de sa conté, led. conte a pareillement entreprins contre led. s^r le Roy de Sicille touchant fait d'aides et de finances.

Item, car jasoit ce que led. conte ne puisse ne doye lever aucuns deniers en lad. conté de Vendosme sans le consentement dud. s^r le Roy de Sicille fors seulement le revenu ordinaire de sad. conté, et que d'autres deniers levez par tailles au autrement en icelle conté les deux pars appartiennent aud. s^r le Roy de Sicille, neantmoins led. conte puis xx ou xxv ans en ca a levé et exigé en lad. conté de Vendosme non seulement sur ses subgès, mais sur les subgetz de l'abbé de Vendosme, du Temple, et autres seigneuries et parroisses qui en riens ne sont subgez dud. conte, maiz sont nuement subgez dud. s^r, grans somes de deniers par chacune desd. années, et par diverses exactions, tant par tailles, appatiz d'argent, de blez, que autrement qui se pevent monter par an viii ou x^m frans, qui sont bien viii^xx ou ii^c m frans ou plus dépuis le temps dessusd. dont les deux pars appartiennent aud. s^r le Roy de Sicille de son plain droit, voire le tout, actendu que led. conte a fait lesd. exactions sans l'auctorité et consentement dud. s^r le Roy de Sicille.

Item, et avecques ce a baillé à ferme led. conte de Vendosme la boucherie dud. lieu de Vendosme à grosses et excessives somes de deniers à grant charge de tout le peuple, jasoit ce qu'il ne doye prendre sur icelle boucherie que ses coustumes et estallages anciens, qui est grandement contre la chose publique, jasoit ce qu'il ne soit fondé d'en prendre ne avoir que lx s. pour estallage de chacun boucher, et la petite coustume des bestes, qui est ii d. pour aumaille, i d. pour porc et i d. pour mouton.

Item, et combien que led. s^r le Roy de Sicille ait le droit par octroy du Roy nostre sire de fournir ou faire fournir par telles personnes que bon lui semblera les greniers à sel de sond. pays d'Anjou, desquelz est l'un celui de Vendosme, et ait led. octroy esté signiffié aux officiers dud. grenier de Vendosme, neantmoins led. conte depuis long temps a esté et encore est en son nom marchant du sel dud. grenier, et le sel par lui mis et presenté en icellui fait vendre à excessif pris de prez de moictié, c'est assavoir au pris de xlii s. t. chacun muy ou environ, et led. Roy de Sicille le feroit bien fournir de prez de la moictié moins ; lequel excès revient au prejudice de la chose publique, et mesmement de l'octroy fait aud. s^r le Roy de Sicille par le Roy nostre sire, en quoy il a droit de pourveoir tant pour l'interest de la chose publique que pour le sien.

Item, et avec ce, combien que la nominacion de toutes offices royaux comme grenetiers, esleuz, receveurs, sergens et autres estans en lad. conté appartienne aud. s^r le Roy de Sicille, fors seulement que led. conte peut nommer l'un desd. esleuz avecques led. s^r le Roy de Sicille, neantmoins icellui conte a contraint lesd. officiers ou les aucuns d'eulx à laisser lesd. offices ou à prendre nomination de lui come l'en dit.

Item, et aussi jasoit ce que led. conte ait eu le don du grenier dud. lieu de Vendosme depuis xx en ca dud. s^r le Roy de Sicille et de la feue Royne sa mere, neantmoins icellui conte n'a point prins descharge du tressorier d'Anjou, sans laquelle de raison il ne peut joir du don dessusd., et a fait contredire et empescher que les grenetier et contrero-

leur monstrassent l'estat et valeur dud. grenier quant ilz
en ont esté requis par les officiers dud. s^r le Roy de Sicille.

Item, et aussi combien que la moictié de la traicte de xx s.
par pipe avec l'imposicion foraine de toutes denrées et marchandises yssans hors du pays d'Anjou appartienne aud.
s^r le Roy de Sicille, et que par lad. conté soient tirez et
mis hors de ce pays d'Anjou et par icelle traversez grans
nombre de vins et quantité d'autres marchandises, dont les
desd. traicte et imposition pevent valoir chacun an v ou
vi^m frans, neantmoins led. conte a empesché aux officiers
et commis du Roy nostre sire et dud. s^r le Roy de Sicille
lever lesd. traicte et imposicion de lad. conté pour les lever
à son prouffit ou autrement en les faisant apperdant aud.
s^r le Roy de Sicille.

Item, et qui plus est, led. conte a voulu dire aucunement selon qu'il a esté rapporté avoir autelz et semblables droiz de
justice et puissance en lad. conté comme a led. s^r le Roy de
Sicille en son duchié d'Anjou et sans differance, excepté de
l'hommage qu'il en doit et du ressort, et tout ce soubz umbre de ce qu'il dit que lad. conté fut baillée en partage à
ses predecesseurs par les predecesseurs dud. s^r le Roy de
Sicille seigneurs desd. pays d'Anjou et de Vendosme.

Item, et laquelle chose est très-grant entreprinse et des-
congnoissance avecques voulenté ouverte et declerée sur
et contre son seigneur ; car led. conte ne peut dire avoir les
droiz, prerogatives ne preeminences appartenans au duchié
d'Anjou tant en cité, villes, chasteaux, ressors, subgez,
Grans Jours et autres droiz assiz et grans prerogatives que
y a icellui seigneur, voire sans compter sa parrie de France.

Item, et qui plus est, par le dit mesmes dud. conte de
Vendosme, il ne seroit possible en raison qu'il eust semblables droiz et prerogatives dud. s^r le Roy de Sicille, car il est
home de foy lige et subget ; et supposé encores qu'il ne
deust homage, et qu'il ne tenist sad. conté en parage, ce
qu'il n'est pas, par la coustume du pays d'Anjou notoirement gardée et observée, nulz des droiz de baronnie ne se
pevent departir qu'ilz ne demeurent au chief de lad. baronnie :
par quoy et par plus forte raison appert evidemment que les

droiz, prerogatives et preeminences de si grant et haulte seigneurie comme le duchié d'Anjou ne pevent ne doivent cheoir en parage.

Ces presens articles ont esté baillez à mond. sr le conte de Vendosme pour y respondre et faire selon le contenu de certain appoinctement prins entre led. sr le Roy de Sicille et led. conte, dont appert par lectres d'une part et d'autre expediées par les gens du Conseil desd. srs, eues et prinses sur ce plusieurs journées de convenir et besongner ensemble, le xiie jour de decembre l'an mil cccc quarante et cinq.

GAUQUELIN, avec paraphe.

88

14 décembre 1445.

Arch. Nat. P 1342, n° 543 (Anc. P 329, n° CXL).

Sur la réqueste et supplicacion faicte au Roy de Sicille par le conte de Vendosme homme de foy lige dud. sr le Roy de Sicille à cause de sad. conté au regart du duché d'Anjou, disant touzjours vouloir servir et obeir aud. sr le Roy de Sicille, comme tout vray subget et parent puet, doit et est tenu faire à son seigneur naturel, qu'il pleust aud. sr le Roy de Sicille consentir et luy octroyer que certaines appellacions faictes par led. conte ou ses officiers dudit sr le Roy de Sicille ou de ses officiers en Anjou, et aussi du juge royal des exemps par appel dudit sr le Roy de Sicille oudit pays d'Anjou et de son commissaire, fussent mises hors de la court de Parlement sans despens et sans amende en laquelle ledit conte les avait relevées, et que l'appel que Guillaume Renoul dit avoir fait dudit conte et de ses officiers que ledit conte ne confesse pas que icelui Renoul a relevé en la court dudit sr le Roy de Sicille, pour occasion duquel les appellacions dudit conte ont esté faictes et s'en sont enssuyes, feust renvoyée pardavant le juge ordinaire d'Anjou à la prouchaine assise de Baugé pour congnoistre et decider de lad. cause d'appel ainsi qu'il appartiendra par raison ;

Ledit seigneur Roy de Sicille en faveur des services à luy faiz par ledit conte a voulu et consenti de grace especial que lesd. appellacions soient aux despens dud. conte mises hors de lad. court de Parlement sans despens et sans amende, ou cas qu'il plaira à lad. court, moyennant le renvoy de lad. cause d'appel que led. Renoul dit avoir fait, et l'obeissance dudit Conte et de ses subgez renvoyée et rendue davant ledit juge ordinaire d'Anjou, pour d'icelle cause estre decidé comme il appartiendra par raison par ledit juge ordinaire d'Anjou audit lieu de Baugé, et pour avoir la congnoissance et obbeissance dudit conte et de sesd. subgiez comme il povoit et devoit avoir par avant lesd. appeaux dud. conte.

Item, et au regart de certains articles qui ont esté baillés par escript audit conte de Vendosme par le procureur dudit sᵣ le Roy de Sicille soubz le saing manuel de Guillaume Gauquelin secretaire dudit sᵣ le Roy de Sicille, iceluy conte y vendra respondre dedans le premier jour de karesme prouchain venant se bon luy semble pardavant les gens du Conseil dudit sᵣ le Roy de Sicille à Angiers, ou leur fera savoir suffisaument par lectres son entencion sur ce, afin que led. sᵣ le Roy de Sicille y puisse pourveoir comme il verra estre à faire selon le cas.

Item, et sera tenu ledit conte de Vendosme de mectre lesd. appellacions hors de lad. court de Parlement à ses despens dedans ledit premier jour de karesme en la forme dessusd. ou cas qu'il plaira à lad. court, et pendant ce temps et dès à present ledit conte vieult et consent que en autres causes que celles desd. appellacions, ledit sᵣ Roy de Sicille et ses officiers aient la congnoissance et obbeissance dudit conte et de sesd. subgiez, tout ainsi que led. sᵣ le Roy de Sicille avoit et povoit avoir par avant lesd. appeaux et non obstant iceulx et ce qui s'en puet estre ensuy.

Et pour ce que par le troisiesme article cy dessus escript, nous conte de Vendosme dessusd. devons respondre se bon nous semble aux articles qui nous ont esté bailliez par escript par le procureur de monsᵣ le Roy de Sicille soubz le seing manuel de Guillaume Gauquelin, secretaire de mond. sᵣ., ou faire savoir nostre entencion sur ce aux gens du

Conseil de mond. sʳ le Roy de Sicille à Angiers dedens le premier jour de karesme prouchain venant, nous dès à present, pour ce que par aventure ne porrions pas estre aud. premier jour de karesme aud. lieu d'Angers pour faire lad. responce, declairons que nostre entencion est de respondre ou faire respondre par gens aïans à ce povoir pardevant lesd. gens de Conseil de mond. sʳ aud. lieu d'Angers aux articles qui nous ont esté baillez par escript touchant le fait de nostre justice dedans le jour et feste Saint-Jehan-Baptiste que l'en dira mil cccc quarante-sept, ainsi que par mond. sʳ le Roy de Sicille estant en son Conseil nous a esté actordé et fait dire par la bouche de son chanceiller. Et au regart des articles touchans le fait des finances aussi à nous baillez par escript qui ont esté mises sus et levées en noz terres et seignouries et autres terres enclavées en icelles par l'ordonnance de monsʳ le Roy et par vertu de ses lectres, nous n'en entendons faire aucune response ausd. gens du Conseil de mond. sʳ le Roy de Sicille ne autrement ores, ne pour le temps à venir; et nous en rapportons à mond. sʳ le Roy qui de sa souveraineté et auctorité royal les y a fait mettre sus, et auquel seul et non à autre nous disons la congnoissance en appartenir.

En tesmoing et pour l'accomplissement desquelles choses, Nous, conte de Vendosme dessusd., avons fait mectre nostre seel à ces presentes et signer par nostre secretaire, le xiiiᵉ jour de decembre l'an mil cccc quarante cinq.

Par monseigneur le conte, messire Pierre Petit, chevalier, le seigneur de la Heuse, le bailli de Vendosme et autres presens.   Cuigy, avec paraphe.

(Sceau perdu).

89

12 septembre 1446

Arch. Nat. P 1342, nᵒ 544 (ancien P 329, nᵒ CXXXIX).

Karolus Dei gracia Francorum Rex, universis presentes licteras inspecturis salutem. Notum facimus quod de licencia et auctoritate nostre Parlamenti curie ac mediantibus

licteris nostris hunc tenorem continentibus: Charles par la
grace de Dieu Roy de France à noz amez et feaulx conseillers les gens tenans nostre present Parlement et qui tendront
ceulx à venir, salut et dilection. De la partie de nostre très-
cher et très-amé cousin Loys de Bourbon, conte de Vendosme, grant maistre d'hostel de France, nous ;a esté exposé
que de l'octroy et concession de certaines comissions données tant par nostre très-cher et très-amé frere et cousin le
duc d'Anjou ou ses officiers, que par le juge des exemps par
appel oudit païs d'Anjou, que des exploiz faiz par Jehan
Lefevre et Loys Honffroy, eulx disans sergens tant de nostredit frere et cousin que dudit juge des exemps, nostredit
cousin exposant ait appellé une foys ou plusieurs à nostredicte court en laquelle il a deuement relevé sesdictes appellacions, ou en icelles esté anticipé dedans temps deu, de et
sur lesqueles appellacions on n'a point de procès par escript, et qui ne nous touche en riens se non pour cause des
amendes qui en fin de cause nous pourroient estre deues s'il
estoit dit mal appellé, lesd. parties par le moyen de leurs
conseilz ont pourparlé ensemble certain traictié et accord
qu'elles passeroient volentiers ensemble en nostred. court se
sur ce nous plaisoit leur octroyer et donner noz congié et licence de ce faire sans amende, requerans humblement iceulx.
Pourquoy Nous ces choses considerées, voulans paix et con-
corde estre nouriees entre noz parens et subgetz ausd. parties,
avons octroyé et octroyons de grace especial congié et licence
de traicter, pacifier et accorder ensemble de et sur lesd. causes d'appel et d'eulx departir de nostred. court sans amende,
en rapportant pardevers nostred. court l'accord qu'elles auront sur ce fait; Si vous mandons, commandons et enjoin-
gnons que de nos presente grace, congié et licence vous
faitez lesd. parties joyr et user paisiblement sans leur mectre ne donner ne souffrir estre mis ou donné en ce aucun
destourbier ou empeschement au contraire; car ainsi nous
plaist il estre fait, non obstant quelxconques lectres subreptices impetrées ou à impetrer à ce contraires. Donné à Paris
le xxviii° jour de may, l'an de grace mil cccc xlvi, et de
nostre regne le xxiii°.

Inter magistrum Guillelmum de Bisuntino carissimi consanguinei nostri, Ludovici de Borbonio comitis Vindocinensis ex una parte, et magistrum Andream Couraud carissimi fratris et consanguinei nostri Regis Jherusalem et Sicilie, ducis Andegavie, ex parte alia, et magistrum Robertum Cordelle Guillelmi Arnoul ex altera partibus, procuratores se dicentes, presente procuratore nostro generali et non contradicente, tractatum, concordatum, et pacificatum extitit prout et quemadmodum in quodam quaterno papiri dicte nostre curie per procuratores predictos unanimiter et concorditer tradito continetur, cujus tenor sequitur in hec verba :

Comme certains procès en cas d'appel aient esté et soient meuz en la court de Parlement entre hault et puissant prince mons^r Loys de Bourbon, conte de Vendosme, appellant de Jehan Lefevre, sergent de très-hault et très-puissant prince le Roy de Jherusalem et de Secille, duc d'Anjou, et de Me Jehan Bienassiz, juge des exemps par appel ou duchié d'Anjou, et de Loys Honffroy, aussi sergent d'icelui s^r le Roy de Secile et commissaire dudit Bienassiz d'une part, et led. prince le Roy de Secile, duc d'Anjou d'autre : pour raison de ce que led. appellant disoit que en sad. conté de Vendosme il a toute justice et juridicion quelxconques, et que par ce à lui appartient la congnoissance, pugnicion et correction des cas, excès et deliz commis par ses subjetz et autres en sad. conté, et luy competent et appartiennent aussi tous les biens meubles et immeubles demourez du decès des trespassez sans hoir en sadicte terre par droit d'aubenaige ou autrement, et des droiz dessusd. et autres à declairer en lieu et en temps a icelui mons^r le Conte usé et joy tant par lui que par ses predecesseurs par tel et si longtemps qu'il n'est memoire du contraire : et pour ce que ung nommé Berthelot le Noer, en son vivant demourant en la ville de Vendosme estoit trespassé sans hoir ou fié et seigneurie nuement dud. mons^r le conte saisi et vestu de plusieurs biens meubles, après son decès le chastellain et procureurs et autres officiers de mond. s^r le Conte, en usant de son droit avoient mis et fait mectre lesd. biens par inventaire ; et en icelui faisant la

vesve de feu Berthelot le Noer avoit ung petit coffre fermant à clef dont elle tira ung gan et ung petit sachet de cuir,
et en icelui gan avoit xxxv pieces d'or, tant royaulx que és-
cus vieulx, et oudit sachet onze autres pieces d'or ; et ainsi
que ung des sergens dud. mons^r le Conte qui estoit present
à faire led. inventaire comptoit ledit or pour l'inventorier,
survint Guillaume Renoul disant que il estoit heritier en
partie à cause de sa femme dud. feu Berthelot le Noer, et
que par ce lesd. biens ou partie d'iceulx lui appartenoient,
et de fait et par force prist entre les mains dudit sergent
vingt pieces dudit or qu'il emporta et en fist ce que bon luy
sembla, en commectant voye de fait et brisant la main dudit
mons^r le conte, disant qu'il ne feroit riens pour led. conte et
qu'il n'estoit point son subject : pour cause duquel cas et
autres commis par led. Guillaume Renoul, informacion precedant par le commandement et ordonnance du bailli de
mond. s^r le conte de Vendosme, icelui Renoult avoit esté
mis es prisons de mond. s^r de Vendosme : lequel Guillaume
estant ainsi prinsonnier audit lieu de Vendosme se trahy
ou autres pour luy pardevers les gens et officiers dudit s^r
le Roy de Secile oud. duchié d'Anjou, à cause duquel led.
conte de Vendosme est tenu en foy et homaige, et soubz
umbre de ce que icelui Guillaume Renoul donna à entendre contre verité ausd. officiers d'Anjou que il avoit appellé
de mond. s^r le conte de Vendosme et de ses officiers, il
obtint certaines lectres d'adjornement en cas d'appel, par
vertu desqueles led. Jehan Lefevre adjorna en cas d'appel
mond. s^r le conte de Vendosme aux prochaines assises ensuivans à Baugé, et avec ce led. sergent par vertu dud. adjornement en cas d'appel fit commandement aux gens et
officiers dud. mons^r le conte de Vendosme que lui baillas-
sent led. Guillaume Renoul avec les charges et informacions faictes contre luy : contre lequel commandement les
officiers dud. mons^r le conte de Vendosme se opposerent,
disant que led. Guillaume Renoul n'estoit point appellant
dud. mons^r le conte de Vendosme ne de ses officiers, et que
par ce ilz n'estoient tenuz de le bailler ; à laquele opposicion
lesd. officiers furent receuz, et fut assigné jour à mond. s^r le

conte aux Grans Jours d'Anjou pour dire les causes de son opposicion. Non obstant laquele recepcion d'opposicion certain temps après led. Loys Hoffroy soy disant commis de par maistre Jehan Bienassiz soy disant juge des exemps par appel oudit duchié d'Anjou, et exerçant l'office de sergenterie oud. conté de Vendosme, se transporta aud. lieu de Vendosme, et par vertu d'autres lectres à lui baillées par ledit Bienassiz il voult prandre de fait led. Guillaume Renoul es prisons dud. mons' le conte, combien que par led. Jehan Lefevre le procureur de mond. s' le Conte eust esté receu à opposicion comme dit est: et pour ce disoit led. procureur dud. mons' le conte que jusques à ce qu'il eust esté discuté de ladicte opposicion, que led. Guillaume Renoul ne devoit partir des prisons dud. mons' le conte. Mais ce non obstant led. Loys Hoffroy bien arrogaument dist que reaument et de fait il prandrait led. Guillaume Renoul et l'enmeneroit es prisons d'Angiers, dont led. mons' le conte ou son procureur appella en la court de Parlement, en laquelle il a depuis bien et deuement relevé sesd. appellacions, et pour ce concluoit qu'il avoit esté mal exploité et denyé par lesd. sergens et led. juge des exemps par appel, et bien appellé par luy, et si demandoit condemnacion de despens. Et ledit s' le Roy de Secile, duc d'Anjou, disoit au contraire, c'est assavoir que oud. duchié d'Anjou lequel il tient en appanage et en perrie du Roy il a plusieurs grans noblesses et prerogatives, et mesmement y a toute juridicion et justice, haulte, moyenne et basse, ressortant sans moyen à la court de Parlement, et que à cause d'icelui duchié il a plusieurs hommes et vassaulx tenans de luy à foy et hommage, dont le ressort en cas d'appel appartient à luy et à ses juges et officiers, et disoit que toutes foys et quantes que aucun des subjectz de ses vassaulx et mesmement dudit conte de Vendosme avoit recours à luy et à ses officiers en cas d'appel, il estoit et est bien fondé et a accoustumé de tous temps de bailler lectres d'adjornement en cas d'appel pour adjorner sesd. vassaulx et subjectz, et mesmement avec les charges et informacions faictes contre luy; et pour ce disoit que led. Guillaume Renoul qui se disoit appellant dud. conte de Vendosme et prinsonnier aud. lieu de Vendosme lui deust avoir esté renvoyé avec les informacions faictes contre luy, et ne povoient ne devoient led. conte et ses officiers refuser la reddicion dud. prinsonnier et des charges et informacions aud. s^r le Roy de Secile et à ses juges et officiers, pour congnoistre et discuter de l'appellacion interjectée par icelui prinsonnier relevée par luy esd. assises de Baugé dont est subject et vassal led. conte ; et que supposé que le sergent executeur de l'adjornement en cas d'appel dud. Renoul eust receu à opposicion le procureur dud. conte de Vendosme, disoit led. s^r le Roy de Secile que frustratoirement et sans cause led. sergent avoit receu lad. opposicion, car il n'y en cheoit point, et n'y estoit pas la matiere disposée ; aincois puisque led. Renoul se portoit pour appellant et qu'il avoit impetré son adjornement en cas d'appel dud. s^r le Roy de Secile, led. conte et ses officiers raisonnablement ne povoient ne devoient refuser de bailler et rendre led. Renoul es mains d'icelui s^r le Roy de Secile et de ses officiers, autrement il n'eust peu congnoistre et determiner dud. appel dud. Renoul, et par ce clerement y auroit eu oud. sergent, en tant qu'il auroit receu lad. opposicion dont led. s^r le Roy de Secile ne scet riens, grant erreur et inadvertence ; et pour ce disoit led. s^r que veu le refuz et desobeissance dud. conte et de ses officiers, led. juge des exemps par appel auroit licitement peu donner autre comission pour prandre et amener de fait led. Guillaume Renoul es prisons d'Angiers, et pour ce concluoit que led. conte ne faisoit à recevoir come appellant desd. juge des exemps par appel et dud. Loys Hoffroy, ou au moins qu'il avoit mal appellé, requerant que ainsi feust dit, et si demandoit condemnacion de despens. Finablement lesd. parties voulans escheuer entre elles toute maniere de plet et de procès par le moyen de leurs conseilz sont venues et descendues à accord ou cas qu'il plaira à lad. court en la maniere qui s'ensuit : c'est assavoir que lesd. appellacions mises au neant sans amende et despens, led. Guillaume Renoul sera renvoyé avec les charges, informacions et exploiz faiz contre luy

pardevant les juges et officiers dud. s^r le Roy de Sicile, duc
d'Anjou, à ces prochaines assises de Baugé qui se tendront
après la Toussaint prochain venant pour proceder contre
luy come de raison sera. Ausqueles assises led. mons^r le
conte de Vendosme ou son procureur pour luy pourra demander le renvoy luy estre fait Renoul luy estre fait (1) come non
appellant de ses officiers, et les parties oyes sera fait droit
ausd. parties par le juge d'Anjou ou son lieutenant esd.
assises, et en ce faisant ressortiront lesd. hommes et subjectz dud. conte de Vendosme pardevant les juges et officiers dud. duc d'Anjou aud. siege de Baugé comme ilz faisoient par avant lesd. appellacions interjectées par led.
mons^r le conte de Vendosme. Par my lesquelles choses dessusd. lesd. parties se sont departies de lad. court et de toute
procès sans despens et interestz d'une part et d'autre. Fait
et passé en Parlement du consentement de maistre Guillaume de Besançon, procureur dud. conte de Vendosme
appellant d'une part, et de maistre André Couraud, procureur dud. duc d'Anjou intimé et anticipant d'autre, et de
maistre Robert Cordelle, procureur dud. Arnoul d'autre,
le xii^ejour de septembre l'an mil iiii^c xlvi.

Quibus siquidem litteris nostris et quaterno papiri per dictam nostram curiam visis prefata curia nostra per eam ap-
pellacionibus de quibus in predictis litteris nostris et quaterno
papiri fit mencio absque emenda adnullatis, predictum Guillelmum Renoul una cum oneribus, expletis et informacioni-
bus contra eum in hac parte factis, coram judicibus et offi-
ciariis dicti fratris et consanguinei nostri Regis Jherusalem et Sicilie, ducis Andegavie, and proximas assisias in
loco de Baugé pro eodem duce Andegavie post instans
festum Omnium Sanctorum tenendas remisit et remictit
juxta predictarum nostrarum licterarum et quaterni supra-
dicti continenciam et tenorem. Datum Parisius in Parla-

---

(1) Conforme à l'original. Renoul avait appelé, mais le comte
de Vendôme contestait son appel. Il me semble qu'il faut lire :...
renvoy luy estre fait [de] Renoul come non appelant...

mento nostro duodecima die septembris, anno Domini millesimo cccc° quadragesimo sexto, et regni nostri vicesimo
quarto.   Collacio facta est.

Concordatum in curia.

Cheneteau, avec paraphe.

90

Octobre 1450.

Arch. Nat. P 1334⁵, f 34 r°.

Affin qu'il soit memoire en temps et en lieu des droiz que
avoit tres-hault et puissant prince René Roy de Jherusalem
et de Secile, duc d'Anjou, en la terre et seigneurie de Champtocé et d'Ingrande, et de l'apoinctement nagaires fait à la
cause dudit Champtocé entre ledit seigneur d'une part, et
Pierre duc de Bretaigne d'autre ; et que ledit apoinctement
n'a esté conseillé, conclud ne deliberé par le Conseil, mais
seullement par lesdits seigneurs, et voulant ledit seigneur
Roy de Secile, comme il disoit, complaire au duc de Bretaigne non obstant grandes remonstracions à lui faictes à diverses foiz en son Conseil et ailleurs, et oy bien au long son procureur d'Anjou sur ses droiz, et les inconveniens, prejudice
et dommaige qui par moïen dudit appoinctement pevent
venir audit seigneur et à son païs d'Anjou en plusieurs manieres très au long touchées ; il est vray que pour certains
excès, delitz, malefices et felonnies faictes et commises par
feu Gilles sire de Rays à l'encontre dudit seigneur, et de ses
subgetz, tant en la ville d'Angiers, en rompant les prinsons
dudit seigneur, mettant gens hors la ville à son plaisir, par
force et violance, oultre le gré et volanté de la justice dudit
seigneur et des portiers de la ville ; de avoir prins d'amblée et
par nuyt les chastel et ville de Sablé oultre le vouloir de la
Royne de Secile Yoland, à qui Dieu pardoint ; prins aussi et
destroussé, et robé, ou fait par ses gens prendre, destrousser
et rober grant nombre de gens et chevaulx audit lieu de
Champtocé appartenant à ladicte dame et ses serviteurs,

elle estant jà pieçà en la ville d'Anxenis ; d'avoir aussi tenu
gens d'armes en garnison au lieu de Thifauges en Poitou
qui avoient destruit, appasticé et raçonné les marchans du
païs d'Anjou estans à l'environ dudit chastel ; et pour plusieurs autres grans cas de mal exemple et grans reprouches longs à reciter, ledit seigneur Roy de Secile fist long
temps a mettre en sa main ladicte terre et appartenance de
Champtocé, d'Ingrande, que tenoit lors feu Jehan duc de
Bretaigne, tant ledit chastel comme la revenue, disant ledit
duc en avoir l'action et transport dudit sire de Rays ; et pour
occasion de ladicte main mise et d'autres exploitz de justice
faiz et poursuiz à la requeste dudit seigneur Roy de Secile
et de son procureur, se meut lors procès en la court de Parlement entre ledit seigneur d'une part, et ledit feu Jehan duc de
Bretaigne d'autre ; laquelle cause poursuye par long temps
en ladicte court, fut obtenu arrest en icelle au prouffit et enctencion dudit Roy de Secile, desclairant que la main mise
dudit seigneur seroit formé ; depuis lequel arrest donné et
affin qu'il ne fust executé, Francoys après duc de Bretaigne
pour certaines choses fit intergeter certaine appellacion relevée en ladicte court, laquelle appellacion congneue en
ladicte court et ce qui en despendoit, a esté donné par ladicte
court un segond arrest en confortant le premier, touzjours
à l'enctencion et prouffit dudit seigneur Roy de Secille ; et
finablement pour autres incidens escheuz en la cause, et que
ledit duc avoit empesché et donné toute rebellion et desobeissance à l'execucion desdiz arrestz, tiercement a esté
donné ung autre arrest, par lequel a esté dit et descleré
par ladicte court que touz lesdiz arrestz seroient executez,
et en cas de desobeissance par main armée, comme touz
lesdiz arrestz le portent et contiennent bien au long. Et pour
ce que ledit Françoys duc de Bretaigne pou de temps avant
son trespas vit et congneut la grant charge qui lui tumboit
à l'occasion desdiz arrestz, et que la pocession dudit Champtocé estoit adjugiée audit seigneur Roy de Secile avecques les
autres choses contenues esdiz arrestz, et qu'il n'y povoit plus
resister qu'il ne l'eust par aucuns moïens, fist traitter avecques ledit seigneur Roy de Secille, lui estant à Bernay en

Normandie en la compagnie du Roy nostre sire pour la con-
queste dudit païs, de appointer entre lesdiz seigneurs pour
les debaz et questions dudit Champtocé ; et audit lieu de Bernay fut appoincté et passé l'accord touchant tout ledit fait
de Champtocé et ses appartenances, moïennant la somme
de xii^m reaulx d'or que ledit duc estoit tenu payer audit
Roy de Secile dedans certain temps contenu es lettres
patentes dudit seigneur, lesquelles furent apportées en
ce païs d'Anjou par Estienne Bernard tresorier d'Anjou,
lequel appoinctement venu à la cognoissance des gens du
Conseil dudit seigneur, et premierement de maistres Gilles
de la Reaulté juge, Guillaume Gauquelin president des
Comptes, et Louys Delacroix procureur d'Anjou, estans à
Saumur, cognoissans le grant prejudice et dommaige qui
venoit à sa seigneurie et païs d'Anjou à cause dudit appoinctement, voyans aussi le trespas dudit Françoys duc de Bretaigne, et celui de feu Pregent de Coetivi admiral de France
qui disoit lorsqu'il vivoit avoir aucun droit en ce qui appartenoit audit s^r Roy de Secile en ladicte terre de Champtocé, eurent conference entre eulx et adviserent de parler
avecques la Royne de Secile lors estant à Launay près Saumur,
lesquelx oïz par elle, enctendit les choses qu'ilz remonstrerent,
et elle, tendant affin de rompture dudit appoinctement, par
l'advis et oppinion des dessusdiz, escripsit audit seigneur
Roy de Secile son espoux qui lui pleust delayer ledit appoinctement et faire qu'il n'eust point d'effect, et offroit icelle dame
au besoign dudit seigneur bailler de ses joyaulx d'or en gaige,
jusques à la somme de x ou xii^m escuz ; par le moïen desquelles lectres ainsi escriptes par ladicte dame ledit appoinctement fut delayé et mis comme à rompture, et ne sortit
lors aucun effect. Et depuis à la venue que fist ledit s^r
Roy de Secile dudit païs de Normandie au lieu de Launay
près Saumur, en son Conseil bien assemblé ouquel estoient mons^r le duc de Calabre, Ferry mons^r de Lorraine,
le sire de Beauvau, seneschal d'Anjou, le sire de Loué,
Jehan Cossé, lesdiz juge, president des comptes, tresorier et procureur d'Anjou, maistre Nicolle Muret, et autres
en bon nombre, fut par la bouche dudit procureur grande-

ment et vertueusement remonstré audit seigneur ses droiz
en ceste matiere, et le grant prejudice, inconvenient et
dommaige qui venoit audit seigneur et à sondit païs d'Anjou, s'il acomplissoit ledit appoinctement, et dont les lettres
estoient encores devers aucuns des serviteurs dudit seigneur. Et en tout ledit Conseil ne fut trouvé aucun qui
conseillast ledit seigneur à ce faire ne y donnast oppinion.
Depuis toutes lesquelles choses, ledit seigneur retournant
de son voïaige du Puy-Nostre-Dame près Saumur ou mois
de septembre (1) darrain passé, se retrouva avecques
lui mons^r de Richemont connestable de France, qui re-
print sans presense de Conseil les parolles dudit accord,
pour la part de Pierre à present duc de Bretaigne, lequel fut
illecques passé et accordé entreulx par my ce que ledit duc
de Bretaigne feroit païer aud. seigneur Roy de Secile de la
somme de xii^m reaulx d'or et six mil et u ^c escuz d'or à present aïans cours ; et fut prins par entreulx jour de venir
avecques certaine porcion de ladicte somme devers ledit
seigneur en ce present mois d'octobre iiii^c cinquante, et au
sourplus pour faire expedier les lettres patentes dudit appoinctement, lesquelles lettres oudit moys d'octobre ont esté
ou chastel d'Angers expediées par maistre Guillaume Tourneville secretaire dudit seigneur, sans deliberacion de Conseil,
ne sans presens nommez esdictes lettres, ne d'icelles avoir
eu expedicion en la Chambre des comptes à Angers, oultre
la teneur desquelles lettres, ainsi qu'ilz les demandoient et
que les premieres que autreffoiz apporta le tresorier d'Anjou
le contenoient, ont esté mis et adjoustez esdictes lettres
plusieurs choses, presens lesdiz seneschal d'Anjou et le sire
de Loué, par ledit president, au prouffit dudit seigneur Roy
de Secille, ce contredisans et empeschans les gens dudit duc
à leur povair ; et oultre a esté prins seellé d'icellui duc, touchant le fait des heritiers dudit feu admiral de obligacion et
promesse de les faire conter, ainsi que esdictes lettres et

_____

(1) Le mois est en blanc ; mais c'est bien septembre, comme on
peut voir quelques lignes plus loin.

seellez cy dessobz escripz est au long contenu et descleré ;
duquel seellé n'estre fait aucune mencion es lettres de l'accord passé en Normandie comme dit est, ne promesse faicte
de bouche ne autrement, qui estoit ung cas principal et pour
lequel on povoit avoir recours contre ledit seigneur Roy de
Secile.

91

22 octobre 1451.

*Lectres envoïées par le Roy de Sicile à Saumur par Johan-
nes Hueti son secretaire, touchant le prieuré de Cunault,
estant en la main dud. seigneur par le trespas du cardinal
de Therouenne dernier possesseur, lequel trespassa le
jour de   (1) l'an mil iiii^c cinquante et
ung ; dont de present est pourveu le cardinal d'Estouteville.*

P 345, n° XX, f° 8 v°.

De par le Roy de Sicile, duc d'Anjou, etc...
Noz amez et feaulx, Nous avons appointé avecques les procureurs de très-reverend pere en Dieu nostre très-cher et
amé cousin le cardinal d'Estouteville pour le rachat de Cunault et pour toutes autres choses deppendans de ceste
matiere à la somme de m. l., ainsi que verrez par noz lectres
pactentes plus à plain. Si vous mandons et commandons
expressement que incontinent et sans delay levez et ostez
touz arrests, main mise et autres empeschemens que à
ceste occasion pourroient par vous ou autres avoir esté mis
et faiz oud. prieuré de Cunault et ses appartenances, et tout
faictes delivrer aux procureurs de nostredit cousin, tant ce
qui estoit escheu avant le trespas de feu le cardinal de
Therouenne que depuis. Et pour ce que les procureurs de
nostred. cousin et aussi aucuns de noz gens doivent dimanche prouchain à disner estre aud. Cunault, pour ceste cause

---

(1) Blancs dans le manuscrit.

vous mandons et commandous que toutes autres choses
lessées y soiez aussi, et vous receveur delivrez de lad.
somme de M. l. au lieutenant de Beaufort et au maistre de
noz cuxines d'Angiers ce que vous dira Jehan Huet nostre
secretaire, en prenant quittance d'eulx, et nous en ferons
faire au seurplus acquict et descharge suffisant. Si gardez
que en ce n'ait faulte, car il nous en desplairoit ainsi que
vous dira plus à plain led. Huet. Nostre seigneur soit garde
de vous. Donné au Loreux le xxiie jour d'octobre M CCCC LI
ainsi signé Regné : Johannes secretaire. Et dessus elles se
adrecent : à noz amez et feaulx les lieutenant, advocat,
procureur et receveur de Saumur, et à chascun d'eulx.

92

25 octobre - 5 novembre 1450.

Arch. Nat. P 1334[5], f° 25 r°.

Pour ce que la baillée des fermes des parnaiges de Monnays, Chandelays et Baugié estoit assignée au dimanche xxv[e]
jour d'octobre IIIIe cinquante, aussi que les gens des
comptes avoient esté avisez que esdictes forestz se font
plusieurs abus et dommaiges pour le seigneur en grant des-
triment desdictes forestz, et mesmement que audit lieu
de Baugié estoient aucunes choses d'importance à visiter
touchant le domaine, sur toutes lesquelles estoit besoign
de visitacion et refformacion en presence d'aucuns des gens
de ladicte Chambre, le samedi xxiiie jour du moys d'octobre, Guillaume Gauquelin conseiller dudit seigneur et president desdits comptes et Robert Jarry conseiller et l'un des
maistres de ladicte Chambre se partirent d'Angers, pour le
voyage et affaire dessusdiz et allerent au giste à Baugié,
trouverent les choses en la disposicion declairée cy après,
et y donnerent à leur povoir les provisions neccessaires,
article après autre, remettant tout cy leur rapport au bon
plaisir et ordonnance du dit seigneur.

Premierement, ont trouvé que les habitans de Baugié doivent et sont tenuz paier au seigneur de deux en deux ans une taille de cent livres, dont ilz ont eu don et remission à l'occasion de la guerre par aucun temps qui est finy en aoust cccc cinquante. — A esté ordonné au receveur de s'en faire paier quant le temps y escherra et de faire bailler commission pour le faire savoir.

Que le minaige du blé vendu à Baugié, qui est de obole pour boesseau de blé, est cessé par long temps pour le fait de la guerre et de present ne se lieve point ; et dient les officiers qui le levera que ce sera très-grant dommaige à la ville, et que le marchié en sera fort empiré. — Ordonné que le receveur le face lever, et viengnent les gens et habitans de Baugié devers ledit seigneur pour remonstrer ce qu'ilz aviseront estre de faire, et y querir la provision telle qu'ilz pourront obtenir.

Item, que les fours à ban estans ou villaige de Baugié qui souloient valoir (1)   où sont contribuables touz les habitans dudit lieu sont et la maison où ilz estoient presque par terre, et que ou lieu de ce que lesdiz habitans y souloient fournoier, a esté jà pieçà fait certain appoinctement qui est finy, par lequel appoinctement chacun boulengier aiant four paieroit v sols, le boulengier non ayans four ii sols vi deniers, et chacun des faicticiers xii deniers. — A esté avisé d'en faire rapport au seigneur, pour ce que la chose est d'importance, et pour luy donner entendre quel merc de seigneurie c'est que de four à ban.

Item, que le prouffit des ii moulins à blé a esté donné à messire Regnault du Dresnay, cappitaine de Baugié à sa vie. — En sera avisé ledit seigneur pour ce que c'est son dommaine ; et est l'oppinion des gens des comptes qu'il doit revoquer le don et les semblables.

Item, que le tiers moulin à blé de Baugié est tumbé et abatu, combien que la maison et la voye sont bonnes. — Oiz les officiers qui afferment que onques ne virent que pour tout Baugié et les environs pour gens contregnables et autres

---

(1) Blanc dans le manuscrit.

ne suffise de deux moulins à blé, a semblé qui y feroit ung
molin à papier qu'il y seroit bien, et y est l'eaue bonne et
propice. En sera parlé audit seigneur.

Item, la rompture de la chaussée et de l'estrillouer de
l'estang neuf près le chastel. — Ont esté visitez, et y sont
les ouvriers pour y besongner.

Enquis le receveur ordinaire s'il avoit en ses mains aucuns grains de la recepte à exposer en vente, a dit que ouy
et peu ; le seurplus lui est du aux champs par les pouvres
gens. — Oy le rapport sur le pris du marchié de Beaufort et
passé par serement de marchant a esté aprecié, froment le
septier xxxv sols, avoene xx sols, mousture xxvii sols vi
deniers.

Item, que le service de la chappelle fondée de deux messes à Baugié par ledit seigneur, pour la fondacion de laquelle le chappellain a la disme du parnaige de Chandelays,
des examples et des molins ne se faisoit pas, a esté ordonné
au receveur et segraier ne luy bailler aucune chose puis-
qu'il ne servoit. — Depuis est venu le chappellain et s'est
obligié de faire dire et celebrer lesdictes deux messes chacune sepmaine, l'une le lundi et l'autre à ung des autres
jours, auxquelx jours il appellera les officiers ; et de ce
faire a baillé obligacion qui est la chambre, et par ce
moïen lui ont mis lesdictes dismes à delivrance.

Item, la vente des boys Ernault qui sont segreaux est
à faire par le rapport du segraier de Chandelays. — On les
visitera pour y faire le prouffit du seigneur.

Item, que troys ans a le feu courut et brula grant partie
de la forest de Baugié, et est l'oppinion des officiers de
Baugié que le coupperoit avec le boys des vieilles ventes et
du mortier que le boys reviendroit, et que autre remede
n'y a, et en amenderoit la forest. — A esté avisé que on yra
sur le lieu, et y seront menez gens en ce congnoissans,
appellez lesdits officiers pour en faire rapport au seigneur.

Item, que le bail du parnaige des forestz de Monnays,
Baugié et Chandelays, qui est abuté à vi deniers pour chacun porceau, excepté de la forest de La Bauge dont on
prent ce que on peut, et est peu de boys au regard des

autres, et semblablement en Genetre qui est petite porcion
de Monnays, se tient par troys dimenches ensuyvans l'un
l'autre, le dernier escheant tousjours devant le jour de
Toussains, à chacun desquelx dimenches qui vieult mettre
porceaux esdictes forestz de Monnays et Chandelays se
vient faire escripre à chacun des segraiers, pour tant que
luy touche, et le nombre de ses porceaux ; que esdits troys
dimenches se fait une grant despence par les marchans et
gens de village à la perte dudit seigneur qui peut monter
es deux lieux près de xxx livres ; que audit iii⁰ dimenche se
livroit tout ung mesme jour et heure la ferme desdits parnaiges à la chandelle, l'un à Moliherne pour Monnays, et
l'autre en la forest de Chandelays à une seule maison appellée le Chesne du Parnaige, qui diste l'un lieu de l'autre
de deux bonnes lieux, et estoit mis l'argent en ung couvre-
chief sur la table, à veue de touz ; et aussi comme le reste
de l'argent à payer qui se nomme les Respiz, que om a
payé de viii jours après. — Pour ceste année, touchant lesdiz parnaiges, voyans lesdits president et Jarry, par l'oppinion aussi des lieutenant, procureur et segraier de Baugié,
receveur et autres, bailler lesdits parnaiges à ung mesme
jour et heure, est dommaige au seigneur ; car qui est à
l'un pour mettre enchieres ne peut estre à l'autre pour la
distance du chemin ; voyans aussi au regart de Chandelays
que une seule maison en ung boys n'est pas lieu si propice
comme la maison et auditoire du seigneur à Baugié, pour
faire bailler icelle baillée, veu premierement le pappier du
segraier du nombre des porceaux acquictez et mis en respit pour ladicte année, en maniere que ledit seigneur ne
povoit estre dommaigé, ont faulcé icellui dimenche xxv
d'octobre en l'auditoire de Baugié publiquement, à la chandelle, et tellement conduicte, que ledit seigneur a eu tout
ce qui luy en appartient, et la baillée de Monnays assigné
à ce mesme jour et heure fut remué au landemain qui fut
lundi xxvi d'octobre à tenir audit lieu de Moliherne ; ausquelx jour et heure furent lesd. president et Jarry, et illecques trouverent les juges et greffier desd. forestz,
le receveur d'Anjou, le segraier de Monnays, ensemble les

lieutenant et procureur de Baugié, en presence desquelx ledit jour au soir à la chandelle fut ledit parnaige baillé
au plus offrant qui estoit à (1)   conduit par enchieres à la somme de (2)   veu premierement
le papier tant des paiemens que des respiz pareillement
que avoit esté fait à Baugié pour le parnaige de Chandelays,
à quoy ledit seigneur eut tout son interest ; et au regard
du temps à venir a esté avisé pour le bien du seigneur, reservé son plaisir, puisque le parnaige desd. forestz est
abuté que on peut veritablement savoir, et que en appartient au seigneur, veu que tout se escript, et que s'aucun
y faisoit deffault passé lesditz troys dimenches, ses porcs
sont confisquez ; veu aussi que tard avient que aucun encherisseur dudit parnaige y mette plus par enchieres que
l'argent qu'il voit devant luy content et en respiz, et que
communeement advient que ledit encherisseur treuve
plus d'argent qu'il n'en paye, comme a esté rapporté et
qu'il est à croire, et que les segraiers rendent compte par
le menu du nombre desdits porceaux et de l'argent ; et
par ce moïen cessera la despence qui se fait en chacun
desdits lieux par les troys dimenches dessusd. qui ne
vient que à toute perte pour led. seigneur ; car c'est le
premier argent prins et rabatu par le fermier sur le parnaige. Et en tant que touche la forest de Baugié et Generre
en Monnays dont le parnaige se baille à ce que on en peut
avoir, a esté avisé qu'ilz pevent demourer à ferme et estre
baillez, c'est assavoir, Generre le dimenche acoustumé, et
Baugié à landemain, afin que qui aura esté à l'un puisse
estre à l'autre, et non pas à ung mesme jour, comme a
esté fait par le passé.

A esté trouvé par lesdits president et Jarry que grant argent s'en va en despense pour tenir les assises des forestz,
et que que soit en Monnays par assise qui tiennent quatre
foiz l'an chacune c sous, qui est xx livres par an, pareillement es autres forestz qui sont xii assises, à chacune assise
une somme pour despence des officiers et autres, sembla-

(1-2) Blancs dans le manuscrit.

blement es assises des eaues, qui montent en tout par an plus de LX frans outre les gaiges. Avisé qu'il en sera parlé au seigneur, et semble despence perdue, car il n'y a juge dudit seigneur en autre part qui ait despence tenant les assises dudit seigneur, excepté es eaues et forest tant seulement.

Que les causes des amendes desd forestz ne sont point declairées ou rolle baillé au segraier, et n'y a seulement que les noms et la somme, par quoy om ne peut savoir si on y fait moderacions, soit pour les piez des chesnes, ou autrement, que les amendes ne sont pas tauxées à l'issue de chacune assise. — A esté ordonné aux juge et segraier de mettre doresenavant les causes des susdictes amendes oudit rolle, et au segraier de non prendre ledit rolle qu'il ne soit declairé en celle maniere, et que lesdictes amendes soient tauxées l'assise finie sur le propre lieu et signée du juge premier et du greffier, qui ne souloit estre que d'un greffier seulement.

Que le prouffit du greffe desdictes eaues et forestz est de bon revenu, qui le bailleroit à ferme se treuve homme qui le mectroit à xx francs ou environ par chacun an, à la charge de faire les remembrances et les choses qui y sont requises, à ses despens. — Avisé qu'il en sera parlé au seigneur, pour ce que Olivier Binel greffier l'excerce et en prent le prouffit par le don qu'il en dit avoir dudit seigneur.

Item, que grant partie du censif se baille avecques les prevostés de Baugié et de Moliherne à ferme, qui revient à dommaige au seigneur, car ung fermier tient peu de compte de deniers et de mailles de censif, et telles menues sommes qui par ce moien ne se paient, et s'en pert le droit principal au dommaige du seigneur ; car le censif est le plus vray merc de dommaine qu'il ait, et aussi que les plez desd. prevostés et dudit censif ne sont pas tenuz comme ilz doivent. — Advisé qu'il en sera parlé au seigneur ; et sembleroit mieulx le plus proffitable pour ledit seigneur que led. censif fust adjoinct avecques la recepte ordinaire, dont om rend compte que qu'il demeure en la main des prevostz fermiers, et faire rendre compte. Aussi est necessaire que ledit seigneur donne commission pour refformer ledit censif et la juridiction d'icellui.

Item, que plusieurs de plusieurs estatz, comme l'abesse de Frontevrauld, l'abbé du Loreux, l'abbé de Challoché, et plusieurs autres dient avoir usaiges esd. forestz, tant de boys comme du parnaige et herbaige. — A esté appoincté par lesd. president et Jarry, presens lesd. juge, segraier et greffier, et autres officiers desd. forestz, que pour ceste année ilz auront la delivrance de leurs porcs estant esd. forestz par depry ; et a esté enjoinct à leur procureur de faire foy de leurs previlleges dedens quatre moys en la Chambre ; et en leurs deffault a esté ordonné au segreer les faire paier pour les années à venir au regart de leurs porcs.

Item, que plusieurs dommaiges sont faiz es forestz dont elles sont fort empirées par le deffault et neglice des sergens, comme de souffrir brancher chesnes hors saison, de les escorser par pié, de les perser à clavereux, et autrement ; et dient aucuns que lesdits sergens ont souffert coupper de gros chesnes sans le reveler, et depuis, afin qu'il ne fust congneu, ont brulé les soches par pié jusques en terre, et recouvert la place pour non apparcevoir la chose. — A esté avisé que les sergens de Monnays qui sont x et ceulx de Chandelays, pour ces causes n'auront aucuns gaiges jusques à ce que le seigneur y ait pourveu, et deffendu au segraier d'aucune chose ne paier.

Item, que lesdits sergens et autres officiers ne exercent leur office en personne, et par ce moien vient grant dommaige aux forestz. — A esté avisé en actendant le plaisir du seigneur et commandé aux segraiers que ausd. sergens ne paient aucuns gaiges, se ilz ne l'excercent en personne, si non qu'ilz en aient licence du seigneur.

Que les deux sergens fayez de la forest de Monnays sont tenuz chacun jour à estre chacun à sa garde à cheval et ung homme à pié avecques luy, et à celle cause ont de bonnes terres et possessions, ne font devoir esdictes forestz telz qu'ilz doivent. — Leur a esté commandé par lesd. president et Jarry que chacun en droit soy y face la garde telle qu'il doit sur les peines qui y appartiennent.

Item, que plusieurs baillées à heritaige se sont faictes en lad. forest par gens qui n'ont povoir de le faire. — A esté avisé avecques le plaisir du seigneur que le maistre des eaux et forestz la chose signifie aux gens des comptes, appelle les officiers, les doit faire, et est son ordinaire.

Que le seigneur de la Basse Ferriere, de sa voulenté, sans licence du seigneur ne d'officier quelconque, a mis en ladicte forest environ cent chefs d'aumailles et cinquante chevaulx et jumens, qui est contre l'auctorité du seigneur et en son grant dommaige et de ses subgietz, et encores y entrent grant nombre oultre le gré des officiers et non obstant une complaincte executée contre luy. — A semblé, puisque par force il exploicte en ladicte forest, que par force on doit rebouter son exploict, c'est assavoir faire tuer ses bestes en lad. forest privement ou autrement comme sera avisé ; car en tout le pays n'a personne fondée du droit dont use ledit seigneur de la Basse Ferriere, et luy meismes le confesse bien, mais il fait tout le contraire ; et sur ce sera parlé audit seigneur au Conseil.

Que les faiseurs de seilles et chausumiers de lad. forest y font grant dommaige ; les seilliers d'un gros chesne prennent une trousse ou deux pour faire leur ouvraige, laissent le seurplus, puis vont à ung autre, tousjours dommaigeant la forest; les chausumiers ont pour ii s. vi d. une charrettée de boys, et y en prennent au long et au large où bon leur semble. — A semblé au regart desdits seilliers, puisque chacun peut prendre ung pié de chesne en la forest pour lx s., qu'ilz les doivent paier au long sans diminution ; et se ilz laissent aucune chose dud. chesne qui fust prouffitable à leur mestier pour aller aux autres chesnes, qu'ilz le doivent amender ; le fait des chaussumiers est au seigneur remis.

Que le procureur du seigneur auquel ressort sont les forestz de Monnays et de Chandelays n'est point aux assises desd. forestz. Que les remembrances ne luy sont point communiquées ne sont en sa garde. Que les amendes ne sont signées que du greffier et ne s'en fait papier ordinaire, mais seullement en une fueille de papier. Que les amendes et ventes des contractz sont moderées, dont s'ensuit grant dommaige à la forest et prejudice au seigneur ; car qui doit LX s. est mis à XL, de XL à XXX et ainsi en descendant. Que les causes des amendes ou temps passé n'ont point eté declairées ou rolle des segraiers, mais seullement les noms et la somme. — Sur ces V derreniers articles a semblé aux gens des comptes, o le plaisir dudit seigneur, que ledit procureur doit estre present à chacune des assises, tant des forestz comme du censif ; qu'elles doivent estre tenues IIII foiz l'an ; qu'il devroit avoir la garde des remembrances qui sont escriptes de la main du greffier, esquelles ne se pourroit faire fraude par led. procureur ; que des amendes se doit faire ung livre à part ; qu'elles doivent estre tauxées à l'issue de chacune assise et sur le lieu ; que les causes desd. amendes doivent estre declairées ou rolle du segraier, que sur les chesnes prins et couppez dont on doit pour chacun LX s. et des autres en descendant ne se doit faire moderation, mais le prendre au long ; et si on dit que c'est amende, semble que non, mais est le pris et la vente de chacun pié abutée à ladicte somme ; et que les ventes des contractz ne se doivent finer sans le sceu de la Chambre ne y faire diminucion, car peut estre que le contract seroit tel que en le prenant par le seigneur ce seroit le prouffit de la forest.

A esté trouvé par lesd. president et Jarry que le seigneur de la Roche-Perron de sa volenté met ses porceaux en la forest de Baugié avant temps deu, ce qu'il ne doit faire ; et à celle occasion, quant les autres porceaulx y entrent ou temps du parnaige, ilz treuvent ledit parnaige trèsfort empiré et gasté, qui est au grant dommaige du seigneur. — A esté ordonné au segraier par l'oppinion des officiers de Baugié que premiere foiz que le cas aviendroit, ilz prennent lesd. pourceaulx en ladicte forest, sans en faire delivrance jusques à ce que par ledit seigneur en ait esté ordonné.

93

6 novembre 1450.

Arch. Nat. P 1334⁵, f° 27 v°.

Inventoire des poys et balances appartenant au Roy de Secile à cause de sa seigneurie de Loudun prins en l'ostel de Pierres Paumier fermier d'iceulx, et apportez par devers messeigneurs le president des comptes d'Anjou, maistre Robert Jarry conseiller et auditeur desditz comptes, Jamet Louet lieutenant de Baugié, maistre Nicolle Chauvet juge audit lieu de Loudun, Jehan Quirit procureur, Jehan Bernier lieutenant, et Jehan Jamineau receveur ordinaire audit lieu, en l'ostel de Olivier Eustesse, et autres officiers dud. prince, et depuis rebaillez audit Paumier encores à present fermier, pour en user durant sad. ferme, et icelle finie, seront mis et baillez doresenavant es mains des fermiers subsequens.

Primo, ung poys de cuivre pesant c livres,
Item, ung autre poys pesant   l livres,
Item, ung autre poys pesant   xxv livres,
Item, ung autre poys pesant   xii livres,
Item, ung autre poys pesant   vi livres,
Item, ung autre poys pesant   iiii livres,
Item, ung autre poys pesant   ii livres,
Item, ung autre poys pesant   i livre,

Item, ung autre poys pesant demie livre. *Item*, deux autres poys de plomb pesant chacun xxiiii livres. *Item*, les deux balances de boys garnies de cordes. *Item*, ung fleau de fer appartenant ausd. balances.

Fait ledit inventoire le vi° jour de novembre l'an mil cccc cinquante : presens : Guillaume de Blavou, Jehan Ferron, maistre Jehan Cailleteau, maistre Francoys Quirit, Macé Le Pelletier. Ainsi signé : Le Peletier.

94

13 décembre 1450.

Titres et Chartes de l'abb. de Mellinais, p. 81. (Bibliothèque
Sainte-Geneviève).

Jacques Richome delivrant les causes pendantes pardevant
honorable homme et sage Jamez Louet lieutenant à Baugié
[et] ou ressort de monsieur le seneschal d'Anjou, au premier sergent du Roy de Secile, duc d'Anjou, sur ce requis.
Nous vous mandons en commettant si mestier est que vous
adjourniés pardevant nous en cette ville de Baugié Jehan
Dosdefer le jeune, seigneur de Saint-Quentin, à estre et comparoir emprès les religieux et convent de Mellinais pour
proceder et aller avant en certaine cause pendant pardevant
nous à certain et competant jour, comme de la part desdits
religieux serez requis. De ce faire duement vous donnant
povoir.....(1) Donné à Baugié le lundy treiziesme jour de
decembre mil quatre cens cinquante; signé LE BIGOT.

95

18 janvier 145$\frac{0}{1}$.

*Ordonnance faicte et baillée par escript aux segraiers de
Monnoys, Baugé, Bouldre et de Bellepoule par les gens des
comptes, etc...*

Arch. Nat. P 1334³, f° 49 r°.

Sur l'examen, closture et conclusion du compte du Turq
de Melit segraier des forestz de Monnoys, d'un an fini à la
Toussains M CCCC L., a esté par les gens desd. comptes ordonné, commandé et enjoinct à icelui Turq pour verificacion
de la recepte et despense de ses comptes du fait de lad.

_____

(1) *Sic*, ms.

segraierie pour le temps à venir et autrement, et pour plusieurs causes qui ad ce ont meu lesd. gens desd. comptes ce que cy après s'ensuit.

Primo, touchant les cens, rentes et devoirs deuz à la recepte de lad. segraierie à plusieurs et divers termes, dont il mect et baille en cadit en plusieurs parties, la somme de xlii l. xii s. viii d. t.

Desclere led. segraier les noms des personnes qui devoient lesd. deniers et rentes, et les choses sur quoy ilz sont deuz, afin [que] par nouvelles baillées ou autrement y soit pourveu.

Item, au regard des prouffiz qui pourront escheoir pour ventes de boys, jundraiges, pasnaiges, herbaiges, ventes et reliefz de terre, rachaz, forfaitures, espaves, terres levées en main de court, et aubenaiges, sur chacun son compte à venir où il y soit escheu prouffit ou non de ce que y pourra estre, il en rapportera certifficacion des juge, procureur, greffier, segraier, ou ceulx d'eulx qui bonnement le pourront mieulx et plus veritablement certiffier.

Item, signifiera au seneschal, procureur et greffier desd. forestz que les assises d'icelles forestz soient tenues quatre foiz l'an, ainsi que raison est et qu'il est acoustumé de faire, sur paine de radiacion des gaiges ou prouffiz de celui ou ceulx d'eulx à qui en sera la faulte, *pro rata* de chascune assise que led. deffault y sera, ou telles autres paines que de raison.

Item, que les exploiz de chacune assise desd. forestz soient tauxées à l'issue de lad. assise, et incontinent avant que partir du lieu.

Item, que lesd. exploiz et amendes soient incontinent après lad. taxacion ainsi faicte signée des juge, procureur, greffier et segraier; et ce fait baillés aud. segraier pour les recuillir et soy en faire poyer. Et que les causes pour quoy sont mises et tauxées lesd. amendes et exploiz soient desclerées en brefves parolles, etc...

Item, que pour led. temps à venir led. segraier ne autre en tenant lesd. assises, ne au bail des parnaiges et herbaiges desd. forestz, ne soit faicte aucune mise ne despence prinse sur le seigneur, jusques à ce que par icelui seigneur y ait autrement esté ordonné ; car lad. despence semble estre frustratoire pour plusieurs causes, etc...

Item, a esté oultre enjoinct et commandé aud. segraier qu'il ne paye aucuns *gaiges* à quelconque sergent desd. forestz, s'il ne exerce en personne son office, sinon qu'il ait puissance dud. seigneur de y commectre ou substituer, etc...

Item, et toutes et chacunes les choses dessusd. seront ordonnées, commandées et enjoinctes à chacun des autres segraiers du païs d'Anjou, pour en tant que à eulx touche les entretenir et garder pour le temps à venir de point en point sans enfraindre, etc... et les signifier oultre à qui et où il appartiendra, etc...

Fait en lad. Chambre des comptes à Angiers le xviiie jour de janvier l'an mil iiii^c cinquante.

G. RAYNEAU.

96

6 avril 145-$\frac{0}{1}$.

Advis touchant les seaulx du Roy de Sicille en Anjou, fait au chastel d'Angiers le vi^e jour d'avril mil. iiii^c cinquante avant Pasques.

Arch. Nat. P 1334⁵, f° 63 r°.

Semble que pour led. pays d'Anjou suffist d'avoir troys seaulx dud. seigneur.

Du seel du secret qui est en la garde de mons^r le seneschal d'Anjou premier chambellan dudit seigneur se pourront seeller toutes lectres et mandemens de finance, et en queue pendant ; toutes retenues des familiers domestiques et commensaux dud. seigneur, et toutes certifficacions, commissions et lectres en pappier, en seel plaqué. Ainsi en ont fait user les Roys Loys pere, et Loys frere dudit seigneur par aucun temps, et n'en pevent estre les finances que plus restraintes.

Du seel ordonné pour la justice, et au ront duquel est escript *Sigillum litterarum justicie* (1), seront seellées

---

(1) Ces mots sont soulignés dans l'original.

toutes lectres de justice, c'est assavoir *debitis*, graces à
plaider, abreviacions, et telles semblables. Et si le Roy
ordonnoit que avant le seel mis esd. lectres elles feussent
veues par l'un de troys, c'est assavoir l'advocat, le procureur, ou maistre Jehan Trepigne et y mectre ung visa,
semble que ce seroit bon.

Du tiers seel se pourront seeller toutes autres lectres generalement, c'est assavoir offices, benefices, remissions,
confirmacions, et toutes autres que les dessusd. sans excepcion.

Semble oultre que le Roy doit ordonner que de chacun
desd. troys seaulx se face registre particulier, et qu'il soit
mis en la fin de chacun an en la Chambre des comptes pour
charger le tresorier de l'esmolument desd. seaulx et iceluy
deduire sur les gaiges de mons.r le chancelier, comme se
doit et est acoustumé de faire. Ainsi signé René. Par le
commandement du Roy, le president des comptes et tresorier d'Anjou presens, ALARDELLI.

97

17 novembre 1451.

Arch. Nat. P, 1334⁵ f°, 83 v°.

Le xvii⁸ jour de novembre l'an mil iiiᶜ cinquante et ung,
a esté mandé Jehan Lenormant notaire demourant à Angiers venir en la Chambre des comptes, et luy a esté requis
de par le Roy de Secile qu'il voulsist prendre la charge
d'excercer la ferme du tabellionnage d'Angiers jusques à ce
que par ledit seigneur ou les gens de lad. Chambre soit
autrement ordonné; laquelle ferme a esté advisée estre
exercée en main de court pour ce que aucun n'en a offert
que la somme de viiiᶜ l. t. pour troys ans commançans à la
Toussains derrain passée, qui a semblé estre moins que de
raison, consideré les autres baillées du temps passé. Laquelle charge et commission après aucunes remonstracions
qu'il a faictes, il a acceptée et prinse pour obbeir audit sei-

gneur. Et ce fait luy ont esté baillez les seaulx des contractz en une boeste, avecques la somme de quatre livres, huit solz, quatre deniers tournoys estant dedans lad. boeste, et le registre des lectres seellées depuis led. jour de Toussains jusques à aujourd'uy. Et a esté prins et receu dud. Jehan Lenormant en lad. Chambre le serement de bien et loyaument faire et exercer le fait dud. tabellionnage, et d'en rendre bon et loyal compte quant requis en sera fait avec tout le prouffit qui en appartiendra aud. seigneur. Fait en lad. Chambre en la presence de honnorables hommes et saiges maistres Guillaume Gauquelin president desd. comptes, Robert Jarry, Thibault Lambert, conseilliers et auditeurs en lad. Chambre.

98

1451.

R⁵ 396, f° 178 v°.

Le seigneur de Convaise sera adjourné o jugement vers court sur ce que nous disons contre lui qu'il avoit fait tenir ses plez en justice au lieu appellé La Place au Juifs, qui est la nuepce de ceans, et conclut s'il cognoissoit que l'exploict fut mis au neant et l'amendast, etc... et s'il le nyait le procureur etc... lequel seigneur a proposé que led. lieu est son fié et seigneurie, et que lui et ses predicesseurs sont en pocession et saisine de y justicier par tel et sy longtemps qu'il n'est memoire du contralt (sic. leg. *contraire*). Et pour tant avons appoincté qu'il prouvera de ses faiz etc.., à l'assise d'aoust sera.

Suivent plusieurs renvois d'assise en assise à partir de celle d'août 1451.

99

15 décembre 1451.

Amende gaigée par Jehan Hobereau de la somme de x livres,
de laquelle poyer ou ce que plaira à la court a baillé
pleges Estienne May et Jehan Besart et chacun d'eulx (1).

Arch. Nat. P, 1334⁵ f° 89 v°.

Aujourd'hui xvᵉ jour de decembre l'an mil iiiiᶜ li, maistre Jehan Vercle, chastellain et receveur de Champtoceaux
a rapporté ceans que troys sepmaines a ou environ, ung
nommé Jehan Hobereau demourant à Tours conduisant ung
chalan contreval la riviere de Loire avint luy et ung autre
au peage de Champtoceaux, disant que led. chalan estoit
à luy, et faisoit le voyage pour Thomas de La Roche, et
qu'il acquittoit le nombre de vii muiz de blé estans oudit
chalan ; et pour ce que led. chastellain doubtoit que dedans led. chalan fussent autres marchandises non acquittées, à l'occasion desquelles l'acquit encien fust deffraulté,
se mist le chastellain sur la riviere en la sentine de l'acquict poursuyvant led. chalan ; approuchant duquel chalan dist aud. Hobereau et autres qu'ilz branlassent ainsi
que estoit de coustume ; à quoy led. Hobereau respondit
que non feroit ; et pour led. reffuz, led. chastellain approucha tousjours dudit chalan jusques près du bort. Ce
voyant, led. Hobereau print ung des bastons dud. chalan,
et repoussa lad. sentine par plusieurs foiz, en maniere
que iceluy chastellain ne ceulx qui avecques luy estoient
ne peurent avoir entrée oud. chalan et descendirent droit
à val ladicte riviere de Loyre : et que depuis, c'est assavoir
au jour de hier qui fut le xiiiiᵉ jour de cest present moys,

_____

(1) Cette rubrique est en marge.
En marge : caveatur pro ista emenda de x libris Turonensium
ut fiat recepta.

led. chastellain trouva led. Hobereau au lieu du Pont de Sée conduisant contremont la riviere certaine quantité de sel pour Estienne Demereau ou chalon meismes ouquel autreffoiz il avoit fait la contradicion et desobeissance ; lequel chalon led. chastellain fist mettre en arrest par les officiers du Roy de Secile. Et ced. jour s'est comparu ledit Hobereau en lad. Chambre, remonstrant qu'il est de nouvel marié et depuis ung moys, qu'il n'a acoustumé de frequenter la riviere fors depuys ung an en ça ou environ, et qu'il ne pensoit pas commettre telle desobeissance comme il faisoit, veu qu'il avoit acquitté tout ce qui estoit oud. chalan, requerant la delivrance d'iceluy. Finablement, après le serement solempnel dud. Hobereau prins et receu en lad Chambre, que dedans. led. chalan n'avoit aucune marchandise dont il n'eust loyaument acquitté à son povoir, au regart de la desobeissance par luy faicte, a gaigé l'amende à l'ordonnance de la court, de laquelle païer jusques à la somme de x livres tournois a baillez pleges et caupcions Estienne May et Jehan Besart et chacun pour le tout qui de ce l'ont plevy et caupcionné, et au regart du sourplus de ladicte amende qui pourroit estre trouvée oultre lesd. x livres, ledit Hobereau s'est obligé à la païer soy, ses biens, et son corps à tenir prison quelque part qu'il soit. Et par le moyen de laquelle amende lesd. chalon et denrée leur a esté mis à plaine delivrance. Fait en lad. Chambre des comptes. Presens, maistres Guillaume Gauquelin president, Robert Jarry, Thibault Lambert, et moy (1).

(1) En marge : Obligation dudit Hobereau, par laquelle il promet acquitter et descharger ses pleges de la plevine dessusdicte. Ledit jour, ledit Jean Hobereau s'est obligé vers les dessusd. à les desdommaiger de touz dommaiges pour cause de ladicte caupcion.....

100

17 et 25 janvier 145$\frac{1}{2}$

Coppie de la lettre de Jehan de l'Espée par laquelle monsei-
gneur de Calabre l'a creé bouchier aux Ponts de Sée.

Arch. Nat. P 1334⁶, f° 64 v°.

Jehan, filz aisné du Roy de Sicile, duc de Calabre, à tout
ceulx qui ces presentes lettres verront, salut. Comme à nostre premiere et nouvelle venue et entrée en la duchié d'Anjou nous appartiegne comme filz aisné de notre très-redoubté seigneur et pere monseigneur le Roy de Sicille, duc
dudit duchié d'Anjou, de Bar et de Lorraine, conte de Provence, de Fourcalquier et de Pymont, creer, instituer et ordonner de chacun des mestiers et artiffices des bonnes villes
dudit duchié d'Anjou ung oultre le nombre de ceulx qui y
sont, ainsi que raison est et que ont fait noz predecesseurs,
savoir faisons que pour la bonne rellacion qui faicte nousa
esté de la ydoineté et loyaulté de Jehan de l'Espée, bouchier,
icelluy du bon plaisir de mondit seigneur et pere avons
creé, ordonné et institué, creons, ordonnons et instituons,
par ces presentes bouchier de la ville et de l'Isle des Ponts
de Sée pour en icelle ville vendre char et tenir estal de boucherie et en joir et user, ensemble des previlleges, franchises, libertez, droiz et prouffiz qui y appartiennent, et telz et
semblables que usent et ont acoustumé joir et user les maistres bouchiers jurez d'icelle ville des Ponts de Sée. Si donnons en mandement à nostre très-chier et bon amy maistre
Gilles de la Reaulté, conseillier de mondit seigneur et juge
d'Anjou ou à son lieutenant et autres officiers et justiciers,
et aussi ausdiz bouchiers et maistres jurez de ladicte ville
des Ponts de Sée et à chacun d'eulx si comme à luy appartiendra, que prins et receu le serement dudit Jehan de
l'Espée, et gardées les sollempnitez acoustumées estre observées en tel cas, iceluy Jehan bouchier sueffrent et laissent joir et user de nostre presente creacion, institution et

ordonnance, lever son estal et vendre char comme dit est
sans luy mettre ou donner, ne souffrir estre mis ou donné
aucun empeschement au contraire. En tesmoing de ce,
nous avons fait mectre nostre seel à ces presentes. Donné
ou chastel d'Angiers le xvii⁰ jour de janvier l'an mil cccc cinquante et ung. Ainsi signé : Par monseigneur le duc, Jehan
Blandin, maistre d'ostel, present Mengin.

*Executoire des lettres de la creacion dudit de l'Espée, par
laquelle le lieutenant d'Angiers mande au premier sergent
le mettre en poscession et saisine de l'office de boucher.*

Pierres Guiot licencié en loys, lieutenant à Angiers et ou
ressort de mons^r le seneschal d'Anjou, au premier sergent du Roy de Jherusalem et de Secile, duc d'Anjou, qui
sur ce sera requis, salut. Receues avons les lettres de ex-
cellant et puissant prince Jehan, duc de Calabre, filz aisné
du Roy de Jherusalem et de Secile, duc d'Anjou, pour Jehan
de l'Espée bouchier nommé en icelles, ausquelles ces presentes sont atachées soubz nostre seel. Par vertu desquelles et en obbeissant au contenu en icelles, nous avons prins
et receu le serement du dit Jehan de l'Espée, bouchier creé
en la ville et ysle du Pont de Sée par le dit seigneur et dont
plus à plain esdictes lettres est faicte mencion. Et à icelluy
en tant que à nous est avons donné et donnons congié et
licence de vendre et detailler chair et tenir estal de boucherie en ladicte ville et ysle du Pont de Sée, et en joir et
user, et des droiz et prouffiz et esmolumens qui y appartiennent, ainsi que ont acoustumé les autres bouchiers dudit lieu, et par la fourme et maniere que contenue est
esd. lettres, et que led. seigneur le vieult et mande par
icelles. Pour quoy vous mandons et commectons, se mestier est, que ledit Jehan de l'Espée vous mectez en pocession et saisine dud. office, et d'iceluy, ensemble des droiz,
prouffiz et esmolumens à ce appartenans le faictes et souffrez joir et user plainement et paisiblement selon la fourme
et teneur desd. lettres, et que contenu est en icelles.
Mandons et commandons à touz les officiers et subgietz

dud. seigneur Roy de Secile, duc d'Anjou, que audit Jehan
de l'Espée en faisant et exerçant led. office obeissent et
entendent dilligeaument et donnent conseil, confort et aide,
se mestier en est, et par luy en sont requis. Donné à Angiers
soubz nostre seel le xxv° jour de janvier, l'an mil cccc cinquante et ung. Ainsi signé: de la Vignolle.

Collation faicte à l'original desdictes lettres par nous :

BENJAMIN, G. RAYNEAU.

101

18 avril 1452.

Lectre envoyée aux juge ordinaire, lieutenant et procureur
de Lodun commandée estre faicte par les juge et procureur
d'Anjou.

Arch. Nat P 1334⁵, f° 27 v°.

Très-chiers et especiaulx amis, par decà en la court des
Grans Jours d'Anjou pend certain procès en cas d'appel
entre André de Rou commis par le Roy de Secile nostre très-
redoublé seigneur en l'office de visiteur des moulins en la
seigneurie de Loudun d'une part, et aucuns des monniers
demourans en lad. seigneurie de Loudun d'autre, pour occasion de ce que led. sergent et commis leur fait demande de
cinq solz par an pour droit de visitacion de leurs moulins
qu'ilz sont contredisans de poïer ; et pour ce que ceste
matiere deppend des droiz et prerogatives du Roy nostred.
maistre lequel a droit de instituer sergens ou commis à la
visitacion de touz les moulins estans en son pays et seigneurie, soit en nuepce ou autrement, et ainsi en use entierement tant en la conté de Vendosme, viconté de Beaumont, que partout ailleurs, et par raison dud. office ont
droit de tout temps sesd. sergens ou commis de prendre v s.
une foiz l'an pour leur droit de visitacion, soient lesd. moulins par eulx visitez trouvez en faulte ou non, et n'en omt
ne prennent autres gaiges de nostred. maistre, et qu'il nous
est apparu par sentence donnée en l'assise de Saumur par

le juge d'Anjou que l'un des monniers dud. lieu de Loudun
qui estoit contredisant dc païer lesd. cinq solz de lad. visitacion y fut autreffoiz condampné, et mesmement que icelle
visitacion fut crée et ordonnée anxiennement, et est pour
le bien et utilité de la chose publicque, advisez de remonstrer ces choses bien au long aux monniers qui contredient
et empeschent led. devoir et entre lesquelx est la question
et procès, et par maniere que ced. procès cesse et que lesd.
monniers poient led. commis et appoinctent avecques luy
tant qu'il n'en soit plus de question, et que le Roy nostred.
maistre n'ait cause d'aucune chose en savoir, autrement
luy venu par decà aucuns en pourroient avoir charge et
dommaige. Si le vueillez ainsi faire sans le mectre en oubly
ou delay. Très-chiers et especiaulx amis, Nostre Seigneur
soit garde de vous. Escript à Angiers le xviiie jour d'avril.

G. RAYNEAU.

102

5 août 1452.

Lectre envoyée à Thomin Buschart nagueres prevost de
Saumur.

Arch. Nat. P 1334⁵, fᵒ 119 rᵒ.

Très-cher et especial amy, vous avez par longtemps esté
fermier de la prevosté de Saumur, et jusques à la feste
d'Ascencion derrain passé. Et pour ce qu'il est de coustume
à l'yssue de chascun prevost fermier de ce pays bailler par
declaracion particuliere les choses sur quoy se sont levez
et recuilliz les droiz du seigneur, et l'ont fait les prevosts de
ceste ville et autres (1), nous vous mandons de par ledit seigneur et nous que vous faictes faire ung pappier de la
fourme et maniere que avez usé en vostre temps de ladicte
ferme de la prevosté bien au long et par le menu le devoir
de chacune chose aux despens du Roy nostred. maistre,
dont serez fait content, et iceluy envoïez en ceste chambre
pardevers nous dedens quinze jours prouchains venans ;

---

(1) V. dans ce même registre, fᵉ 73 rᵒ, le tarif des droits perçus
par le prevost fermier de Mirebeau.

et n'y vueillez faire faulte. Très-chier et especial amy Nostre Seigneur soit garde de vous. Escript en la Chambre des comptes à Angiers le v° jour d'aoust. Nota IIII° LII.

103

1ᵉʳ août 1452.

Arch. Nat. P 1334⁵, f° 119 r°.

Led. premier jour d'aoust l'an M CCCC cinquante deux, le Roy en son Conseil ôuquel estoient les sires de Precigny et de Grimault, le juge d'Anjou, le president des comptes, le tresorier, l'avocat et procureur d'Anjou, Jehan du Vau, maistres Pierres Richomme, Robert Jarri, Thibault Lambert, Guillaume Bernard, Guillaume Provost, et maistre Jehan Rocher, fut commandé et ordonné par led. seigneur que d'ores en avant toutes lectres de hommaiges, de rachaz, de finances de ventes, de respiz touchans les choses dessusd. et le domaine dud. seigneur, et autres quelxconques lectres touchans led. dommaine dud. seigneur ne seroient rendues seellées aux parties par monsʳ le chancelier d'Anjou, que premier et avant led. chancelier n'envoye telles lectres et semblables en la Chambre des comptes dud. seigneur pour y estre registrées pour le bien et utilité dud. seigneur. Et en furent commandées les lectres à moy Jehan Alardeau secretaire dud. seigneur, les jour et an dessusd.

Signé : ALARDELI (avec paraphe).

104

25 août 1452.

Appoinctement touchant la recepte d'Anjou, d'entre Alardeau et Person Muguet.

Arch. Nat. P 1334⁵, f° 121 v°.

Aujourd'ui xxv° jour d'aoust l'an M IIII° LII est venu en ceste Chambre des comptes Jehan Alardeau, lequel a presenté certaines lectres du Roy de Sicille, duc d'Anjou, par lesquelles led. seigneur pour les causes contenues esd. lectres lui a donné l'office de la recepte ordinaire d'Anjou que tenoit par avant lui Person Muguet, en deboutant pour lesd. causes led. Person de lad. recepte, lesquelles lectres ont esté leues en la presence dud. Person Muguet; requerant led. Alardeau l'enterignement d'icelles. Et la lecture d'icelles faicte, par la bouche de maistre Guillaume Gauquelin, conseiller et president desd. comptes a esté demandé aud. Alardeau s'il renunczoit à l'office de auditeur de ceste Chambre qu'il tenoit, et au lieu tel qu'il avoit en icelle Chambre par avant l'impetracion de lad. recepte. Lequel a respondu que moïennant l'acceptacion de lad. recepte, il avoit renuncé au lieu qu'il avoit en lad. Chambre, et oncores y renunczoit, et s'en tenoit pour deschargé. Et après par led. president fut demandé aud. Person Muguet s'il avoit que dire ne que empescher que led. Alardeau ne fust mis en possession dud. office de recepte ordinaire d'Anjou et qu'il n'en joyst par vertu desd. lectres : lequel Person Muguet a respondu que led. seigneur lui avoit donné delay jusques au premier jour d'octobre prouchain venant de fournir aux charges et à la demande que om lui avoit faicte sur ses comptes renduz en ceste Chambre, et que neantmoins led. delay, il n'avoit que dire ne que empescher que led. Alardeau ne joyst paisiblement de lad. recepte ordinaire d'Anjou ; et s'est consenti et se consent que icelui Alardeau en joysse selon le contenu de sesd. lectres, tout ainsi que led. seigneur le veult et mande par icelles, sans ce que jamès il y entende riens demander ou poursuir ; dont lesd. Alardeau et Person Muguet, chacun en tant que lui touche, ont esté jugez de leur consentement. Et aud. Alardeau a esté fait responce que sur le contenu en sesd. lectres lui sera donnée expedicion telle que le cas le requiert et que à faire sera par raison. Fait en lad. Chambre des comptes led. president present, maistres Robert Jarri, Thibault Lambert et moy, les jour et an dessusd.   G. RAYNEAU.

S'ensuit la teneur des lectres de l'institucion de maistre Jeh. Alardeau, receveur ordinaire d'Anjou.....

105

14ᵉ octobre 1452.

Coppie d'une lectre apportée par le juge d'Anjou.

Arch. Nat. P 1334⁵, f° 126 r°.

Le xiiiᵉ jour dud. moys l'an dessusd. honnorable homme et saige maistre Gilles de la Reauté licencié en loix, juge ordinaire d'Anjou et du Maine, apporta en ceste Chambre une lectre en pappier signée de la main du Roy de Secile, duc d'Anjou, dont la teneur s'ensuit : De par le Roy, vous les juge et autres officiers de nostre justice à Angiers, nous voulons que pour l'entrée de l'evesque d'Angiers nagueres faicte en son eglise, vous delivrez touz les prisonniers qui sont detenuz pour cas de crime en la chartre d'Angiers ; et gardez que en ce n'ait faulte incontinant que vous aurez receu ces presentes. Donné en nostre manoir de Chanzé ce dimanche au soir iiiᵉ jour d'octobre. Ainsi signé René. Laquelle lectre a esté mise ou petit coffre où souloient estre les seaulx de justice.

En marge : Nota qu'il en soit parlé.

106

8 mai 1453.

Coppie de la puissance du Conseil en absence du seigneur.

Arch. Nat. P 1334⁵, f° 177 r°. Lecoy de la Marche, t. II, p. 269.

René, par la grace de Dieu Roy de Jherusalem et de Secile, duc d'Anjou et de Bar, conte de Prouvence, de Forcalquier et de Pimont, à tous ceulx qui ces presentes lectres verront, salut. Comme pour occasion du partement que presentement faisons de nostre pays d'Anjou pour le veage de Florence soit besoign en nostre absence de pourveoir de certain nombre de gens de Conseil dont ayons

parfaicte confiance, pour mectre les affaires de nostred.
pays en deliberacion et y donner conclusion en leurs cons-
ciences comme ilz verront estre à faire au bien, estat et
honneur de nous et de nostred. pays et subgietz d'Anjou;
Savoir faisons que pour lesd. causes et autres bien raisonnables à ce nous mouvens, avons appoinctié, conclud et
deliberé que pour nostre Conseil ordinaire et resident en
nostre ville d'Angiers seront noz très-chiers et feaulx conseillers le sire de Precigny nostre chambellan, et grant
maistre d'hostel comme premier et principal de nostredit
conseil, l'evesque d'Angiers nostre chancelier, le juge d'Anjou, le president de noz comptes, noz tresorier, avocat et
procureur d'Anjou, et maistre Guillaume Provost pour
maistre des requestes de nostred. hostel oud. conseil.
Avecques lesquelx nosd. conseillers voulons que quant les
affaires de nostred. pays sourviendront telz que besoing
soit avoir plus grant nombre de conseil, ou qu'ilz verront estre expedient et neccessaire, ilz appellent à nostred.
consèil Jehan du Vau esleu d'Angiers, maistres Pierre Richomme, Jehan Breslay, qui par noz lectres patentes ont
retenue de nostre Conseil ; et pour ce faire leur ont esté
tauxez et ordonnez gaiges et pencions lesquelx voulons leur
estre continuez selon la teneur de leursd. lectres. Avons en
oultre voulu et ordonné, voulons et ordonnons par ces presentes que pour secretaire dud. Conseil soit Jehan Alardeau,
receveur d'Anjou, et face comme nostre secretaire les signatures et expedicions conclutes et deliberées aud. Conseil, autres que celles qui toucheront fait de finances des
receptes dont se mesle et entremet led. Alardeau. Et pareillement Guillaume Rayneau clerc de nosd. comptes
qui de nous a lectres de secretaire de nostred. conseil
expediées par avant la date de ces presentes, et qu'il soit
payé et continué de sesd. gaiges par nostred. tresorier. Et
pour ce que durant nostred. absense savons que besoing
sera faire des diligences, voyages et messaigeries pour les
affaires de nostred. pays, lesquelles sans argent ne se pourront faire ne accomplir, en quoy pourrions avoir grans interest et dommaiges, nous avons donné et donnons par

cesd. presentes aux dessusd. noz conseillers ordinaires puissance de aviser sur lesd. veages et messageries quant le cas le requerra, et de ordonner à ceulx qui les feront telles sommes qu'ilz aviseront estre raisonnables selon le cas. Et lesquelx veages, avecques la somme qui pour chacun d'iceulx sera avisée et conclute oudit conseil, voulons estre payée et delivrée à ceux qui les feront par nostred. tresorier d'Anjou, par la certiffication de nostred. conseiller et grant maistre d'ostel le sire de Precigny tant seulement et non d'autre ; en rendant laquelle certiffication par nostred. tresorier avec vidimus de ces presentes pour une seulle foiz collacionné en nostre Chambre des comptes à Angiers, et quictance des parties qui auront fait lesd. veages montans chacun et pour chacune foiz à la somme de cent solz t. et au-dessus, voulons tout ce que par led. tresorier aura esté payé estre alloué en ses comptes et rabatu de sa recepte par tout où il appartiendra par noz amez et feaulx conseilliers les gens de nos comptes à Angiers, ausquelx nous mandons par ces mesmes presentes que ainsi le facent sans aucun contredit ou difficulté ; car ainsi nous plaist il estre fait. En tesmoign de ce nous avons fait mectre nostre seel à ces presentes signées de nostre main, données à Tours, le viii⁰ jour de may l'an de grace mil cccc cinquante troys. Ainsi signé René. Par le Roy, monsʳ le duc de Calabre, l'evesque d'Angiers, les sires de Precigny et de Grimauld, Jehan Hardoin, les president et tresorier d'Anjou, et maistre Clarambauld de Proisy presens. Ainsi signé, J. Le Roy.

Collacion faicte à l'original par nous.   (Pas de signature.)

107

Septembre 1453.

Touchant les neuf mestiers qui devoient estre mandez (1).

Arch Nat, P 1334⁵, fᵒ 161 rᵒ.

Soyent mandez et fait venir en ceste Chambre les jurez des mestiers sur le fait des statuz et ordonnances en leursd.

_____

(1) Rubrique en marge. D'après sa place dans le registre, ce mandement doit être du 1ᵉʳ au 7 septembre.

mestiers pour savoir comment ilz usent d'iceulx statuz, pour
ce que l'on a donné entendre qu'ilz abusent de leursd. statuz ou prejudice de la chose publique et de ceulx qui sont
d'iceulx mestiers, comme

> Texiers,
> Courdouenniers,
> Couroyeux (ou Conroyeux),
> Chappelliers,
> Claveuriers,
> Cordiers,
> Lormiers.

Pour iceulx statuz veuz estre donnée provision sur ce
que dit est dessus au bien de la chose publique telle qu'il
appartiendra par raison. Presens monseigneur le president
T. Lambert, G. Bernard, P. Leroy dit Benjamin, conseillers,
etc., et autres.

108

25 septembre 1453.

Arch. Nat. P 1334³, f° 62 r°.

. . . .

Pour ce qu'il est venu à la congnoissance de mess⁷ˢ du Conseil que mess⁷ˢ de l'Université d'Angers ont fait congregation
generalle à l'occasion de ce qu'ilz veulent dire qu'ilz ne doyvent avoir que ung conservateur, c'est assavoir mons⁷ le
seneschal d'Anjou ou son lieutenant, et par ce moyen empescher à Jehan du Vaujuge de la prevosté d'Angiers et l'un
des conservateurs de lad. Université qu'il ne joysse de lad.
conservatoire et ne soit leur juge,

A esté appoincté que messeigneurs le president des comptes, le tresorier de l'ordre, maistre Pierres Richomme et
Guillaume Bernard yront demain devers ceulx de lad. Université qui se doivent assembler en college en l'eglise de
Saint-Pierre d'Angiers, et leur diront que en ceste matiere
ilz ne facent aucune novité sans le consentement dudit seigneur Roy de Sicile ou de messeigneurs de son conseil, et en

tant qu'ilz vouldroient faire aucune novité, a esté ordonné au procureur d'Anjou se trouver en lad. eglise devers eulx, et soy opposer au contraire. Et s'ilz vouloient proceder oultre après lad. opposicion, luy a esté commandé en appeller pour ledit seigneur Roy de Sicile.

109

16 juin 1451.

Arch. Nat. P 1334³, f° 65 r°.

Sur les debatz meuz entre le lieutenent d'Angiers et juge de la prevosté dud. lieu touchans les entreprinses que chascun d'eulx dit que l'un a fait sur l'autre, le Roy de Secile par l'advis et deliberacion de son conseil, et du consentement de monseigneur le seneschal d'Anjou chef de la justice dud. pays, a ordonné que chacun desd. lieutenant et juge de lad. prevosté ne congnoistra ou temps à venir fors des cas dont il est fondé de congnoistre selon raison, la coustume et usaige du pays, et sans entreprendre riens sur l'autre. Et oultre ledit seigneur a declairé que lesd. lieutenant et juge de la provosté, chacun en droit soy et en toutes causes criminelles et civilles qui sont ou seront introduictes devant chacun d'eulx, en congnoistront comme conservateurs sans ce que l'un le puisse contredire ne empescher à l'autre; et a enjoinct ledit seigneur ausd. parties de tenir ces presentes ordonnances sans les enfraindre en aucune maniere sur peine de perdicion d'offices, et d'encourir son indignacion. Et vieult icellui seigneur ces presentes estre publiées es auditoires d'Angiers et partout ailleurs où il appartiendra par le premier son sergent sur ce requis, auquel il mande et commande ainsi le faire. Fait à Angiers par ledit seigneur en son Conseil ouquel estoient mondit seigneur le seneschal, le sire de Precigny, les juge, avocat et tresorier d'Anjou, le lieutenant de Baugié, maistres Jehan Fournier, Pierres Richomme, Jehan Breslay, Guillaume Prevost, et autres, le xvie jour de juign l'an mil cccc cinquante et ung. *Post datum* : ledit seigneur vieult et entend que ceste presente ordonnance soit et doye durer jusques à son bon plaisir pour ce qu'il se vieult deuement et à loysir infourmer des droiz de chacun desd. offices et comment l'en a acoustumé faire l'excercice d'iceulx affin que chascun face ce qu'il appartiendra à son office. Donné comme dessus. Ainsi signé : René. Par le Roy, le sire de Beauvau seneschal d'Anjou, et le sire de Grimault presens. Johannes.

110

Le xxvii° jour de septembre mil iiii° liii.

Arch. Nat. P 1334³, fº 63 vº.

Ou Conseil du Roy de Secile tenu en sa Chambre des comptes à Angiers ouquel estoient le sire de Precigny, le president des comptes, le tresorier d'Anjou le tresorier de l'ordre, le lieutenant d'Angiers, maistres Jehan Breslay, Jehan le Bigot, Robert Jarry, Guillaume Bernard, Jehan Lelou et Thomas de Servon.

Pour la part de l'Université d'Angiers estoient venuz aud. Conseil messire Regnauld Cornilleau docteur doyen de l'eglise d'Angiers, maistre Michel de la Roche official et chanoine d'Angiers, Pierres Bernard promoteur de monseigneur l'evesque d'Angiers, Robert Asse provost d'Anjou, frere Jehan Rabineau prieur de Meneil, et Robert Regnault grant bedeau.

A esté mis en deliberacion la question qui est entre le lieutenant d'Angiers et le juge de la provosté à l'occasion de la contradiction de la judicature de la conservatorerie d'Angiers ; et à ceste cause et pour apaisier la question lesd. de l'Université ont apporté avecques eulx ung livre ouquel sont escriptz leurs previlleges et la creacion de lad. Université, lequel livre a esté veu en ce que touche la question de present. Et a semblé à touz les dessusd. que chacun desd. lieutenant d'Angiers et juge de la provosté dudit lieu d'Angiers est juge et conservateur des privilleges de lad. Université, et que chacun d'entre eulx en doit jöir sans empeschement. Et dient ceulx de ladicte Université, que chacun d'en-

tre eulx doit faire serement à Dieu de leur garder leurs previlleges par la maniere qu'il est contenu en iceulx. Et après
se sont departiz ceulx de lad. Université. Et après a esté leu
certain appoinctement autreffoiz fait par le Roy en presence
de mons^r le seneschal touchant ceste question, par lequel
chascun desd. lieutenant et juge de la provosté doit joïr de
lad. conservatorerie.

A esté conclud et appoinctié que mondit seigneur de Precigny fera venir devers luy maistre Pierres Guiot lieutenant
d'Angiers et Jehan du Vau juge de la provosté d'Angiers, et
leur dira à part qu'il a sceu la question qui est entre eulx,
et que pour appaisier lad. question, il a parlé à ceulx de lad.
Université qui ont apporté oud. conseil le double de leurs
previlleges qui ont esté leuz ; aussi a veu l'appoinctement
du Roy fait en ceste matiere dont dessus est fait mencion, et
que chacun d'entre eulx doit joïr l'un comme l'autre de lad.
conservatorerie sans empeschement ne contradiction et que
d'ores en avant l'un ne l'autre d'entre eulx ne contredie ne
vienne au contraire, et sur les peines apposées en l'appoinctement fait par ledit seigneur. Et d'abondant le leur sera dit
par mondit seigneur de Precigny en ce Conseil : et leur fera
les deffenses dessusd. Et celuy qui y contredira et fera le
contraire, est appoinctié que contre luy sera procedé en enterignant l'ordonnance dudit seigneur dont dessus est faicte
mencion.   (Signé) G. RAYNEAU.

Le darrain jour de septembre м ııı^c ʟ ııı.

Ou Conseil du Roy de Secile tenu en sa Chambre des
comptes à Angiers ouquel estoient le sire de Pressigny, le
juge d'Anjou, le president des comptes, le tresorier d'Anjou, Jehan de la Poissonniere, les avocat et procureur
d'Anjou, le tresorier de l'ordre, maistres Nicolle Muret,
Jehan Fournier, Pierres Richomme, Jehan Breslay, Jehan
Le Bigot, Guillaume Provost, Jehan de Pincé, Thibault Lambert, Guillaume Bernard, Olivier Binel, maistre Thomas de
Servon, Thommin Dupineau, Pierres Le Roy dit Benjamin.

A esté mis en deliberacion la question qui est à l'occasion
de la judicature de la conservatorerie de l'Université d'An-

giers que l'en dit estre entre maistre Pierres Guiot lieutenant d'Angiers et Jehan du Vau juge de la provosté d'Angiers ; et disoit om que led. lieutenant avoit dit que led.
du Vau comme juge de la provosté d'Angiers ne devoit estre
conservateur des previlleges de ladicte Université, et que à
luy seul appartenoit la congnoissance des causes des escoliers de lad. Université ; neantmoins que led. lieutenant qui
a esté fait venir en ce Conseil et aussi led. juge de la provosté que lad. question n'estoit point meue de sa part, et
au (1) les escoliers demandent avoir le serement de chascun
desd. lieutenant et juge de la provosté.

A esté appoinctié et conclud par touz les dessusd. qui
ont touz esté d'oppinion, par eulx veuz les previlleges de ladicte Université, l'advis et oppinion des dessusd. deleguez
d'icelle Université, la jouyssance que led. juge de la provosté et ses predecesseurs ont eue chacun en son temps
dud. office de conservateur, ensemble l'ordonnance et appoinctement donné en ceste matiere par led. Roy de Secile
en la presence et du consentement de mondit seigneur le
seneschal, que led. maistre Pierre Guiot comme lieutenant
de mondit seigneur le seneschal et led. Jehan du Vau
comme juge et garde de lad. provosté d'Angiers, et chacun
d'eulx, sont conservateurs et juges desd. previlleges, et
en jouyront, et chascun d'eulx ou temps à venir sans difficulté et jusques au bon plaisir dudit seigneur Roy de Secile,
et sans ce que l'un le puisse debatre, contredire ne empescher
à l'autre, ne riens entreprendre sur les droiz des offices
l'un de l'autre, et tout selon l'ordonnance dudit seigneur
et la teneur desd. previlleges ; laquelle conclusion et appoinctement a esté bien au long recitée ausd. juge de la provosté et lieutenant de mondit seigneur le seneschal par la
bouche de mondit seigneur de Precigny qui leur a enjoingt,
ordonné et commandé de par ledit seigneur Roy de Secile,
par l'oppinion et conclusion de touz les dessusd. de non
innover au contraire, et sur les peines appousées esd. lectres d'ordonnance et appoinctement dudit seigneur, lesquel-

___

(1) *Sic* ms. Il faut lire *que*.

les ont esté leues et publiées oudit Conseil ; et d'icelles a ledit
maistre Pierres Guiot demandé coppie qui luy a esté dis-
cernée.   (Signé) G. RAYNEAU.

Suit la teneur desd. lettres d'appointement du 16 juin 1451, ci-
dessus, n° 109, p. 178.

Eod. f° 80 v°.

Le x° jour de janvier l'an M IIII° LIII (1454).

Ou Conseil du Roy de Secile tenu en sa Chambre des
comptes à Angiers ouquel estoient le sire de Precigny,
Jehan du Vau juge d'Anjou, le president des comptes,
maistre Clerambault de Proesy, le procureur d'Anjou, maistres Jehan Breslay, Robert Jarry, Thibault Lambert, Guillaume Bernard, Jehan Muret, Thomas de Servon.

Maistre Thomas de Servon a esté mis en possession de l'office de juge de la provosté d'Angiers et conservateur des
previlleges etc., par la resignation que aujourd'uy a faicte
d'icelluy office Jehan du Vau de present juge d'Anjou, darrain possesseur d'icelluy, es mains de reverend pere en
Dieu l'evesque d'Angiers chancelier, du sire de Pressigny
et du president des comptes, pour en joïr, etc... Lequel
maistre Thomas present a fait le serement de bien et loyaument excercer led. office au bien du seigneur, de la chose
publique, et des escoliers de l'Université d'Angiers.

(Signé) G. RAYNEAU.

111

27 juin 1460.

P 1334⁵. Feuille de garde *in fine* non numérotée.

Jehan Briend tanneur demourant en la parroisse de la
Trinité d'Angiers a mis et apposé son merc cy dessus dont
il doit mercher ses cuyrs pour le temps à venir. Et a promis d'en user bien et loïaument et sur les peines qui y appartiennent. Fait le xxvII° jour de juing l'an mil cccc soixante.
Presens, maistre Guillaume Gauquelin president des comptes et moy.   G. RAYNEAU.

112

Le xxиι° jour de decembre l'an mil иιι° cinquante troys.

Arch. Nat. P 1334³, f° 76 v°.

Ou Conseil du Roy de Secile tenu en sa Chambre des comptes à Angiers ouquel estoient reverend pere en Dieu monseigneur l'evesque d'Angiers chancelier, le sire de Pressigny, le lieutenant d'Angiers, l'avocat, le procureur d'Anjou, maistres Jehan Fournier, Jehan du Vau, Pierres Richomme, Jehan Breslay, Pierres de la Poissonniere lieutenant de la ville d'Angiers, Jehan Le Bigot, Robert Jarry, Guillaume Bernard, Thibault Lambert, maistres Thomas de Servon et Jehan Rochier.

. . . .

Item, A esté appoinctié que chacun franc archier sera contrainct par les esleuz d'Angiers à mectre et bailler en garde aux procureurs des parroesses où ilz seront demourans, en presence du curé ou chappellain d'icelles parroesses, d'un ou de deux des plus notables desd. parroesses à ce appellez, leurs habillemens de guerre, affin de evader que par le moïen d'iceulx ilz ne puissent faire aucuns malefices ; aussi affin que plus promptement iceulx francs archiers peussent recouvrer au besoign leursd. habillemens quant il y escherra.

Item, Que on fera assavoir que toutes manieres de gens vacabons vuident la ville d'Angiers dedens ung temps qui sera mis, et à la peine qui y sera enjoincte : et en cas qu'ilz feront deffault de ce faire, ilz seront prins au corps, et mis en prison.

Item, Touchant les larrons de connilz et desrobeurs de garennes de nuyt, a esté appoinctié après ce qu'il a esté leu deux enquestes faictes, l'une par Guillaume Rayneau secretaire dudit seigneur, l'autre par Olivier Binel et Anthoine de la Vignolle, que celuy de qui a esté fait l'examen par led. Rayneau qui est ou chastel d'Angiers sera mis et envoyé en la chartre d'Angiers, et moïennant la seurté et promesse à luy faicte par Guillemin de Rezeau l'un des serviteurs de mons^r de Precigny, par le commandement duquel seigneur de Precigny il est detenu prisonnier, luy sera donnée ligiere pugnicion pour ceste foiz. Et seront prins au corps le metayer du s^r de   (1) et deux femmes nommées en lad. enqueste pour plus amplement savoir la verité et estre fait pugnicion dud. cas. Et au regart des nommez en l enqueste faicte par lesd. Binel et Vignolle qui a esté baillée à maistre Pierres Guiot lieutenant d'Angiers avecques l'autre enqueste dessusd. faicte par led. Rayneau, et d'autres robeurs de connilz, led. lieutenant fera au seurplus o très·grant diligence leurs procès ainsi que le cas le requerra, et qu'il est accoustumé de faire.

(Signé) G. RAYNEAU.

113

Le viiie jour de janvier l'an m. iiiie liii (1454).

Arch. Nat. P 1334³, f° 80 r°.

Ou Conseil du Roy de Secile tenu en sa Chambre des comptes à Angiers ouquel estoient le sire de Precigny, Jehan du Vau juge d'Anjou, le president des comptes, maistre Clarembault de Proesy, le procureur d'Anjou, maistres Jehan Breslay, Jehan Le Bigot, Guillaume Provost, Robert Jarry, Thibault Lambert, Guillaume Bernard, Thomas de Servon, Jehan Rochier.

. . . .

Les jour et an dessusd. maistre Geffroy Follet soy soubzmist à la jurisdiction dudit seigneur Roy de Secile, et promist qu'il ne prendroit ne obtiendroit l'office de procureur du Roy nostre sire sur le fait des aides à Angiers que avait resigné à son prouffit es mains dudit seigneur

(1) Blanc dans le manuscrit.

Roy de Secille Jehan Decherbeye que à la nominacion dudit
seigneur Roy de Secile, et que luy ne autres de par luy ne
possideroient autrement led. office, et en vouloit estre privé
ou debouté du tout ou cas qu'il faisoit le contraire. Et à ce
s'est obligé, etc... et à la peine de mil livres t. à applicquer
audit seigneur Roy de Secille, et juré par la foy et serement
de son corps de non venir encontre, dont il a esté jugié,
presens les dessusd.

(Signé) G. Rayneau.

F° 120, v°

26 septembre 1454.

....Et luy a esté demandé par vertu de quelles lectres il
tient et occupe led. office. Lequel Jehan Follet a respondu
qu'il ne tient led. office de procureur et ne le occupe fors
comme substitut dud. Decherbeye, et par vertu des lectres
de nominacion dud. seigneur Roy de Secile, et qu'il n'a
nulles lectres du Roy nostre sire pour led. office, et n'en
prendra nulles fors à la nominacion dud. seigneur Roy de
Secile, et à lad. peine de mil livres : et neantmoins luy a
esté enjoinct de fournir des lectres du Roy nostre sire par
lesquelles il tiendra et excercera led. office de procureur à
la nominacion dud. seigneur Roy de Secile et dedans Noel
prouchain venant. Et après ce et incontinent a esté appellé et
oy led. maistre Jehan Decherbeye, lequel a dit et respondu
que dedans led. jour de Noel il impetrera lesd. lectres du Roy
pour led. Follet, ou viendra dire le reffus qui luy en sera
fait, et qu'il a essayé et employé touz ses amis à cuider recouvrer lesd. lectres, et qu'il a eu responce de mons' le
chancelier de France qu'il luy tiendra bons termes à les recouvrer, et qu'il a plusieurs lectres devers luy par lesquelles il appert que luy et ses predecesseurs oud. office de
procureur ont tousjours tenu led. office à la nominacion
dud. seigneur Roy de Sicile sans contradiction ; lesquelles
lectres il a promis bailler et apporter en la Chambre des
comptes dud. seigneur dedens led. jour de Noel pour en
avoir le double.

F° 121 r°.

Aujourd'uy darrain jour de septembre M IIII^c LIII, ont esté baillées deux lectres patentes du Roy de Secile dabtées du xve jour de juign darrain passé, signées de maistre Guillaume Tourneville secretaire dud. seigneur, à Jehan Legay receveur de Baugié par reverend pere en Dieu mons^r l'evesque d'Angiers chancellier, esquelles deux lectres led. seigneur nomme led. Jehan Legay à l'office de grenetier de Chasteaugontier. Et en l'une d'icelles est fait mencion que led. office de grenetier est vacquant par la mort de feu Amaury de Vrigne, et en l'autre lectre n'est point fait mencion par qui est vacqant ledit office, afin de s'en aidier led. Legay de celles desd. lectres que bon luy semblera et qu'il trouvera par conseil qui mieulx luy pourront servir pour led. office ; lequel Jehan Legay en prenant et recevant lesd. lectres a promis par la foy et serement de son corps à mondit seigneur l'evesque d'Angiers qu'il n'appoinctera dud. office de grenetier avec personne quelconque en maniere qui soit nullement prejudiciable aux droiz dudit seigneur Roy de Secile ou de messeigneurs de son Conseil : et à ce s'est obligié soy et ses biens, etc... Renunciant, etc... Presens à ce maistre Jehan de la Vignolle seigneur en la court de Parlement, Jehan Rochier arceprebstre de Saumur, Geffroy Katerinays maistre des testamens, et autres.

114

15 janvier 145$\frac{3}{4}$.

Arch. Nat. P. 1334⁵. f° 180 v°.

Le xve jour de janvier l'an M IIII^c LIII a esté mis en deliberacion en ceste Chambre le fait des lectres du don que a fait le Roy de Secile à Jehan du Vau du droit de garenne à connilz et à lievres en son dommaine de la Herbelotiere, es presences de mons^r de Precigny et de James Louet, tresorier d'Anjou, pour debatre si l'expedicion desd. lectres ne le don fait aud. Jehan du Vau portoit prejudice ou diminucion aud. seigneur Roy de Secile ; et pour ce que après

PREUVES 187

plusieurs choses dictes et alleguées en ceste matiere n'a pas esté trouvé que la garenne en general de la conté de Beaufort ait apporté aucun proufit ne recette aud. seigneur ne à ses predecesseurs contes de Beaufort, et que lad. garenne n'est reservée ne deffensable que pour le plaisir et esbat dud. seigneur, a semblé à mondit seigneur de Precigny et à nous que lesd. lectres doyvent estre verifiées en ceste Chambre, et que ce n'est aucun prejudice par my ce que ledit seigneur à son plaisir et volunté chassera et fera chasser luy present aud. lieu de la Herbelotiere et en tout le dommaine d'icellui, tout ainsi qu'il eust peu faire par avant led. octroy. Et aura tousjours ledit seigneur son plaisir et esbat comme il avoit par avant. Fait les jour et an dessusd. Presens mondit seigneur de Precigny, mons^r le president, le tresorier d'Anjou, T. Lambert, G. Bernard, maistre Jehan Muret et moy.

G. RAYNEAU.

115

Le xvie jour de janvier m iiii^c liii (1454).

Arch. Nat. P 1334³, f° 81 r°.

Ou Conseil du Roy de Secile tenu en sa Chambre des comptes à Angiers ouquel estoient le sire de Precigny, mons^r de Landevy president de la court de Parlement, Jehan du Vau juge d'Anjou, le president des comptes d'Anjou, les tresorier et procureur d'Anjou, Pierres de la Poissonniere lieutenant du cappitaine de la ville d'Angiers, Pierres Guiot lieutenant, maistres Jehan Breslay, Guillaume Provost, Jehan Muret, Jehan Le Bigot et Thomas de Servon.

A esté mis en deliberacion le Parlement que le Roy nostre sire entend faire à Poitiers qui semble estre le très-grant dommaige dud. seigneur Roy de Secile, de ses subgietz et de sa seigneurie d'Anjou, mesmement pour ce que le pays d'Anjou tout ce qui en est oultre Loire respondra à Poictiers, et ce que est de deczà respondra à Paris.

A esté appoinctié et conclud que le procureur d'Anjou et

maistre Jehan Breslay feront memoires pour remonstrer au
Roy et luy faire requeste qu'il luy plaise garder l'ordre
anxien et acoustumé, et lesd. memoires faiz seront par
lesd. procureur et Breslay apportez ceans, et seront veuz
et visitez bien au long, et iceulx veuz, sera appoinctié de
ceulx qui yront devers le Roy nostredit sire pour luy faire
lesd. remonstracion et requeste, et ordonné de leur voyage.

(Signé) G. RAYNEAU.

Fᵒ 84 vᵒ.

.....Le xiiiᵉ jour desd. moys et an (fevrier 145$\frac{3}{4}$) fut commandé par le juge d'Anjou, le president des comptes, le
procureur d'Anjou, et maistre Jehan Breslay faire lectres
closes desquelles la teneur s'enssuit :

Noz très-honnorez et doubtez seigneurs, nous recommandons humblement à vous. Et vous plaise savoir noz très-
honnorez et doubtez seigneurs qu'il est venu à nostre congnoissance que aucuns particuliers du païs de Poictou
tendent afin que le Roy nostre souverain seigneur face ung
Parlement nouveau à Poictiers ; et à ceste cause nous sommes trouvez ensemble avec plusieurs gens de touz estaz de
ce pays, et la matiere bien au long debatue, nous a semblé
que le Roy de Secile nostre seigneur naturel, tant pour luy
que pour ses pays, terres et seigneuries de ce royaume seroit fort interessé en la creacion dud. Parlement pour plusieurs raisons, pour lesquelles remonstrer au Roy nostredit sire et à vous noz très-honnorez et doubtez seigneurs, et
aussi pour luy supplier et requerir que ou prejudice dud.
seigneur Roy de Secile, de ses droiz, pays et seigneuries
luy plaise ne consentir que en son absence se face aucune
novalité. Vont presentement pour led. seigneur par delà
maistre Loys Delacroix procureur d'Anjou, Jehan Breslay
et Thomas de Servon, conseillers dudit seigneur Roy de Secile, lesquels nos très-honnorez et doubtez seigneurs vous
plaise en faveur dudit seigneur Roy de Secile estre moïens
envers le Roy nostredit sire qu'ils soient oiz en temps et
en lieu à remonstrer ce que semble estre prejudiciable
audit seigneur Roy de Secile et à ses subgietz touchant
çeste matere. Noz très-honnorez et doubtez seigneurs

commandez nous voz bons plaisirs pour les acomplir à
nostre povoir au plaisir de Nostre Seigneur qui vous doint
bonne vie et longue. Escript à Angiers le xiiiᵉ jour de
fevrier. Et au bas est escript : Voz serviteurs les gens du
Conseil du Roy de Secile, duc d'Anjou, per de France estans
à Angiers. Et sur le dos d'icelles lectres est escript : à noz
très-honnorez et doubtez seigneurs, nos seigneurs du
Conseil du Roy.

Ces lettres jusqu'aux mots : *pour plusieurs raisons,* sont tex-
tuellement reproduites dans les lettres de créance adressées au
chancelier de France (fᵒ 85 rᵒ). Elles continuent ainsi :

.....Et envoyons presentement devers vous à ceste cause
maistres Loys Delacroiz procureur d'Anjou, Jehan Breslay et
Thomas de Servon, conseillers dudit seigneur Roy de Secile
qui vous en infourmeront plus applain. Et vous prions que à
eulx vous plaise adjouster plaine foy et creance en ceste matere à ce qu'ilz vous diront de la part dudit seigneur Roy de
Secile, et y faire comme savons que ledit seigneur en a de
vous sa confiance. Nostre très-honnoré seigneur nous prions
le benoist Saint-Esperit qu'il vous ait en sa sainte garde, et
vous doint bonne vie et longue. Escript à Angiers le xiiiᵉ
jour de fevrier. Et au bas desd. lectres est escript : les touz
vostres les gens du Conseil du Roy de Secile, duc d'Anjou,
per de France, estans à Angiers. Et au dos d'icelles est escript : à nostre très-honnoré seigneur, monseigneur le
chancelier de France.   (Signé) G. RAYNEAU.

116

20 février 1453 (1454 n. s.).

Arch. Nat. P 1334⁵, fᵒ 184 vᵒ.

Aujourd'uy xxᵉ jour de fevrier l'an mil iiii ᶜ liii, Macé De-
linaye prevost fermier d'Angiers a ceans amené avec luy
Jehan de Fougeres, Jehan Suzanne et Perrot Lebourne,
poissonniers, lesquelx maynent troys sommes de lamprayes
ou pays d'Anjou et les veullent passer par ceste ville sans

païer au Roy de Secile à sad. provosté le droit de lampreaige ;
et dit que chacun marchant menant somme de lamprayes
doit pour led. lampreaige une foiz l'an deux lamprayes, requerant que on voulust contraindre iceulx poissonniers à
payer led. lampreaige. Lequel Jehan de Fougeres a respondu
qu'il n'est tenu ne ses compaignons païer led. lampreaige
et n'en doit point, pour ce qu'il dit qu'il n'a entencion de les
vendre ne adenerer ne partie d'icelles en ceste ville, et que
si luy ou autres marchans de lamprayes ne vendent leursd.
lamprayes en cested. ville, ou ne les y exposent en vente,
qu'ilz ne doivent estre contrains à païer led. lampreage, et
qu'il n'en payerait riens ; et aussi a dit plusieurs parolles
inreverentes en lad. Chambre. Auquel Jehan de Fougeres
après que on a consideré que sesd. lamprayes requierent
estre vendues promptement pour le prouffit du marchant et
que led. provost a affermé par serement que Colin Bouchier,
poissonnier, demourant en ceste ville d'Angiers, et autres
poissonniers ont nagueres mené des lamprayes à somme
hors de ceste ville et luy en ont payé led. lampreaige, et
aussi que led. marchant est forain, et ne doit led. seigneur
demourer dessaisy de son devoir, a esté dit et appoincté
qu'il payera presentement aud. provost led. lampreaige, et
luy a esté reservé son accion contre led. provost de la restitucion dud. lampreaige en cas que faire se devra par raison. Et pour les parolles par luy dictes aux officiers du seigneur inreveraument en lad. Chambre, a esté envoyé prisonnier ou chastel d'Angiers, et bien pou après mis au delivre, parce qu'il a gaigé l'amende de dix livres ou au dessoubz à l'arbitracion de messeigneurs des comptes pour
les parolles dictes, et en a requis pardon ; dont Jehan Suzanne
l'a plevy et caupcionné et s'est obligié à la païer à la volunté de mesdis seigneurs. Et au regart d'icelluy Suzanne,
il a affermé par serement sollempnel que la charge de lamprayes qu'il a en ceste ville il les maine à monsieur de Maillé,
et les luy envoye le sire de Montalays son gendre, et a promis d'apporter dedens xv jours certifficacion dudit seigneur
de Maillé de la recepcion desd. lamprayes à la peine de dix
livres, à quoy il s'est sourmis et obligié. Fait en la Chambre

des comptes à Angiers les jour et an dessusd. Presens
monseigneur le president, maistres Robert Jarry, Thibault
Lambert et Guillaume Bernard, conseillers et auditeurs, etc.

117

14 mars 145$\frac{3}{4}$.

Arch. Nat. P 1334⁵, f° 86 v°.

Fermier de la cloaison d'Angiers, laissez passer franchement et quictement pour Françoys de Coaismes seigneur
de Lucé, le nombre de xlvii pippes de vin qu'il fait mener
du Tourreil jusques au Mans pour d'illec le faire mener à
son chastel de Lucé pour la provision de sa maison par
Olivier de Carnalo son serviteur et par Jehan Delouet nau-
tonnier, par ce qu'il nous est apparu par certifficacion seellée du seel dudit seigneur de Lucé et signée de son signet,
que lesd. xvlii pippes de vin sont du creu de son heritaige
dud. lieu du Tourreil, et qu'ilz sont pour sa provision. Si
n'y vueillez faire faulte, car il n'en doit riens. Fait ou Conseil
du Roy de Secile à Angiers le xiiii° jour de mars l'an
m iiii ᶜ liii.

Du même jour, cedule semblable pour Robert Sarrazin,
chevalier seigneur de Chemiré pour x pippes de vin à conduire de Gennes à Avoyze près Sablé, et de là au Plessis-
Bouchard.

118

Le xx° jour de mars iiii ᶜ liii (1454).

Arch. Nat. P 1334⁵, f° 87 v°.

De l'ordonnance de monseigneur de Pressigny et du president des comptes ont esté faictes les lectres closes cy après
registrées, les unes adressans aux lieutenant, juge de la
provosté, et procureur de Saumur, et les autres à Thibault
de Cocé escuïer lieutenant du cappitaine de Beaufort, pour

emprisonner Pierres Foulon de Saumur, contenant ce qui s'enssuit :

Très-chiers et especiaulx amis, nous avons esté acertenez que ung nommé Pierre Foulon demourant à Saumur s'est efforcé et efforce de jour en jour de faire des entreprinses, et troubler et empescher les droiz du Roy nostre maistre à son grant dommaige, quelque remonstracion qui luy en ait esté faicte ; et pour ce que ne luy vouldrions souffrir ne à autres ainsi entreprendre ne empescher l'auctorité de nostred. maistre, nous vous ordonnons de par led. seigneur et nous que incontinent cestes lectres receues, ou le plus toust après que aurez opportunité de ce faire, vous faictes prendre au corps led. Pierres Foulon et l'envoyez tout droit ou chastel de Beaufort, le plus secretement que faire le pourrez, aux despens de nostred. maistre, et par maniere qu'il ne soit nouvelle à vostre povair en quel lieu il sera mis, ne qu'il sera devenu. Si n'y veillez faire faulte, et vous y gouvernez saigement, et en maniere que la chose prenne effect. Et de ceste matere escripvons à Thibault de Cocé escuïer lieutenant du cappitaine de Beaufort auquel envoyerez noz lectres closes à lui adressans, et dont vous envoyons la coppie cy dedens enclose. Très-chiers et especiaulx amis Nostre Seigneur soit garde de vous. Escript à Angiers le xxᵉ jour de mars. Et sur le dox est escript : à noz très-chiers et especiaulx amis les lieutenant, juge de la provosté et procureur de Saumur. Et ou dedens et au bas desd. lectres est escript : les gens du Conseil du Roy de Sicille, duc d'Anjou, per de France estans à Angiers.

Très-chier et especial ami. Nous avons aujourd'ui rescript aux officiers de Saumur que feissent prendre au corps ung nommé Pierres Foulon à l'occasion de plusieurs entreprinses qu'il fait chacun jour contre les droiz du Roy nostre maistre, et que le maynent ou chastel de Beaufort. Nous vous mandons de par led. seigneur et nous que led. Pierres Foulon veillez retenir en prison fermée et le y faictes mectre le plus secretement que faire le pourrez, et en lieu où il ne soit nouvelle à vostre povair qu'il soit aud. lieu de Beaufort, et

de sa despence om appoinctera bien avec vous. Très-chier
et especial ami, Nostre Seigneur soit garde de vous. Escript
à Angiers le xxᵉ jour de mars. Et au bas desd. lectres est
escript: les gens du Conseil du Roy de Sicille duc d'Anjou,
per de France, estans à Angiers. Et sur le dox est escript: à
notre très-chier et especial ami Thibault de Cocé escuïer,
lieutenant du cappitaine de Beaufort.   G. RAYNEAU.

Ces deux lettres sont en entier de l'écriture de Rayneau.

119

7 avril 145$\frac{3}{4}$.

Arch. Nat. P 1334⁵, ffᵒ 93 vᵒ, et 94 vᵒ.

Le vııᵉ jour d'avril l'an ᴍ ııııᶜ cinquante troys,

Ou Conseil du Roy de Secile tenu en sa Chambre des comptes à Angiers, ouquel estoient reverend pere en Dieu l'e-
vesque d'Angiers, le sire de Pressigny, Jehan de Beauvau
seigneur de Turbille, le juge d'Anjou, le president des comptes, les tresorier et procureur d'Anjou, Pierres de la Poissonniere, maistre Jehan Breslay......

Item, A esté commandé faire lectres closes adressans à
Pierres de Cheurches lieutenant de Saumur en la fourme
qui s'enssuit:

Très-chier et especial amy, pour ce que tant à Saumur
comme ailleurs en ce pays d'Anjou se sont ensuiz plusieurs
inconveniens et dommaiges au Roy nostre maistre et à ses
subgietz pour avoir legierement donné obeissance à plusieurs
commissaires et sergens, et consenti qu'ilz ayent besongné
en leurs commissions sans avoir esté les officiers des lieux
ensemble et advisé sur la maniere de proceder esd. commissions, ou sans l'avoir remis aud. seigneur ou à nous en son
absence, nous voulans à telles choses obvier pour l'avenir
pour le bien dudit seigneur et de sesd. subgietz, et mesmement pour mieulx garder soubz la souveraineté du Roy
l'auctorité de nostred. maistre, vous mandons et ordonnons
expresseement de par ledit seigneur que pour donner

obeissance aux choses communes de justice, soyez ensemble vous et les autres officiers pour y adviser et faire ce qu'il appartiendra par raison ; et quant les choses seroient de poix et importance après ce que auriez veu les lectres ensemble, renvoïez et remectez à nous, et tousjours ferons obeir aux executeurs des lectres comme raison sera et que par conseil sera advisé. Et cestes choses dictes à maistre Jehan Barré ou autre delivrant pour vous durant vostre empeschement de maladie, advisans vous et luy que si deffault y a ledit seigneur s'en prendra à vous. Et cestes lectres avons fait registrer ou pappier du Conseil pour memoire s'il en est besoing. Très-chier et especial amy, Nostre Seigneur vous ait en sa garde. Escript à Angiers le vii⁰ jour d'avril.

Item, Unes autres lectres adressans aux lieutenent, juge de la provosté, procureur et enquesteur de Saumur en la fourme qui s'enssuit :

Très-chiers et especiaulx amis, nous avons sceu par Jehan Delapierre et autres, que à La Croix Vert sont quatre huissiers ou sergens qui ont adjourné grant nombre des subgietz du Roy nostre maistre jusques au nombre de plus de iiiᶜ, tant à Bourgueil, Chozé, La Chappelle blanche, comme ailleurs, et leur ont assigné jour à la vigille de Pasques prouchain venant, de la pluspart desquelx lesd. sergens ont prins et exigé plusieurs sommes de deniers pour les desadjourner ; et en sera sceu partie de la verité aud. lieu de Bourgueil. Et pour ce que telles semblables choses sont ou prejudice du Roy nostre maistre et dommaige de ses subgietz, nous vous mandons expresseement de par ledit seigneur et nous, et à chascun en droit soy principallement à vous procureur, que tout incontinent vous aillez aud. lieu de Bourgueil et en celle contrée de pays, et vous informez desd. abus tant par vous que voz substituez ou commis au plus près que faire se pourra ; et l'informacion ainsi par vous faicte nous envoyez pour donner provision au seurplus ainsi qu'il appartiendra par raison. Toutesvoyes si par lad. informacion trouvez chose à quoy on doye donner la provision et promptement et sur le lieu besongnez y ainsi que par justice se peut et doit faire. Aussi parlez vous touz ausd. sergens, et sachez leurs charges et commissions, et les causes de leur demeure ou lieu où ilz sont, nous advïsans de tout, et besongnez avecques eulx ce pendant ainsi que verrez les choses estre neccessaires et de raison. Nous avons veu l'adjournement et relacion que nous avez envoyées et par le president quant il s'en yra à Saumur ferons donner ordre à la despense neccessaire. Et entre tant faictes les memoires necessaires selon les cas. Ayez bien en memoire que celuy qui yra à Paris face intimer Choysel, car le cas le requiert, et ne suffist pas de ce qui en a esté dit à Valles, pour ce qu'il dit n'estre point son procureur. Très-chiers et especiaulx amis, Nostre Seigneur soit garde de vous. Escript à Angiers le vii° jour d'avril.

120

1er juin 1454.

Arch. Nat. P 1334⁶, f° 15 v°.

Aujourd'uy premier jour de juign l'an dessusd. iiii° liiii, Macé Beuleau sergent en la garde du seigneur d'Estiau en la forest de Monnoys a presenté une supplicacion à messeigneurs du Conseil pour la somme de cinquante livres qu'il doit des amendes par luy receues de son admenée, leur requerant que d'icelle somme il fust tenu quicte pour les causes contenues en lad. supplicacion, laquelle a esté envoyée ceahs par mesd. seigneurs du Conseil pour savoir de son cas, et en la fin d'icelle a esté mis ce que s'enssuit :

Il fauldroit que le segraier fust appellé, et luy savoir qu'il demande aud. suppliant et par quelle fourme.

Item, Et s'il estoit ores trouvé que ledit suppliant deust aud. segraier lad. somme de l. l. t. du temps dudit segraier, il sembleroit que ce auroit esté negligence aud. segraier de luy avoir tolleré et souffert de demourer en si grant reste, et que ce ne devroit estre à la perte du Roy, car led. segraier le deust avoir contraint par chascune assise de le païer ; et

s'il l'eust congneu et trouvé mal mesnaigier et deffaillant de
païer, avoir requis à lad. assise que on y eust mis ung autre
commis, ou donné autre provision en maniere que les deniers
eussent esté seurs, ou avoir contraint le sire d'Estiau qui est
sergent en chief, et de qui ledit Beuleau suppliant est commis,
de païer reaument et de fait le deffault de son commis.

Et à la verité, la perte n'en doit raisonnablement tourner
sur le Roy, mais sur le segraier en chief, lequel segraier peut
contraindre ledit seigneur d'Estiau qui est sergent en chief
de païer lad. somme comme dit est, car de raison il doit
comparer le deffault de sond. commis. Fait en la Chambre
des comptes à Angiers le premier jour de juign l'an mil cccc
cinquante troys.

G. RAYNEAU.

121

24 mars 145 $\frac{3}{4}$.

Arch. Nat. P 1334⁵, f° 88 r° et v°.

Le xxiiii° jour de mars м iiii° liii (1454).

De l'ordonnance de monseigneur de Precigny, du juge
d'Anjou, du president des comptes et du procureur d'Anjou
ont esté faictes les lectres closes dont la teneur s'enssuit :

Très-cher et especial amy, nous avons veu les lectres
par vous escriptes au president des comptes pour les nous
monstrer touchant les deux points de la commission de
maistre Francoys Guerinet que vous, le procureur et autres
avez veue, l'un pour delivrer Racoupeau, ce qu'il a fait, et
l'autre de faire informacion sur l'emprisonnement d'un
huissier venu aud. lieu de Saumur pour semblable cause,
qui fut mis en prison par deffault d'avoir requis et demandé
ouverture des prisons du Roy nostre maistre pour delivrer
led. Racouppeau, lesquelles il fut trouvé rompant à haches,
cizeaux et marteaux où il fut longuement, fist tout son povoir de rompre l'uys, et fut trouvé sur le fait; pour lequel
cas est commis aud. Guerinet faire informacion et adjourner des couppables jusques à quatre ou cinq à comparoir

en personne. Au regard du prisonnier c'est le fait du Roy, et estoit tenu pour ses debtes, luy ou nos seigneurs de son Conseil y donneront la provision, il touche aussi le Roy nostre maistre, et sera ceste matiere advertie et poursuye où l'on verra que à faire sera. Quant à l'emprisonnement dud. huissier, nous avons sceu le cas au vray, et que oncques ne demanda que on luy feist faire ouverture des prisons. Sur quoy avons eu advis ensemble et conclud que led. emprisonnement fut bien et deuement fait, et le gaige d'amende qu'il en fist après, et que le procureur de Saumur doit advouer de l'ordonnance de nous et de vous touz officiers de par delà pour nostred. maistre avoir fait faire led. emprisonnement, et en devez descharger touz autres, et en doit prendre le procureur de nostred. maistre ou nom de luy en temps [et] en lieu le garantaige pour le sergent et touz autres si procès en est. Et se led. Guerinet s'efforce pour led. emprisonnement ou gaige d'amende de faire informacion ou autrement besongner en ceste matiere, en mectant en la main du Roy aucuns biens de qui que soit, que le procureur en appelle, et de bonne heure, et de toutes autres choses que pourrez congnoistre qui pourroient tourner au prejudice du Roy nostre maistre et de ses droiz, et qu'il ne s'en laisse riens, ainsi que hyer vous fut aussi escript. Si led. Guerinet besongne gracieusement sans blecer les droiz du Roy nostred. maistre en riens, donnez luy tousjours bonne parolle d'en faire bon rapport en bien au Roy nostred. maistre que nous atendons prouchain à venir, et à nous aussi en son absence. S'il fait autrement, respondez autrement en luy remonstrant que son pere et touz ses freres et principaulx parens sont tenuz de ce qu'ilz ont vaillant à la maison d'Anjou, et tousjours ont besoing d'eulx entretenir en la bonne grace du seigneur dont ilz sont subgietz et natifz de son pays. Et n'avons pas esté pour cette heure d'oppinion d'autrement luy rescripre pour ce que on dit qu'il est un endormeur de gens par langaige, et que ne savons, veu les autres ouvraiges et traffiques qu'il a conduiz à Loudun et ailleurs en ce pays telz que vous savez; s'il scet ou entend faire autre chose qu'il ne

dit, vous le verrez à l'effect. Et gardez comment que soit à
voz povairs que en parolle ne en fait ne luy soit souffert
faire chose au prejudice de nostred. maistre, car nous savons certainement que oncques ne fut l'entencion du Roy
nostre sire. Nous ne escrivons que à vous ; et pour ce communiquez la matiere avec les autres officiers. Très-chier et
especial amy Nostre Seigneur soit garde de vous. Escript à
Angiers le xxiiiie jour de mars. Et au bas desd. lectres est
escript : les gens du Conseil du Roy de Secile duc d'Anjou,
per de France, estans à Angiers. Et sur le dox : à nostre
très-chier et especial amy maistre Hugues Pean, juge de la
provosté de Saumur.

   Le xxviie jour de mars iiiie liii (1454),
De l'ordonnance des juge, president des comptes et procureur d'Anjou ont esté faictes lectres closes en la fourme
qui s'enssuit :
   Très-chier et especial ami. Nous avons veu les lectres
que vous avez escriptes au president touchant ce qui a esté
par entre vous de par delà besongné ovecques maistre
Francoys Guerinet sur ce que nous avions escript : et pour -
tant que touche le fait de Racouppeau, il nous semble que
vous y avez bien procedé. Et au regart de l'autre commission generalle qu'il dit de avoir de reformer etc.., nous
entendons que deussez pareillement faire pour ce que noz
lectres le portoient aussi que celle matiere touche encore de
plus près le fait du Roy nostre maistre, tant pour ce qu'elle
touche trop plus de ses subgietz sans comparaison que ne
fait l'autre ; avecques ce que le Roy nostred. maistre a le
don et prouffit de toute la reformacion de ce pais d'Anjou
sur quelques personnes que ce soient, officiers royaulx ou
autres, et de quelzconques cas que ce soient, et y a commissaires à ce ordonnez, commis et depputez de par le Roy
nostre sire qui y ont besongné et besongnent quant ilz
voyent que à faire est, et laquelle chose a esté et est assez
notoire, tellement que led. Guerinet ne le peut bonnement
ignorer. Touteffoiz si icellui Guerinet y a besongné ou vouloit besongner aucunement, vous le luy pourrez encore re-

monstrer, et si entierement n'en cesse, faictes y ainsi que autreffoiz vous en a esté escript sans plus y delaïer, s'il n'y avoit autre chose que ne sachons pour quoy le deussiez ainsi faire ; car tant plus seroit laissé couller la chose en pourroit pis estre ; et communiquez ceste matiere aux autres officiers de par delà. Si led. Guerinet vient point par decà ainsi que nous escripvez, il sera festié à l'aide Dieu comme le cas le requiert et qu'il y appartient, et penssons s'il est en cestes parties oir brief de ses nouvelles par propres messaiges l'adjournant en cas d'appel venu, faictes le incontinent executer quelque part qu'il soit et qu'il couste ; et de la mise qui y a esté et sera faicte tout sera rescompensé entierement. Très-chier et especial ami, Nostre Seigneur soit garde de vous. Escript à Angiers le xxviie jour de mars. Et au bas desd. lectres est escript : les gens du Conseil du Roy de Secile, duc d'Anjou, per de France, estans à Angiers. Et sur le dox d'icelles : à nostre très-chier et especial ami maistre Hugues Pean, conseiller du Roy de Secile, et juge de la provosté de Saumur.

122

Ordonnance à M° Mathurin Burges, seneschal de Mirebeau, d'assigner l'assise dud. lieu de Mirebeau au lundi vi° jour d'aoust iiii° liiii.

Arch. Nat. P 1334⁶, f° 20 r°.

Très-cher frere et especial amy, pour ce que les fermes de Mirebeau pour le Roy nostre maistre sont assignées à bailler aud. lieu la vigile de la Saint-Laurens prouchain venant, auquel jour avons esperance estre les aucuns de nous au plaisir Dieu, nous a semblé que devez assigner à tenir l'assise dudit lieu de Mirebeau au lundi vi° jour du moys d'aoust prouchain venant. Si le vueillez ainsi faire tant pour la cause dessusd. que pour autres touchans nostred. maistre, dont parlerons ensemble par delà. Très-cher frere et especial amy, Nostre Seigneur soit garde de

vous. Escript en la Chambre des comptes à Angiers le xviie
jour de juillet. Au bas desd. lectres : les gens des comptes
du Roy de Secile, duc d'Anjou, per de France, estans à Angiers. Et au dos d'icelles est escript : à nostre très-cher
frere et especial amy maistre Mathurin Burges, seneschal
de Mirebeau.

123

25 octobre 1453.

Arch. Nat. P 1334⁵, fᵒ 67.

Le xxvᵉ jour d'octobre m iiiᶜ liii ou Conseil. . . . .

Est venu Pierres de la Poissonniere qui a presenté ceans
unes lectres de monseigneur le seneschal d'Anjou données
le xviᵉ jour de decembre l'an mil iiiᶜ quarante-huit, par lesquelles mondit seigneur le seneschal à la requeste de feu
Jehan de la Poissonniere pere dudit Pierres vieult et se consent que l'office de lieutenent de cappitaine de la ville d'Angiers soit au plus vivant dud. feu et dud. Pierre de là Poissonniere, et que incontinent après le decès dud. feu, s'il
sourvit led. Pierres, que icellui Pierres de la Poissonniere
puisse prendre et apprehender possession dud. office de
cappitaine après led. cas avenu et en joysse etc... aux gaiges etc..., et que dud. Pierres de la Poissonniere led.
monsʳ le seneschal a par sesd. lectres prins le serement de
bien et loyaument excercer led, office de lieutenent de cappitaine ; et a requis que actendu la teneur de sesd. lectres
om voulsist le recevoir aud. office. Auquel office led.
Pierres de la Poissonniere, à l'excercice d'icellui, veues lesd.
lectres qui ont esté leues aud. Conseil, il a esté receu et
mis en possession, et donné congié d'en joïr : et neantmoins il a de rechief reyteré et fait le serement es mains de
mondit seigneur de Precigny de bien et loyaument exercer
led. office.

G. RAYNEAU.

F° 70 r°.

Le xxviiiᵉ jour d'octobre m iiiᶜ liii furent commandé es

les lectres qui s'ensuyvent par messeigneurs d'Angiers, monseigneur de Precigny, les tresorier et procureur d'Anjou, adressans à monseigneur le seneschal d'Anjou :

Monseigneur le seneschal nous nous recommandons à vous. Depuis xv jours en cà feu Jehan de la Poissonniere vostre lieutenent de ceste ville d'Angiers est allé de vie à trespassement, et est bien plaint de touz ceulx de ceste ville ; aussi est ce dommaige et pour vous et autres de par decà ; Dieu luy face pardon. Tantost après son decès Pierres de la Poissonniere son filz nous a presenté ou Conseil voz lectres bien expediées comme il appartient, dabtées du xvi° jour de decembre l'an mil iiii° quarante huit, par lesquelles appert que feistes don à la requeste dud. feu Poissonniere son pere de l'office de lieutenant de lad. ville d'Angiers au plus vivant d'eulx deux sans ce qu'il feust besoing aud. Pierres de la Poissonniere en avoir autres lectres, et dès lors en prinstes le serement en tel cas acoustumé. Touteffoiz led. Pierres n'a pas voulu de soy sans nous en parler riens faire oud. office, combien que aucuns de nous en particulier eussent congnoissance de vosd. lectres, mais a requis que om luy ordonnast de par vous ce que on vouldroit qu'il feist, offrant à obeir et acomplir à son povair ce que luy seroit chargié. Aussi sont venuz plusieurs bourgeoys et autres habitans de ceste dicte ville qui en faveur de sond. feu pere qui à l'excercice dudit office s'est porté très-saigement et honnestement l'ont bien agreable et fort recommandé, et par ce et que led. Pierre de la Poissonniere semble bien homme propice pour led. office, veu vosd. lectres et en faveur de sond. feu pere nous l'avons recueilly doulcement et d'abondant pour plus grant crainte et obligacion fait serement es mains de moy Precigny de bien et loyaument excercer led. office de lieutenant. Nous vous escrivons ces choses affin que au seurplus luy vueillez ordonner ce que verrez estre à faire, et croyons qu'il sera bien vostre especial serviteur comme a esté son pere. Monseigneur le seneschal nous prions le benoist Saint-Esperit qu'il vous ait en sa saincte garde et vous doint bonne vie et longue. Escript à Angiers le xxviii° jour d'octobre. Et au bas est escript : les touz voustres les gens du Conseil du Roy de Secile estans à Angiers.

F° 78 r°.

Le darrain jour de decembre l'an mil cccc cinquante troys ou Conseil.....

Item, Ont esté leues les lectres du Roy de Secile et celles de monseigneur le seneschal d'Anjou envoyées ou Conseil dudit seigneur Roy de Secile pour la partie de Pierres de la Poissonniere escuier, lieutenent du cappitaine de la ville d'Angiers ; et après icelles lectres leues, par vertu des lectres dudit seigneur a esté mis en possession de la maison du logeys des halles que tenoit en son vivant feu Jehan de la Poissonniere pere dudit escuïer : et luy a esté baillé et delivré pour y faire sa demeure jusques au bon plaisir dudit seigneur Roy de Secile, et par la fourme et maniere qu'il est contenu esd. lectres.

G. RAYNEAU.

124

29 août 1454.

Arch. Nat. P 1334³, f° 114. (Résumé).

Lettres de remission accordées à Macée fille de feu Jean Auber, des Ponts de Cé à l'occasion d'un vol de 7 royaux d'or par elle commis au prejudice de Jehan Favereau dont elle etoit servante. Elle fut arretée par la justice de Saumur, avoua le fait, mais depuis a restitué lesd. 7 royaux d'or. Favereau n'en porte pas plainte et se tient content du remboursement. Elle craint que nos officiers à Saumur veuillent néanmoins proceder contre elle par voie de punition corporelle si la grace et miséricorde du Roi n'intervient. Attendu que la suppliante a commis le cas par pauvreté, que partie blessée est satisfaite et qu'avant le cas elle n'avoit été atteinte ni convaincue d'aucun vilain cas, blame ou re-

proche, nous lui quittons, pardonnons et remettons le fait
et cas dessusd. avec toute peine, amende et offense corporelle criminelle et civile, annulant et mettant au neant tout
procès et informacion faits contre elle, satisfaction faite à
partie civilement tant seulement si faite n'est, imposons
silence perpetuel à notre procureur present et à venir et à
tous nos autres justiciers et officiers comme à chacun appartiendra. Mandement au seneschal d'Anjou ou à son lieutenant à Saumur et à tous justiciers, officiers et sujets de laisser jouir lad. Macée de la presente remission, ordre de la
mettre hors de prison et de touz procès et remembrances,
avec ses biens et choses pour ce pris en notre main. Et
avons fait mettre notre seel. Presents : Ferry de Lorraine,
le comte de Vendome, le chancelier, le senechal d'Anjou, le
sire de Precigny, le president des Comptes, le tresorier
d'Anjou et autres. Signé G. RAYNEAU.

125

1er septembre 1454.

Touchant l'office de juge de la provosté d'Angiers.
Copie d'un vidimus du 23 août 1473.

Arch. Nat. P 1334⁶, f° 33 r° et v°.

René par la grace de Dieu Roy de Jherusalem et de
Sicille, duc d'Anjou, per de France, duc de Bar, conte de
Prouvence, de Forcalquier, de Pymont, a touz ceulx qui ces
presentes verront salut. Comme l'office des juge de la
prevosté d'Angiers et conservateur des privilleges royaulx de
l'Université de lad. ville ait esté vacant par la pure et simple resignacion que en a faicte nostre amé et feal conseiller
Jehan du Vau derrain possesseur dud. office, et de present
nostre juge d'Anjou, es mains de noz très-chiers et feaulx
conseillers l'evesque d'Angiers chancellier, et le sire [de]
Precigny grant maistre de nostre hostel, et Guillaume Gau-

quelin president des comptes de nostred. pays d'Anjou,
ausquelx nosd. conseillers nous eussons mandé et commis
par noz lectres patentes données sobz nostre contreseel
recevoir lad. assignacion (1) dud. office de provosté et conservateur, et pourveoir à icelui office de personne suffisant,
bien entendu, qui la peust et sceust faire au bien de nous,
de noz subgectz et de la chose publicque ; et par vertu de
nosd. lectres, nosd. chancellier, maistre de nostre hostel et
president dessusd. aient donné par le moyen de lad. resignacion faicte par led. Jehan du Vau es mains des dessusd.
et conferé led. office de juge de la prevosté de nostred. ville
d'Angiers et conservateur des privilleges royaulx de l'Université de lad. ville à maistre Thomas de Servon licencié en
loix, comme à personne suffisant et ydoinne pour icelui
excercer, et en joïr et user paisiblement aux gaiges, prouffiz, et emolumens acoustumez, et dud. maistre Thomas
receu le serement en tel cas acoustumé, ainsi qu'il nous
est appáru et qu'il est contenu plus à plain par les lectres
dud. don dabtées du xe jour de janvier l'an mil iiii^c cinquante et troys, Savoir faisons que pour le bon rapport qui
fait nous a esté dud. maistre Thomas, et qu'il s'est proude-
ment et loyaument porté oud. office et sans reprouche, es-
perans qu'il se y gouverne de bien en mieulx, confiens en
ses bons sens, loyaulté, et bonne diligence, et pour autres
bonnes et raisonnables causes à ce nous mouvans, et mesmement Nous, desirans entretenir et confermer ce que a esté
fait et ordonné par noz dessusd. conseillers, à iceluy maistre Thomas confermons et ratiffions led. office de juge et
garde de nostred. prevosté d'Angiers et conservateur desd.
previlleges royaulx de l'Université de lad. ville ; et avecques
ce de nouvel la luy donnons et octroyons de grace espicial
par ces presentes pour icelui office de juge de nostred.
prevosté et conservateur desd. previlleges excercer d'ores
en avant, et en joïr et user plainement et paisiblement la vie
durant dud. maistre Thomas de Servon, aux gaiges de cinquante livres t. par chacun an qu'il tiendra et excercera

---

(1) *Sic*, ms. Il faut lire *resignacion*.

ed. office, ou commis de par luy à estre païer sur le revenu, recepte ou ferme de lad. prevosté ou autres branchaiges d'icelle, et aux autres droiz, prouffiz, revenuz et emolumens acoustumez et aud. office appartenans, lesquelx les predicesseurs dud. Thomas oud. office ont acoustumé prandre et avoir. Si donnons en mandement au fermier ou receveur, et à touz autres receveurs de lad. prevosté et branchaige d'icelle commis ou à commectre païer led. maistre Thomas de Servon pour sesd. gaiges lesd. cinquante livres, par chacun an qu'il tendra led. office. Et en ce faisant nous voullons qu'il leur soit deschargé sur leur ferme ou recepte et alloué en leurs comptes, premier rapportant une foiz le vidimus de ces presentes en forme autentique avecques quictance vallable dud. juge. Et oultre donnons en mandement à touz noz justiciers, officiers, vassaulx et subgectz, prions et requerons touz autres, que aud. maistre Thomas de Servon ou commis de par luy en excerczant led. office obeissent et entendent diligemment, et lui donnent confort, conseil et aide si mestier est et par luy en sont requis, car ainsi nous plaist il estre fait. Et aud. maistre Thomas de Servon l'avons octroyé et octroyons de grace especial par ces mesmes presentes, non obstant quelxconques lectres, dons ou octroiz faiz et à faire à ce contraires. En tesmoing de ce nous avons donné aud. maistre Thomas ces presentes seellées de nostre seel, le premier jour de septembre l'an de grace mil iiii^c cinquante quatre. Ainsi signé au replet lesd. lectres par le Roy, les sires de Beauvau et de Precigné, les president des comptes et tresorier d'Anjou presens, J. de Charnieres ; et seellées en queue simple et cire vermoille du grant seel dud. seigneur Roy de Sicille.

126

Le xxvie jour de septembre mil iiii^c cinquante quatre.

Arch. Nat. P 1334⁵, ff° 118 v°, et 119 v°.

Ou Conseil du Roy de Secile tenu en sa Chambre des comptes à Angiers, ouquel estoient l'evesque d'Angiers

chancelier, les sires de Loué et de Champaigne, maistre
Jehan Fournier juge du Maine, le president des comptes, le
tresorier d'Anjou, le procureur d'Anjou, Pierres de la Poissonniere, maistres Jehan Breslay, Thomas de Servon juge
de la provosté d'Angiers, Guillaume Provost, Jehan Rochier
arceprebstre de Saumur.

. . . .

Touchant certaine complaincte faicte par le procureur de
Saumur contre ung bouchier dud. lieu nommé Simon Gaultier, et une autre complaincte faicte par les bouchiers dud.
lieu contre ung nommé Olivier Duboys ;

A esté fait appoinctement avec maistre Jehan Barré soy
faisant fort pour lesd. bouchiers, fors dud. Duboys, en la
maniere qui s'ensuit :

Sur la matiere de deux complainctes en cas de saisine et
de novalité naguieres executées à Saumur, l'une à la requeste des bouchiers dud. lieu à l'encontre de Olivier Duboys bouchier dud. lieu, et l'autre complainte par le procureur du Roy de Secile aud. lieu de Saumur, à l'encontre
de Simon Gaultier l'un desd. bouchiers dud. lieu de Saumur
pour les causes dont l'une partie et l'autre dient apparoir
par impetracions de lectres et exploictz sur ce faiz ; après
ce que maistre Jehan Barré procureur d'iceulx bouchiers et
soy faisant fort pour eulx a voulu et consenti prendre droit
en ceste matiere pardevant messieurs du Conseil du Roy
de Secile, et que lesd. complaintes cessent sans plus y proceder pardevant les juges où elles sont intentées, et aussi
qu'il a consenti mectre devers mesdis seigneurs du Conseil
la complaincte impectrée par lesd. bouchiers, leurs previlleges et autres choses dont lesd. bouchiers se pensent ayder
en ceste matiere ; a esté appoincté que la complaincte faicte
par le procureur dud. seigneur à Saumur à l'encontre dud.
Gaultier, et l'execucion et poursuite d'icelle sera sourcise,
et aussi la complaincte desd. bouchiers ; et cesseront de
plus y proceder de l'une et de l'autre partie pardevant les
juges où elles sont intentées comme dit est ; et procederont
lesd. parties ou Conseil de ceans pardevant maistres Jehan
Breslay, Jehan Rochier et Guillaume Provost, conseillers

dudit seigneur Roy de Secile ; et mectront lesd. bouchiers
pardevers eulx leursd. complaincte, privilleges et autres
choses qu'ilz vouldront produire dedans   (1), et
aussi le procureur dudit seigneur mectra de sa part ce qu'il
verra estre à faire servans à son droit et au droit dud. Gaultier en particulier, pour iceulx veoir et visiter par lesd. conseillers de l'une partie et de l'autre, pour en faire leur rapport oudit Conseil dedans led. jour de la Saint-André prouchain venant ; auquel jour sera par mesdis seigneurs du
Conseil donné sentence ou appoinctement esd. causes et
procès telles qu'il appartiendra par raison ; et ce pendant
lesd. Duboys et Gaultier useront du mestier de boucherie
aud. lieu de Saumur non obstant lesd. complainctes et sans
prejudice d'icelles ne des droiz de l'une partie et de l'autre.

127

7 octobre 1454.

Arch. Nat. P 1334³, f° 122 v°.

René etc., à touz ceulx qui ces lectres verront salut. Savoir
faisons que moïennant les caupcions que nous a baillées
Guillaume Chacereau de respondre, fournir et obeir à droit,
et aussi l'obligacion faicte de sa part de respondre comme
dit est aux abus et excès dont il est accusé par nostre procureur et autres, et aux peines dedans contenues, icellui
Chacereau avons eslargy de soy rendre, fournir et obeir à
droit, et donné congié d'aller, venir, sejourner partout où
bon luy semblera ; et ses biens qui sont saisiz en nostre
main luy avons baillé à explecter soubz nostred. main jusques autrement en soit ordonné. Si mandons à touz noz
justiciers, officiers et subgietz et à chascun d'eulx si comme
à luy appartiendra que de cest present eslargissement facent
et seuffrent joïr et user led. Chacereau plainement et paisiblement par la maniere que dit est, sans luy mectre ne don-

---

(1) Blanc dans le registre.

ner ou souffrir estre mis ou donné aucun destourbier, arrest
ou empeschement à sa personne. En tesmoing de ce nous
avons fait mectre nostre seel de justice à ces presentes. Donné
en nostre chastel d'Angiers le vii⁰ jour d'octobre iiii⁰ liiii.

G. RAYNEAU.

128

21 mars 145$\frac{4}{5}$

Lettre close envoyée de ceans au chastelain de Mirebeau pour
fere cesser le procès d'entre son filz et Jehan Payn, rece-
veur de Mirebeau, pendant aux requestes.

Arch. Nat., P 1334⁶, f° 51 r°.

Très-chier et especial amy, Jehan Payn, receveur de Mirebeau est venu plaintif devers nous et nous a rapporté que pour
le fait de voz gaiges de chastelain audit lieu de Mirebeau,
vous pretendez vous estre deu certaine somme de reste du
temps passé, et que d'icelle somme avez fait transport à
vostre fils maistre Leonnet Guerinet, qui par le moyen dudit
transport a fait adjourner ledit Jehan Payn aux requestes à
Paris où il a desja esté ou envoyé par quatre termes ou environ, dont nous suymes merveillez, attendu que vous estes
subgect et officier ordinaire de la seigneurie et le receveur
pareillement à qui est faicte ladicte demande, et qui du fait
de sa recepte et de ce qui en peut despendre en doit et est
tenu rendre la raison pardavant nous en ceste Chambre des
comptes à Angiers, en laquelle de vostredit deu nous eussez
demandé provision, nous l'eussons bien voulentiers fait
comme raison le vieult. Si vous avisons que le Roy nostredit maistre qui dudit transport et adjournement a esté
averti, n'en est pas bien content de vous ne de vostredit filz,
mesmement actendu que ledit receveur qui est son subgect
et officier ordinaire et vous pareillement comme dit est, a
esté distret de sa justice et juridiction ordinaire. Et pour ce
que raisonnablement, convenablement, plus promptement
et sommerement et à maindres paines, fraiz et despenses

la matiere pourra estre traictée et le differant, tel qui pourra
estre entre vous et ledit receveur, sera mieulx congnu pardavant nous en ladicte Chambre que ailleurs autre part,
nous vous ordonnons et commandons et expressement enjoignons de par ledit seigneur et nous que faictes cesser du
tout ledit procès pendant entre vostredit filz et le receveur
pour cause de vosdiz gaiges, et le faictes mettre hors de
court et de procès sur peine de suspension et perdicion de
voz gaiges, tant du passé que à venir, et gardez qui n'y ait
faulte ; autrement y pourriez avoir plus grant dommage et
encourre du tout l'indignacion du Roy de Sicille nostre très-
redouté seigneur, comme nous povons entendre, et de vostre
voulenté certaine nous escripvez incontinent par ce porteurs
par lectres signées de vostre main, afin que au paroissant
soit par ledit seigneur ou nous ordonné en ceste matere
telle provision ou appoinctement qu'il appartiendra par
raison. Et si vous voullez faire demande audit receveur de
ce que pretendez vous estre deu de vosdiz gaiges, venez devers nous ou envoyez homme bien instruit de vostre matere, et à tel jour que bon vous semblera, et nous vous
ferons raison et justice sommere et telle que par raison en
devrez estre content. Très-chier et especial amy, Nostre
Seigneur soit garde de vous. Escript en la Chambre des
comptes à Angiers le xxie jour de mars iiii^c liiii.

129

Le jeudi ixe jour d'octobre l'an mil iiii^c cinquante cinq.

Arch. Nat. P 1334⁵, f° 143 v°.

Ou Conseil du Roy de Sicile tenu ou chasteau d'Angiers
ouquel estoient le sire de Pressigny, le juge d'Anjou, le
tresorier d'Anjou, maistre Loys Delacroiz procureur d'Anjou, maistre Jehan Breslay, et autres. Sur la requeste que
faisoit Guillaume Chassereau que on le voulust envoyer et
absouldre au regard des delitz et abus qui luy avoient esté
imposez avoir esté par luy commis et perpetrez ou dom-

mage de plusieurs des subgectz dud. seigneur en l'excercice de certaines fermes qu'il avait tenues et excercées en ce pays d'Anjou, et que les pleges par luy autreffoiz baillez en ceste matiere pour l'elargissement de sa personne et de ses biens fussent deschargez,

A esté appoincté faire les lectres pactentes dud. seigneur Roy de Sicile pour led. Guillaume Chacereau et de sesd. pleges en la forme qui s'ensuit :

René, etc... A touz ceulx qui ces presentes lectres verront, salut. Comme nostre amé Guillaume Chacereau eust autreffoiz esté acusé par nostre procureur d'avoir commis plusieurs abus, fraudes, malefices et exactions indeues sur plusieurs marchans et autres noz subgectz es fermes et autres charges publiques qu'il a eues en nostre païs d'Anjou ou temps passé, et à ceste cause eussent esté prins et saisiz ses biens meubles et heritages en nostre main ; et pour estre receu led. Chacereau en ses justificacions et deffences sans estre emprisonné, eust led. Chacereau baillé plege de fournir et obeir à droit, c'est assavoir Jehan Braham, Pierre Helouyn, Jehan Heriz et Jehan Noant le jeune, lesquelx le eussent plegé et caucionné jusques à la somme de v^e escuz d'or, et eust promis et juré led. Chassereau de respondre en personne ausd. charges et accusacions à la paine de mille escuz, ainsi que par les lectres obligatoires sur ce faictes et passées le vi^e jour d'octobre l'an mil iiiie cinquante et quatre peut apparoir ; et par ce moyen eust esté led. Guillaume Chacereau par les gens de nostre Conseil receu à conduire et deffendre son cas et à soy justifier desd. charges, et donné congié de exploicter sesd. biens soubz nostred. main jusques à ce que autrement en eust esté ordonné, comme par noz lectres sur ce faictes et passées, dabtées du viie jour dud. moys d'octobre l'an dessusd. mil iiiie cinquante quatre peut apparoir ; et soit ainsi que led. Guillaume Chacereau nous ait fait remonstrer que par plusieurs et divers jours il s'est presenté pardevant nostre juge ordinaire d'Anjou et autres officiers de nostre justice en leur requerant delivrance de ses biens pleigés et obligez dessusd., offrant à soy justifier envers touz ceulx qui partie

se vouldroient faire contre luy à l'occasion desd. charges ;
contre lequel Chacereau n'est venu aucun pardevant nostred.
juge qui aucune chose ait demandé ne poursuy contre led.
Chacereau ; requerant humblement iceluy Chacereau que
actendu ce que dit est nous le voulsissions et sesd. pleges
et chascun d'eulx deschargez entierement desd. obligacions,
et le faire mectre hors de touz procès à cause des charges
à luy imposées par nostred. procureur : Savoir faisons que
oye la requeste dud. Guillaume Chacereau, après ce que
nous avons fait par diverses foiz mectre le cas dud. Chacereau en deliberacion de nostre Conseil, et que nostred. juge
ordinaire d'Anjou nous a certiffié que es assises de ceste
nostred. ville d'Angiers, en la presence de nostred. procureur et de plusieurs personnes de divers ressors de nostred.
païs d'Anjou il a dit de par nous publiquement que s'il y
avait aucun qui voulsist accuser led. Chassereau d'aucun cas,
ou d'avoir fait ou commis aucun delit, ne soy faire partie,
qu'il le deist, ou venist par devers luy ou nostred. procureur,
et il leur seroit fait bonne justice ; et que depuis n'est venu
personne qui se soit fait partie contre led. Chassereau ;
iceluy Chacereau pour ses causes et autres, et aussi lesd.
Braham, Hellouyn, Heriz et Noant ses pleges, et chacun
d'eux, avons par l'advis et deliberacion de nostre Conseil,
ses informacions sur ce oyes, quictez et deschargez, quic-
tons et deschargeons par ces presentes desd. obligacions et
du contenu en icelles, sans ce que à l'occasion d'icelles nostred. procureur leur en puisse ores ne pour le temps à venir faire question ne demande en aucune maniere ; et quant
à ce en avons imposé silence à nostred. procureur, et sans
prejudice du droit d'autruy. Si donnons en mandement à
nostred. juge ordinaire d'Anjou, et à touz noz autres justiciers et officiers que aud. Guillaume Chacereau ne à sesd.
pleges ne facent ou donnent pour le temps advenir à l'occasion des choses dessusd. aucun empeschement ou destourbier en aucune maniere ; car ainsi nous plaist il estre
fait de grace especial si mestier est par ces presentes. Donné
en nostre chastel d'Angiers soubz nostre seel le jeudi ixᵉ jour
d'octobre l'an de grace mil iiiiᶜ cinquante-cinq. Ainsi signé :

par le Roy, à la rellacion du Conseil ouquel estoient le sire
de Pressigny, le juge d'Anjou, le tresorier d'Anjou, maistre
Louys Delacroiz procureur d'Anjou, maistre Jehan Breslay,
et autres.

G. RAYNEAU.

130

Le xxvii⁰ jour d'octobre l'an mil iiiᶜ cinquante cinq.

Arch. Nat. P 1334³, f⁰ 148.

Ou Conseil du Roy de Sicile, duc d'Anjou, tenu en la
Chambre près l'auditoire des Halles d'Angiers ouquel estoient le juge d'Anjou, le juge du Maine, le procureur
d'Anjou, maistre Thomas de Servon juge de la prevosté
d'Angiers, maistres Jehan Breslay, Jehan Le Bigot, Jehan
Lelou.

A esté conclud et appoincté faire lectres closes ou nom
dudit seigneur Roy de Sicile adressans aux president et
conseillers du Roy nostre sire tenans les Grans Jours de
Poictou, pour le fait des entreprinses qu'ils font sur les
subgez dudit seigneur, lesquelz s'efforcent de congnoistre,
et de fait ont congneu ausd. Grans Jours des causes d'appel
faictes par les subgez dudit seigneur du juge de Touraine
et des sergens royaux, ou prejudice des droiz dud. seigneur
et de sesd. subgectz ; avec autres lectres closes adressans
à maistre Jehan Barbin, conseiller et avocat du Roy nostre
sire en la court de Parlement ; aussi lectres à maistre Jehan
Dumolin, esquelles sont encloses la coppie des lectres envoyées audit maistre Jehan Barbin ;

Item, lectres adressans aux juge, chastellain, procureur
et receveur, et autres officiers de Craon ;

Item, autres lectres pareilles en effect et substance adressans au seneschal, juge, chastelain, procureur et receveur
de Chasteaugontier ; toutes lesquelles lectres ont esté por-
tées au Roy qui estoit à Saint-Georges-sur-Loire, et illecq
lès à expediées, et sont signées de maistre Guillaume
Tourneville. Desquelles lectres la coppie est cy-après registrée :

I

Le Roy de Jherusalem et de Sicille, duc d'Anjou, per de France, etc.

Très-chiers et bons amis, nagueres avions envoyé pardevers vous nostre amé et feal conseillier le seneschal de nostred. pays d'Anjou vous faire requeste que ne voulussiez entreprandre aux Grans Jours ou besongner pour present congnoissance des causes d'entre noz subgez, lequel nous avoit rapporté que luy aviez fait responce que vostre entencion n'estoit pas de y faire rien en nostre prejudice, mais ce non obstant par inadvertance ou autrement aucuns de nosd. subgectz ont esté appelés par delà, et en a esté congneu ; et entre autres d'une cause d'appel faicte du bailly de Touraine par Guillaume Chotart et Jehan Deshayes pendant entre eulx et Denis Brodier demandeur, et iceulx Chotart et Deshayes condempnez en amende pour led. appel et fait executer, en grant prejudice et dommaige de noz droiz et de nosd. subgectz ; car vous savez que ne suymes tenuz de plaider que en une seulle et unique court souveraine de ce royaume, ne noz subgez ailleurs estre traictez en souveraineté. Et par ce ne suymes aussi tenuz avoir procureur, soliciteur, conseillers, ne autres pour garder et deffendre noz droiz ailleurs que en lad. court, ne aucunes de noz lectres, registres, ne autres enseignemens, et que nous povons ou devons avoir le renvoy de nos subgectz et de leurs causes traictez ou evocquez en lad. court souveraine soit par appel ou autrement, s'il n'y a matiere previlegiée et bien especialle. Et par ainsi si nosd. subgez ressortissoient ou estoient aucunement traictez ausd. Grans Jours ne ailleurs que en lad. court souveraine de ce royaume, nous et nosd. subgez y serions grandement interessez et endommagez ou pourrions estre, fussent lesd. appellacions dud. bailly de Touraine, sergens royaulx ou autres, car la pluspart desd. appellacions se font par nosd. subgectz desd. sergens royaulx pour ce qu'ilz les adjournent devant led. bailly de Touraine ou autres juges royaulx, souventeffoiz de leur auctorité sans lectres royaulx, ou s'ilz ont aucu-

neffoiz lectres, jà soit ce qu'elles portent assignacion devant
les juges à qui la congnoissance en appartient, ilz les evo-
quent devant led. bailly ou autres juges autres que leurs ordinaires, et autrement indeument les traictent. Et pareillement se font lesd. appellacions par nosd. subgectz dud.
bailly ou autres juges qui ne nous veullent faire le renvoy desd. causes, ne aussi de celles de simples recisions de
contractz, d'adjournement sur sauvegarde enfraincte, jà
soit ce que ceulx qui les ont impetrées ne soient personnes qui en doyent joyr, comme femmes veufves, pupilles,
gens d'Eglise, sexagenaires ou autres personnes previlegiées
qui en doyent user; ou jà soit ce que lesd. sauvegardes
n'ayent esté publiées deuement, ou qu'il n'y ait infraccion
de main mise, informacion precedent, ou autres choses à
ce requisés selon raison; et mesmement les instruccions
et ordonnances royaulx. Lesquelles causes d'appel bien
deduites avec l'interestz que nous et nos subgez avons ou
povons avoir en telles matieres, et particulierement en aucunes desd. causes le renvoy nous en seroit fait ou en
pourrions avoir plusieurs autres droiz et prouffiz selon les
cas desquelx on ne pourroit bonnement en particulier
avoir congnoisssnce s'ilz n'estoient debatuz et remonstrez,
qui ne se pourroit faire si nous n'avions procureur, conseillers et autres choses dessusd. que nous ne sommes tenuz avoir que en lad. court souveraine comme dit est. Et
laquelle chose est une des grans prerogatives et preeminences que povons avoir à cause de nostre perrie; et laquelle si autrement se faisoit nous seroit de grand coust et
mise, et pour ce nous semble que si ainsi se faisoit que
on nous feroit très-grant tort. Si vous prions que vueillez
mectre au neant ou autrement faire cesser tout ce que auroit esté fait au contraire de ce que dit est, et tant sur lesd.
Chotart et Deshayes que autres. Et pour l'advenir, ne veillez souffrir nosd. subgectz estre molestez ne traictez esd.
Grans Jours en aucune maniere pour le prejudice que y
pourrions avoir par ce que dit est, et autrement en plusieurs manieres. Très-chiers et bons amys si chose voulez
nous y emploirons très-voulentiers au plaisir de Nostre
Seigneur qui vous ait en sa garde. Escript...

II

Le Roy de Jherusalem et de Sicile, duc d'Anjou, per de France, etc.

Très-chier et bon amy, nous avons fait veoir par les gens de nostre Conseil les lectres que nous avez escriptes, faisant mencion que quelque chose qu'il nous ait esté rapporté, il n'a esté entreprins aux Grans Jours de Thouars aucune congnoissance de cause sur aucuns de noz subgez qui soit ou prejudice de nous ne aucuns de nos droiz; mais seulement y a esté congneu d'aucunes causes ou appellacions faictes par aucuns de noz subgez sergens royaulx du bailly de Touraine ou autres juges royaulx, dont ne pourrions avoir congnoissance, et par ce point d'interest. Au regart de ce nous savons bien et vous le congnoissez mieulx que nous, ne sommes tenuz plaidoier que en une seulle et unique court souveraine de ce royaume....

La suite presque entièrement semblable à la lettre précédente, les différences sont insignifiantes.

.... Et pour ce nous semble que si ainsi se faisoit, consideré ce que dit est que on nous feroit très-grant tort, à quoy vouldrions pourveoir envers monseigneur le Roy à nostre povair, si vous prions que sur le plaisir que nous desirez faire vueillez de vostre part tenir la main à ce que nosd. subgeçtz ne soient ainsi molestez ne aucunement traictez ausd. Grands Jours de Poictou, et que tout se regle selon l'ordre anxien et acoustumé, et vous nous ferez plaisir, très-chier et bon amy.... (le reste *ut supra*).

III

De par le Roy de Sicile, duc d'Anjou, etc.

Nostre amé et feal, nous avons veu ce que nous avez escript pour les causes des subgez de nostre païs d'Anjou dont les gens de monseigneur le Roy veullent entreprandre congnoissance aux Grans Jours de Poictou, etc.... Nous escrivons de cesté matiere à maistre Jehan Barbin qui nous

avoit escript en soy excusant desd. entreprinses les lectres
dont la coppie est cy-dedans enclose, laquelle nous vous
envoyons pour y estre par vous fait au surplus, ainsi que
congnoistrez qu'il se devra faire pour nous. Et si vous congnoissez que ayons trop tardé de rescripre audit Barbin par
quoy il ne soit à temps de besongner pour nous en ce que
luy escripvons, ne luy vueillez bailler nosd. lectres, mais
les gardez et retenez devers vous. Nostre amé et feal, Nostre Seigneur soit garde de vous. Escript etc.

IV

De par le Roy de Sicile, duc d'Anjou, etc.

Très-chiers et bien amez, nous avons sceu que les conseillers de monseigneur le Roy tenans les Grans Jours à
Thouars ont pris congnoissance des causes d'appel faictes
par noz subgez de nostred. païs d'Anjou, des officiers de
Tours et de Chinon, des sergens royaulx et des juges et conservateurs des previleges de l'Université de nostre ville
d'Angiers, ou grant prejudice et dommaige de noz droiz et
prerogatives et de nosd. subgez, à quoy avons entencion
pour le bien de nous et de nosd. subgez trouvez provision ;
et ont condempné aucuns de nosd. subgez et mis en
amendes, et entre autres ung nommé Guillaume Chotart, et
Jehan Deshayes, lesquelx en ont esté executez par ung sergent royal, et contrains à bailler pleges et caupcions de la
somme de LX l., en quoy ils ont par eulx esté tauxez à
amende pour ung appel fait du juge dud. païs de Touraine
en certaine cause pendant entre eulx et ung nommé Denis
Brodier demandeur. Et pour ce que lad. amende de LX l. si
par eulx estoit payée pour la cause que dit est nous seroit
ou pourroit tourner à prejudice et consequance et à nosd.
subgez, nous vous mandons que ne donnez aucunement
obeissance aux executeurs de lad. amende ne autres en cas
pareil; et leur dictes que à vous n'est donnée lad. obeissance, et les nous envoyez par deczà pardevers nous si bon
leur semble pour leur donner lad. obeissance, ce que ferons où par raison le devrons faire. Et gardez qu'il n'y ait

faulte. Très-chiers et bien amez Nostre Seigneur soit garde de vous. Escript etc.

131

5 novembre 1455.

Arch. Nat. P 1334³, f° 153 v° et 154 r°.

Les gens du Conseil du Roy de Sicile, duc d'Anjou, per de France, estans à Angiers, à nostre bien amé Pierre de Cheurches lieutenant à Saumur et ou ressort salut et dillection. Nous vous mandons et expressement enjoignons de par led. seigneur et nous que tantost et sans delay vous examinez touz et chascuns les tesmoings qui de la partie de Pierre Foulon vous seront produiz et presentez sur les articles ou *intendit* qu'il vous baillera touchant les justificacions qu'il maintient avoir en l'acusacion que on luy fait de ce qu'il a batu et feru le clerc du provost de Saumur en recevant les droiz de lad. provosté et excercent l'office pour ledit provost, appellé avecques vous ung adjoinct non suspect, et en la presence du procureur dudit seigneur à Saumur, auquel nous mandons estre à ce present si bon luy semble. Et l'informacion que faicte aurez, envoyez promptement devers nous feablement close et sellée aux despens raisonnables dudit Pierre Foulon, pour y pourveoir ainsi qu'il appartiendra par raison. Fait oudit Conseil ouquel estoient reverand pere en Dieu l'evesque d'Angiers chancellier, le sire de Loué, le president des comptes, le tresorier d'Anjou, le lieutenant d'Angiers, le procureur general d'Anjou, maistres Jehan Luillier, Jehan Rochier, Jehan de la Forest, Guillaume Provost et autres, le cinquiesme jour de novembre l'an mil iiii° cinquante cinq.

G. RAYNEAU.

132

13 novembre 1455.

Appoinctement sur le fait du tabellionnaige et d'une enchere mise par Gillet Legay au nom de Jehan Landevi, de laquelle led. Legay a esté desavoué par led. Landevi, et la ferme desd. seaulx delivrée à Briend Buynard.

Arch. Nat. P 1334⁶, f° 79 r°.

Aujourd'uy xiii° jour de novembre l'an mil iiii° cinquante cinq, se sont presentez en ceste Chambre des comptes Jehan Lebigot, Briand Buynard, Jehan Loheac, Thomin Fromont, et Jehan Landevy, lequel Briand Buynart a fait dire par la bouche dud. Lebigot que la ferme des seaulx du tabellionnage d'Angiers luy estoit demourée xv jours avoit ou environ à la baille d'icelle et à la chandelle, à la somme de xii° livres tournois, comme au plus offrant et derrain encherisseur ; mais que depuis il avoit sceu que Gillet Legay notaire desd. contractz avoit mis une simple enchiere de la somme de cinquante livres sur lad. somme de xii° l. pour et ou nom de Jehan Landevy et en son absance, requerant que led. Landevy advouast ou desadvouast led. Legay de lad. enchiere ; et si led. Landevy qui avait mis à pris lad. ferme de premier denier à la somme de mil livres tournois desavouait led. Gillet de lad. enchiere, que lad. ferme fust baillée et delivrée aud. Briant pour en joyr paisiblement, et que par le moïen de lad. enchiere, et jusques on eust sceu de la voulenté dud. Landevy sur ce, on avoit differé de bailler ceans aud. Briand Buynart lesd. seaulx ; aussi ne pensoit pas à denier que si led. Landevy avouoit lad. enchiere, qu'elle ne fust de valeur ; et disoit que si led. Gillet Legay n'estoit advoué par led. Landevy, que lad. enchiere par luy mise estoit nulle, et que led. Legay ne autre ne devoient estre receuz o une simple enchiere, consideré qu'il n'y avoit personne que led. Landevy qui eust mis à pris ne enchery

lad. ferme par avant led. Briand Buynart. Lequel Jehan
Landevy en presence dudit Gillet Legay dist et declaira que
oncques ne luy avoit baillé charge de mectre lad. enchiere,
mais que le jour que fut faicte la baillée il luy avoit bien dit
que si lad. ferme luy demouroit, il estoit content de luy en
bailler ung tiers, ou ung quart, ou telle porcion qu'il vouldroit, et autres parolles n'eut depuis avecques luy. Et a esté
demandé aud. Gillet Legay s'il avoit entencion de monstrer
ne prouver au contraire de ce que disoit led. Landevy,
lequel a respondu que non. Et par ce consideré que led.
Legay ne autre fors led. Landevy n'avoit mis à pris ne enchery lad. ferme par avant led. Briant, et que par ce moyen
selon ce que l'on a acoustumé user en baillées à fermes,
nul fors le premier denier, c'est assavoir celuy qui a mis à
pris lad. ferme, et le penultieme encherisseur au bail
d'icelle, n'est receu audedans de huit jours après la ferme
baillée à encherir par simple enchiere sur le derrain encherisseur, c'est assavoir sur celuy à qui est demourée à la
chandelle lad. ferme, on feroit tort aud. Briand de recevoir led. Legay ne autre à une simple enchiere, a esté baillée et delivrée lad. ferme aud. Buynart, à la charge d'enregistrer en ung pappier journal toutes et chacunes les lectres qui seront rendues au seel desd. contractz, ou l'effect
et substance en brief d'icelles, affin de illecq trouver pour
la cautelle du seigneur son fié, pour en exiger ses droiz
feodaulx et pour plusieurs autres causes raisonnables touchant le prouffit et utilité dud. seigneur et des contrahans.
Et ce fait a requis led. Briand Buynart que on voulust su-
broger en son lieu à la garde et exercisse desd. seaulx Jehan
Theon, lesd. Thomin Fromont et Jehan Loheac, ce que a
esté consenti moïennant que les dessusd. et led. Lebigot
soy faisant fort dud. Theon se sont soubzmis et obligez à
la juridicion dud. seigneur, et ont promis exercer bien et
loyaument lad. ferme, et rendre et païer, et chacun d'eulx
pour le tout, lad. somme de xII c l. aux termes et par les
sixtes acoustumez, et à ce se sont obligez eulx et chacun
d'eulx pour le tout, c'est assavoir led. Lebigot pour et ou
nom dud. Theon, et lesd. Jeh. Loheac, Thomin Fromont, et

Briand Buynart en leurs privez noms, eulx, leurs heritiers, etc. Et ont renuncé au benefice de division, etc. Dont ilz et chascun d'eulx ont esté jugez et condempnez par la foy et serement de leurs corps, etc. Presens maistres R. Jarry, T. Lambert, Guillaume Bernard, Jehan Muret, conseillers et auditeurs, etc., Bertran Joubert, Thomin Buschart, Jehan Duboys, et autres.

G. Rayneau.

F° 79 v°.

Appoinctement par lequel la femme et heritiers de feu Jeh.
Lambert auront une clef de la boeste où sont les seaulx
des contralz d'Angiers pour la conservacion du droit des
lectres du temps dud. feu, et jusques autrement en soit or-
donné; et lad. boete baillée à Jeh. Loheac qui ne la pourra
ouvrir sans lad. clef.

Et après ces choses a esté baillée et delivrée ausd. Buynart, Theon, Fromont et Loheac lesd. seaulx et une boeste à les mectre fermant à clef, en laquelle ont esté mis lesd. seaulx. Et a esté appoincté que jusques autrement en soit ordonné de la forme de la garde desd. seaulx, que la femme et heritiers de feu Jehan Lambert derrain fermier desd. seaulx et escriptures desd. contractz, auront la clef de lad. boeste où ont esté mis lesd. seaulx, et que lesd. Buynart, Theon, Fromont et Loheac ne pourront ouvrir lad. boeste sans lad. clef et la presence d'aucun desd. femme et heritiers, ou de leurs commis, pour ce que il peut avoir plusieurs contractz du temps dud. feu Lambert qui sont encore à sceller, dont le prouffit luy appartient. Presens les dessusd.

G. Rayneau.

6 février 145$\frac{5}{6}$ (Pâques le 28 mars).

F° 106 r°.

Appoinctement pour le fait de la garde des seaulx des
contralz d'Angiers.

Aujourd'uy xvi° jour de fevrier l'an mil cccc cinquante-cinq, s'est présenté en la Chambre des comptes à Angiers

Girard Chauvin, mary de la fille feu Jehan Lambert en son vivant fermier du tabelionnaige d'Angiers, lequel a exposé et dit que pour la conservacion du droit que la veufve dud. feu et lui pretendent avoir es lectres passées soubz lesd. contralz du temps que led. feu en estoit fermier, et affin qu'ilz ne fussent des deniers du seel desd. lectres, il avoit esté appoincté en presence de Thomin Fromont, de Jehan Loheac et de ses compaignons de present fermiers dud. tabellionnaige, que led. Girard Chauvin, tant pour lad. veufve que pour luy auroit une clief de la boeste où sont les seaulx desd. contractz jusques à certain temps qui dure oncores, et que que soit jusques en la fin de ce present moys; et neantmoins, en venant contre led. appoinctement, Jehan Loheac l'un des fermiers dud. tabellionaige puis deux jours en cà avoit prins et retenu devers lui lesd. seaulx, par quoy il povoit avoir grant interest et dommaige ou droit du seel desd. lectres du temps dud. feu, requerant que on le feist souffrir et laisser joïr de lad. clief selon led. appoinctement. Lequel Jehan Loheac a esté mandé et fait venir, qui a respondu en presence dud. Girard Chauvin qu'il confessoit led. appoinctement pour le temps de troys moys qui estoient escheuz le darrain jour de janvier darrain passé, et par ce que à avoir prins et retenu lesd. seaulx pardevers lui qu'il ne luy auroit fait nul tort, et le povoit licitement avoir fait; et de la partie dud. Chauvin a esté repplicqué et dit comme dessus que led. appoinctement portoit quatre moys qui finirent le darrain jour de cest present moys, et que encores estoit le temps trop brief pour recouvrer son droit et interest desd. seaulx, et que led. temps lui devoit estre ralongé. Entre lesquelles parties a esté appoincté que led. Loheac remectra aujourd'uy au matin lesd. seaulx en lad. boeste comme ilz estoient par avant qu'il les prenist en icelle, et seroit fermée lad. boeste de la clief dud. Girard Chauvin qui gardera devers luy pour la conservacion de sond. droit, et jusques à la fin de ce present moys, et led. moys passé, ledit Girard Chauvin ne lad. veufve n'auront plus devers eulx lad. clef, et ne pourront empescher aux fermiers de present qu'ilz ne prengnent devers eulx lesd.

seaulx pour en seeller, sans empescher comme raison est.
Après lequel appoinctement donné, lesd. Loheac et Fromont
ont respondu que oultre le temps dessusd. ilz donnent aud..
Chauvin encores tout le moys de mars prouchain venant,
durant lequel ilz veulent que led. Girard Chauvin pour son
interest et qu'il ne se plaigne d'eulx ait la garde de lad.
clief, dont lesd. parties ont esté d'accord. Presens à ce
maistres Guillaume Gauquelin president, R. Jarri, T. Lambert, Guillaume Bernard, Jehan Muret, conseillers et auditeurs; et baillé cest present appoinctement ausd. parties
pour s'en aider d'une part et d'autre, ainsi qu'ilz verront
estre à faire par raison, les jour et an dessusd. par moy.

(La signature de Rayneau n'a pas été mise.)

133

13 mai 1456.

Arch. Nat. P 1334⁵, f° 191 r°.

Ou Conseil du Roy de Sicille, duc d'Anjou, tenu en sa
Chambre des comptes à Angiers, ouquel estoient le seneschal d'Anjou, le sire de Montejehan, le sire de Cleremont,
le sire de Brezé, le chancelier de Prouvence, le juge du
Maine, Phelippe de Lenoncourt escuier d'escuierie, le president des comptes, le tresorier d'Anjou, le lieutenant
d'Angiers, le procureur d'Anjou, maistres Thomas de Servon, Guillaume Provost, Guillaume Bernard, et plusieurs
autres.

Touchant la question d'entre Geffroy Haloret et la mere
et aucuns parens et amis de Jehanne Eveillechien, les parties oyes sur les requestes qu'ilz ont faictes d'une part et
d'autre,

A esté appoincté qu'elle demourra en main tierce soubz
la main du Roy de Sicille comme elle est pendant le procès,
et voyes de fait maintenues d'une part et d'autre, ou jusques autrement en soit ordonné par led. seigneur ou jus-

tice. Fait et expedié le x111ᵉ jour de may l'an mil cccc cinquante six.

. . . .

F° 196 r°.

Le ixᵉ jour de novembre l'an mil 111ᶜ cinquante six.

Ou Conseil du Roy de Secille tenu en sa Chambre des comptes, ouquel estoient reverend pere en Dieu l'evesque d'Angiers chancellier, le lieutenant d'Angiers, messire Jehan Lecommandeur, maistre Guillaume de Saint-Just chantre de l'eglise d'Angiers, maistres Jehan Rochier archeprebstre de Saumur, T. Lambert l'un des maistres auditeurs des comptes, et autres. Sur la requeste faicte à mond. seigneur d'Angiers par Geffroy Haloret escuïer de cuisine dud. seigneur Roy de Secille qu'il voulust luy bailler [Jehanne] (1) Esveillechien sa femme qui estoit sequestrée à la requeste d'aucuns des parens d'elle et en la garde de l'abbasse de Nostre-Dame d'Angiers, jusques mond. seigneur d'Angiers ou ses officiers eussent parlé à elle et enquis et sceu au certain de la consommacion du mariaige d'entreulx, mond. seigneur d'Angiers après lad. requeste oye a appoincté qu'il parleroit à lad. damoiselle ; et a esté envoyée querir par lesd. lieuxtenant, Lecommandeurs et Rayneau en lad. abbaye de Nostre-Dame, et icelle amenée aud. Conseil. Laquelle interrogée bien à plain sur la verité de la matere, a dit et desclairé à mond. seigneur d'Angiers qu'elle fut fiancée par main de prestre avec led. Haloret, et a nommé le non du chapelain ; et aussi fut espousée en face d'Eglise solennellement comme il est acoustumé de faire ; et avoit cousché avec sond. mary, et n'en vouloit point d'autre. Et si led. Geffroy Haloret vouloit prendre une autre femme, qu'elle l'empescheroit à tout son povair. Et oultre a esté interrogée sur ce que autreffoiz elle avait dit qu'elle n'estoit point esposée avec led. Geffroy, et qu'elle ne le vouloit point avoir à mary ; laquelle a respondu que sa mere luy avoit dit qu'elle le deist, ou qu'elle la feroit mourir, et que

___
(1) Le nom ici laissé en blanc.

si elle le prenoit à mary, qu'elle luy couperoit la gorge. Et après icelle oye

A esté appoincté par mond. seigneur d'Angiers que' led. Haloret mectroit pardevers luy ou ses, officiers dedans jeudi prouchain pour tout le jour la lectre de dispense obtenue par led. Haloret pour les bans dud. mariage et la certifficacion du curé qui les a esposez, ou fera venir led. curé pour estre oy sur ce. Et s'il luy appert desd. dispense et espousailles par la maniere que dit est, il donnera telle provision aud. Geffroy Halloret qu'il appartendra pour raison. Et ce fait, a esté renvoyée en la garde de l'abbasse de Nostre-Dame comme elle [estoit] par avant jusques à celluy jour, etc...

134

2 novembre 1456.

Ordonnance expresse au provost d'Angiers de non composer personne quelconque à amende sans le juge de la provosté qu'il est tenu de nommer sur peine de prison et d'amende arbitraire.

Arch. Nat. P 1336⁶, fᵒ 121 vᵒ.

Aujourd'uy 11ᵉ jour de novembre l'an mil cccc cinquante six, est venu en ceste Chambre des comptes led. Jehan Souhenne auquel on a remonstré la forme et maniere de excercer, cuillir et lever les droiz appartenans à lad. provosté, tant ou fait de la coustume comme autres deppendances d'icelle. Et lui a esté enjoinct et commandé de ne prendre ou faire prendre, ou lever, et lui et ses clercs, sergens ou autres commis aucune chose soit en argent ou aultrement oultre les instruccions et ordonnances faictes sur le fait de lad. provosté, desquelles lui sera baillié le double expedié et signé comme il appartient. Et en oultre lui a esté enjoinct et deffendu, et le tout sur paine de prison et d'amende arbitraire, de ne faire par lui ou ses compaignons en lad. ferme, clercs, commis ou sergens, aucunes composicions soit sur abus de la police de la ville d'Angiers et quinte d'icelle, sur

denrées ou marchandises que l'en pretendroit estre passées
sans acquicter, ou autrement en quelque maniere que ce
soit; mais que iceulx abus, composicions et appoinctemens,
et autres telles et semblables choses remectent à la discreccion, sentence et appoinctement du juge qui est ou sera
par lui ordonné à la judicature de lad. provosté. Et au seurplus, qu'il ait le regard et entendement au gouvernement
de la police et chose publicque de lad. ville et quinte d'Angiers, et y face vacquer et entendre le juge, greffier, sergens, commis et autres, ainsi qu'il se doit faire par raison
et selon les anciennes coustumes, et sur les peines qui y
appartiennent.   G. RAYNEAU.

*Presentacion de la personne de Estienne Hetor à excercer le
greffe de la provosté d'Angiers pour ung an, faicte par Jeh.
Souhenne provost. Et a nommé pour juge de lad. provosté
maistre Thomas de Servon. Et est appoincté que led. provost fera venir en personne devers monseigneur d'Angiers
chancelier, ou monseigneur le seneschal, ou les gens des
comptes led. de Servon pour faire led. serment dedans ung
moys.*

Aujourd'uy IIe jour de novembre l'an mil CCCC LVI, ledit
Souhenne fermier de lad. provosté est venu en ceste Chambre, et par le povair qui lui est donné de nommer juge à
excercer la justice de lad. provosté selon la forme de lad.
baillée cy-dessus registrée, a dit et rapporté qu'il a nommé
et nomme pour juge d'icelle provosté pour ung an seulement
finissant à la Toussains prouchain venant, maistre Thomas
de Servon, et l'a retenu et le retient pour juge durant lad.
année aux gaiges convenuz et appoinctez entreulx, et dont
les parties sont contentes. Et au regard de la presentacion
de la personne dudit maistre Thomas et du serement sur ce
requis selon l'ancienne coustume, actandu que l'on dit que
led. maistre Thomas pour autres charges et occupacions
qu'il a de present ne puet venir faire led. serement, et
consideré que autreffoiz il a fait serement à l'occasion
dud. office de juge sobz autre qualité, a esté appoincté en

lad. Chambre que led. provost fera venir en personne led. maistre Thomas dedans ung moys prouchain venant faire le serement en tel cas acoustumé à monseigneur d'Angiers chancelier, ou à monseigneur le seneschal, ou en lad. Chambre pour y estre registré ainsi que anciennement estoit acoustumé de faire, et tout pour le bien et conservacion de la police et chose publicque des ville et quintes d'Angiers. Presens, monseigneur le president, maistre Thibault Lambert, Guillaume Bernard, Jehan Muret, et moy.

G. RAYNEAU.

F° 122 r°.

Presentacion de Estienne Hetor à excercer le greffe de la provosté d'Angiers pour ung an, et le serment prins dud. Estienne Hetor de ce faire.

Les jour et an dessusd. ledit Jehan Souhenne a presenté en lad. Chambre Estienne Hetor pour excercer le greffe de ladicte provosté d'Angiers du jour d'uy jusques à ung an seullement finissant la vigille de la Toussains prouchainement venant ; lequel Hetor a fait le serement en tel cas acoustumé de bien et loyaument excercer led. greffe de la provosté au bien du seigneur, de la chose publicque et dud. provost durant ledit temps ou autrement jusques au plaisir dudit provost. Presens les dessusd.   G. RAYNEAU.

Presentacion des sergens de la provosté d'Angiers, desquelx a esté prins le serment de bien loyaument excercer leurs offices.

Le II° jour de novembre mil CCCCLVI ledit Souhenne provost dessusd. a amené en lad. Chambre et presenté pour sergens de lad. provosté en la ville et banlieue d'Angiers

Jehan Hurtin,
Michel Loaysil,
Jehan Fromont,
Colin Lebonier, touz sergens ordinaires en la ville et banlieue de la provosté d'Angiers, de chascun desquelz sergens

a esté prins le serement de bien et loïaument excercer le fait
de leurs offices de sergenterie, et de faire bons, vraiz et
loïaulx rapports à justice sur touz les abus, entreprinses, ou
autres choses qu'ilz trouveront estre faiz au prejudice du
seigneur, de la police et chose publicque du pays. Presens
monseigneur le president, Thibault Lambert, Guillaume Bernard, et moy.   G. RAYNEAU.

135

16 février 145$\frac{6}{7}$.

*Advertissement fait par maistre Guillaume Gauquelin presi-
dent au Roy de Sicille, que les officiers des greffes extraordinaires d'Anjou taschent à recouvrer et avoir par touz
moyens lesd. officiers qui par son ordonnance estoient baillez à ferme à v^c l. par an et plus, et pourroient valoir dedans deux ans plus de vii^c l. de rente.*

Arch. Nat. P 1334^6, f° 145 r°.

Le xvie jour de fevrier mil iiii^c cinquante-six, ou Conseil
du Roy de Sicile tenu en son chastel d'Angiers ouquel estoient monseigneur l'evesque d'Angiers, les seigneurs de
Beauvau seneschal d'Anjou, de Precigné et de Loué, le juge
d'Anjou et plusieurs autres, fut dit aud. seigneur par maistre Guillaume Gauquelin president des comptes d'Anjou les
parolles qui s'ensuivent en effect : « Sire, il est vray après ce
que vous fustes adverty que le Roy nostre sire avoit bailler
à ferme au prouffit de son dommaine touz les greffes
de son royaume et jusques au proffit des seaulx des bailliefs
et senneschaux de son royaume inclus, vous ordonnastes
touz les greffes extraordinaires de vostred. païs d'Anjou estre
baillez à ferme à vostre prouffit comme celui de l'ordinaire,
et commandastes aux gens de voz comptes y faire les diligences neccessaires, ce qu'ilz ont fait. Et combien qu'il y
ait eu des contradicions par ceulx qui les excercoient devant,
neantmoins tout est allé oultre et baillé à ferme, et de present
sont touz lesd. greffes excercez et levez à vostre prouffit, et
vallent à ceste heure oultre cinq cens livres t. par an ; et

presument les gens de vosd. comptes que avant le temps
de deux ans à venir escheu, ilz en vauldroient plus de vii^c.
Sire, je vous advise que les personnes qui par avant tenoient
lesd. greffes tendent par touz moyens à eulx possibles les
recouvrer, qui seroit à vostre très-grant dommaige et à vostre dommaine. Sur quoy, Sire, si vous plaist, vous aurez
bon advis, car c'est bel acroissement de dommaine que six
ou sept cens livres de rente. » A quoy led. seigneur respondit
qu'il n'avoit encores riens fait au contraire, ne ne feroit,
que la chose ne fust bien entendue. Fait les jour et an dessusd. Et led. president a requis à moy Jehan Alardeau secretaire illecques present signer ce memoire pour la descharge de la Chambre. Ainsi signé, J. Alardeau.

136

23 février 145$\frac{6}{7}$

Arch. Nat. P 1334,⁶ f° 145 v°.

Aujourd'ui xxiiie jour de fevrier l'an mil cccc cinquante
six, reverend pere en Dieu monseigneur l'evesque d'Angiers,
chancelier, est venu en ceste Chambre, lequel a fait commandement aux gens des comptes dud. seigneur qu'ilz
donnassent expedicion à la verificacion des lectres des greffes que led. seigneur a renduz et donnez à Olivier Binel,
maistre Jehan Binel son fils, et à Anthoine de la Vignolle ;
c'est assavoir du greffe ordinaire et extraordinaire de Beaufort, du greffe de la garde des remanbrances des assises
d'Anjou, du greffe des plez d'iceus, etc...

137

*Touchant les greffes. Oppinion donnée par le procureur d'An-
jou à ce que leurs lectres ne soient verifiées en la Chambre.*

Arch. Nat. P 1334⁶, f° 153 v°.

Le xxie jour de mars iiii^c lvi, maistre Loys Delacroiz procureur d'Anjou s'est opposé en ceste Chambre des comptes

à Angiers à ce que on ne verifie les lectres des greffiers du
pays d'Anjou du don que leur a fait de nouvel le Roy de Sicille d'iceulx greffes, et lesquielx du commandement dud.
seigneur avoient naguieres esté affermez par les gens des
comptes dud. seigneur Roy de Sicille au prouffit dud. seigneur. Presens maistres Guillaume Gauquelin president
desd. comptes, Robert Jarry, Thibault Lambert, Guillaume
Bernard, conseillers et audicteurs, et autres.

G. RAYNEAU.

138

9 avril avant Pasques $145\frac{6}{7}$. (1457 n. s.)

*Commission à Guillaume Buschart d'exercer le greffe extraor-
dinaire pardavant le juge d'Anjou à Saumur.*

Arch. Nat. P 1334⁶, f° 156 v°.

Les gens des comptes du Roy de Secille, duc d'Anjou,
per de France, estans à Angiers à touz ceulx qui ces lectres verront, salut. Savoir faisons que en la presence et par
l'oppinion de honnorable homme et sage maistre Jehan
Breslay, licencié en loys, juge ordinaire d'Anjou, nous
avons commis et par ces presentes [commectons] Guillaume
Buschart pour excercer le greffe des causes commises extraordinairement par led. juge à Saumur, et luy avons donné et
donnons par cesd. presentes puissance, auctorité et mandement especial de prendre et recevoir les deniers dud. greffe,
et touz et chascuns les proufiz et emolumens d'iceluy jusques autrement en soit ordonné. Du proufit et emolument duquel greffe led. Guillaume Buschart sera tenu rendre compte
et reliqua au prouffit dud. seigneur en ceste Chambre. Si
donnons en mandement de par ledit seigneur et nous à touz
les justiciers, officiers et subgietz dud. seigneur Roy de Secille que aud. Guillaume Buschart en exerczant ceste presente commission obbeissent et entendent partout où il
appartiendra, et luy prestent et donnent conseil, confort et
aide se mestier en a et par luy en sont requis. Donné en la-

dicte,Chambre des comptes à Angiers soubz noz signez le ixe jour d'avril avant Pasques l'an mil iiii^c LVI.

139

18 avril 1457 (Pasques le 17).

Arch. Nat. P 1334³, f° 206 v°.

René etc... Au premier nostre sergent qui sur ce sera requis, salut. Guillemecte de la Haie femme de nostre bien amé Pierres de Pouches chevalier, nous a fait exposer que pieçà s'est meu procès en cas d'appel en noz assises de Saumur, entre elle appellant de nostre amé et feal cousin le sire de Monstreul-Bellay ou de ses officiers d'une part, et led. sire de Monstreul-Bellay, ou son procureur intimé d'autre, pour occasion de certains tors et griefs qu'elle maintenoit luy avoir esté faiz par led. seigneur de Monstreul-Bellay ou ses officiers. Pendant lequel procès lad. exposante s'est traicte pardevers monseigneur le Roy en sa chancellerie, et illecq a obtenu lectres par lesquelles led. appel mis au neant et ce dont il a esté appellé, est mandé entre autres choses recevoir lad. exposante à ses justifica- cions et deffenses sur les cas dont elle est accusée, en luy faisant pendant lesd. procès provision de deniers pour la conduite d'iceulx, lesquelles lectres ont esté présentées à nostre amé et feal conseillier le juge d'Anjou tenant lors nosd. assises dud. lieu de Saumur, et d'icelles requis l'en- terignement. Sur quoy led. sire de Monstreul-Bellay ou son procureur requist avoir coppie desd. lectres et jour à deli- berer, ce qui lui fut octroyé, et y est encores led. procès pendant indiscis. Laquelle exposante ne pourroit bonne- ment conduire ne deffendre sond. procès ne se acquicter des deniers par elle emprunctez, lesquelz elle a employez en la conduicte desd. procès si elle n'avoit aucune provision, et sa porcion sur les biens meubles estans par devers sond. mary ; mais elle doubte que de ce faire sond. mary en fa- veur dud. seigneur de Monstreul-Bellay soit reffusant ou delayant, et par ce seroit en voye de perdre sa cause, ou icelle retarder qui seroit en son très-grant prejudice et domage, requerant que sur ce lui vueillons pourveoir de remede convenable. Pour quoy nous, ces choses consideérées, te mandons que tu faces exprès commandement de par nous aud. Pierres de Pouches chevalier à certaines et grans paines à nous à applicquer, que il baille ou face bailler à lad. exposant provision sur ses biens et d'elle pour son vivre et estat soustenir, et pour la poursuite dud. procès, c'est assavoir son heritaige qui lui fut donné en son mariage, la moictié des acquestz faiz pendant le mariage d'elle et dud. chevalier son mary, avecques la moityé des biens meubles communs entreulx, ou telle autre provision que de raison. Et en cas d'opposition, reffus ou delay, adjourne les opposans, reffusans ou delayans à certain et compectant jour pardevant nostre amé et feal conseiller le seneschal de nostred païs d'Anjou ou son lieutenant aud. lieu de Saumur pour dire les causes de leur opposition, reffus ou delay ; et pour oïr telles demandes, sommacions, requestes et conclusions que lad. exposante vouldra faire contre eulx touchant les choses dessusd., leurs circonstances et deppendances, et pour proceder oultre entre eulx ainsi qu'il appartendra à faire par raison, en faisant proceder lesd. parties sommierement et de plain, de jour en jour, en jour en assise et dehors par briefs et compectans intervalles, non obstant us, stille et coustume de païs quant à actandement d'assise et lectres subreptices impetrées et à impetrer à ce contraires. Donné à Angiers sobz nostre seel ordonné pour lectres de justice, le xviiiᵉ jour d'avril l'an de grace mil cccc cinquante sept, après Pasques.

140

14 mai 1457.

Arch. Nat. P 1334⁶, f° 161 r°.

Les jour et an dessusd. Jehan Touschart, charpentier, a esté condampné par l'oppinion et advis des des-

susd. (1) par le juge d'Anjou à faire abatre sa maison sise
au carrefour de la parroisse de Saint-Aignen d'Angiers, laquelle est tellement ruyneuse qu'elle est en très-grant dangier de cheoir tout par elle, et à icelle faire reedifier tout
de neuf dedans le jour de la me aoust prouchain venant, à
la paine de cent livres t. Et à ce faire s'est consenti et obligé
led. Touschart charpentier, et en a esté jugié es presences
des dessusd....   G. RAYNEAU.

141

28 mai 1457.

Arch. Nat. P 1334¹⁵, f° 112 r°. (Extrait).

..... Jeh. Breslay, lic. en l. juge ordinaire d'Anjou —
Jeanne, femme de Pierre Lorin se pres. à lui disant que
puis certain temps en cà led. Lorin son mari l'a laissée et
s'en est alé hors du pays, tellement que de long temps elle
ne le vit — elle doubte qu'on ne la veuille recevoir à soy
defendre en jugement, ne à conduire ses causes tant en
demándant qu'en defendant, ni aussi demander les biens à
elle eschus à cause de la succession de ses pere et mere....
nous requerant sur ce provision de justice. — « Nous consideré ce que dit est et aussi que nous avons esté informés que
sond. mary est de petit gouvernement et absent du païs et
a fait serment qu'elle ne sait où il est, ne le vit passé a
huit ans ; avons en jugement pour les causes dessusd.
icelle Jehanne auctorisée et auctorisons, et lui avons donné
et donnons par ces presentes auctorité et licence de ester
en jugement et dehors en toutes et chacunes ses causes,
querelles et negoces meues et à mouvoir contre touz et
chacuns ses adversaires tant en demandant que en deffendant, de faire et constituer procureurs, ung ou plusieurs,
pour conduire et poursuir sesd. causes, et de faire par-

---

(1) ..... Presens, le juge d'Anjou, le president des comptes, le
lieutenant d'Angiers, le procureur d'Anjou, maistres Thibault
Lambert, Guillaume Bernard, conseillers, etc.....

taige avec ses frerescheurs et autres de ses heritaiges, biens meubles et immeubles, et iceulx bailler à ferme ou rente ainsi que bon lui semblera, et generalement de faire en toutes et chascunes ses choses quelles qu'elles soient ou puissent estre en la forme et maniere qu'elle feroit ou pourroit faire si elle estoit franche et delivre personne et hors lien de mariage. Donné à Angiers soubz nostre seel....»

142

21 septembre 1457.

Lectre du Roy par laquelle il veult que M° Hugues Payen demeure juge de la prevosté non obstant qu'il soit lieutenant de Saumur, et qu'il soit payé des gaiges desd. offices.

Arch. Nat. P 1334⁶, f° 198 v°.

De par le Roy de Sicile.

Noz amez et feaulx, nostre très-chier et feal le seneschal de nostre païs d'Anjou et gouverneur de nostre païs de Prouvence nous a dit que son lieutenant de la justice à Saumur est depuis naguieres allé de vie à trespassement, et qu'il y a commis et institué nostre chier et bien amé maistre Hugues Pean, juge de la prevosté de nostred. ville de Saumur, dont avons esté et sommes très-contens. Et combien que led. maistre Hugues ait et excerce led. office de juge de la prevosté, neantmoins nous voulons qu'il demeure lieutenant pour nostred. seneschal avec led. office de juge de lad. prevosté, et qu'il soit entierement paié des gaiges de lieutenant en la fourme et maniere qu'estoit l'autre en son vivant. Si vous mandons et expressement enjoignons que par le receveur ordinaire ou autre qu'il appartendra vous le faictes païer et contenter de sesd. gaiges dud. office de lieutenant à la raison de sond. predecesseur; et que en ce ne faictes faulte, car tel est nostre plaisir. Nos amez et feaulx Nostre Seigneur soit garde de vous. Escript à l'Isle de Venicy (1) le xxı^e jour de septembre. Ainsi signé René. Alardeau. Et au dos est escript : à nos amez et feaulx conseillers les gens de nostre Chambre des comptes à Angiers.

143

11 novembre 1457.

Amende gaigée par Jehan Hobereau à la somme de quinze livres pour denrées passées sans acquitter; sur laquelle some est ordonné qu'il sera prins la somme de c solz pour le prevost d'Angiers; et l'outreplus sera receu par ledit prevost pour la recepte ordinaire d'Anjou.

Arch. Nat. P 1334⁶, f° 213, r°.

Le xı^e jour de novembre, l'an mil ıııı^c lvıı ou Conseil du Roy de Sicile tenu en sa Chambre des comptes à Angiers ouquel estoient maistres Guillaume Gauquelin president des comptes, sire James Louet tresorier d'Anjou, Pierres Guiot lieutenant d'Angiers, Loys Delacroix procureur d'Anjou, Robert Jarry, Thibault Lambert, Guillaume Bernard, conseillers et audicteurs.

Jehan Hobereau, marchant demourant à Tours est venu oudit Conseil, auquel a esté remonstré par le procureur dudit seigneur que le vıı^e jour de ce moys il avoit fait acquiter au prevost d'Angiers sept muiz quatre sextiers de sel et demy millier de fer, qui estoient en une sentine, et aussi avoit acquité lad. sentine; mais combien qu'il n'eust fait acquiter que demy millier de fer, et qu'il eust esté bien adverti par led. provost d'Angiers que s'il y avoit autre denrée ou plus grant nombre qu'il ne acquitoit, qu'il se mectoit en dangier de confiscacion et de perdre tout; et que led. Hobereau eust respondu qu'il n'avoit autre denrée, touteffoiz led. provost, acompaignié d'un

---

(1) Probablement l'Isle de Venise, ville du comtat Venaissin à 3 lieues 1/2 d'Avignon et à 3 lieues de la fontaine de Vaucluse. (De la Martiniere, Grand Dictionnaire geographique.)

sergent poursuyvit le challon dud. Hobereau, lequel il trouva près de Juigné, et trouva oud. challon deux millers sept cens de fer; ainsi avoit mal acquité, et disoit led. procureur que le mal acquité confisquoit le bien acquitté, et disoit que toute lad. denrée avecques led. challon devoient estre declairez confisquez; lequel Hobereau a confessé qu'il a mal acquité, mais que c'estoit la premiere marchandie que jamais il eust menée par eaue, et devoit toute lad. denrée et marchandie à autres marchans, et n'avoit riens vaillant; et a requis que on voulust prendre amende de lui en aiant consideracion à sa povreté et à son cas. Et à ceste cause ledit Hobereau a finé et composé de son consentement et à sa requeste à la somme de quinze livres tournois pour l'amende ou confiscacion du cas dessusdit; laquelle somme de quinze livres il a esté condempné paier dedens huit jours; de laquelle led. provost aura, tant pour ses peines et diligences que pour son droit d'amende la some de cent solz tournois, et l'outreplus montant la somme de dix livres sera payée aud. provost qui en tiendra compte au receveur d'Anjou au proffit de la recepte ordinaire dud. seigneur Roy de Sicile, et partant, lui ont esté mis sesd. challon et marchandie à plaine delivrance.

144

3 mai 1458.

Relacion de l'adjournement donné par Bertran Briconnet au Roi de Sicile duc d'Anjou en vertu du mandement du Roi de France du 30 mars 145$\frac{7}{8}$, de se trouver le 1er juin suivant à Montargis pour le proces du duc d'Alençon.

Arch. Nat. P 1334⁶, f° 242 v° et 243 r°.

..... Et pour ce que j'ay esté deuement informé par inquisicion par moy faicte avec aucuns des officiers dud. prince qu'il estoit et est absent du royaume ou pays de Prouvence, en son absence me suis presenté pardevers et à la

personne de maistre Guillaume Gauquelin president des
comptes dud. seigneur Roy de Sicille, Pierres Guiot lieutenant, Loys Delacroiz procureur d'Anjou, Jehan Lelou avocat
fiscal, Robert Jarry, Guillaume Provost et Thibault Lambert,
touz officiers d'icelui prince en la ville d'Angers, leur ay
presenté vosd. lectres; lesquelx officiers après ce qu'ilz
eurent veues et fait lire par l'un d'eulx lesd. lectres tant
celles adressans aud. prince que mad. commission, ilz me
respondirent que led. prince estoit allé ou pays de Prouvence qui est loing de ceste ville d'Angiers, et que s'il feust
en sond. pays d'Anjou ilz tenoient de certain qu'il seroit en
personne aux jour et lieu qui par vous lui est ordonné pour
touzjours vous obeir comme raison est. Mais toutesvoyes
que en toute diligence ilz le feroient assavoir aud. prince, et
pour lui en faire apparoir, me demanderent coppie de mad.
commission et exploit, ce que je leur actordai . . . .

145

10 décembre 1458.

Arch. Nat. P 1335, n° 254. (Anc. P 329, n° LXII).

Sur le procès et question qui estoit meu et pendant tant
pardavant le juge ordinaire d'Anjou que en la court de Parlement en cas d'appel et autrement, entre le procureur du
Roy de Sicile, duc d'Anjou, d'une part: Et messire Louys
de Beaumont, chevalier, senneschal de Poitou, seigneur du
Plesseis-Macé et de Butehoire d'autre part; touchant les
droiz de la visitacion des denrées et marchandises qui sont
estallées et amenées chacun an à la foire de Saint-Berthelemer près la Poueze, appartenant audit seigneur du Plesseis-Macé, laquelle visitacion le procureur dud. seigneur le
Roy de Sicile disoit appartenir aud. seigneur, et que à son
provost d'Angers appartenoit faire chacun an au jour de
lad. foire lad. visitacion, comme des autres droiz que le
procureur dudit prince disoit estre deuz audit seigneur
ou à sondit provost d'Angers par led. seigneur du Plesseis-
Macé, la vigille et le jour de lad. foire aud. lieu de Saint-

Berthelemer; ce que ledit seigneur du Plesseis-Macé et de Butehoir ne confessoit pas, disant que lad. foire luy appartenoit avecques touz et chacuns les droiz, prouffiz, revenues et esmoluemens d'icelle ; et qu'il avoit droit et estoit en pocession et saisine de faire faire par ses gens et officiers la visitacion des denrées et marchandises estans à ladicte foire seul et pour le tout, et que de ce luy et ses predicesseurs seigneurs de ladicte terre du Plesseis-Macé et de Butehoire, avoient touzjours jouy et usé ou temps passé paisiblement et sans debat, sans ce que led. provost d'Angers y eust que veoirs ne que congnoistre. A esté appointé à la requeste dudit seigneur du Plesseis-Macé o le bon congié de la court de Parlement entre les gens du Conseil dudit prince estans à Angers et ledit seigneur du Plesseis-Macé que pour savoir la verité des debaz et questions dessusdiz et pour eviter plet et procès entre led. seigneur le Roy de Sicille et led. seigneur du Plesseis-Macé, le procureur dudit prince et aussi iceluy seigneur du Plesseis-Macé feront faire chacun de sa part *intendit* ou articles touchans les droiz que chacun pretend avoir et luy appartenir au regard de lad. foire de Saint-Berthelemer, et que sur led. *intendit* ou articles il se fera examen de tesmoigns pour chacune desdictes parties, en tel nombre que bon leur semblera par led. juge d'Anjou, et par Jehan Binel conseiller dud. seigneur du Plesseis-Macé; laquelle enqueste ou examen de tesmoigns vauldra à chacune desdictes parties affin principal touchant la question et procès dessusdiz tout aussi que si les parties y avoient esté appointées contraires et en enqueste, et qu'ilz eussent sur ce fourny d'escriptures accordées. Et lad. enqueste ou examen de tesmoigns ainsi faiz par lesd. juge d'Anjou et Binel, icelles enquestes ou examen de tesmoigns avec tout ce dont lesdictes parties se vouldront aider chacun à laffin à quoy il tend touchant les choses dessusdictes seront mises et rapportées dedens Pasques prouchain venant pardevers led. juge d'Anjou pour sur ce par luy donner appointement ou sentence aux parties ainsi qu'il verra estre à faire par raison. Et ledit appoinctement ou sentence par luy donnez

o congié de lad. court de ce faire, led. seigneur du Ples
seis-Macé sera tenu mectre hors de la court de Parlement,
l'appel par luy relevé en icelle fait par ses officiers pour
luy dud. provost d'Angers et tout ce que s'en est ensuy,
sans amende, dedens deux mois lors prouchains ensuivans;
et non obstant led. appel et sans prejudice d'iceluy led.
seigneur du Plesseis-Macé respondra et procedera et aussi
ses subgiz en autres causes pardavant led. juge d'Anjou et
autres officiers dud. prince. Fait à Angers ou Conseil dudit prince le dixiesme jour de decembre, l'an mil cccc cinquante et huit.   *Signé :* DE BEAUMONT.

146

3 février $145\frac{7}{8}$.

Amende gaigée à la volenté de messeigneurs du Conseil par
Estienne Aulbin demorant à Beaufort.

Arch. Nat. P 1334⁶, f⁰ 227 r⁰. .

Le III⁶ jour de fevrier l'an mil IIII⁶ LVII, s'est presenté en
la Chambre des comptes Estienne Aulbin demourant à Beaufort, lequel estoit accusé par le procureur dud. seigneur
que durant le temps qu'il a eu la charge de la recepte de
Beaufort pour maistre Jehan Alardeau receveur ordinaire
de la conté de Beaufort, il a receu plusieurs parties de ventes qui ont esté finées, lesquelles il a laissées scientement à
mectre en recepte en atrihuant furtivement à soy les deniers d'icelles ventes ainsi par luy relaissées;

Aussi qu'il avoit receu de plusieurs parties des subgez de
lad. conté grans sommes de deniers d'amendes en quoy
icelles parties avoient esté condampnez, et lesquelles il n'a-
voit point mises ne employées par escript, et les avoit recelées furtivement et retenu à soy les deniers;

Et oultre que jassoit ce que en l'année finie IIII⁶ LV eust
esté baillé pris pour les blez de la recepte de lad. conté qui
ne excedoit point demi escu chascun sextier, toutesfoiz led.
Aulbin avoit contraint plusieurs des subgez de lad. conté à

lui en payer les ungs xxv s., xxx et jusques à xxxv s. le sextier dont il ne rendoit aucun prouffit pour led. seigneur
Roy de Sicille, et plusieurs desd. subgez a fait obliger *alio-
quin* et fait excommunier par deffault de payement du pris
excessif d'iceulx blez. en travaillant et molestant lesd. subgez, et fait plusieurs autres maulx et dommaiges ;

Sur lesquelx deliz et malefices avoit esté faicte informacion par les lieutenant de la justice et procureur de lad.
conté de Beaufort, et sur icelle avoit esté oy led. Aulbin à
ce qu'il avoit voulu respondre, lequel Aulbin congnoissant
qu'il estoit chargé par lesd. informacions, a gaigé l'amende
en la main de mons^r le juge d'Anjou à la voulenté de messeigneurs du Conseil et dud. juge qui l'en a jugié de son
consentement et condampné à tenir compte au receveur de
Beaufort et à poyer toutes les sommes de deniers qui seront
trouvées avoir esté receues par led. Aulbin, et desquelles
il n'auroit contenté et poyé led. receveur. Presens à ce
maistre Guillaume Gauquelin president desd. comptes, le
lieutenant d'Angiers, le procureur d'Anjou, maistres Robert
Jarry, Thibault Lambert, Guillaume Bernard, Jehan Muret
conseillers et audicteurs, Jehan Alardeau receveur ordinaire
d'Anjou et de Beaufort, plusieurs autres, et moy.

G. Rayneau.

Condampnacion de rendre compte au receveur de Beaufort par Estienne Aulbin.

Lequel maistre Guillaume Gauquelin president es presences des dessusd. a pareillement condampné led. Estienne
Aulbin à tenir compte aud. receveur, et à poyer toutes les
sommes de deniers qui seront trouvez avoir esté receues
par led. Estienne Aulbin par cedulles ou autrement, dont il
n'auroit tenu compte aud. receveur. Ausquelles condamp-
nacions led. Estienne Aulbin a promis obbeyr sans jamais
aller au contraire. Et a affermé par son serment que oncques
il ne commist lesd. cas et excees scientement. Fait les jour
et an dessusd.

G. Rayneau.

147

5 novembre 1458.

*Lectre close adressant au Roy touchant l'office de la Chambre
pour le seigneur de Bonnezeaux.*

Arch. Nat. P 1334¹, f° 13 r°.

Sire, nous nous recommandons à vostre bonne grace tant
et si très-humblement que plus povons. Et vous plaise savoir, Sire, que Thibault Lambert qui estoit l'un de noz compaignons et tenoit office ordinaire en ceste vostre Chambre
des comptes est allé de vie à trespas (1). Et pour vous advertir, Sire, de l'edit et ordonnance que avez derrenierement fait
en vostredicte Chambre, il est vray que Benjamin quant il
fut par vous institué en lad. Chambre, après plusieurs choses par nous à vous remonstrées ordonnastes par voz lectres patentes qui sont ceans que le premier office ordinaire
vacquant ne seroit point impetrable, et demourroit iceluy
office audit Benjamin. Et par ce moyen seroit le nombre
d'entre nous reduit à l'ordonnance que avez faicte touchant
lad. Chambre. Sire, nous vous advisons de lad. ordonnance
comme faire le devons, et nous a semblé et semble qu'elle
fut raisonnablement faicte et à vostre prouffit et descharge.
Nous sommes encores Dieu mercy en assez bon nombre pour
besongner en voz affaires, en quoy tousjours avons fait et
ferons en toute dilligence noz loyaulx povoirs et devoirs
comme tenuz y somes, et nous a semblé et semble que pour
ce faire, et consideré voz charges et affaires nous sommes
en suffisant nombre. Sire, nous avons entendu que plusieurs
vont devers vous pour requerir ledit office, dont il y en a
qui ont d'autres charges et occupacions ; et dit on qu'ilz
sont six ou sept dont bien avons cognoissance. On dit aussi
que Bonneseaux y envoye. En touz cas, Sire, quant vostre

---

(1) Le 3 novembre, *Eod.*, f° 12 v°... Il estoit très-bon homme
et joyeulx compaignon.

plaisir seroit savoir noz oppinions sur le fait dud. office,
ne serions d'oppinion qu'il se doie donner, mais que vostre
ordonnance doit estre observée et gardée sans enfraindre,
car elle est bonne et prouffitable pour vous ; mais quant
par inoportunité de requerans ou autrement de vostre plaisir vouldriez faire autrement, nous vous advisons que pour
bien pourveoir à l'office vous devriez plus toust pourveoir
audit Bonneseaux dud. office qui à personne de touz ceulx
que savons qui y ont envoyé ; il est homme de bon estat,
licencié en loys, vivant de son heritaige sans plaidoierie ne
autrement, et fait sa continuelle residance en ceste ville, et
est homme bien entendu comme assez en avez eu cognoissance. Mais en touz cas vous supplions qui vous plaise
garder vostre edit et ordonnance, car ilz sont à vostre
prouffit. Sire, vous plaise touzjours nous tenir en vostre
bonne grace, et nous mandez voz bons plaisirs pour
très-humblement les acomplir à noz povoirs comme tenuz
y sommes au plaisir de Nostre Seigneur, lequel, Sire, nous
prions qu'il vous doint bonne vie et longue et acomplissement de voz nobles desirs. Escript en vostre Chambre des
comptes à Angiers le vᵉ jour de novembre. Ainsi signé : voz
très-humbles et très-obeissans subgez et serviteurs les gens
de voz comptes estans à Angiers. Et au dox : Au Roi de Jherusalem et de Sicille nostre très-redoubté seigneur.

148

19 avril 1459.

Ordonnance touchant la Chambre des comptes.

Arch. Nat. P 1334⁷, fᵒ 49 rᵒ.

Le xIxᵐᵉ jour d'avril IIIIᶜ LIX après Pasques, a esté conclud
que chacun des gens des comptes se rendra en la Chambre
à chacun jour de besongne à telle heure que le grox saint
de Saint-Maurice sonne à l'eure de huit heures, et à celle
heure se commencera la messe, et ainsi sera ordonné au

chappelain. Et après midi se rendront au coup de nonne. Et pour chacun deffault qui ne vendra ou envoyera aux heures dessusd. paiera la somme de xx d. t. Et se continuera la messe dessusd. les gens presens ou absens.

Item, Que aucun des clercs du tresorier, du receveur, ne d'autres, ne viendront en lad. Chambre et ne se asserront au petit bureau pour y besongner sans le congié de mess^rs des comptes, et qu'ilz declairent la matiere en quoy ilz vouldront besongner.

Item, A esté conclud et appoincté que chascun desd. gens des comptes quant il entrera à la Chambre, luy sera demandé s'il a aucune chose advisé qui touche le fait de la Chambre pour y besongner.

Item, Que quant dix heures seront sonnées devers le matin, et cinq heures sonnées devers le soir, chascun s'en yra incontinant. Presens maistres Guillaume Gauquelin president des comptes, R. Jarry, Guillaume Tourneville, Guillaume Bernard, Jehan Muret conseilliers et audicteurs, et moy.

G. RAYNEAU.

149

Lettre de la Chambre des comptes au Roi de Sicile du 18 mai 1459 sur diverses matieres, dont le commencement est au f° 49 v°.

Arch. Nat. P 1334[7], f° 50 r°.

. . . .

Sire, pour vous servir et garder voz droiz et l'auctorité de vostre Chambre des comptes comme tenuz y sommes et faire le devons, et à ce que charge ne entreprinse ne soit mise de nouvel sur voz finances et dommaine, mais que chacun se doye regler selon raison et les anciennes instruccions et ordonnances faictes par vous et voz predicesseurs, et les officiers des temps passez, nous avons eu et souvent avons des questions avecques gens dont ilz ont prins malcontentemens contre nous, et jusques à grosses parolles publiques et couvertes comme sàvons, dont ne tenons pas grant compte, consideré que c'est en nous acquictant et faisant noz devoirs et vostre prouffit : et especialment mons^r de Loué comme maistre des eaux et forestz, pour les causes que verrez et cognoistrez bien à plain quant vostre plaisir sera, et dont mons^r de Precigny a veu et sceu grant partie qu'il vous pourra dire à vostre plaisir quant il sera devers vous, a conceu hayne contre nous en general et particulier, et dit en pluseurs lieux qu'il nous fera des biens largement tant envers vous que autre part à son povoir.

Sire, de toutes charges qu'il pourroit parler contre nous ne faisons compte ne estime, car touzjours cognoistrez au plaisir Dieu que nous faisons devoir à noz povoirs, et affin que de partie des accions pour quoy il se malcontente de nous soyez aucunement et en brief informé, nous vous en envoyons ung abregé par escript le plus bref que possible a esté de faire, et contient toute verité.....

Note marginale : Les memoires envoyez contre mons^r de Loué sont cy-après registrez, f° LX.

150

1459.

Memoire pour monstrer au Roy, baillé par les gens de sa Chambre des comptes à Angiers.

Arch. Nat. P 1334^1, ff° 60 et 61 r°.

Primo, Monseigneur de Loué requist autreffoiz au Roy ung don et acroissement de domaine en sa terre de Brain-sur-Aution que led. seigneur luy octroya, et en furent les lettres faictes. Et pour ce que les gens des comptes cognoissoient que s'estoit grant prejudice et dommaige audit seigneur et à son dommaine, ils reffuserent par longtemps de expedier lesd. lettres ; et depuis par autres lectres patentes et closes led. seigneur a mandé ausd. gens des comptes que expediassent lesd. lettres de don, et qu'il avoit receu le devoir d'icelui seigneur de Loué ; et depuis ce mond.

seigneur de Loué et ses gens ont entreprins sur le dommaine dudit seigneur en plus large que ne contiennent
sesd. lettres et fait exploiz qu'ilz ne povoient ne devoient
faire ; lesquelles choses venues à la cognoissance desd.
gens des comptes, ils ont mandé aux officiers de Beaufort
faire garder les droits dudit seigneur et ouster toutes les
entreprinses qui avoient et ont esté faictes par les gens de
mond. seigneur de Loué, dont il a esté mal content desdiz
gens des comptes, et en plain Conseil dudit seigneur bien
assemblé, ouquel estoit monseigneur de Precigny, a dit au
president des comptes qu'il le persecutoit plus que
homme d'Anjou oud. fait de Brain, et qu'il luy en sou-
venist, ou telles semblables parolles.

Item, Mond. seigneur de Loué est mal content de ce que
lesd. gens des comptes ont soustenu et soustiennent que le
prevost d'Angiers soubz sa provosté a ung menbre d'office
qui se appelle la vayerie, dont les exploiz comme il appert
rolles anciens et autres depuis xxv ou xxx ans valoient touzjours communs ans environ c ou vi^{xx} livres par an, dont la
provosté se bailloit touzjors mieulx, et à present pour l'empeschement que mond. seigneur de Loué donne et a fait
donner par les sergens des eaux en la ville et quintes d'Angiers où ilz ne puent exercer leurs offices, mais appartient
audit provost ou à son vaïer ; et se monseigneur de Loué
vouloit dire que aussi bien les exploiz des eaues par l'amenée de son sergent reviennent à la recepte ordinaire d'Anjou, toutesvoyes à l'occasion dud. empeschement le tout
ensemble ne revient pas de plus des deux pars à ce que lad.
vayerie se souloit bailler. Et ne se puet contenter mond.
seigneur de Loué de chose que on luy ait remonstrée en
la Chambre sur ceste matiere ; mais dit touzjours que c'est
entreprinse sur son office des eaux et forests.

Item, Selon les comptes et livres anciens de la recepte
d'Anjou, la despence de chacune assise desd. eaux et
forestz du temps de pluseurs des maistres des eaux et
forestz ne souloient monter par chacune assise que xl ou
l sous, et ne se trouve en lad. Chambre que le maistre des
eaux et forests prenist sa despence ne de ses gens et che-

vaulx ; et maintenant on la vieult faire monter quatre foiz plus qu'elle ne souloit ; sur quoy lesd. gens des comptes ont fait et pensent faire recision selon l'ordonnance ancienne, dont mond. seigneur de Loué n'a esté et n'est content, et en a bien souvent parlé à son plaisir.

Item, Mond. seigneur de Loué à cause de sond. office des eaux et forets et de nouvel entreprins de signer de sa main la despence desd. assises pour y comprendre la despense de luy, ses gens et chevaulx, ce que ses predicesseurs ne firent oncques pour ce qu'ils n'estoient point comprins en lad. despence ; on le luy a contredit en la Chambre tant pour l'excessive somme que comme chose non acoustumée ; il a pris mal en gré et s'en plaint à tout le monde en disant desd. gens des comptes ce qu'il luy plaist.

Item, Mond. seigneur de Loué vueelt mettre es rolles des exploiz desd. eaux et forestz estre renduz par luy, ce que ne se fist oncques ; et pour ce que on le luy a dit en la Chambre il en est mal content.

Item, Mond. seigneur de Loué se porte mal content desdiz gens des comptes pour ce qu'ils luy ont contredit par long temps qu'il ne prenist IIIe livres de gaiges à cause de sond. office des eaux et forests, parce que ses predicesseurs en descendant l'un après l'autre ne prindrent oncques pour gaiges ordinaires que les exploiz et amendes du sergent general desd. eaux et forestz dont led. maistre a cognoissance et en puet expedier et delivrer les causes soubz ledit office. Et toutesvoyes lesd. gens des comptes par vertu de certaines lettres dudit seigneur très-expresses alouent es comptes du receveur d'Anjou lad. somme de IIIe livres. Et quant la chose seroit reduite en la maniere qu'elle souloit c'est assavoir qu'il prenist les gaiges de son sergent ils ne monteroient que XL frans par an ou environ.

Item, Led. maistre des eaux et forestz à cause de son office est tenu de refformer les forestz, et faire les enquestes sur les abbus et dommaiges qui se font en icelles, et rendre par compte le nombre des piez des arbres qui ont esté venduz, prins, robez, ou emblez esd. forestz, et le faire faire par chacun sergent en sa garde, present lui ou lieutenant, dont encores n'a esté rien fait de son temps ; et pour ce que on le luy demande il en est mal content, disant touzjours que on luy vueult adnuller son office.

Item, Mond. seigneur de Loué se plaint et est mal content disant que le serment des segraiers doit estre prins par luy, et les gens des comptes dient au contraire, et ce que c'est à eulx, pour ce que lesd. segraiers sont gens de recepte, et qu'il est acoustumé en toute Chambre des comptes que tout homme de recepte sans aucun en exepter doit faire serment en la Chambre de bien et loyaument exercer son office, en rendre bon compte, et de poier le reliqua et bailler caucion en lad. Chambre ; soubz quoi sont comprins les ségraiers en tant qu'ilz sont gens de recepte et comptent chacun an en lad. Chambre ; et soit adverty que lesd. segraiers n'ont aucune chose à faire avecques led. maistre en tant que touche le fait de leurs receptes.

D'autres choses y a plusieurs dont mond. seigneur de Loué est mal content desd. gens des comptes, quelque remonstracion qu'ilz luy aient faictes tant par lectres que autres enseignemens, et lesquelles quant besoin seroit et il plairoit aud. seigneur luy seroient monstrées.

Item, Mond. seigneur de Loué soubz umbre de ce qu'il n'a point esté à la pesche de l'estang de Baugé, pour ce que led. seigneur ne luy en avoit aucune chose fait savoir a dit en plusieurs lieux qu'il rapportera aud. seigneur qu'il eust trouvé de lad. pesche III^c livres ; led. seigneur a eu à son prouflit tout ce qui estoit oud. estang, et ne se y est commis fraude ne abus parce que ceulx à qui le Roy en avoit escript y ont esté, c'est assavoir le cappitaine de Baugé ou homme pour luy, le tresorier, l'un de ceulx de la Chambre pour la Chambre, les receveur et procureur de Baugé, et lors tenoit monseigneur le juge l'assise aud. lieu de Baugé. Et quant monseigneur de Precigny sera par delà, il poura dire comment il luy est prins de ses estangs de Saint-Laurens-des-Mortiers dont il reffusa V^c frans, et il n'y a pas trouvé de poisson pour CL livres. Semblablement se sont trouvez les estangs de monseigneur du Maine et plusieurs autres en ce païs qui n'ont pas eu la quarte partie de poisson en leurs estangs de ce qu'ilz se actendoient.

Et finablement lesd. gens des comptes ne font pas ce present advertissement à ce que il doye tourner à prejudice à mond. seigneur de Loué ne pour restraindre le fait de son office, mais pour garder les droiz dudit seigneur et l'en advertir, pour entendre les causes du mal contentement de mond. seigneur de Loué et regecter les charges qu'il a dictes et pourroit dire soit envers led. seigneur ou autre part, et soustendront que c'est present advertissement est veritable.

151

26 juin 1459.

Extrait d'une lettre du Roi René datée d'Aix à la Chambre des comptes d'Angers.

... Touchant certaines questions et debaz qui sont entre les gens des comptes dud. seigneur, et le sire de Loué comme maistre des eaues et forestz.

Arch. Nat. P 1334[7], f° 63 r°.

Au surplus quant à ce que nous escrivez que pour garder noz droiz et auctorité de la Chambre à ce que charge ne entreprise ne soit mise de nouvel sur noz finances et nostre dommaine, que avez eu et avez souvent des questions avecques pluseurs gens, et en especial avecques le sire de Loué comme maistre des eaues et forestz, lequel comme nous escrivez a conceu hayne contre vous en general et particulier, il nous a monstré le vidimus des lectres de l'office de segraier de Monnoys, duquel il pretend le serement lui appartenir ; aussi le double du serement et caucion que avez prins et receuz du segreer pretendant au contraire. Nous avons commis le different d'entre vous et luy aux seneschal et juge de nostre pais d'Anjou pour eulx en informer et discuter de la matiere ; et au surplus avons fait monstrer et lire aud. sire de Loué de mot à mot en la presence de Nous et de ceulx de nostre conseil les articles que nous avez envoyez. Sur quoy il a entre autres choses respondu que de iiii ou v il n'a jamais esté par vous adverty, et que du demourant touchant le fait de sondit office il s'en rapporte d'en faire hault et bas à nostre bon plaisir comme de ce que nous appartient, et qui est à nous et non à autre..............

152

8 septembre 1459.

Touchant la ferme de la provosté d'Angiers dont Jehan Souenne est fermier.

Arch. Nat. P 1334⁷, f 71 v°.

De par le Roy de Sicille, etc.

Noz amez et feaulx, Jehan Souenne provost d'Angiers est retourné devers nous, nous requerant rabès de sa ferme de la prevosté et nous a apporté unes lectres de par vous, par lesquelles vous escrivez deux points en sa faveur : l'un qui est de justice, et l'autre de grace. Celui de justice est que raisonnablement il vous semble qu'elle luy est à faire pour l'acquit de soixante dix livres qui lui sont à rabatre sur sadicte ferme, tant pour le don de certains estaux estans en la poissonnerie de nostre ville d'Angiers, desquelx avons fait don à aucuns noz serviteurs, que pour une auditoire qu'il a fait faire en ladicte poissonnerie pour tenir la juridicion de nostre vayerie d'Angiers, que aussi pour autres causes contenues en sa requeste, concluans vosd. lectres en ce point et article qu'il nous pleust commander son acquit de lad. somme pour nostre receveur ordinaire d'Anjou, ce que avons fait à vostre relacion. Et l'autre qui est de grace... sur la perte qu'il dit avoir eue en lad. ferme, comme nous ne sommes pas informés de son donné à entendre, ordre d'informer bien à plain et au vrai de cette perte ; et faites savoir votre avis promptement car sa ferme finit au 1ᵉʳ novembre prochain... à Marseille... René. Alardeau......

153

9 octobre 1459.

Ordonnance au tresorier d'Anjou de payer la pension
de maistre Jehan Breslay.

Arch. Nat. P 1334⁷, f° 67 r°.

Aujourduy ıxᵉ jour d'octobre l'an mil cccc cinquante neuf,
en la Chambre des comptes du Roy de Sicille à Angiers a
esté appoincté que maistre Jehan Breslay de present juge
ordinaire d'Anjou sera payé par le tresorier d'Anjou de ses
gaiges de conseiller escheuz de quatre mois [et demy] (1) au
temps de son institucion en office de juge, à raison de cinquante livres de gaiges par an, consideré qu'il a servy oudit
office de conseiller par le temps dessusd., et qu'il a esté
par deux veages de ce pais d'Anjou, l'un à Rouan, l'autre
à Paris pour les affaires dud. seigneur Roy de Sicille, dont
il a affermé n'avoir eu aucun poyement, [sinon pour sa
despence]. Et a esté promis audit tresorier luy alouer en
ses comptes ce que poyé luy aura pour sesdiz gaiges desdiz
quatre mois [et demy] à la raison dessusd. sans difficulté en rapportant quictance dud. juge d'Anjou et le vidimus des lectres de sa pension desd. ʟ l., si rendu n'a
esté. Fait en la Chambre des comptes à Angiers les jour et
an dessusd. Presens maistres Guillaume Gauquelin president desd. comptes, Guillaume Tourneville et Jehan Muret
conseillers et auditeurs. Ainsi (2) G. Rayneau.

---

(1) Les mots entre crochets sont en interligne sur le registre,
(2) Le mot *signé* a été omis.

154

Touchant le celerier de Saint-Nicolas d'Angiers pour la disme de Monnoys.

Arch. Nat. P 1334⁸, ff. 92 r° et v° et 93 r°.

A touz ceulx qui ces presentes lettres verront, Pierres Guyot licencié en loix, juge des eaues et forests du pays d'Anjou pour très-excellant et puissant prince le Roy de Jherusalem et de Sicile, duc d'Anjou, salut. Comme à la requeste du procureur dudit seigneur Roy de Sicile duc d'Anjou la disme du parnage de la forest de Monnoys ait puis pou de temps en ça esté prinse et saisie en la main de la court dudit seigneur, voulant dire ledit procureur icelle disme appartenir audit seigneur, et depuis soit venu venerable et discrete personne frere Symon le Fevre celerier et religieux du monstier et abbaye de monseigneur Saint-Nicolas près à Angiers pardevers nous, et nous ait donné entendre que anciennement fut donné et laissé en pure et perpetuelle aumosne par feu de bon memoire Geffroy de Grant Marteau lors seigneur et detenteur de la forest, terre et seigneurie de Monnoys pour la fondation, doctation et augmentation dudit monstier et abbaye, et pour servir à Dieu et aider à soustenir le service dudit monstier, lad. disme des parnaiges de lad. forest de Monnoys, lequel don avoit esté confermé, voulu et consenty par feu Foulques lors conte d'Anjou, le quatorzieme jour d'aoust l'an mil cent six, et depuis messire Papot de Monnoys, chevalier, avoit voulu empescher à feu reverend pere en Dieu Lambert lors abbé dudit monstier de Saint-Nicolas et à ses religieux de joir dudit don, dont il estoit meu grant question pardavant reverent pere en Dieu Regnault par la grace de Dieu lors evesque d'Angiers, et tellement y fut procedé que par l'advis et deliberation dudit Foulques conte d'Anjou, de Helye du Maine et d'autres chevaliers, et en leurs presences. et aussi de deux contes et ceulx qui avecques

eulx estoient, que par la divine inspiration ledit Papot se
delaissa es mains desd. evesque et conte d'Anjou [de] lad.
disme et de toutes les exemples et novalles de Monnoys,
ainsi que plus applain peut apparoir par lectres autenticques
seellées des seaulx des dessusd. evesque d'Angiers, conte
d'Anjou et Papot de Monnoys ; et disoit ledit celerier que
ladicte disme de Monnoys et autres revenues d'iceluy monstier avoient piecà esté delaissées par lesd. abbé et convent d'iceluy monstier audit office de celerier, à la charge
de l'alyment ou partie d'iceluy desd. religieux et convent
dudit monstier de monseigneur Saint-Nicolas, et avoit ledit
celerier et ses predecesseurs ou temps passé chacun en son
temps, et de tel temps qu'il n'est memoire du contraire,
acoustumé de prendre, avoir et lever ladicte disme en lad.
forest de Monnoys, et en eut joy et usé en paix et sans contens tant es terres novalles que es exemples d'icelle forest,
et aussi du dixieme denier dudit parnaige toutesfoiz et quant
il y a eu porcs en parnaige, et d'en estre poiez par la main
des fermiers et officiers qui ont eu la recepte ou ferme desd.
parnaiges, sans ce que jamais au regart de ce audit celerier ne
à ses predecesseurs ait esté mise aucune contradiction, debat
ne empeschement par les officiers dudit seigneur Roy de
Sicile, de ses predecesseurs ne autres, jusques à puis pou dè
temps en cà qu'il a pleu audit procureur ou autres officiers
dudit seigneur Roy de Sicile duc d'Anjou empescher audit
celerier de joir de sad. disme du parnaige des porcs qui ont
esté aparnagez pour menger la glan d'icelle forest depuis dix
ans en cà, nous requerant icelui celerier delivrance lui estre
faicte d'icelle disme et fruiz, et congié lui estre donné d'en joir
ainsi que de raison, offrant à nous informer de ses droiz et possessions à suffire touchant les choses dessusd. Et de la partie dudit procureur eust esté respondu qu'il ne confessoit
pas audit celerier avoir droit de prendre et avoir la disme
du parnage et posson de lad. forest de Monnois, et
que ledit celerier ne ses predecesseurs en eussent joy et
usé par temps vallable ne suffisant, paisiblement et sans
debat, par quoy et plusieurs autres raisons que ledit procureur alleguoit il disoit que audit celerier ne devoit estre

faicte aucune delivrance de lad. disme. Et ledit celerier
disoit au contraire. Sur quoy eussons appoincté que ledit
celerier informeroit de ses droiz et possessions, et son in-
formation faicte, il mectroit pardevers nous avecques ses
tiltres et autres choses dont il se vouldroit joir et aider,
pour sur ce lui faire droit ou donner tel appoinctement que
de raison. Et depuis ont esté par nous et Anthoine de la
Vignolle, nostre adjoinct pour Olivier Binel nostre greffier,
examinez pluseurs tesmoings dont la despense a esté mise par
escript, et devers nous avecques les coppies colationnez par
nous et notred. greffier aux originaulx desd. tiltres et enseignemens d'icelui celerier, après que ledit procureur de la
court a veu lesd. originaulx, en presence de messeigneurs les
juge, president et autres gens du Conseil dud seigneur. Et
y ont esté lesd. parties d'assentement de prendre droit
sur ce par ce que avoit esté mis et produit pardevers nous,
pour lequel droit oïr leur eussons baillé jour à huy ou autre
dont cestuy deppend. Savoir faisons que lesd. parties se
sont aujourd'uy comparues et presentées en jugement pardavant nous, c'est assavoir led. procureur de la court
d'une part, et led. celerier d'autre part, ausquelx publication dudit examen de tesmoings a esté faicte, et aussi des
doubles ou coppies des tiltres et enseignements d'icelui
celerier, qui ont esté colacionnez à l'original en la Chambre
des comptes dudit seigneur et faiz et signés par Guillaume
Rayneau secretaire d'iceluy seigneur, auxquelx doubles ou
coppies ces presentes sont atachées sobz nostre seel. Et
iceulx avecques led. examen de tesmoings par nous veuz
et visitez, et eue l'oppinion de noble et puissant seigneur
messire Guy de Laval, chevalier, seigneur de Loé, maistre
desd. eaues et forests dud. paiz d'Anjou pour led. seigneur Roy de Sicile, de messeigneurs les juge, president
des comptes et autres concordans ensemble en une mesme
oppinion, avons dit et declairé, disons et declairons par nostre sentence, jugement et par droit, que ledit celerier a suffisamment prouvé son entention. Et par tant lad. disme
desd. parnaiges de lad. forest avons mis à plaine delivrance audit celerier, et declairé qu'il en joyra pour le temps

à venir par toute lad. forest, fors en la garde de Generis
et du Jart, où led. celerier n'a acoustumé de riens prendre. Et la main de la court qui mise avoit esté sur icelle
disme et sur les fruiz qui en ont esté prins et receuz durant
ce present procès, avons source et levée de sur iceulx au
prouffit d'iceluy celerier et donné congié d'en joir et user
tant pour le temps passé que pour l'avenir, pour luy et successeurs, et l'en avons envoyé sans jour et sans amende. Et
sera et est tenu ledit celerier et ses successeurs paier le
temps à venir par chacun an qu'il y aura parnaige en lad.
forest de Monnois, par trois dimenches aud. seigneur Roy
de Sicile ou à ses officiers et commis, le nombre de six fro-
maiges qui est par chacun desd. trois dimenches, deux
frommaiges, dix huit miches blanches qui sont pour chacun
desd. trois dimenches six miches blanches, et par chacun
desd. dimenches une jallaie de vin, qui sont trois jallayes
pour lesd. trois dimenches, et dire ou faire dire par chacun
desd. trois dimenches une messe basse aux officiers dud.
seigneur Roy de Sicile qui illecques seront. Si donnons
en mandement au premier sergent de lad. court de ceans
ou autre premier sergent dud. seigneur le Roy de Sicile
duc d'Anjou sur ce requis mectre ceste presente sentence à
execution selon sa fourme et teneur. Donné sobz nostre
seel à l'assise de Monnois le xxvii° jour de novembre
l'an mil cccc cinquante neuf. Ainsi signé du commandement de mondit seigneur le seneschal, A. de la Vignolle
pour Binel. Et sur le dos desd. lectres est escript ce
qui s'ensuit : le xv° jour de mars l'an mil cccc soixante
quatre, les miches que doit le celerier de l'abbaye
de Saint-Nicolas d'Angiers quant le parnage chet en la forest
de Monnoys dont en ceste presente sentence est faicte declaration, ont esté apreciées chacune miche du pris de quatre deniers t. à quelque pris que soit le blé, du consentement de frere Guillaume Edelin de present celerier
de lad. abbaye, qui a promis les paier et continuer à
celui pris. Presens maistre Robert Jarry, Guillaume Tourneville archiprestre d'Angiers, Guillaume Bernard conseillers
et audicteurs des comptes, sire James Louet tresorier d'Anjou

et autres. Fait en la Chambre desd. comptes à Angiers les jour et an dessusdiz. Ainsi signé du commandement de messeigneurs des comptes à Angiers, G. Rayneau.

Au bas de la page, après une mention relative à cette dîme, mention avec·la signature autographe :

Colacion faicte aux originaulx le xxᵉ jour de mars l'an mil cccc soixante-quatre, par nous.   G. RAYNEAU.

155

28 janvier 14$\frac{59}{60}$.

Touchant le greffe des remenbrances.

Arch. Nat. P 1334[7], f° 99 v°.

Pardavant nous les gens des comptes de très-excellant et puissant prince le Roy de Jherusalem et de Sicille, duc d'Anjou, estans à Angiers, se sont aujourd'uy comparuz et presentez Jehan de Charnieres en la personne de Thomin Guiteau son procureur, demandeur, d'une part, et maistres Jehan Binel l'esné et Jehan Binel le jeune licenciés en loys, deffendeurs, d'autre part, en la cause de requeste dudit de Charnieres pendent pardavant nous entreulx, touchant l'enterignement des lectres dudit seigneur Roy de Sicille, duc d'Anjou, contenant le don que led. Charnieres dit lui avoir esté fait des offices des greffes et garde des remanbrances des assises ordinaires dud. pais d'Anjou, des cens d'Anjou, et du fyef de Querqueu par la mort de feu Olivier Binel ; contre l'execucion de laquelle requeste lesdiz deffendeurs disans lesd. offices leur appartenir se sont autreffoiz opposez à nous, et pour ce eussons appoincté qu'ilz mectroient pardevers nous le double de leurs tiltres desdictes offices collationnés à l'original par Guillaume Rayneau clerc de ceans en la presence dud. Guiteau procureur dessusd., pour leur donner, iceulx tiltres veuz avecques ceulx dud. Charnieres sur lad. opposicion, tel appoinctement qu'il appartendra par raison ; auquel appoinctement lesdictes parties ont obbey ; et ce fait, iceulx tiltres par nous veuz bien à

loisir et sur iceulx eu grant advis et deliberacion, avons
lesd. deffendeurs en la presence dud. Thomin Guiteau et
du procureur d'Anjou receuz à leurd. opposicion ; et pour
plus amplement venir dire les causes d'icelle et proceder au
seurplus entreulx et led. Charnieres ainsi qu'il appartendra
par raison, avons assigné jour ausdictes parties au xxv⁰ jour
de mars prouchain venant, pendant lequel temps lesd.
coppies seront par nous envoyées pardevers led. seigneur
Roy de Sicille avecques lectres contenans ce que avons besongné en la matiere, affin que sur ce il nous face savoir son
bon plaisir. Donné en lad. Chambre des comptes le lundi
xxviii⁰ jour de janvier l'an mil cccc cinquante neuf. Ainsi
signé du commandement de messeigneurs des comptes à
Angiers, G. Rayneau.

156

13 février 14$\frac{59}{60}$

*Extrait d'une lettre de la Chambre des comptes au Roy de
Sicile sur divers objets (f⁰ 101 r⁰).*

Arch. Nat. P 1334⁷, f⁰ 101 v⁰.

· · · · · · · · · · · · · · · ·

   Sire, nous avons aussi receu de vous lectres patentes et
closes par lesquelles nous est apparu que vous avez donné
à Jehan de Charnieres vostre secretaire les offices des greffes
des cens d'Anjou, des eaux et forestz de vostredit pais, du
Pont de Sée, et du fief de Querqueu vacquant comme dient
lesdictes lectres par la mort et trespas de feu Olivier Binel.
Et tantost après la presentacion de vosd. lectres à nous
faicte par le procureur dudit de Charnieres, les enfans dudit
feu Binel qui sont deux jeunes licenciés es loys sont venuz devers nous en lad. Chambre, et par Jehan de Pincé et Jehan
Binel avocaz en court laye illec presens avecques eulx, nous
ont fait remonstrer que aucuns desd. offices ne vacquent
par le trespas dudit feu Binel, et que touz iceulx offices sont
et appartiennent ausdiz enfans, et les ont tenuz et possidez

par vertu de voz lectres long temps avant le trespas dudit
Olivier Binel, et quoy que soit dès le temps que touz les
greffes de vostre pais d'Anjou furent remis à vostre dommaine, auquel temps les leur rendistes moyennant certain
appoinctement fait par vous avecques leur pere, et sur ce nous
ont presenté troys ou quatre lectres patentes de vous dont
vous envoyons la coppie par ce present porteur ; sur quoy
nous avons fait toutes les responces et replicques qui nous
ont semblé estre neccessaires, et voulions appoinctez que
lesdiz greffes seroient sequestrez et mis en tierce main ; à
quoy ilz ont donné opposicion, protestant d'en appeller si on
vouloit aucunement proceder oultre. A laquelle opposicion
tout consideré et mesmement qu'il appert par vosd. lectres que aucun desdictes offices ne vacque par le trespas
dud. feu Olivier Binel sur la mort duquel sont fondées les
lectres dud. Jehan de Charnieres, et doubtant aussi led.
appel, les avons receuz à lad. opposicion, et tout fait et
besongné en la presence du procureur dudit de Charnieres
qui congnoist assez la matiere de ce qu'il en a veu, et en icelle
opposicion avons assigné jour aux parties pardavant nous
au xxe jour de mars prouchain venant, pendant lequel temps
avons dit ausd. parties que vous ferons savoir ce que avons
trouvé en lad. matere, pour sur ce nous faire savoir vostre
bon plaisir : et semblablement doit escripre le procureur
dud. de Charnieres à son maistre tout ce qu'il a veu en lad.
matere.....

157

28 avril 1460 après Pasques.

*Lectres closes pour Jehan de Charnieres pour les greffes de
feu Olivier Binel.*

Arch. Nat. P 1334⁷, f° 111 v°.

Très-chiers et feaulx, comme piecà avez peu veoir par
noz lectres patentes à aucuns de vous adressans, nous donnasmes ou moys de decembre darrain passé à nostre amé

et feal secretaire Jehan de Charnieres les greffes que tenoit feu Olivier Binel en nostre pais d'Anjou, contre l'execucion et enterinement desquelles noz lectres les enfans dudit feu Olivier se sont opposez ainsi que nous avons veu par les lectres sur ce à nous escriptes, et jour assigné en lad. opposicion à certain terme passé, disans lesdiz greffes à eulx appartenir parce que dès le vivant dudit feu Olivier nous les confermasmes à luy et à sesdiz enfans et au plus vivans, ainsi que ce appert par noz lectres dont les coppies nous ont esté envoyées pardecà, lesquelles nous avons veues et fait veoir en nostre Conseil. A la verité quant nous feismes l'octroy desdiz greffes à nostred. secretaire, nous n'avions pas memoire que en eussons ainsi disposé audit feu Olivier et n'entendismes onques les luy bailler ainsi touz; et nous semble bien que lui devoit suffire de les avoir à sa vie et de s'i estre enrichy ainsi qu'il estoit au temps de son trespas, sans en vouloir faire l'eritaige de sesdiz enfans qui jamais ne nous ont fait service, et que noz serviteurs qui ont usé et emploié leur jeunesse à nous servir meritent d'estre preferer à telles gens ; et puisque ainsi est nous avions bien agreable l'appoinctement desdictes parties, et que lesdiz greffes ne fussent du tout ne à l'un ne à l'autre, mais fussent divisez entreulx et que ne se travaillassent par procès ne autrement, actendu mesmement qu'ilz se ventent de noz lectres d'une part et d'autre ; Si voulons et vous mandons que sommairement et de plain et sans figure de procès vous essayez à les appoincter par maniere que nostredit secretaire ait partie d'iceulx greffes, et tellement y faictes que raisonnablement il se doye contenter, autrement nous y donnerons telle provision que verrons estre expediant à son entencion. Très-chiers et feaulx, Nostre Seigneur vous ait en sa sainte garde. Escript à Aix le xxviiie jour d'avril. Ainsi signé, René, Alardeau. Et sur le doux desd. lectres est escript : A noz très-chiers et feaulx les seneschal et autres gens de nostre Conseil estans à Angiers.

F° 123 r°.

Une lettre sans date, mais qui doit être du 14 juillet 1460,

. de la Chambre des comptes au Roi de Sicile donne avis qu'on n'a pas pu arranger les parties ; les enfants de Binel (les Binetz) ont offert à de Charnieres 30 écus pour tous ses droits et ne paroissent pas vouloir offrir autre chose. Ils allèguent toujours les lettres du Roi, « et qui leur cousta de bon argent. »

158

2 juin 1461.

Injuncion à Pierres Velier de rendre ses comptes du fait des pavaiges dedans l'Angevine, sur peine de suspension de son office.

Arch. Nat. P 1334[7], f° 169 v°.

Aujourd'ui II[e] jour de juing l'an mil III[c] LXI, a esté commandé et enjoinct en ceste Chambre des comptes à Pierres Velier, maistre des pavaiges et barrages d'Angiers, qu'il rende et apporte en cestedicte Chambre des comptes touz ses comptes de la recepte et despence qu'il a faicte du fait desd. pavaiges, depuis le temps de son institucion audit office jusques aujourd'ui, et dedans le jour et feste de l'Angevine prouchain venant pour touz delaiz, sur peine de radiacion de ses gaiges, et sur peine d'être suspendu de son office. Et lequel Pierre Velier en cas de deffault qu'il n'en fournist dedans led. jour, en a esté et est suspendu du jourd'ui comme pour lors led. cas avenu. Et est ce fait obstant que led. Pierres Velier a eu plusieurs assignacions et delaiz de fournir de sesd. comptes et à certaines peines, à quoy il n'a voulu obbeyr pour quelconque injuncion qui luy ait esté faicte. Presens, maistre Guillaume Gauquelin president, Robert Jarry, Guillaume Bernard, Jehan Muret conseillers et audicteurs, et moy.

G. RAYNEAU.

Cette minute est écrite en entier par Rayneau.

159

11 novembre 1461.

Appoinctement sur la ferme des deniers du tabellionage
d'Angiers fait entre le fermier present et les precedens
fermiers pour la garde des seaulx et emolument d'iceulx.

Arch. Nat. P 1334⁷,f° 208 v°.

Le xiᵉ jour de novembre l'an mil cccc soixante et ung,
entre Pierres Chaillou, fermier du tabellionaige d'Angiers
pour troys ans commençans à la Toussains derreniere passée
iiiiᶜ lxi et finissant au derrain jour d'octobre l'an mil
cccc lxiiii, et Jacques Lecamus, plege et compaignon en
lad. ferme, d'une part : et Girard Chauvin precedant fermier du tabellionnaige et mary de la fille de feu Jehan
Lambert, lequel en son vivant avoit longtemps tenu lad.
ferme, et aussi maistre Germain Lambert filz dud. feu
d'autre part ; en leurs presence et de leurs consentemens,
touchant la garde et ferme des seaulx desd. contratz, a esté
appoincté ou Conseil du Roy de Sicile, duc d'Anjou, ce que
s'ensuit : C'est assavoir que consideré que led. feu Lambert
avoit tenu ledit tabellionnaige par l'espace de xxv ans ou environ et led. Girart Chauvin par le temps de six ans ou environ, que lesd. Chauvin et Lambert pour recuillir les restes du
temps passé de leursd. fermes, auront dud. jour de la Toussains derreniere passée jusques à six mois prouchains ensuivans une clef de la boeste où seront mis lesdiz seaulx, et
sans laquelle clef lesd. Chaillou et Lecamus ne pourront
seller aucunes lectres, ne l'un d'eulx ; et tendront lesd.
Chauvin et Lambert durant lesd. six moys ung clerc resi-
dant au tablier où seront mis lesd. seaulx, led. aura lad.
clef pour ouvrir la boeste en laquelle seront mis lesd.
seaulx toutes foiz que meistier en sera, tellement que par
deffault dud. clerc et de sa non residence lesdiz Chaillou et

Lecamus ne puissent avoir aucun dommage en leurd.
ferme, et si led. clerc faisoit le contraire, lesdiz Chaillou et
Lecamus s'en pourront venir plaindre en ceste Chambre
des comptes pour leur y donner provision de justice ; et
aussi si lesd. Chaillou et Lecamus faisoient aucune difficulté
de seeller les lectres desd. Chauvin et Lambert passées par
avant lad. feste de Toussains derreniere passée et leur empescher aucunement le prouffit desd. seaulx, iceulx Chauvin
et Lambert en pourront faire demande à iceulx Chaillou et
Lecamus ou à autres qui le auront receu, ou qu'ilz les auront
empeschez d'en joir, pardavant les gens du Conseil dud. seigneur en cested. Chambre pour leur y donner provision comme dessus. Pendant lesquelz six moys lesd. Chauvin et Lambert pourront recuillir le prouffit et emolument des seaulx des
lectres et obligacions qui ont esté passées de tout leur temps
precedant lad. feste de Toussains derreniere passée à eulx
appartenant comme dessus est dit; et lesdiz six moys passez
sans prejudice des droiz desd. Chauvin et Lambert, rendront iceulx Chauvin et Lambert ausd. Chaillou et Lecamus
la clef de lad. boueste. Et neantmoins que lesd. six moys
fussent passez, toutes les lectres et obligacions datées de
par avant lad. feste de Toussains derreniere passée du
temps desd. Chauvin et Lambert qui seront apportées à
seeller, le prouffit et emolument dud. seau sera entierement baillé à lad. veuve dud. feu et ausd. Chauvin et Lambert du temps qu'ilz auront tenues lesd. fermes. Et seront
tenuz lesd. Chaillou et Lecamus faire ouverture de la boeste
toutes foiz et quantes que par lesd. Chauvin et Lambert ou
autres de par eulx en seront requis, pour seeller lesd. lectres du temps de leursd. fermes sans aucune difficulté ou
contredit, en portant la cyre. Et ne pourront lesd. Chaillou
et Lecamus seeller ou faire seeller aucunes lectres du temps
desd. Chauvin et Lambert sans le faire premierement savoir ausd. Chauvin et Lambert, ou en leur maison en leur
absence, affin qu'ilz n'y puissent perdre aucune chose de
leur droit. Et oultre lesd. Chauvin et Lambert seront tenuz
payer leur porcion du louaige du tabler où seront mis lesd.
seaux durant lesdiz six moys, à compectant salaire. Fait ou

Conseil dud. seigneur Roy de Sicile duc d'Anjou tenu en
sa Chambre des comptes à Angiers ouquel estoient le procureur d'Anjou, maistres Robert Jarry et Guillaume Bernard
conseillers et auditeurs, les jour et an dessusd. Ainsi signé
du commandement de messeigneurs du Conseil et des
comptes estans à Angiers, G. Rayneau.

160

24 novembre 1461.

Cabinet des titres. — Breslay (11.334).. — N° 2.

Original qui paraît avoir été coupé d'un parchemin contenant
plusieurs notices semblables.

Continué tout ce qui pend par ceans entre lad. damme de
La Roche-Guyon comparoissant comme dessus demande-
resse, d'une part ; et la damme de Cambray en la personne
dudit Louet procureur dessusdit deffenderesse, d'autre part ;
en l'estat du jour d'uy jusques à l'assise prouchaine pour
proceder entrelles ainsi que de raison donra. Donné à
l'assise de Baugé tenue par nous Jehan Breslay licencié en
loys, juge ordinaire d'Anjou, le xxiiiie jour de novembre l'an
mil iiii° lxi. Constat. Et a esté ce fait à la requeste du procureur de ladicte damme de Cambray. Donné comme dessus.

RICHOMME.

161

2 février 146$\frac{1}{2}$.

*Lettres par lesquelles Jamet Thibault, huissier de la Cham-
bre des comptes, peut faire excercer sond. office par son
clerc demourant avec luy jusques à ung an.*

Arch. Nat. P 1334⁷, f° 217 r°.

René, par la grace de Dieu, roi de Jherusalem, de Sicile,

duc d'Anjou, per de France, duc de Bar, conte de Prouvence, de Forcalquier et de Pimont, à noz amez et feaulx conseillers les gens de nostre Chambre des comptes à Angiers, salut et dilection. Comme puis nagueres aucuns nous ont voulu dire et remonstrer que nostre chier et bien amé Jamet Thibault, huissier de nostre Chambre des comptes et du Conseil, est tenu et obligé de faire continuelle residence en lad. Chambre en faisant son office, neantmoins, pour contemplation d'aucuns noz especiaulx serviteurs qui nous ont remonstré le long service que nostred. huissier nous a fait depuis le temps de sa jeunesse jusques à present, aussi consideré la grant charge qu'il a de present de grant mesnaige et femme et enfans à soustenir, il ne lui seroit pas bonnement possible sans grant dommaige vacquer personnelment et excercer sond. office d'uissier, actendu qu'il tire desjà sur l'aage, et qu'il est neccessaire d'avoir un homme prompt et dilligent à assembler le Conseil et autres quant les cas y surviennent, pour quoy ces choses considerées, et aussi pour l'amour et contemplation de nosd. serviteurs, avons donné et octroié, donnons et octroions par ces presentes audit Jamet Thibault qui lui loyse et puisse faire excercer par un sien clerc demourant avec lui sond. office d'uissier de lad. Chambre et du Conseil jusques à ung an, à commancer du date de ces presentes ; et oultre plus voulons et nous plaist quant led. Jamet Thibault fera et excercera en personne sond. office, qu'il le face en la fourme et maniere qu'il a fait en personne le temps passé, non obstans quelzconques usaige et coustume observée et gardée par led. temps passé, lesquelles ne voulons avoir lieu, ne prejudice pour le temps present, et en tant que mestier seroit l'en avons relevé et relevons. Si voulons et vous mandons que de noz presens don, surceance et octroy, vous faictes, seuffrez et laissez entierement joir et user led. Jamet Thibault par le temps et en la fourme dessusd. sans aucun contredit ou difficulté, car ainsi nous plaist il estre fait.

Donné à Tours le iie jour de fevrier l'an mil iiii^c soixante et ung. Ainsi signé : René. Par le Roy le seigneur de Perciny *(sic)* et Jehan Hardoin tresorier de France, avec plusieurs

autres presens. J. de Charnieres ; et apres lad. signature est
escript : visa per me N. episcopum Massiliensem presidem
supradictum, XV. Reg^{ta} Raoulet.

162

24 février 146$\frac{1}{2}$.

Appoinctement par lequel Jamet Thibault, huissier, a commis
Jehan Lepeletier pour excercer sond. office jusques à ung
an, et que pour ce faire il ait et prenne la moitié de ses
gaiges dud. office.

Arch. Nat. P 1334^7, f° 217 r°.

Aujourd'ui, xxiiie jour de fevrier l'an mil iiii^c saixante
et ung, Jamet Thibault, huissier de ceste Chambre des
comptes, a presenté les lettres du Roy de Sicile cy-dessus
registrées, et a requis l'enterignement d'icelles à messeigneurs des comptes ; en enterignant lesquelles lettres,
led. Jamet Thibault a nommé en lad. Chambre et presenté en icelle Jehan Lepeletier, pour excercer sond. office de huissier jusques à ung an, à commancer du ii^e
jour de ce present moys de fevrier à ses perilz et fortu-
nes, à quoy il a esté receu, sans prejudice des ordonnances nagueres faictes par led. seigneur en son pays de
Provence sur le fait de lad. Chambre, et que led. seigneur
sera informé par lesd. gens des comptes de ceste matiere,
pour eulx oyz en ordonner à son bon plaisir ; et a voulu et
consenti que pour ce faire, led. Jehan Lepeletier ait et prenne
la moitié de ses gaiges de lad. Chambre, montant la somme
de vingt-cinq livres tournois, ainsi et en la maniere qu'il
les a autresfois prins pour pareille et semblable cause par
plusieurs années, dont led. Lepeletier a esté content et d'accord ; et dud. Jehan Lepeletier a esté prins le serment de

bien et loyaument excercer led. office de huissier durant lad. année ou jusques au bon plaisir dud. seigneur, ainsi que en tel cas est accoustumé de faire. Presens, maistre Guillaume Gauquelin président desd. comptes, Robert Jarry, Guillaume Bernard, Jehan Muret conseilliers et auditeurs, et moy.

G. RAYNEAU.

163

Copie délivrée le 26 août 1462.

Instruccion comment chacun officier doit proceder en son office : entre lesquelles s'ensuit l'office de sergenterie des foires et marchez des païs d'Anjou et du Maine, lequel sergent est appellé autrement sergent des poys à crochet, balances, aulnes à touz mesurans, et laines à touz texiers.

Arch. Nat. P 1334[4] au commencement (anc. P 329, n° IX).

Et premierement, quant on met ledit sergent en office, l'en doit estre informé de sa proudommie et loyauté, et discreccion, savant sur le cas, et icellui estre essermenté sollempneement de excercer ledit office bien et loyaument au prouffit du bien publique et de la seigneurie selon la forme qui s'ensuit, laquelle instruccion doit estre baillée en le mectant en office avecques les poys et balances, et aulnes par lesquelles on doit adjuster à touz et à chacun qui en veult user.

Item, Ledit sergent doit avoir et prendre de chacun poys à crochet pour le adjuster et mercher cinq soulz t.

Item, D'adjuster et mercher balances, livre, demie livre, quart de livre, cinq soulz t.

Item, D'aulnes adjuster et mercher, cinq soulz t.

Item, Pour compter et mercher les laines, cinq soulz

t., autant de cinq cens, comme de sept cens, comme de neuf cens et aultres selon qu'ilz en vouldroient user : et en doit prendre oud. duchié d'Anjou cinq soulz tournois, et en ladicte conté du Maine le double de ce que dessus est dit.

Item, L'en doit bailler le merc audit sergent pour mercher les mesures dessusdictes.

Item, Doit ledit sergent visiter troys foiz l'an en especial aux troys foires principales lesdiz poys, balances, et aulnes, et laines, et pour sa visitacion puet prendre quatre deniers en Anjou ; oudit conté du Maine le double.

Item, S'il trouve aucun qui aie usé de poys non merché, il le doit adjourner à la court au prouchain ressort à respondre au procureur de la court, et le doit amender selon le temps qu'il aura usé de soixante soulz ou au dessoubz.

Item, Et s'il trouve aucun desdiz poys, balances, aulnes et laines où il ait aucun deffault, les doit prendre, et seeller, et bailler en garde, et adjourner le mal usant davant le prouchain siege du seigneur ou lieutenant ; et faire apporter led. malefice seellé, afin que la partie ou parties soient condempnez en amende selon l'exigence du cas.

Item, Doit avoir son escroe pour adjourner les mal usans davant les juges ou lieutenans ; et faire apporter et informer la court du malefice ; et le juge le doit condempner selon ce qu'il trouvera ; et doivent estre audit sergent lesdiz poys ou balances, ou autres choses de quoy on aura mal usé.

Item, Ledit sergent doit avoir son pappier journal pour escripre ses visitacions, et ne doit rien avoir se il ne visite ; et se il ne visite, le procureur le doit traicter à amende.

Item, Nulli ne doie avoir poys es villes ne banleue là où est le grant poys des seigneur, ne ne doit user de nul poys qui poyse plus de vingt-cinq livres au fort, douze ou demye au foible, et s'il est trouvé excedant, pugny comme dessus.

Item, Et si aucuns requierent es villes champestres ou ailleurs hors de lad. ville ou banleue avoir poys qui poysent plus de xxv l., ledit sergent les leur devra mercher ; mais par ainsi qu'ilz payeront tousjours moitié plus comme dessus est dit, en leur faisant inhibicion et deffense que par eux ne par autres n'en poysent esdictes ville ne banleue sur paine de grosse amende. Et puet prendre ledit sergent double salaire de ceulx icy. Et s'il treuve aucun qui en ait usé, ledit sergent le puet traicter comme dit est.

Item, Doit ledit sergent adjuster, mercher et visiter les grans poys de la seigneurie sans sallaire en prendre : et s'il y treuve malefice, traicte comme dessus. Et en cas que ledit sergent ne les visitera comme dessus, le procureur de la court doit proceder contre ledit sergent pour le faire condempner à amende.

Item, Se ledit sergent abuse de son office, comme de receler adjournemens, ou soustenir mal usans de faulx poys ou mesures, il doit estre pugny. Et s'il prent plus grant salaire qu'il ne doit, il doit estre condempné à restituer aux parties, et en amende envers la court.

Item, Ledit sergent peut user de touz autres offices de sergenterie par commission,

Item, Et oultre puet adjourner partie à partie sur aucuns debaz qui pourroient escheoir à cause desd. choses.

Item, Et en quelconque lieu qu'il arrive en l'absence du sergent ordinaire, et il est trouvé aucuns eminens perilz comme de cas de murtre, forcerie ou roberie ou autre malefice, il puet user selon le cas et comme officier, et faire son rapport à la court, lequel rapport doit estre enregistré ou pappier de la court, et en l'escroe du sergent ordinaire.

Item, Ledit sergent puet avoir plusieurs commissaires à excercer ledit office comme dit est parmy les païs et bailliaiges, et les doit presenter au juge ou lieutenant pour les recevoir, le procureur de la court present à la recepcion du serment, aux perilz dudit sergent, ou qu'il baille caucion suffisant.

Item, Quant ledit sergent est trespassez, les heritiers ou aians cause doivent apporter les poys et mesures de quoy il aura adjusté, avecques le pappier journal et escroe et le merc, avecques les amendes qui auront esté baillées à lever ; et icellui pappier et escroe doit bailler au sergent

qui après est institué, et le merc doit demourer devers la
court, et en doit on bailler ung autre aud. sergent, auquel
il ait aucune difformité ou differance.

> Extrait des registres de la Chambre des comptes
> à Angiers, et baillé à Jehan de Souhenne, sergent et
> officier desd. poys et balances etc., par le comman-
> dement de messeigneurs desd. comptes à Angiers le
> xxvi⁰ jour d'aoust l'an mil cccc saixante et deux.
>
> G. RAYNEAU.

164

23 mai 1463.

Touchant deux lettres que les religieux, abbé et convent de
Mellinays demandent estre ressellées.

Arch. Nat. P 1334⁸, f⁰ 28 r⁰.

Le lundi xxiii⁰ jour de may m cccc lxiii se transporta au
lieu de Baugé pardevers maistres Guillaume Tourneville,
archeprebstre d'Angiers et Robert Jarry, conseilliers et audicteurs des comptes du Roy de Sicile en sa Chambre des
comptes à Angiers (1)   religieux de l'abbeye de
Mellinays et procureur de l'abbeye et convent dudit lieu,
lequel dist et declaira ausd. Tourneville et Jarry, qui lors
estoient alez audit lieu de Baugé pour bailler les fermes
dud. lieu de Baugé pour led. seigneur Roy de Sicile, que il
avoit deux lectres qui estoient des pieczà passées soubz
les contractz de Baugé, de present appartenans ausd. abbé
et convent par certains moiens, l'une donnée le xiii⁰ jour
de janvier m ccc iiii^{xx} vi.... et l'autre donnée le xx⁰ jour de
may m iii ⁰ iiii^{xx} xiii.... et que lesd. lectres avoient jà piecà
esté seellées, mais que les seaulx depuis aucun temps en cà

---

(1) Blanc dans le registre.

en estoient cheuz, et encores y apparoit aucune petite porcion en l'une desd. lectres, et en l'autre n'y avoit point de
cire mais apparoit que il y en avoit eu ; et a led. religieux et
procureur presenté deux tesmoings, c'est assavoir Jehan
Bernart et Jehan Pironneau de Baugé, qui ont affermé après
leurs sermens prins par lesd. Tourneville et Jarry de dire
verité que ilz avoient autreffoiz veu lesd. lectres seellées des
seaulx anciens des contraz dud. lieu de Baugé sains et entiers, requerant led. religieux et procureur que nous Tourneville et Jarry voulsissions faire rapport en lad. Chambre de la depposicion desd. deux tesmoings, affin que led.
rapport fait lesd. deux lectres fussent ressellées desd. anciens seaulx dont autreffoiz furent seellées, lesquelx sont en
lad. Chambre des comptes, affin que desd. lectres lesd.
abbé et convent qui dient avoir le droit des choses contenues esd. lectres s'en puissent aider en temps et en lieu
ainsi que de raison ; lesquelx Tourneville et Jarry ont rapporté en lad. Chambre ce que dit est, et pour ce ont esté
lesd. [lectres] ressellées et baillées aud. abbé ou sond.
procureur pour s'en aider comme dessus.

(Pas de signatures.)

165

18 octobre 1463.

Lectres par lesquelles le Roy de Sicile mande aux gens de
son Conseil dont ne sait les noms escripre leurs noms de
leur main es lectres que d'ores en avant lui escripront.

Arch. Nat. P 1334⁸, fᵒ 49 vᵒ.

De par le Roy de Sicile, etc...

Chiers et bien amez de nostre Conseil d'Anjou desquelz
ne savons les noms, nous avons veu la lectre que vous nous
avez envoyée par nostre apoticaire Anthonelle, laquelle est
en grande multiplicacion de parolles et en substance fort
confuse, sur laquelle pour vous parler bref de vostre responce ne sommes point contens ne satisfaiz en courage.

Mais pour ce que davant vostred. responce en avions ordonné
au senneschal d'Anjou et au seigneur de Malelievre besongner sur lesd. materes, ne vous escrivons autre pour le present sinon que en nosd. materes vueillez à eulx obeir et
faire autant comme si le vous desions de nostre propre bouche sans y faire delay. Et quant vous nous rescrirez d'ores
en avant vous commandons et ordonnons sans plus faire
au contraire sur peine de privacion de voz offices, que vous
vueillez escrire voz noms de vostre propre main chacun
d'entre vous affin que nous en saichons à qui prendre.
Donné en nostre ville de Saint-Mihiel le xviiie jour d'octobre.
Ainsi signé, René. Raoulet. Et dessus ces lectres est escript :
A noz chiers et bien amez les gens de nostre Conseil d'Anjou.

166

26 mai 1464.

Touchant les amendes des causes autreffoiz pendans parde-
vant feu Me Jehan Trepigne, Jehan du Vau et Me Thomas
de Servon, juges et conservateurs etc....

Arch. Nat. P 1334⁸, f° 57 r°.

De par le Roy de Sicile, etc...

Noz amez et feaulx, nous avons esté advertiz que feu
maistre Jehan Trepigne, Jehan du Vau et maistre Thomas
de Servon chacun en leur temps ont entreprins la cognoissance des causes des escoliers de nostre Université d'Angiers
comme conservateur des privilleges d'icelle, soubz umbre
de l'office de juge de nostre provosté d'Angiers. Et combien
que les amendes desd. causes nous compectent et appartiennent, neantmoins ilz n'en ont chacun en leur temps
rendu aucuns exploiz comme on nous a rapporté, en nostre
prejudice et dommage ; à laquelle cause vous mandons et
expressement enjoignons contraindre les heritiers dud. feu,
et aussi led. du Vau et Servon à bailler les rolles desd. amen-

des, ainsi que savez qu'il est accoustumé de faire en telz cas ; et en ce ne faictes ou commectez aucun deffault. Noz amez et feaulx, Notre Seigneur vous ait en sa sainte garde. Escript en nostre ville de Bar le xxvie jour de may. Ainsi signé, René, Benjamin. Et dessus ces lectres est escript : A noz amez et feaulx conseillers les gens de nostre Chambre des comptes estans à Angiers.

Fo 62 vo.

La Chambre leur en a parlé, et il a esté appoincté que dans les huit jours prochains venants ils apporteront pardevers nous les roles des amendes desquels la plupart a autrefois eté rendu et baillé pardevers nous. Et ce fait vous informerons de ce que aurons trouvé etc...

Lettre de la Chambre des comptes au Roy du 22 juin 1464.

167

1er juillet 1464.

Lectres closes des gens du Conseil et des comptes par lesquelles ilz mandent aux lieutenant et procureur de Saumur euix transporter es maisons du feu president à Saumur, et prendre toutes les lectres appartenans au Roy et à la feue Royne.

Arch. Nat. P 1334⁸, fo 62 vo.

Très-chiers freres et especiaulx amys, pour ce que avons sceu que maistre Guillaume Gauquelin en son vivant president des comptes d'Anjou est nagueres allé de vie à trespassement (28 juin), et qu'il avoit devers luy pluseurs lectres et enseignemens qui touchent le Roy de Sicile nostre seigneur et sa seigneurie, et tant de son temps que du temps de la feue Royne sa mere desquelz il a esté longtemps serviteur, nous vous mandons de par led. seigneur Roy de Sicile et nous, que vous et chacun de vous vous transportez es maisons dud. president estans à Saumur, et illecq prenez toutes et cha-

cunes lesd. lectres et les mectez en seure garde seellées
comme il appartient, ou les envoyez en la Chambre des
comptes à Angiers pour illec estre gardées ainsi qu'il est de
raison. Si n'y faictes faulte très-chiers freres et especiaulx
amis, Nostre Seigneur soit garde de vous. Escript à Angiers
le premier jour de juillet. Et au bas de ces lectres est escript,
les gens du Conseil et des comptes du Roy de Sicile estans
à Angiers. Et dessus : A noz tres-chiers freres et especiaulx
amys les lieutenant et procureur de Saumur.

168

29 juillet 1464.

Lettre de Benjamin de son office de conseiller et audic-
teur des comptes ordinaire.

Arch. Nat. P 1334⁸, fᵒ 81 rᵒ.

René par la grace de Dieu Roy de Jherusalem et de Sicile, duc d'Anjou et de Bar, conte de Provence, de Forcalquier
et de Pimont, à noz amez et feaulx conseillers les gens de
nostre Chambre des comptes estant à Angiers salut et dilection. Comme puis nagueres après la mort et trespas de
feu Guillaume Gauquelin qui par aucun long temps a porté
et exercé l'office de president en nostred. Chambre, nous
aiez escript et advertiz que quant fusmes en nostred. pais
d'Anjou prendre possession d'iceluy, fut fait par nous ordonnance en notre Conseil redigée en lettres patentes touchant nostred. Chambre et les gens et officiers d'icelle, par
laquelle ordonnasmes lors troys maistres auditeurs, deux
clercs, et ung huissier seulement, en nous advisant d'icelle
pour voz descharges, et que led. office de president estoit
de nouveau donné et mis sus contre et ou prejudice de
nostred. ordonnance ; Savoir vous faisons que Nous, informez que nostre amé et feal secretaire Pierre Leroy dit Benjamin l'un de voz compaignons, qui par long temps nous a

servy en nostred. Chambre en office de conseillier et maistre auditeur, entent et congnoist par longue experiance les
affaires d'icelle et en ce est bien experimenté, fut par vous
receu oud. office extraordinairement et oultre led. nombre
de troys, et que avant sa reception oud. office avez voulu
avoir nos lettres de declaration dud. office extraordinaire et
non impetrable, et aussi que desd. deux clercs que lors ordonnasmes estre en nostred. Chambre n'en y a de present
que ung ; pour lesd. causes et autres à ce nous mouvans
avons de nostre certaine science et propre mouvement declairé et declairons que d'ores en avant et pour touzjours aura
en icelle (1) quatre conseillers et maistres auditeurs ordinaires, du nombre desquelz voulons et declairons led.
Benjamin estre l'un, ung clerc seulement, et ung huissier.
Et par ainsi faisons son office ordinaire (2) ne augmen-
tons en riens le nombre des gens et officiers estans en
nostred. Chambre, mais seulement ou lieu d'un clerc
mectons ung conseiller et maistre auditeur ordinaire ; auquel Benjamin pour consideration des services qu'il nous a
faiz ou temps passé tant en lad. Chambre que ailleurs, et
pour luy aider à supporter ses charges et despenses et soy
plus honnestement maintenir, avons donné et ordonné,
donnons et ordonnons la somme de trente livres tournois
chacun an d'ores en avant oultre la somme de soixante-dix
livres tournois qu'il prent à cause de sond. office, qui est
cent livres tournois par an ; à icelle somme de trente livres
avoir et prendre par les mains de nostre receveur d'Anjou
present et à venir aux termes et par la forme et maniere que
les prenez. Si vous mandons et expressement enjoignons
par ces presentes que non obstant l'ordonnance dont dessus
est faicte mention que ne voulons porter prejudice en aucune maniere aud. Benjamin ne à ses successeurs en son
office, vous iceluy duquel avez par autreffoiz receu le serment en tel cas accoustumé aiez, tenez et reputez d'ores en
avant pour vostre frere et compaignon ordinaire en nostred.

---

(1) *En icelle,* en renvoi à la fin de l'acte.
(2) *Faisons son office ordinaire,* en renvoi à la fin de l'acte.

Chambre, et noz lectres de declaration de sond. office
extraordinaire cassez et abolissez, et lesquelles nous cassons
et abolissons et declairons nulles et de nul effect et valeur
par cesd. presentes et voulons estre rendues aud. Benjamin ; mandons en oultre à nostred. receveur present et à
venir que lesd. trente livres tournois pour le parfait desd.
cent livres.tournois il paye, baille et delivre d'ores en avant
par chacun an audit Benjamin des deniers de sa recepte
aux termes et par la forme et maniere qu'il les vous paye ;
par lequel rapportant pour une foiz vidimus de cesd. presentes collationné ainsi qu'il appartient et quictance dud.
Benjamin à chacun terme et payement, voulons tout ce qu'il
vous apparra lui avoir esté payé par led. receveur à lad.
cause estre par vous alloué en ses comptes et rabattu de
sad. recepte sans aucun contredit ou difficulté, non obstant
quelzconques ordonnances, restrictions, mandemens ou deffenses à ce contraires. Donné en nostre chastel de Luppy le
vingt neufiesme jour de juillet l'an de garce mil cccc
soixante et quatre. Ainsi signé, René. Par le Roy, l'evesque
et conte de Verdun, le seigneur de Clermont, Lebegue du
Plesseys seigneur de Parnay et autres presens, J. Allardeau.
Registrata. Raoulet.

Et après lad. signature est escript : Aujourduy xiiiᵉ
jour de novembre l'an mil cccc soixante quatre, led. maistre Pierres Leroy dit Benjamin nommé en ces presentes lettres a esté par vertu d'icelles et pour les causes dedans contenues receu en conseiller et auditeur ordinaire de
la Chambre des comptes, es presences de monseigneur
l'evesque et conte de Verdun, maistres Robert Jarry, Guillaume Bernard, Guillaume Tourneville archiprestre d'Angiers, Jehan Muret conseillers et auditeurs en lad. Chambre.
Ainsi signé, G. Rayneau.

Et aud. Benjamin ont esté rendues les lettres du Roy par
lesquelles il avoit autreffoiz declairé led. office extraordinaire, et icelles lettres ont esté cassées au bureau es presences des dessusdiz.

169

23 octobre 1464.

Lettre pour envoyer au Roy les seaulx de sa justice.
Lad. lectre mise ou coffre ouquel estoient lesd. seaulx.

Arch. Nat. P 1334⁸, f° 77 r°.

De par le Roy de Sicile, etc.

Gens de noz comptes à Angiers, pour aucunes causes et consideracions vous mandons et expressement commandons que, incontinent ces présèntes par vous receues, nous envoyez par propre messaige, ou l'un de vous nous apportez noz seaulx de justice estans en nostred. Chambre pour au surplus en ordonner et faire ainsi que sera nostre plaisir. Si ne faictes ou commectez en ce aucun deffault. Donné en nostre chastel de Beaufort le xxiiie jour d'octobre mil ccccᵉ lxiiii. Ainsi signé, René. Benjamin. -

Le xxiiiiᵉ jour dud. moys d'octobre iiiiᶜ lxiiii ont esté apportées ces presentes par maistre Pierre Leroy dit Benjamin, et par vertu d'icelles les seaulx de la justice dud. seigneur ont esté baillez aud. Benjamin pour iceulx porter aud. seigneur, ce qu'il a promis de faire. Presens maistres Robert Jarry, Guillaume Tourneville archiprebstre d'Angiers, Guillaume Bernard, Jehan Muret conseillers et audicteurs, et moy.   G. Rayneau

170

8 novembre 1464.

Mandement d'adjourner en la Chambre la veufve du feu president et Mᵉ René Gauquelin son filz envers Mᵉ Guillaume Rayneau.

Arch. Nat. P 1334⁸, f° 80 v°.

Les gens des comptes du Roy de Sicile, duc d'Anjou,

per de France, estans à Angiers commissaires en ceste partie, à Jehan Lepeletier huissier de la Chambre desd. comptes ou au premier sergent dud. seigneur qui sur ce sera
requis, salut. Nous vous mandons et se mestier est commectons que, à la requeste de maistre Guillaume Rayneau secretaire dud. seigneur et clerc desd. comptes, vous baillez
adjournement à la veufve de feu maistre Guillaume Gauquelin en son vivant president desd. comptes et à maistre
René Gauquelin son filz, à comparoir pardavant nous en
cested. Chambre d'uy en huit jours prouchains venans
pour respondre aud. Rayneau sur le contenu en une supplicacion et requeste par luy presentée aud. seigneur Roy
de Sicile, et autrement à telles fins, requestes et conclusions
qu'il vouldra prandre et eslire, proceder et faire entreulz
ainsi qu'il appartendra par raison. De ce faire deuement
vous donnons povoir de par led. seigneur et nous, en nous
faisant relacion de ce que fait aurez sur ce. Donné en lad.
Chambre des comptes à Angiers soubz noz signez le viiie
jour de novembre l'an mil cccc soixante quatre. Ainsi signé
du commandement de messeigneurs des comptes à Angiers,
J. Peletier.

171

26 janvier 146$\frac{4}{5}$.

Les seaulx des contraz d'Angiers baillez en garde à Boitvin.

Arch. Nat. P 1334⁸, f° 87 v°.

Aujourd'uy sabmedi xxvie jour de janvier l'an mil iiiie lxiiii,
les seaulx des contraz d'Angiers ont esté baillez en garde à
Jehan Boitvin notaire desd. contraz, pour en seeller et faire
registre de toutes les lectres qu'il sellera ; et sera tenu rendre compte et reliqua de la recepte et mise qu'il en fera en
la Chambre des comptes à Angiers, et ce jusques autrement
en soit ordonné par le Roy de Sicile ou messeigneurs de
son Conseil ; et pour ses paines et salaires de vacquer à la

charge dessusd., luy seront tauxez et ordonnez en lad.
Chambre telz gaiges qu'il appartendra par raison eu regart
au temps qu'il aura tenu, exercé et fait valoir lesd. seaulx ;
et prendra ses quictances des payemens qu'il fera de
Pierres Bouteiller receveur d'Anjou, lesquelles luy seront
bonnes et vallables en ses comptes. Et dudit Boitvin a esté
prins et exigé le serment sollennel de bien et loyaumènt
exercer la garde desd. seaux, et d'y faire comme en tel cas
appartient. Fait et expedié en lad. Chambre des comptes
à Angers où estoient le sire de Loué, les juge et procureur
d'Anjou, le lieutenant d'Angiers, maistres Robert Jarry,
Guillaume Bernart, Guillaume Prevost, Pierres Leroy dit
Benjamin et autres.

Le iiie jour d'avril mil iiiie lxvii après Pasques, ou Conseil tenu en la Chambre des comptes où estoient le juge
d'Anjou, le lieutenant d'Angiers, le procureur d'Anjou,
maistre Robert Jarry, Guillaume Bernart, Jehan de Blavou,
a esté tauxé aud. Boitvin tant pour son salaire de la garde
desd. seaulx des contraz que pour le louaige du logeis où il
tient lesd. seaulx pour deux années, la somme de cinquante livres t. qui est par an la somme de xxv l.

172

7 mai 1465.

Arch. Nat. P 1334⁸, f° 101 r°.

A mes très-honnorés seigneurs messeigneurs du Conseil
du Roy de Sicile estans à Angiers.

Supplie humblement Jacques Lecamus et ses compaignons fermiers des seaulx des contraz de lad. ville pour
trois ans finiz au jour de Toussains dernier passé exclus,
que comme de touz temps et d'ancienneté les fermiers desd.
seaulx ou temps passé aient acoustumé d'avoir et prendre
après leurd. ferme finie l'emolument des seaulx de toutes
et chacunes les lettres obligatoires et autres passées sobz
lesd. contraz durant le temps de leurd. ferme, et il soit
ainsi que puis nagueres lesd. supplians aient presenté à

Jehan Boitvin garde desd. seaulx certaines lettres obligatoires du temps de lad. ferme desd. supplians, pour icelles
seeller et les luy rendre et bailler pour les bailler aux parties à qui elles appartiennent, et en avoir et exiger d'eulx
l'emolument du seel tel que de raison ainsi que ses predecesseurs fermiers ont accoustumé de faire, neantmoings
led. Boitvin garde dessusd. luy a fait reffus de bailler lesd.
lettres disant qu'il ne les baillera point sans vostre congié
et licence, qui seroit grant pityé si lesd. supplians ne jois-
soient de leurd. ferme, obstant qu'ilz ont eu de perte tant
pour la mortalité qui a esté ou pais que pour autres for-
tunes, montant v ͨ livres qui est près de la moictyé de
ce que couste lad. ferme ; par quoy mes très-honnorés seigneurs, vous plaist de vostre grace faire rendre ausd. supplians lesd. lettres et aussi commander aud. garde que
d'ores en avant ne leur donne aucun empeschement es lettres
de leur temps, et ordonner que lesd. seaulx soient mis en
ung coffre sobz deux clefs, dont lesd. supplians auront l'une
à la conservation de leurs restes, ainsi que on a fait aux autres fermiers après la fin de leurs fermes, ou y donner telle
provision qu'ilz aient le prouffit de leur temps ainsi que
raison est, et faire rapporter par serment par led. Boitvin ce
qu'il en a eu ou pourra savoir du temps de lad. ferme. Et
vous ferez justice et lesd. supplians prieront à jamais Dieu
pour vous.

Le Roy mande aux gens de sa Chambre des comptes à
Angiers faire rendre et bailler aud. Lecamus suppliant
et ses compaignons toutes les lettres qui ont esté passées
au dedens du temps de sa ferme toutes sellées, et avec ce
faire seller toutes autres lettres passées dedens led. temps
qui par led. suppliant et sesd. compaignons seront baillées
et presentées dedens six moys prouchains venans, le prouffit de tous lesquelz seaulx led. seigneur a donné et donne
aud. Lecamus et sesd. compaignons de grace especial
pour consideration des services qu'il lui a faiz et fera, sans
prejudice touteffoiz des droiz que led. seigneur a es seaulx
des lettres passées du temps des autres fermiers precedent,
et pour le temps à venir, ainsi que contiennent les instructions

anciennes desd. seaulx. Donné ou chastel d'Angiers le sep-
tieme jour de may l'an mil cccc lxv. Presens monseigneur
le conte de Vaudemont et de Haracourt, le seigneur de
Beauveau seneschal d'Anjou et autres, Benjamin.

Ordonnancé et acquit pour Jehan Boitvin garde des seaulx
des contraz d'Angiers que led. Boitvin a payé et baillé la
somme de xxv l. xviii s. t. à Jacques Lecamus, laquelle
somme il a receue du prouffit desd. seaulx.

De l'ordonnance des gens des comptes du Roy de Sicile,
duc d'Anjou, per de France, etc., estans à Angiers, Jehan
Boitvin garde des seaulx du tabellionnaige d'Angiers, a payé
et baillé à Jacques Lecamus, autreffoiz et naguerres fermier
desd. seaulx dud. tabellionnaige pour trois ans commen-
çant à la Toussaint m cccc lxi et finissant la vigille de lad.feste
m cccc lxiiii, la somme de vingt cinq livres dix huit solz t.
qu'il avoit receue du prouffit et emolument desd. seaulx
depuis le premier jour de fevrier derrain passé jusques à
present des lettres qui estoient dattées du temps desd. trois
années; et en est led. Boitvin demouré quicte. Et est ce
fait par vertu de la requeste baillée aud. seigneur Roy de
Sicile par led. Lecamus, laquelle est decretée et registrée
ou journal de lad. Chambre, f° ci.

173

14 janvier 146$\frac{5}{6}$.

Lettres des gens des comptes du Roy de Secille aux officiers
de Mirebeau.

Arch. Nat. P 1334⁸, f° 126 v°.

Très-chers freres et especiaulx amis, nous envoyons Jehan
Urvoy porteur de cestes avec lettres patentes du Roy nostre
maistre pour prendre au corps Jehan Payn et le amener

prisonnier en ceste ville d'Angiers, aussi pour prendre et
saisir ses biens meubles et heritaiges en la main du Roy
nostre maistre à la requeste de son procureur general ; et
pour ce s'ilz ont à besoigner de conduite ne d'ayde donnez
la leur, et les favorisez à vostre povoir, car tel est le plaisir
du Roy nostred. maistre. Tres-chiers et especiaulx amis
Nostre Seigneur soit garde de vous. Escript en la Chambre
des comptes à Angiers le xiiiᵉ jour de janvier iiiiᶜ lxv. Et
au bas desd. lettres est escript : les gens des comptes du Roy
de Sicile, duc d'Anjou, per de France estans à Angiers. Et
dessus : A noz très-chiers freres et especiaulx amis les
senneschal, chastellain et procureur de Mirebeau, et à chacun d'eulx.

F° 131 v°.

Cette arrestation était « pour certains larrecins et autres
malefices par lui commis ou fait de sond. office ou autrement. »

Après son arrestation il prit la fuite.

174

28 mars 146$\frac{5}{6}$.

*Serement de Thomin Guillemin maistre boucher du Pont
de Sée.*

Arch. Nat. P 1334⁸, f° 134 r°.

Le xxviiiᵉ jour de mars m cccc lxv avant Pasques, Guillaume
Ciron et Estienne Ciron bouchers demorans aux Pons de Sée
ont amené en ceste Chambre Thomin Guillemin filz de feu
Guillaume Guillemin, en son vivant maistre juré boucher
dud. lieu du Pont de Sée, lesquelx ont rapporté aussi en la
presence de Jehan Lebas sergent dud. lieu que led. Thomin
Guillemin estoit suffisant et habille aud. mestier de boucher,
et iceluy recevoir et faire le serement de maistre boucher
dud. lieu. Après le rapport fait des dessusd., led. Guillemin a
aujourd'uy fait le serement de bien et loiaument exercer led.

mestier de boucherie aud. lieu du Pont de Sée en la forme
et maniere que les autres bouchers dud. lieu ont acoustumé
de faire, et aussi de paier le devoir deu à cause de ce par
chacun an à la recepte ordinaire d'Anjou. Led. Thomin
Guillemin s'est obligé etc... Fait en la presence de maistre
R. Jarry conseiller etc..., Jehan Legay argentier de la
Royne etc..., et autres.

175

11 mai 1466.

*Appoinctement que Pierres Chaillou fermier de la cloaison
d'Angiers payera à Jehan Barrault ciergier la somme de
xii l. x s. pour les torches de lad. ferme de la cloaison
d'Angiers.*

Arch. Nat. P 1334[8], f° 140 r°.

Le xie jour de may l'an mil cccc soixante six, ou Conseil
du Roy de Sicile tenu en sa Chambre des comptes à Angiers,
ouquel estoient les juge, tresorier, lieutenant, advocat et procureur d'Anjou, maistres Robert Jarry, Guillaume Tourneville, Pierres de la Poissonniere, Guillaume Bernard, Guillaume Prevost, Jehan Muret et autres.

Sur la requeste faicte oud. Conseil par Jehan Barrault
ciergier demourant à Angiers que on le voulust faire payer
par Pierres Chaillou, qui avoit tenu la ferme de la cloaison
d'Angiers pour l'année finissant au derrain jour de septembre m cccc soixante troys, de la somme de douze livres dix
solz tournois pour les torches par lui baillées aux officiers,
bourgeois et marchans de la ville d'Angiers qui se sont
trouvez au bail de la ferme de lad. cloaison ainsi qu'il est
de coustume, lequel Chaillon avoit respondu qui n'estoit
tenu de paier lesd. torches, parce qu'il n'avoit pas tenu la
ferme de lad. cloaison pour lad. année, et que Jacquet
Duboille en avoit esté fermier pour icelle année, et s'en de-

voit led. Barrault adresser à luy, et non aud. Chaillou ; et par led. Barrault a esté replicqué au contraire, disant que combien que lad. ferme fust demorée aud. Duboille [au bail d'icelle] pour lad. année, touteffoiz led. Duboille n'avoit touché aux deniers d'icelle ferme, et estoit demouré led. Chaillou principal tenu des deniers de lad. ferme, et aussi en avoit fait la recepte tout au long de lad. année.

A esté appoincté tout consideré que led. Pierres Chaillou payera ou fera content led. Barrault de lad. somme de XII l. x s. pour lesd. torches par led. Barraut baillées à cause de lad. ferme. Et à ce faire a esté condempné. Fait les jour et an dessusd.

176

15 octobre 1466.

Le tableau des orfevres.

Arch. Nat. P 1334⁸, f° 156 v°.

Le xve jour d'octobre l'an mil cccc saixante six, les orfevres jurez de la ville d'Angiers ont apporté en ceste Chambre des comptes ung petit tableau de cuivre plat ouquel sont emprains et escriptz leurs noms et leurs merches dont ilz merchent toute maniere de vesselle d'argent qu'ilz font, lequel tableau a esté mis en la voulte sur les armaires darriere l'uys, ataché avec autres tableaux. Et ont promis et jurer user pour l'advenir chacun de leursd. merches apposées aud. tableau sans en user d'autres, et sur les peines qui y appartiennent. Presens à ce maistres Robert Jarry, Guillaume Bernard, conseillers et auditeurs, Loys Delacroiz procureur d'Anjou, et moy

G. RAYNEAU,

177

11 février 146$\frac{6}{7}$.

Les seaulx du Roy de Sicile et d'Aragon.

Arch. Nat. P 1334⁸, f° 166 v°.

Aujourd'ui xı° jour de fevrier м cccc lxvi, le Roy estant en son chastel d'Angiers, es presences de l'evesque de Masseille, le seneschal d'Anjou, l'abé de Rumpode en Cathelongne, le prothonotaire de Cathelongne, messire Bernard de Maurnont et autres furent rompuz, et mis en presses les seaulx dud. seigneur desquelx om avoit acoustumé [seller] toutes lectres de grace. Et fut commancé à seller des seaulx neufs que led. seigneur a fait faire, ou milieu desquelx sont les armes d'Arragon, et d'iceulx fut es presences des dessusd. sellée la premiere lectre contenant la puissance que led. seigneur donne à monseigneur son filz oud. royaume, et es pais, terres et seigneuries qui en sont dependans, et commanda led. seigneur estre registrée en ceste Chambre.

BENJAMIN.

178

1467.

Deux feuillets non numérotés entre deux feuillets en blanc. Ces feuillets sont entre les ff. 162 et 163.

Arch. Nat. P 1334⁵.

Le dixiesme jour de may cccc lxvii, grace pour Benoist Valloteau et Colas Valoteau. . . . . xv s.

Led. jour, abreviacion pour Pierre Le Maugin demandeur en demande de rectraict à l'encontre de messire Michel Le Maugin deffendeur,

abregement des assises d'Angiers pardevant le
juge d'Anjou.................................... VII s. VI d.

Le XI⁰ jour. Adjournement en cas d'appel pour
Nicolle Riou escuier, appellant de certain appoinctement, jugement, etc., donnez contre lui
par M⁰ Abel Cailleteau delivrant les assises de
Saumur, au prouffit de Jehan Martineau ...... VII s. VI d.

Le XIII⁰ jour. Debitis pour maistre Pierres Leroy dit Benjamin, conseiller et secretaire du
Roy de Sicile, et auditeur en sa Chambre des
comptes à Angiers. (1)

Le XIIII⁰ jour. Provision de justice pour Thomas Gouyn appellant, detenu prisonnier es prisons de Pouencé, à l'encontre de Jacquet Dousse
sergent dud. lieu, Macé Delabarre sergent ou
bailli dud. lieu, Jehan Bedriers chastellain, Jehan
Courtjarret; contenant que non obstant led. appel et relievement d'icelui es Grans Jours d'Anjou,
il est detenu prisonnier aud. lieu de Pouencé
en basse fousse et enferré. Est mandé au premier sergent s'il lui appert dud. appel et relievement, qu'il face commandement aux dessusd.
de le mectre hors desd. prisons, ou le baillent
pour le amener à Angiers s'il est envoyé d'eslargissement pour ilecq ester à droit, et procedé
entrelx ainsi que de raison. Visa L. Delacroix ... VII s. VI d.

Led. jour. Anticipacion en cas d'appel pour
Jehan Bernard à l'encontre de Perrot Pean appellant de certain jugement, appoinctement etc.,
donné contre lui par James Louet, lieutenant à
Baugé et ou ressort. Et sont commissaires maistres Jehan Lelou, Guillaume Provost, Pierres
Damors licencié en loys et Pierre Delacourt.
Ausquelx ou à deux d'eulx jusques au jugement
de lad. cause d'appel où ilz seront touz ensemble est mandé en congnoistre. (2)

(1) En marge : *Nihil.*
(2) En marge : *Nihil in favorem thesaurarii Andegavensis.*

Le xvie jour. Debitis pour Jehan Busnart demourant aux Ponts de Sée.......... ...... VII s. VI d.

Led. jour. Grace pour Geffroy Castenet et Perrine, sa femme. (1)

Le xixe jour. Adjournement en cas d'appel pour Olivier Guigam, appellant de certaine tauxacion de despens, jugement, appoinctement, etc. donnés contre lui par Macé Delabarre soy disant juge ou seneschal des plez de Saint-George-de-Meneil, au prouffit de Ambroys Belin....... VII s. VI d.

Le xxe jour. Grace pour maistre Pierres Leroy dit Benjamin, conseiller et auditeur des comptes, etc. (2)

Led. jour. Grace pour maistre Jehan Rocher, archiprebstre de Saumur, conseiller du Roy de Sicile. (3)

2° Feuillet du compte.

Le xxie jour de may cccc lxvii. Debitis pour Jehan Cadier, marchant, demourant à Courchamp....................................·. VII s. VI d.

Led. jour. Debitis pour Guillemin Goupilleau demeurant à La-Haye-Joulain.... .... VII s. VI d.

Le xxiiie jour. Grace pour Jehan de Juigné et sa femme tant en leurs noms [que] comme bailz de.. VII s. VI d.

Led. jour. Abreviacion pour Estienne Mabille juge et garde de la provosté de Saumur et Marie Payenne seur de sa femme demandeurs et applegeurs, à l'encontre de Guillaume Richart, André Rigault, Pierre Rigault, Pierre Buron, Jehanne sa femme, Colete femme de Macé de la Tousche, la femme de feu Estienne Estot, la femme Guillemin Estot, Guillemine femme de Jehan Guerineau, Jehan Chevau, Jehan Herbert le jeune, Laurete femme de Jamet Champion,

---

(1) En marge : *Nihil in favorem domini senescalli Andegavensis.*

(2) En marge : *Nihil quia consiliarius.*

(3) En marge : *Nihil quia consiliarius.*

Jehanne femme de Jehan Bonhomme, Jehanne
fille de feu Pierre Desze, Micheau Presbtre, la
femme de Emery de Guienne, Jehan Rigault, et
la fille de Guillaume Prebstre, deffendeurs et
contrapplegeurs, abregement des assises de
Saumur pardevant le seneschal d'Anjou ou son
lieutenant aud. lieu de Saumur. (1)

Le xxve jour. Abreviacion pour Franczoys de
Monbron seigneur de Martaz, demandeur en demande de rectraict, à l'encontre de Jacques de
Daillon deffendeur, abregement des assises d'Angiers pardevant le juge d'Anjou ou son commis,
et delivrant ses causes...................... VII s. VI d.

Le xxviie jour. Abreviacion pour Michel Jehan, le procureur du Roy de Sicile à Saumur
adjoinct avec lui, demandeurs à l'encontre de
Jehan Traisnon deffendeur, abregement des assises de Saumur pardevant le seneschal d'Anjou
ou son lieutenant à Saumur................ VII s. VI d.

Led. jour. Abreviacion generalle pour Guillaume Bremault fermier de la provosté de Saumur durant jusques à troys ans, commenczans
à l'Ascension darrain passée, pour abreger les
causes de ceulx qui se seront contrapplegez par
l'ordinaire des assises de Saumur contre les
applegemens faiz en la court de lad. provosté.
Est mandé au juge d'Anjou ou son lieutenant
faire les renvoiz desd. causes en lad. provosté
si les parties ne maintiennent tort fait ou droit
voyé d'icelle court de la provosté. Auquel juge
de lad. provosté qui a le premier regard à la
police de lad. ville de Saumur est mandé en
congnoistre es plez d'icelle provosté et dehors
par briefs termes et delaiz. *Visa et taxata* xv *s.*
per J. Breslay *judicem Andegavensem*........ XV s.

Led. jour. Provision de justice pour Guil-

---

(1) En marge : *Nihil quia consiliarius.*

laume Bremault fermier de la provosté de Saumur, contenant que plusieurs personnes lui
sont tenues en grans sommes de deniers à cause
de sad. ferme du temps passé, et pour lad.
ferme qu'il tient oncores de present ; desquelx..... (la suite manque).

179

30 octobre 1467.

*Institucion de maistre Jehan de la Vignolle en office de
president des Grans Jours d'Anjou.*

Arch. Nat. P 1334⁸, ff° 192 v° et 193 r°.

René par la grace de Dieu Roy de Jherusalem, de Sicile,
d'Arragon, de l'ysle de Sicile, Valence, Maillorques, Sardai-
gne, et Corseigne, duc d'Anjou, de Bar, et conte de Barcelonne, de Prouvence, de Forcalquier, de Pimont, etc, à touz
ceulx qui ces presentes lettres verront salut. Comme pour le
bien et entretenement de justice et de la chose publique de
nostred. pays d'Anjou soit necessaire pourveoir et donner ordre à l'expedition des causes d'appel ressortissans de
noz juges à noz Grans Jours d'Anjou, pour ce que nozd. Grans
Jours ne se puent tenir souvent sans grant charge et despense à nous et à nostred. pays, et il soit ainsi que par cy-
devant les parties appellans de nosd. juges à nosd. Grans
Jours aient acoustumez, en relevant leursdictes appellations,
faire commectre lesd. causes d'appel à deux ou troys gens
de Conseil pour icelles parties ouir esd. causes d'appel et
icelles decider comme en Grans Jours, dont sont advenuz
es temps passé pluseurs grans abuz, inconveniens et dommaiges ausd. parties, parce que icelles parties appellans
faisoient commectre leursd. causes à gens favorables et à
leur poste, et qui plus est, souvent ilz ou aucuns d'eulx avoient
esté du Conseil d'icelles parties ou d'aucune d'icelles, et
de ce sourdoient pluseurs grans questions et debaz entre
lesd. parties, qui estoient cause du retardement de l'expe-

dicion desd. causes en principal, que aussi difficile chose
estoit assembler lesd. commissaires pour ouir icelles parties, car aucuneffoiz les ungs estoient absens aux jours
servans à lad. expedicion, et tellement que souvent icelles
causes avant que estre conclutes en cas d'appel demouroient
ung bien grant espace de temps, avecques pluseurs autres
grans inconvenians qui trop longs seroient à reciter, desquelz avons esté deuement informez et acertainez par pluseurs des gens de nostre Conseil et autres, et lesquelz inconveniens se continueroient et pourroient multiplier es temps
à venir en grant esclande de justice, lesion du droit, et prejudice desd. parties, si par nous ne estoit sur ce pourveu
de remede convenable ; pour quoy Nous ces choses considerées, voulans sommairement justice estre faicte et administrée à noz subgez, et à ung chacun estre rendu ce qui
est sien le plus bref et aux moindres fraiz et missions que
faire se pourra ; Savoir faisons que Nous, pour les causes
dessusd. et autres à ce nous mouvans, eu sur ce advis
et meure deliberacion, avons pour le bien de justice et de
nostred. pais ordonné et ordonnons par ces presentes par
forme de loy, ordonnance, edict perpetuel, et irrevocable,
que d'ores en avant à l'expedicion desd. causes d'appel ressortissans en nozd. Grans Jours et jusques à ce que nostre
plaisir sera d'iceulx tenir ou faire tenir, et à ce que lesd. parties saichent certainement à qui avoir recours pour l'expedition de leursd. causes, sera quelque notable personne soy
congnoissant en justice par nous commise, depputée, et establye en tiltre de president de nozd. Grans Jours, pour icelles
estre par luy oyes, conclutes, et appoinctées en droit, et finablement decidées et diffinies, appellé avecques luy au jugement des faicts d'icelles deux notables personnes du moins
et gens de justice, non suspectes ou favorables à aucune
desd. parties. Et par ces mesmes presentes Nous, confians
des sens, litterature, science, et bonne experience de notre amé et feal conseiller et president de noz comptes maistre Jehan de la Vignolle, led. office de president de nosd.
Grans Jours, par l'advis et deliberacion de notre Conseil,
avons donné et donnons par ces presentes audit de la Vi-

gnolle président de nozd. comptes et à iceluy office l'avons commis, depputé et establly, commectons, depputons et establissons par ces presentes, pour iceluy office de president desd. Grans Jours, avec led. office de president de nozd. comptes avoir, tenir et exercer, aux droiz, prouffiz et emolumens qui raisonnablement luy devront compecter et appartenir, et à telz gaiges ou pension qu'il nous plaira luy donner. Si donnons en mandement à nostre amé et feal chancelier que, prins et receu de luy le serment en tel cas acoustumé, il le mecte et institue en possession dudit office, et neantmoins à ce que nozd. subgez ou aucun d'eulx n'en puissent pretendre cause d'ignorence, voulons nosd. lettres et ordonnance dessusd. estre enregistrées en notred. Chambre des comptes et avec ce estre leues, publiées et enregistrées à jour de plez es cours et auditoires de noz seneschal et juge d'Anjou. Mandons en oultre et commandons à touz noz justiciers, officiers et subgez, requerons touz autres que audit de la Vignolle president dessusdit en ce que concerne led. office de president de nosdiz Grans Jours et les deppendances d'iceulx obeissent et entendent diligemment; car ainsi l'avons ordonné et nous plaist estre fait. Donné en nostre chastel d'Angiers le penultieme jour du moys d'octobre l'an de grace mil cccc soixante sept. Ainsi signé, René. Et sur le replet desd. lettres, par le Roy, l'evesque de Masseille, le seigneur de Loué premier chambellan, le juge d'Anjou et autre presens, Benjamin. Registrata, Raoulet.

180

2 novembre 1467.

Institucion de maistre Jehan de la Vignolle en office de president des comptes d'Anjou.

Arch. Nat. P 1334⁸, f° 192 r° et v°.

René par la grace de Dieu Roy de Jherusalem, de Sicile, d'Arragon, de l'ysle de Sicile, Valence, Maillorques, Sardai-

gne, et Corseigne, duc d'Anjou, de Bar, etc., conte de Barcelonne, de Prouvence, de Forcalquier, de Pimont, à tous
ceulx qui ces presentes lettres verront salut. Comme depuis le
trespas de feu maistre Guillaume Gauquelin (1) en son vivant
nostre conseiller et president de noz comptes à Angiers, ledit
office ait esté vacant et encores n'y aïons pourveu parce
que aucuns nous ont donné entendre que led. office n'estoit
necessaire en ladicte Chambre, au moien duquel donné entendre nous aïons depuis laissé de pourveoir audit office;
et par certaines noz lettres aions ordonné et voulu que de
lors en avant led. office ou tiltre de president fust aboly et
adnullé, et que seulement en nostred. Chambre presidast
et oust le premier lieu le plus ancien de noz conseillers et
auditeurs en icelle, laquelle nostre ordonnance comme
puis nagueres nous a esté remonstré a esté et est en nostre
grant prejudice et en ravalement et diminucion des droiz,
prerogatives, preeminences et auctoritez de nostre pays et
duchié d'Anjou, mesmement que en noz autres pays et seigneuries avons offices en tiltre de presidens en pareille
vaccation de comptes; voulans audit office pourveoir de personne à nous feable ; Savoir faisons que Nous, confians et
par longue et vroye experience deuement acertainés des
sens, litterature, suffisance, loyauté, preudommie, et bonne
diligence et autres vertuz et merites estans en la personne
de nostre amé et feal conseiller maistre Jehan de la Vignolle
doïen en l'eglise d'Angiers, considerans les grans et louables
services qu'il nous a faiz pour le passé, tant oudit office de
nostre conseiller que autrement en plusieurs et maintes
manieres fait chacun jour et esperons que faire doye ou
temps à venir, aïans iceluy agreable sur touz autres pour
nous servir oudit office de president, à iceluy pour ces causes et autres à ce nous mouvans, et eu sur ce advis et
meure deliberacion avecques les gens de nostre Conseil,
avons donné et octroyé, donnons et octroyons de grace especial par ces presentes led. office de president en nostred.
Chambre des comptes vacant à present par la maniere que

(1) Mort le 28 juin 1464.

dit est, pour iceluy office avoir, tenir, et d'ores en avant exercer aux gaiges, droiz, prouffiz, revenues et emolumens acoustumez et qui y appartiennent, et telz et semblables que les
a euz et perceuz en son vivant led. feu maistre Guillaume
Gauquelin durant qu'il a tenu et exercé led. office. Si donnons en mandement par ces mesmes presentes à noz amez
et feaulx conseilliers les gens de nozd. comptes à Angiers
que, prins et receu de nostredit conseiller maistre Jehan de
la Vignolle le serment en tel cas acoustumé, iceluy mectent
et instituent, ou facent mectre et instituer en possession et
saisine dud. office, et d'iceluy ensemble desd. gaiges, droiz,
prouffiz et emolumens dessusd., le facent, seuffrent et laissent joir et user plainement et paisiblement, sans pour occasion de nosd. lectres ou ordonnance dont devant est faicte
mencion ou autres par avant ou depuis le trespas dud. feu
Gauquelin faictes ou consenties, luy faire mectre ou donner
ne souffrir estre fait, mis, ou donné aucun destourbier ou
empeschement au contraire. Et lesquelles noz lettres et ordonnance et tout le contenu en icelles nous avons revoc-
quées, cassées et adnullées, revocquons, cassons et adnullons
par cesd. presentes, en les declairant nulles et de nulle
valeur contre nozdiz droiz et preeminences, le bien de nostred. pays, et par inadvertence faictes. Et ne voulons que
pour raison d'icelles ou autrement soit besoing à nostred.
conseiller avoir ou obtenir de nous lettres de seconde jus-
sion ou autres mandemens quelzconques, aincois voulons
et nous plaist que sans avoir regart à nosd. lectres ou ordonnance devant dicte et non obstant icelle, nostred. conseiller soit par vertu de ces presentes seulement receu et
institué oud. office de nostre president sans contradicion
quelconque. Mandons en oultre à nostre amé et feal Pierres
Lebouteillier receveur ordinaire de nostred. pais d'Anjou et
autres ses successeurs oudit office, que lesd. gaiges aud. office
de president appartenans selon que cy-dessus est declairé, ilz
payent, baillent et delivrent chacun en droit soy d'ores en avant
par chacun an à nostred. conseiller maistre Jehan de la Vignolle aux termes et en la maniere acoustumez ; lesquelz gaiges ou ce que payé et baillé luy en aura esté, en rapportant sur

ce pour une foiz ces presentes veriffiées par reverend pere en
Dieu nostre très-cher et feal general conseiller par nous ordonné sur le fait et gouvernement de toutes noz finances
l'evesque de Masseille, ou vidimus d'icelles deuement fait et
collationné en nostred. Chambre comme il appartient, et
quictance de nostred. conseiller de chacun payement qui luy
en aura esté fait, nous voulons estre alouez es comptes d'iceluy ou ceulx qui payez les aura, deduiz et rabatuz de sad.
recepte partout où il appartendra par nosd. conseillers et
gens de noz comptes, ausquelz d'abondant mandons que
ainsi le facent plainement et sans aucune difficulté ou contredit, non obstant quelzconques ordonnances, restrictions,
mandemens et deffenses et lettres sur ce données à ce contraires. En tesmoing de ce nous avons fait mectre nostre
seel à ces presentes. Donné en nostre chastel d'Angiers le
deuxieme jour de novembre l'an mil cccc soixante sept.
Ainsi signé, René; par le Roy l'evesque de Marseille, le sire
de Loué, et autres presens J. Legay. Registrata, Raoulet. Et
après est escript. Dictus magister Johannes de la Vignolle
decanus ecclesie Andegavensis in vim presencium receptus
et admissus fuit, ac prestitit juramentum dicti officii in camera compotorum Andegavensium in talibus fieri consuetum. Et
positus fuit in possessionem dicti officii presidentis virtute
presencium litterarum in presencia serenissimi principis
Regis Sicilie, et dominorum de Loué, de Nogen et de Brezé,
necnon magistrorum Roberti Jarry, Guillelmi Tourneville
archipresbyteri Andegavensis, Guillelmi Bernardi, Petri Leroy dicti Benjamin, consiliarorum et auditorum dictorum
compotorum, die prima mensis decembris, anno domini
M° CCCC^MO sexagesimo septimo. Ainsi signé : G. Rayneau.

   Jehan evesque de Masseille, general conseiller ordonné
par le Roy de Sicile, d'Arragon, etc. sur le fait et gouvernement
de toutes ses finances, veues par nous les lectres patentes
dud. seigneur ausquelles ces presentes sont atachées soubz
nostre signet, par lesquelles et pour les causes plus à plain
contenues et declairées en icelles led. seigneur veult et
mande à Pierre Lebouteillier receveur ordinaire d'Anjou et
ses successeurs oud. office de payer, bailler et delivrer d'ores

:n avant par chacun an à maistre Jehan de la Vignolle, doyen
:n l'eglise d'Angiers, les gaiges telz et semblables que les a
:uz et perceuz en son vivant feu maistre Guillaume Gauque-
in, en son vivant conseiller dud. seigneur et president de
es comptes à Angiers, aux termes et en la maniere acous-
umez, lequel office de president led. seigneur a presente-
nent donné et ottroyé aud. de la Vignolle, consentons en
ant que à nous est à l'enterinement et acomplissement desd.
ectres, tout ainsi et par la forme et maniere que led. sei-
;neur le veult et mande par icelles. Donné à Angiers le
iixieme jour de novembre l'an mil cccc soixante sept. Ainsi
igné : J. evesque de Masseille general dessusd.

181

20 novembre 1467.

L'office de chancelier pour maistre Jehan Fournier.

Arch. Nat. P 1334⁸, f° 193 v° et 194 r°.

René par la grace de Dieu Roy de Jherusalem, de Sicile,
l'Arragon, de l'isle de Sicile, Valence, Maillorques, Sar-
laigne et Corseigne, duc d'Anjou, de Bar, etc., conte de
Barcelonne, de Prouvence, de Forcalquier, de Pimont, etc. à
touz ceulx qui ces presentes lettres verront salut. Comme
nostre office de chancelier soit longtemps a en noz mains
sans encores y avoir esté pourveu de personne, et nous
eussent esté renduz et baillez noz seaulx par nostre derrain
et precedent chancelier, lequel lors et encores à present
en teinsmes et tenons pour deschargé, pour quoy eue consideracion aux grans charges et afaires qui nous sont sour-
venues et sourviennent, tant pour le recouvrement de noz
royaumes, païs et seigneuries, que aussi pour les differens
qui sont de present en ce royaume, nous soit chose doma-
geuse ledit office de chancelier estre plus vacant, voulans et
desirans à ceste cause et pour conduire nosd. affaires en
bonne ordre pourveoir audit office de chancelier de personne

à nous feable, savant, cogneu et experimenté, qui ait à cuer
nosdiz afaires, les recueille et preigne en main, face residence continuelle avecques nous et en nostre service, et
auquel toutes manieres de gens de quelque estat ou contrée
qu'ilz soient et qui auront à besongner à nous aient leur recours pour avoir expedicion deue selon que les cas le requerront, Savoir faisons que Nous, par vroye et longue experience et congnoissance des sens, science, discrecion, loiauté,
proudommie, bonne diligence et autres louables et recommandables vertuz estans en la personne de nostre très-cher
et feal conseiller maistre Jehan Fournier, licencié en loix,
seigneur de la Gueriniere, bien à plain de luy nous confians,
aians aussi consideracion aux grans, notables et recommandables services que fist en son vivant feu maistre Jehan
Fournier pere dudit maistre Jehan Fournier à noz predecesseurs en touz lesquelx il fut constitué en grans, honnorables estaz et offices, et depuis à nous, en quoy semblablement depuis son decès a continué et perseveré led. maistre
Jehan Fournier son filz, en excerczant les louables meurs et
vertuz de sondiz feu pere et autres ses predecesseurs, après
ce que à nostre requeste et priere nostre très-cher et très-
amé frère le conte du Maine duquel il estoit president en son
Conseil, garde des seaulx de sa justice, et juge ordinaire de
son païs du Maine, le nous a du tout delaissé et deschargé desd.
estaz et offices où il s'est grandement et honnorablement
porté et gouverné, comme de ce sommes bien informez, à
iceluy maistre Jehan Fournier pour lesd. causes et autres ad
ce nous mouvans, avons de nostre certaine science et propre
mouvement donné et octroyé, donnons et octroyons de grace
especial par cesd. presentes nostred. office de chancelier
pour iceluy office avoir, tenir et d'ores en avant par lui excercer, aux gaiges et pensions que par noz autres lectres luy tau-
xerons et ordonnerons, en oultre tout le prouffit et emolument de noz seaulx, pour dudit office de chancelier, ensemble des droiz, prerogatives, preeminences, prouffiz et emolumens aud. office appartenans joir et user ou temps à venir.
Si donnons en mandement par cesd. presentes à noz très-
chers et feaulx les seneschal d'Anjou et autres gens de nostre

Conseil, de noz comptes, et à touz noz autres officiers, justiciers et subgiez en noz pais, terres et seigneuries, et chacun d'eulx comme à lui appartiendra, que ledit maistre Jehan Fournier duquel en la presence de nostred. Conseil avons aujourduy prins et receu le serment en tel cas acoustumé, et icelui mis en pocession et saisine dudit office par la tradicion de noz seaulx, ilz aient, tiennent et reputent pour nostre chancelier, et lui obeissant chacun en droit soy et aient leurs recours et adresse es choses concernans ledit office, et desd. droiz, prerogatives, preeminances et libertez appartenans audit office le facent, seuffrent et laissent joir paisiblement sans quelconque contradicion ou difficulté, et lesd. gaiges qui par nous lui ont esté ou seront ordonnez voulons, mandons et nous plaist estre allouez par vous les gens de noz comptes, en retenant seulement devers vous en nostred. Chambre le vidimus de ces presentes, et aussi de noz autres lettres de la tauxation et ordonnance de sesd. gaiges pour une foiz seulement, avec quictance par chacun an de nostred. chancelier, sans quelconque reffus ne contredit ; car ainsi nous plaist il et voulons estre fait. En tesmoing de ce nous avons fait mectre notre seel à cesd. presentes. Donné en nostre chastel d'Angiers le xxᵉ jour de novembre l'an mil cccc soixante sept. Ainsi signé, René. Et sur le replet desd. lectres est escript : par le Roy l'evesque de Masseille, le seigneur de Loé premier chambellan, les seigneurs de Clermont, et de Nogent, le juge d'Anjou, le president des comptes, le seigneur de Parnay, le tresorier d'Anjou, le lieutenant d'Angiers l'archiprebstre d'Angiers, le procureur, et autres presens, Benjamin. Registrata, Raoulet.

Colation faicte à l'original le derrain jour de decembre l'an mil cccc lxvii par nous.

G. Rayneau.

182

9 décembre 1467.

Don et pension à maistre Jehan Fournier chancelier de la
somme de huit cens livres tournois pour touz gaiges et
pension qu'il pourroit demander à cause. dud. office de
chancelier tant qu'il fera et exercera led. office de chan-
celier.

Arch. Nat. P 1334⁸, f. 194 r° et v°.

René par la grace de Dieu Roy de Jherusalem, de Sicile,
d'Arragon, de l'isle de Sicile, Valence, Maillorques, Sar-
daigne et Corseigne, duc d'Anjou, de Bar, etc., conte de
Barçelonne, de Prouvence, de Fourcalquier, de Pimont etc.,
à nostre amé et feal conseiller et tresorier general de noz
finances en noz pais et terres de France James Louet et ses
successeurs oud. office, salut et dilection. Savoir faisons
que nous aiant consideracion aux paines, travaulx, mises
et despenses que chacun jour convient avoir, soustenir et
porter nostre très-cher et feal chancelier maistre Jehan
Fournier en diverses manieres, tant à cause dudit office que
autrement, et aux services qu'il nous a faiz par avant son
institucion en icelui, et que porter et soustenir luy conviendra ou temps à venir, voulans pour ce faire lui ordonner
aucune somme chacun an, parce que encores jusques à
present ne lui avions tauxez et ordonnez aucuns gaiges ; à
icelui nostre chancelier, pour lesd. causes et autres à ce
nous mouvans, avons de nostre certaine science donné et
ordonné, donnons et ordonnons par ces presentes chacun
an tant comme il fera et excercera led. office de chancelier,
la somme de huit cens livres tournois pour touz gaiges et
pension qu'il pourroit demander et avoir à cause dud. office, à icelle somme avoir et prendre par voz mains de
quelzconques deniers de vostre recepte, à commencer du
premier jour d'octobre derrain passé, oultre et par dessus le

prouffit et emolument de noz seaulx de grace et de justice
estans en ses mains. Si vous mandons et expressement enjoignons par ces presentes que à nostred. chancelier vous
paiez, baillez et delivrez, ou faictes payer, bailler et delivrer ce que luy peut estre deu depuis led. premier jour
d'octobre jusques à present à lad. raison de viii^c l. t.
par an, et icelle luy paiez et continuez d'ores en avant
chacun an de quelzconques deniers de vostre recepte ordinaire ou extraordinaire pour les causes dessus declairées.
Et par rapportant cesd. presentes veriffiées par reverend pere
en Dieu nostre très-chier et feal general conseiller par nous
ordonné sur le fait et gouvernement de toutes noz finances
l'evesque de Masseille, ou vidimus d'icelles fait et cola-
tionné en nostre Chambre des comptes à Angiers comme il
appartient, et de noz lettres de don par nous à luy fait dud. office de chancelier pour une seulle foiz, avec sa quictance
tant seulement, tout ce que à lad. cause lui aura par vous
ou voz successeurs tresoriers esté paié, baillé et delivré
sera alloué en voz comptes, deduit et rabatu de vostred. recepte par noz amez et feaulx conseillers les gens de nostre
Chambre des comptes estans à Angiers, ausquelx mandons
ainsi le faire sans aucun contredit ou difficulté, non obstant
que après led. premier jour d'octobre nosd. lettres de don
dud. office de chancelier soient datées certaine espace de
temps, durant lequel nostred. chancelier nouz a faiz pluseurs services, tant resident avec nous que en ambaxades
où l'avons envoyé pour noz affaires, et quelxconques ordonnances, restrictions, mandemens ou deffenses à ce contraires. Donné en nostre chastel d'Angiers le neufieme jour de
decembre l'an de grace mil cccc soixante-sept. Ainsi signé,
René. Par le Roy, l'evesque de Masseille dessus nommé present, Benjamin. Registrata, Raoulet.

Jehan evesque de Masseille, general conseiller ordonné
par le Roy de Sicile, d'Arragon etc., sur le fait et gouvernement de toutes ses finances, veues par nous les lectres
patentes dudit seigneur ausquelles ces presentes sont atachées sobz nostre signet, par lesquelles et pour les causes
plus applain contenues et declairées en icelles led. seigneur

vieult et mande à James Louet tresorier d'Anjou et ses successeurs oud. office de paier, bailler et delivrer de quelxconques deniers de sa recepte d'ores en avant par chacun
an à maistre Jehan Fournier chancelier dud. seigneur
la somme de viii⁰ l. t., à commencer du premier
jour d'octobre derrain passé, que led. seigneur lui a ordonnée de gaiges et pension, oultre et par dessus le proufit
et emolument des seaulx de grace et de justice dud. seigneur que led. Fournier a en ses mains, laquelle somme
icellui seigneur lui a tauxée et ordonnée tant comme il fera
et excercera led. office de chancelier pour touz gaiges et pension qu'il pourroit demander ; consentons en tant que
à nous est à l'enterignement et accomplissement desd. lectres, tout ainsi et par la fourme et maniere que led. seigneur
le vieult et mande par icelles. Donné à Angiers le xvi⁰
jour de decembre l'an mil cccc soixante sept. Ainsi signé
J. evesque de Masseille, general dessusd.

Colation faicte aux originaulx le darrain jour de decembre l'an mil cccc lxvii par nous.

G. Rayneau.

183

8 novembre 1468.

Descharge à J. Boitvin de la garde des seaulx des contraz.

Arch. Nat. P 1334⁸, f⁰ 225 r⁰.

Le huitiesme jour de novembre l'an mil iiii⁰ soixante
huit, Jehan Boitvin notaire des contraz d'Angiers, qui a eu
la garde des seaulx desd. contraz d'Angiers depuis le xxvi⁰
jour de janvier l'an mil cccc saixante quatre jusques aujour-
d'hui, a presentement par l'ordonnance de messeigneurs
du Conseil et des comptes renduz lesd. seaulx avec la boeste,
clef et enseigne d'iceulx. Lesquelz ont esté baillez et livrez
es mains de Jehan de Souenne qui les a prins à ferme
comme plus offrant pour troys ans commencans à la Toussains derrain passée ; et par tant led. Boitvin est et de-

meure quicte et deschargé desd. seaulx, boeste, clef et enseigne. Et du reste de la recepte du prouffit desd. seaulx
du temps qu'il en a eu la garde il en sera tenu rendre bon
compte et reliqua. Presens, messeigneurs le chancelier, le
juge, le president des comptes, le procureur d'Anjou, maistres Robert Jarry, Guillaume Tourneville archeprebstre
d'Angiers, Guillaume Bernard, Guillaume Prevost et autres.
Ainsi signé du commandement de mesd. seigneurs du Conseil et des comptes, J. Delommeau.

184

11 août 1469.

Don de l'office de procureur d'Anjou à Mᵉ François Delacroiz
au plus vivant de son pere et de luy.

Arch. Nat. P 1334⁹, f° 41 r°.

René, etc...... à tous ceulx qui ces presentes verront
salut. Comme dès lors que vensismes à nosd. royaumes et
duchié d'Anjou, nostre amé et feal conseillier maitre Loys
Delacroiz fust procureur general en nostred. duchié d'Anjou, et en icelluy office l'eussons confermé et donné tout
de nouvel; et oud. office nous ait fait et fait continuele-
ment pluseurs grans et notables services, et servy en
iceluy office par plus de trente ans, grandement et honnorablement, et par ce sceit des droiz de nostred. seigneurie
plus que autre d'icy à long temps ne pourroit bonnement
savoir ou estre instruit. Et soit d'ores en avant suraagé,
desirant que ou temps advenir soit oud. office personne
qui puisse plus promptement et mieulx savoir des droiz de
nostred. seigneurie, et que quant il y vendroit un estran-
gier, avant qu'il eust congnoissance de noz causes et affe-
res et qu'il les entendist, y pourrions avoir dommage, et
en faveur de nostred. conseiller, et pour le bon rapport que
fait nous a esté des sens, loiauté, discreccion et bonne diligence de nostre bien amé maistre François Delacroiz, licencié en loix, filz de nostred. conseiller, et à ce que il

communique à sond. filz touz et chacuns nos procès, causes et affaires, et y en iceulx le instruye et enseigne à son
povoir, et que de ce fere sera plus soigneux que à ung
autre, Savoir faisons que Nous, aians consideracion à ce
que dit est, et pour autres causes à ce nous mouvens, reduisans à memoire les notables et agreables services que
led. maistre Loys Delacroiz nostred. conseiller nous a fait
oud. office de procureur et autrement en maintes manieres
et fait encores chacun jour et esperons que fera ou temps
à venir, eu sur ce l'advis et deliberacion des gens de nostre
Conseil, et à la requeste et consentement d'iceluy nostre
conseiller, pere dud. maistre François, à iceluy et au plus
vivant de sond. pere et de luy avons dès à present, comme
pour lors et dès lors, donné et octroyé, et par ces presentes donnons et octroions de grace espicial led. office de
procureur general d'Anjou, sans qu'il soit besoing aud.
maistre François de jamais en avoir autres lectres de nous
ou des nostres, pour iceluy office tenir tout ainsi que fait
de present led. maistre Loys son pere, et iceluy exercer
toutesfoiz et à toute heure que par sond. pere lui sera
ordonné, et pour avoir et joir des gaiges, prouffiz et emolumens après le decès de sond. pere, telz et semblables
qu'il fait de present. Et auquel maistre François Delacroiz,
nostred. procureur nous avons donné et donnons par cesd.
presentes plains povoir, auctorité et mandement espicial
de ester et soy presenter en jugement et dehors pour et ou
nom de nous, en toutes et chacunes noz causes, querelles et negoces meues et à mouvoir contre touz et chacuns noz adversaires, en demandant et en deffendant pardevant touz juges ordinaires, extraordinaires, commissaires et autres, de quelque povoir et auctorité qu'ils usent
ou soient fondez, tant de court loye comme de court
d'Eglise, et tant en la court de Parlement que dehors, d'a-
vouer, de desavouer, d'appleger, de contrappleger, d'opposer, de demander, de garentir et de prendre en garentaige,
de pacifier, accorder et compromettre, de demander, de
requerir et recevoir principal et despens, s'aucuns nous
en estoient adjugez, et la desliance et delivrance le nos

biens et choses, si prinses, saisies ou arrestées estoient, quictes, o plege ou autrement, et la court, renvoiz et obeissance de noz causes et de noz hommes et subgez, de jurer de verité et de calompne en l'ame de nous et de luy devantdit procureur, et de faire toutes autres manieres de sermens et de procès que ordre de droit requiert et enseigne, d'oir droiz, arrestz interlocutoires et sentences diffinitives tant pour nous que contre nous, d'appeller et de poursuir l'appel ou appeaulx et les delaisser si mestier est, et de substituer ung ou pluseurs procureurs substituz qui ait ou aient semblable povoir comme nostre devantdit procureur, si bon luy semble, ou tel autre povoir qu'il leur vouldra donner, et de les revocquer ou muer toutesfoiz qu'il luy plaira, et generalement de faire et procurer pour et ou nom de nous toutes et chacunes les choses que procureur deuement estably puet et doit faire, et que nous ferions ou faire pourrions si presens y estions : jacoit ce qu'il y ait aucune chose qui requiere commandement plus espicial, promettant en parolle de Roy et soubz l'obligacion et ypoteque de touz et chascuns nos biens et choses, presens et à venir à avoir et tenir ferme, estable et agreable tout ce que par nostre devantdit procureur, ses substitut et substituz et par chacun d'eulx sera fait et procuré tant pour nous que contre nous, et à payer pour eulx et pour chacun d'eulx les jugé ou jugez se mestier est. Si donnons en mandement par cesd. presentes à nostre très-chier et feal cousin le gouverneur et senneschal de nostred. pays d'Anjou et à noz amez et feaulx conseilliers les gens de nostre Chambre des comptes estans à Angiers, que prins et receu chascun en droit soy d'iceluy maistre François le serment en tel cas acoustumé, iceluy mettent et instituent, et facent mettre et instituer en possession et saisine dud. office de procureur general de nostred. pays d'Anjou, dès à present comme pour lors que le cas de vacacion en seroit advenu par le decès de sond. pere, et d'iceluy ensemble desd. gaiges, droiz, prouffiz et emolumens, libertez et franchises le facent, seuffrent et laissent joir et user plainement et paisiblement, tout ainsi par la forme et maniere que sond.

pere fait de present oud. office, et à luy obeir et entendre
de touz ceulx et ainsi qu'il appartendra es choses touchans
et concernans led. office. Mandons en oultre et commandons
à nostre receveur d'Anjou qui pour lors sera ou autre à
qui il pourrra appartenir, que aud. maistre François après
le decès de sond. pere, ilz paient, baillent et delivrent par
chacun an aux termes et en la forme acoustumée, autelx
et semblables gaiges que sond. pere prent oud. office ; et
par raportant une foiz seulement ces presentes ou vidimus
d'icelles fait soubz seel auctentique avecques quittance
suflisant dud. maistre François, nous voulons lesd. gaiges,
ou ce que sur iceulx payé luy aura esté, estre aloué es
comptes et raisons d'iceluy qui iceulx aura payez, plainement et sans contredit ou difficulté aucune, par nosd. gens
des comptes ausquelz nous mandons et commandons expressement que ainsi le facent, non obstans quelxconques
ordonnances, restrinccions, mandemens ou deffences faittes
ou à faire au contraire ; car ainsi le voulons et nous plaist
estre fait. Mandons avecques ce à touz noz officiers, hommes, vassaulx et subgez, prions et requerons touz autres,
que aud. maistre François en faisant et exerçant led. office
de procureur general de nostred. pays d'Anjou prestent et
donnent conseil, confort et aide et prisons si mestier en a
et il les en requiert. En tesmoing de ce, nous avons fait
mettre nostre seel à ces presentes. Donné en nostre chastel d'Angiers, le unziesme jour d'aoust l'an de grace mil
cccc soixante neuf. Ainsi signé : René, et seellé du petit
seel. Et sur le plet de la lettre est escript : Par le Roy, monseigneur le conte de Vaudemons, le gouverneur d'Anjou,
Vous, le juge d'Anjou, le doyen d'Angiers et autres presens.
Ainsi signé, Benjamin. Visa gratis.

Et après lad. signature est escript :

Prestitit juramentum in talibus fieri solitum in camera
compotorum Andegavis, ac etiam in manibus domini gu-
bernatoris et senescalli Andegavensis, die xvii^a mensis
augusti, anno Domini m° cccc° sexagesimo nono. Ainsi signé : G. Rayneau.

185

$$147\frac{0}{1}.$$

Arch. Nat. P 1334³, 11.

F° 1.

R egistre des remissions, amortissemens et chartres expediées en la chancelerie du Roy de Sicille et d'Aragon, duc
d'Anjou, touchant le fait de ses païs, terres et seigneuries,
depuis le xxIᵉ jour de mars mil IIIIᶜ LXX que les registres du
temps passé, du temps de maistre Jehan Fournier chancelier ont esté baillés à sire James Louet tresorier d'Anjou,
pour iceulx rendre à la Chambre des comptes à Angiers, et
aussi des offices et benefices donnés par led. seigneur.....

F° 42. (Cloture du registre.)

Nous Jehan Fournier, licencié en loix, seigneur de la
Gueriniere et de Champdemenche, certiffions que si-dessus
est l'un des registres de l'un des seaulx de très-hault
(phrase non terminée).

Nous Jehan Fournier, licencié en loix, seigneur de la Gueriniere et de Champdemenche, chancelier de très-hault et
puissant prince le Roy de Jherusalem et de Sicille, duc d'Anjou, certiffions que cy-dessus est l'un des registres de l'un
des seaulx dud. prince depuis le temps que darrenierement
avons baillé les autres registres des seaulx au tresorier
d'Anjou, qui fut ou moys de mars l'an mil IIIIᶜ soixante et
dix ; desquelx seaulx par les lectres du don et institucion
dud. office de chancelier le prouffit et esmolument nous
appartient, et icelui avons retenu. Tesmoign. nostre sign
manuel cy mis et appousé le sixiesme jour d'avril avant
Pasques l'an de grace mil IIIIᶜ soixante douze.

FOURNIER (signature autographe).

Ce registre contient de nombreux actes et indications d'actes
relatifs aux autres possessions du Roi René, notamment au Bar-
rois et à la Provence. Ces actes sont tous faits à la relation du
même Conseil que ceux relatifs à l'Anjou que j'ai seuls relevés, et
sont signés par les mêmes secrétaires.

186

14 août 1470.

Touchant l'ediffice de Barrault au Port Lignier.

Arch. Nat. P 1334⁹, f° 76 r°.

Le xiii° jour d'aoust, l'an mil cccc soixante dix, ou Conseil du Roy de Sicile, d'Arragon, etc... tenu en sa Chambre des comptes à Angiers, ouquel estoient monseigneur le chancelier, le juge d'Anjou, le president des comptes, maistres Robert Jarry, Guillaume Tourneville archiprestre d'Angiers, Guillaume Bernard, Guillaume Provost.

Touchant l'emprisonnement fait par le lieutenant d'Angiers de cinq personnes qui vuidoient les terriers de la Chambre des comptes devant la maison de Barrault et de Jacquet le fourrier, ou les gens des comptes se plaignoient dud. lieutenant, disant qu'il avoit entreprins sur leurs offices en tant qu'ilz besongneoient de leur auctorité et commandement, et requeroient l'exploit dud. lieutenant estre reparé.

Led. lieutenant a respondu qu'il estoit deffendu de non gecter aucuns bouriers ne terriers en la riviere, et que Guillaume Barrault avoit fait gecter les bourriers et terriers de sa maison oultre la deffense qui lui en avoit esté faicte.

Appoincté que le juge d'Anjou, maistre Guillaume Provost, Robert Jarry et Guillaume Tourneville ou deux d'eulx dont led. juge sera l'un, se transporteront sur le lieu et verront la besongne et en feront leur rapport oud. Conseil. Et s'il est trouvé que led. Barrault ait besongné selon l'ordonnance des gens desd. comptes, il en sera envoyé, et aussi s'il avoit excedé et besongné de son auctorité, il l'amendera.

Le xviii° jour dud. moys, oud. Conseil tenu en la maison de mond. seigneur le chancelier, lui present, les juge, president des comptes, procureur d'Anjou, maistres Robert Jarry, l'arceprebstre d'Angiers, Benjamin, Franczois Delacroix,

Touchant l'ediffice de la maison de Barrault au Port Lignier, a esté donné congié aud. Barrault de faire sad. maison de la haulteur qui lui a esté monstrée, qui est du hault
d'un petit serisier planté sur le roc.

Item, Fera besser la terre qui est devant son huys et fera
entaluer les terriers, jusques en la riviere et paver led. talu
et le chemin ou devant de sad. maison ainsi que lui sera
monstré, et fera et acomplira ce que dessus dedans la
Toussains prouchain venant.

Et oultre, fera vuider les autres terriers de sad. maison,
en ung chalon par la riviere et les fera descendre sur la
greve des prez de Chanzé, ou les fera mectre et descendre
autre part où bon lui semblera sans plus en mectre nulz
devant sad. maison, et en ce faisant, led. Barrault a esté mis
hors de court et de touz procès, et sans amande.

G. RAYNEAU.

Et après la signature de Rayneau :

Le penultieme jour de novembre cccc lxx, a esté donné
delay aud. Barrault à sa requeste, de fere et acomplir les
·choses dessusd. dedans Pasques prouchain venant. Presens, le juge, president des comptes, et procureur d'Anjou.

187

5 decembre 1455. — 10 avril 1470 avant Pasques (1471 n.s.).

Instrument de la possession prinse de la maison feu Jehan Joye,
prinse pour le Roy de Sicile. Lequel instrument a esté baillé
à maistre Pierres Robin, medecin dud. seigneur Roy de
Sicile, ayant le don de la maison dont cy-dessus est fait
mencion au jour d'ui x^e jour d'avril ιccc lxx avant Pasques,
de l'ordonnance de messeigneurs du Conseil et des comptes.

Arch. Nat. P 1334⁹, f° 104 r°.

A touz ceulx qui ces lettres verront, la garde des seaulx
establys aux contraz d'Angers pour très-excellent et puissant
prince le Roy de Jerusalem et de Sicile, duc d'Anjou, salut.
Savoir fays que le ve jour de decembre, l'an mil iiii^c cinquante cinq, honorables et discretes personnes, monseigneur
le president de la Chambre des comptes du Roy de Sicile,

duc d'Anjou, maistres Robert Jarry, Guillaume Bernard,
maistres Jehan Muret, Thibault Lambert, auditeurs des
comptes d'iceluy seigneur, et Guillaume Rayneau clerc
de la Chambre estans assemblez en la maison qui fut à
feu Jehan Jouye en son vivant bourgeois d'Angiers, honorable homme et saige maistre Loys Delacroiz licencié en
loix procureur dud. prince le Roy de Sicile, duc d'Anjou,
fut dit et proposé par led. procureur, en la presence de
Jehan Lenormant notaire des contraz d'Angiers, Jehan Duboys, frere Olivier Guilloteau prieur de Saint-Aignan et François Amyot tesmoings à ce appellez, à Jehanne veufve dud.
feu Jehan Jouye illecques presente, et Jehan Jouye filz dud.
feu et d'elle, ces parolles ou semblables en effect et substance : nous suymes cy venuz de par le Roy de Sicile, messeigneurs qui cy sont et moy; vous savez que led. prince
vous a fait pluseurs biens et plaisirs, et luy estes tenuz en
grans sommes de deniers, et aussi savez que Guillaume
Grignon vous faisoit demande de très-grosses sommes de
deniers que luy deviez, et aussi avoit led. feu Jehan Jouye
vostre mary transporté à Pierres Perrault la maison de
ceans pour certains deniers qu'il lui devoit, lequel Perraut
en fit autreffoyz transport de son droit aud. Grignon, par
le moien desquelx deniers à luy deuz et transport fait led.
Grignon estoit seigneur de la maison de ceans, laquelle il a
transportée au Roy de Sicile, duc d'Anjou; et pour ce nous
suymes cy venuz pour le vous signiffier et en prendre possession pour led. prince. Laquelle femme, ces parolles oyes a
pluseurs fois respondu que led. Grignon n'avoit point de droit
en lad. maison, et qu'elle ne consentiroit point que led. procureur d'Anjou prenist possession d'icelle comme aiant le
droit dud. Grignon, et qu'elle se y opposoit, disant qu'elle n'estoit en riens tenue aud. Grignon, mais que, ou regart d'elle et
aussi de touz ses biens ilz estoient au prince; et après pluseurs parolles parlées entreulx, led. procureur d'Anjou demanda de rechef à lad. veufve si elle estoit d'accord qu'il pren-
sist possession de lad. maison o ses appartenances pour led.
prince le Roy de Sicile, duc d'Anjou, laquelle se y consenty;
et adonc led. procureur print possession de lad. maison,

et donna congié à lad. veufve d'icelle exploicter jusques au
bon plaisir dud. prince ; et ce fait, alerent les dessusd. touz
ensemble en une chambre devant de lad. maison estant sur
la rue de la Poissonnerie, où ils trouverent en personne
Jehan Chardon louageur d'icelle maison auquel led. procureur parla, et la luy bailla à exploicter de par le Roy de
Sicile, duc d'Anjou, jusques au plaisir dud. prince, et pour
lui en payer les deniers dud. louage, lequel Chardon en fut
content ; et d'illecques se transporterent en une autre
chambre sur lad. rue, en laquelle demeure ung nommé
Jehan Belet, boulenger, auquel led. procureur bailla semblablement lad. maison à exploicter jusques au bon plaisir
dud. prince, et pour luy en payer le louage pour le temps
à venir dont led. Belet fut content et d'accord. Desquelles
choses ainsi faictes, led. procureur requist instrument aud.
notaire, et aussi le requist semblablement lad. femme de sa
part ; ce qu'il leur octroya pour leur servir et valoir en
temps et en lieu ce que de raison ; et tout ce à la relacion
dud. notaire, auquel en ce et plus grans chose je adjouste
plaine foy, j'ay mis et apposé à ces presentes le seel estably ausd. contraz en confirmacion et aprobacion des choses
devantd. Ce fut fait et donné les jour et an dessusd. Ainsi
signé, Lenormant. Colacion faitte à l'original le x° jour
d'avril l'an mil cccc soixante dix par nous.

TOURNEVILLE.   G. RAYNEAU.

188

22 décembre 1470.

Touchant l'ediffice de Jehan Barrault dessoubz la Chambre.
Une amende à tauxer. (Ci-dessus p. 303).

Arch. Nat. P 1334⁹, f° 93 v°.

Le xxii° jour de decembre l'an mil cccc soixante dix, ou
Conseil du Roy de Sicile, d'Arragon, etc. duc d'Anjou, etc.
ouquel estoient messeigneurs les chancelier d'Anjou, le

juge d'Anjou, le lieutenant d'Angiers, le procureur d'Anjou, maistres Robert Jarry, Guillaume Bernard, Pierres Leroy dit Benjamin.

Jehan Barrault a esté appellé oud. Conseil sur l'appoinctement qu'il avoit autresfoiz prins touchant les terriers qu'il avoit mis devant sa maison du Port Lignier, derriere la Chambre des comptes, par lequel appoinctement il devoit recinder lesd. terriers à le laize de la voye de deux charretes seulement, et le sourplus le mettre en belif en descendant en la riviere, et led. belif faire paver par eschallons et aussi le dessus desd. terriers dedans la Toussains derrain passée, ce qu'il n'avoit pas fait, mais avoit encores gecté ou fait gecter grant nombre de terriers. Sur quoy luy a esté deffendu sur peine de prison et d'amende arbitraire de plus n'y gecter ne faire mectre aucuns terriers, et pour tant qu'il n'a pas fait ne acomply ce qu'il devoit sur ce faire ainsi que dit est, a esté dit que l'amende de ce seroit sourcise à tauxer jusques à la venue de monseigneur le gouverneur d'Anjou.

189

17 juillet du xixe de juillet (1471).

Arch. Nat. P 1334³, 11, f° 22 v°.

Une lectre de don en double queue commandée du Roy et de lui signée par le Roy, Vous, et autres presens, Benjamin, datée du xviie jour de juillet mil iiii°lxxi, par laquelle le Roy donne à Anne Valorie, veufve de feu Auvergnaz Chaperon, en son vivant chevalier, haulte justice, basse et moyenne es terres et seigneuries de Gloriecte sous Geffroy et Terrefort en chacune d'içelles, et chacune desquelles elle tient à foy et hommaige dud. seigneur à cause de son chastel de Mirebeau, et pour les services que fist led. feu Chaperon aud. seigneur lui remist lesd. troys hommaiges à ung seul hommaige, et le tout soubz lad. seigneurie de Terrefort, et ausquelles troys seigneuries donne haulte justice, basse [et] moyenne ainsi que dessus, o condicion que si lesd. terres estoient departies, divisées et separées, ou mises hors de la ligne en aucune maniere, led. don ne sortira son effect, mais reviendront ausd. troys hommaiges et à la justice telle qu'elles estoient d'ancieneté et par avant le jourd'uy, sauf le droit dud. seigneur, et l'autruy en toutes. Et est mandé aux gens des comptes à Angiers, juge d'Anjou, senechal, chastelain, procureur et receveur de Mirebeau et à chacun d'eux, lesser joyr lad. Valorie dud. [don] et sesd. enffans et heritiers.

<h2 style="text-align:center">190</h2>

29 novembre 1471.

Touchant ung prisonnier du pais de Prouvence.

Arch. Nat. P 1334⁹, f° 146 v°.

Ou Conseil... en sa Ch⁰ des c. à Angiers où... messeigneurs le gouverneur d'Anjou, le chancelier, le juge d'Anjou, le lieutenant d'Anjou, le proc⁻ d'Anjou, M⁰⁸ R. Jarry, G⁰ Provost, G⁰ Bernard, Guy Gard, le proc⁻ de Baugé et autres.

... Touchant un prisonnier du pays de Prouvence detenu es prisons de Baugé au moien d'un denonciement fait à l'encontre de luy par Suffray de (blanc) seigneur de Castillon, demourant oud. pais de Prouvence, à l'occasion de certaines bateures que disoit led. denoncieur luy avoir esté faictes par led. prisonnier nommé (blanc). Et a rapporté aud. Conseil sire James Louet tresorier d'Anjou et lieutenant dud. lieu de Baugé qu'il n'a aucune informacion ne procès à l'encontre dud. prisonnier, et que led. denoncieur avait promis envoier devers luy les procès et informacions dont il s'entendoit aider à l'encontre dud. prisonnier, et dont il n'a riens fait, et que led. prisonnier ne treuve aucun plege par decà, obstant qu'il est dud. pais de Prouvence et est en voye de mourir en la prison s'il n'est delivré.

A esté conclud que led. Louet lieutenant dessusdit eslargira ledit prisonnier, o sa caucion juratoire de soy rendre à ung jour qu'il luy assignera pardevant le gouverneur et senneschal de Prouvence, et sur paine de banissement dud. conté de Prouvence. Et envoiera led. lieutenant aud. senneschal par homme seur les. procès et informacions clox et seellez s'aucuns en y a pardevers led. senneschal de Prouvence.

191

3 avril 1472 avant Pasques (1473, n. s.).

Despenses faictes au procès d'entre le Roy de Sicile et le seigneur de la Tour, touchant certains droiz pretenduz en la seigneurie de la Galouere.

Arch. Nat. P 1334⁹, f° 195 v°.

S'ensuit la declaracion des choses faictes pour le Roy de Sicile, duc d'Anjou, seigneur de Chasteauceaulx, touchant le procès entre monseigneur de la Tour qui restoit à payer au Conseil qui y a besoigné.

Premierement :

Pour la grosse des escriptures principalles qui se montent xix felles de pappier en grosse de deux paires d'escripture, pour ce xv solz.

Item, A monseigneur l'avocat d'Anjou pour avoir besoigné et contrediz dud. seigneur contre les choses produites par led. seigneur de la Tour, où il y a deux paires de contrediz qui se montent en minute et en grosse xxv felles de pappier, pour ce iiii livres ii solz vi deniers.

Item, Pour le clerc qui les a escriptes et grossées, xx solz.

Item, Pour le double des salvations baillées par le seigneur de la Tour contre lesd. contrediz, qui se montent deux felles de pappier et demye, dont a esté payé tant pour lad. coppie que pour la signature de greffier, II solz VI deniers.

Item, Pour la coppie des lettres produites par led. seigneur de la Tour, en deux felles de pappier escriptes et proposé, III solz IIII deniers.

Taxé par moy J. Breslay, juge d'Anjou, le III° jour d'avril avant Pasques mil CCCC LXXII. J. Breslay.

192

3 avril $147\frac{2}{3}$.

Acquit de VI l. III s.IIII d. sur le receveur de Chasteauceaux.

Arch. Nat. P 1334⁹, f° 195 v°.

Pierre Rayneau, receveur et chastellain de Chasteauceaux, payez et baillez des deniers de vostre recepte à maistre Jehan Lelou, avocat fiscal d'Anjou, et aux clercs qui ont escript plusieurs coppies d'escriptures en la cause d'entre le Roy de Sicile d'une part, et le seigneur de la Tour d'autre part, touchant certains droiz que pretend avoir ledit seigneur de la Tour en sa terre de la Galoyere, laquelle cause est pendante pardevant le juge d'Anjou en ceste ville d'Angiers ; c'est assavoir audit avocat fiscal la somme de quatre livres, deulx solz, six deniers tournoiz, et aux clercs qui ont grossé les escriptures principalles, les contrediz, contre lettres, coppié les lettres produittes par led. seigneur de la Tour et les salvacions, la somme de quarante solz, dix deniers tournoiz, dont les parties sont certiffiées par ledit juge d'Anjou, atachées à ces presentes. Et rapportant cesd. presentes, la certiffication signée dud. juge d'Anjou, quittance dud. maistre Jehan Lelou d'avoir receu lesd. quatre livres, deux solz, six deniers, et certifficacion de lui que ayez payé aux cleres pour leurs escriptures lad. somme de quarante solz, dix deniers tant seullement, lesd. sommes montant ensemble la somme de six livres, trois solz, quatre deniers, seront alouées en voz comptes, deduittes et rabatues de vostre recepte, sans difficulté.

Fait au Conseil du Roy de Sicile, tenu en sa Chambre des comptes où estoit monseigneur le chancelier, le juge, le president, le tresorier, le lieutenant, l'avocat, le procureur, maistre Robert Jarry, Guillaume Tourneville archiprestre d'Angiers, Jehan Muret, Pierres de la Poissonniere et autres, le IIIe jour d'avril avant Pasques, l'an mil cccc soixante-douze.

G. RAYNEAU.

193

8 novembre 1473.

Lettre de René à nos amés et feaux les senechal et gens de nostre Conseil estans à Angiers. (Extrait.)

Arch. Nat. P 1334⁹, f° 229 v°.

Il dit qu'il est plus que jamais pressé de donner nos lettres de vicariat à aucuns nos serviteurs aux offices qui seront vacants en Anjou, et ce qu'en avons consenti s'adressent à vous ou les aucun de vous, d'où peuvent resulter maux et inconvenients en consequence.

« Avons touz iceulx vicariaz revocquez, cassez et annullez... en vous deffendant en general et particulier que par vertu d'iceux ne autrement ne vous avouez de donner aucun office qui d'ores en avant sera vacquant en notred. pays en quelque maniere que ce soit, par mort ou autrement, car d'iceulx avons retenu à nous le don et provision. Et de la recepcion de cestes, et de ce que aurez fait en ceste matiere nous escrivez et advertissez... »

Ces lettres écrites à Masseille le 8 novembre ont été reçues le 18 décembre suivant.

194

20 juin 1474.

Quittance pour la veufve du feu procureur d'Anjou des lec-
tres qui estoient devers lui, lesquelles ont esté apportées
en la Chambre des comptes et prinses en la maison dud.
feu par Mᵉ Jeh. Muret et Guillaume Rayneau.

Arch. Nat. P 1334⁹, fᵉ 259 vᵉ.

Le xxᵉ jour de juin l'an mil iiiᶜ lxxiiii damoiselle Marie
de Domaigne, veufve de feu maistre Loyz Delacroiz en son
vivant procureur d'Anjou ayent le bail des enffens dud. feu
et d'elle, a rendu et baillé en la Chambre des comptes à
Angiers touz et chacuns les aveuz, declarations, informacions, renvoiz de la court de Parlement aux Grans Jours
d'Anjou, enseignemens de celle court de Parlement, statuz
et ordonnances des mestiers delad. ville, remanbrances
des assises d'Angiers, escriptures, memoires, que autres
quelxconques enseignemens que led. feu avoit devers luy
en sa maison touchant les causes et affaires de très-hault et
puissant prince le Roy de Sicile et duc d'Anjou, pendans esd.
cours de Parlement, des Grans Jours d'Anjou et assises dud.
lieu d'Angiers que autres lieux quelzconques. Et a fait serment sollempnel lad. damoiselle qu'elle n'en a retenu ne
scet aucuns autres, et que si elle en treuve pour l'avenir
aucuns, qu'elle les rendra et fera aporter incontinent en lad.
Chambre des comptes, et par tant lad. damoiselle en son
nom et comme bail dessusd. en est demourée quicte et
deschargée, ses heritiers et ayans cause. Presens à ce messʳᵉ
Guy de Laval seigneur de Loué et senneschal d'Anjou,
maistre Jehan de la Vignolle dean d'Angiers et president
desd. comptes, maistre Jehan Muret et autres.

G. RAYNEAU.

195

24 octobre 1474.

Sentence donnée contre Jehan de Souhenne prevost d'Angiers
par laquelle il est condempné payer à Perrin Lemercier,
menuisier, la somme de xv livres pour le chauffault du Roy
de Sicile fait au mistere de Saint-Vincent.

Arch. Nat. P 1334¹⁰, f° 9 r°.

Les gens des comptes du Roy de Sicile, d'Arragon, etc.
duc d'Anjou, etc. estans à Angiers, à tous ceulx qui ses
lectres verront, salut. Comme certain procès renvoyé par
les maire et eschevins de ceste ville d'Angiers pardevant
nous fust meu et pendant entre Perrin Lemercier, menuisier,
demandeur, d'une part, et Jehan de Souhenne, fermier de
la prevosté d'Angiers, d'autre part, pour occasion de ce que
led. demandeur disoit que troys ans a ou environ le mis-
taire de la vie de monseigneur Saint-Vincent fut joué en
ceste ville d'Angiers, ou lieu nommé le Marché aux bestes,
et que, par le commandement dud. deffendeur qui lors estoit prevost d'Angiers, il garnit ung chauffault pour led.
seigneur Roy de Sicile, de vingt et quatre piez de long et
trente de large, tout planché d'essil joincte et cousu à
grans cloux de fer, couvert d'essil et de limandes, et oud.
chauffault avoit la grant salle, la chambre de rectraict pour
led. seigneur Roy de Sicile, et entre deulx clauson d'essil,
logeis pour l'eschanzonnerie, chambres et retraitz segrés,
cousues aussi a grans clox de fer, et qu'il fournit de tout essil, de limandes renforcées, et pour les eschalles à monter
oud. chauffault, le tout à ses depens ; disoit oultre que led.
de Souhenne deffendeur l'avoit promis paier dud. chauffault
par pluseurs foiz et en avoit fait sa propre debte ; et pour
ce que led. deffendeur avoit esté reffusant de l'en paier, il
l'auroit fait convenir et adjourner pardevant lesd. maire et
eschevins de lad. ville ; et à la requeste dud. deffendeur,
renvoyé pardevant nous pour ce que la matiere touchoit

led. seigneur Roy de Sicile ; et concluoit led. demandeur,
à l'encontre dud. deffendeur, qu'il fust par nous condempné
et contraint à lui rendre et paier la somme de vingt cinq livres
tournois pour la valeur dud. chauffault, ou telle autre somme que verrions estre à faire par raison, et en ses despens,
dommaiges. mises et interestz faiz et à faire en la poursuite
de lad. cause et pour occasion d'icelle, offrant à prouver de ses faiz en cas de ny ; à quoy de la partie dud.
deffendeur tendant à fin contraire, estoit respondu qu'il
confessoit bien que led. chauffault avoit esté fait par led.
demandeur et ses gens, et que souventes foiz, avoit solicité
led. deffendeur y besongner promptement , mais jamais ne lui avoit promis paier, ne fait sa propre debte,
et le lui nyait ; aussi led. chauffault estoit pour led. seigneur Roy de Sicile, et la dilligence que led. deffendeur
en avoit faicte avoit esté par le commandement d'icellui
seigneur ; par quoy led. demandeur n'en povait avoir occasion contre lui ne lui en devoit riens demander, mais s'en
devoit adresser aud. seigneur Roy de Sicile si bon lui sem-
bloit, et autres raisons qu'ilz alegoint tant d'une part que
d'autre. Sur quoy lesd. parties oyes en leurs faiz et raisons,
elles eussent esté appoinctées contraires et en enqueste, et
eust besongné led. demandeur de sa part faire examen de tesmoings, et led. deffendeur fourny de reprouches contre lesd.
tesmoings, et fait arrest d'une part et d'autre à tout ce qu'ilz
ont mis pardevers nous, et esté d'assentement de prendre droit. Savoir faisons que le procès par nous veu et
visité, eu sur ce meure deliberacion, avons condampné et
condampnons led. deffendeur envers led. demandeur rendre et paier à icelui demandeur dedans huit jours prouchains venans la somme de quinze livres t. pour led.
chauffault, dommaiges et interestz; et pour ce que n'avons
pas trouvé que led. deffendeur ait eue aucune descharge
dud. seigneur Roy de Sicile pour le paiement dud. chauffault,
ne que autre personne en ait fait despense en ses comptes
renduz, et mesmement que la question est seullement pour
le fait dud. seigneur qui ne doit tourner à la charge d'icellui
deffendeur, avons ordonné aud. deffendeur prendre et rete-

nir par ses mains sur sad. ferme de la provosté de cest
année lad. somme de quinze livres t., et de semblable somme
Pierres Lebouteillier, receveur ordinaire d'Anjou sera tenu
quitte et deschargé en ses comptes de lad. année, rendant
ces presentes sur iceulx tant seullement ; et lesd. parties
en avons envoyées sans jour. Donné en la Chambre desd.
comptes à Angiers soubz noz signetz, le xxiiii⁰ jour d'octobre, l'an mil cccc saixante quatorze. Ainsi signé, du commandement de messeigneurs des comptes à Angiers.
G. Rayneau.

196

21 avril 1477.

Arch. Nat. P 1334¹⁰, f° 71 r°.

L'execucion de la complainte d'entre le Roy de Sicile,
duc d'Anjou, et Jehan Lebigot demourant à Baugé touchant
l'office de segraier de Baugé, dont a esté baillé adjournement
aud. Le Bigot à la requeste de maistre Jehan Binel procureur
general d'Anjou à huy xxi⁰ jour d'avril l'an mil cccc soixante
dix sept après Pasques, est prorogée au premier sabmedy
de juillet prouchainement venant en l'auditoire des halles
dud. lieu à huit heures devers le matin en actendant 'neuf,
à la requeste desd. Binel procureur dessusd. et Lebigot.

Et est consenty et actordé entreulx que l'adjournement
baillé par avant le jour d'uy par Jehan Gouault sergent
royal, est sourcis jusques aud. jour pour proceder à l'exce-
cucion de lad. complainte pardevant le premier sergent
royal sur ce requis de la part dud. Roy de Sicile, jassoit
ce que l'adjournement n'ait esté à luy baillé. Et est ce fait
sans prejudice de l'appellacion faicte par led. Lebigot estant à present en la court de Parlement touchant led. office,
et des inhibicions et deffences sur ce faictes. Fait ou Conseil
du Roy de Sicile à Angiers ouquel estoient maistre Guillaume
Tournevville archiprebstre d'Angiers, Raoulet Lemal, led.

procureur d'Anjou et autres. Presens ad ce maistres Jehan Duchasteau lieutenant de monsieur le maire d'Angiers, Jehan Cochon procureur de la ville d'Angiers, Ligier Buschier et autres, led. xxie jour d'avril l'an dessusd. mil cccc soixante dix sept après Pasques.

G. RAYNEAU.

197

2 décembre 1477.

La maniere de lever l'acquit de la bastille de Saumur.

Arch. Nat. P 1334¹⁰, f° 111 r°.

Dès l'an mil cccc lix, Jehan Lebreton a esté commis par les cappitaines de la bastille de Saumur, à la garde et lieutenant de lad. bastille, et depuis celuy temps, luy estant lieutenant à lad. bastille, a levé et receu deux deniers que on a acoustumé y lever, l'un appellé le branchaige du pavaige du cousté devers lad. bastille et l'autre est appellé l'acquit de lad. bastille, et dit que led. branchaige et pavaige est affermé, et que ceulx de Saumur en prennent le prouffit; et au regard dud. acquit de la bastille, il l'a levé et receu en la forme qui s'ensuit. C'est assavoir :

Sur chacune charrete passant par lad. bastille gangnant argent, non y comprins ceulx de Saint-Lambert de leur heritaige et les manans et habitans de Saumur qui disent en estre francs . . . . v d.

Sur chacun cheval ou mulle basté ou non basté, portant marchandise ou non . . . . ii d.

Sur chacun asne semblablement.

Sur chacun pourseau passant . . . . i d.

Sur chacun mouton ou ouaille . . . . i d.

Sur chacun bœuf ou vache passant . . . . i d.

Sur chacun poulain, pouldre ou autre beste chevaline . . . . ii d.

Ung charretil a deux roes que l'on maine vendre . . iiii d.

Sur chacune chievre . . . . i d.

Chacune paire de roes doit...................... ii d.

Aujourd'uy ne jour de decembre l'an mil cccc soixante dix-sept, led. Jehan Lebreton demourant aud. lieu de Saumur, a rapporté et affermé par serment sollempnel en la Chambre des comptes à Angiers avoir excercé et levé led. acquit de la bastille de Saumur, en la fourme et maniere que cy-dessus est declairé. Presens, maistre Jehan Muret, Raoulet Lemal, Jehan Legay conseillier et auditeurs et moy.

G. RAYNEAU.

La maniere de lever l'acquit à lad. bastille, appellé le branchaige du pavaige de Saumur.

A dit et affermé comme dessus avoir levé aud. lieu de la bastille l'acquit que on appelle le branchaige du pavaige de Saumur, et s'en rendent les deniers au fermier des pavaiges dud. lieu de Saumur, par le temps de six ans ou environ, en la fourme qui s'ensuit.

De chacune charrete à beufs ou chevaulx, chargée ou nom chargée gaingnant argent, la charete à beufs doit ii d.

La charrete à chevaulx doit selon qu'il y a à lad. charrete de chevaulx, c'est assavoir, pour chacun cheval i d., et le lymonnier doit deux deniers; mis hors dud. acquit ceulx qui sont subgetz à aller plaider par adjournement à la provosté de Saumur, comme ceulx de Saint-Lambert, Villebernier, Saint-Martin-de-la-Place et autres qui n'en payent riens ; pour chacun beuf ou vache, par piece .... ob.

Pour chacun cheval, jument, poulain, mullet ou mulle. i d.

Pour chacun asne......................... ob.

Pour chacune brebiz, comme moutons, ouailles, pourceaux et chievres, par piece..................... ob.

Ung trayn de roes neufves, en quelconque nombre qu'il y ait desd. roes, doit........................ ii d.

Et s'il n'y avoit que une seulle paire de roes, il en est deu semblable somme de..................... ii d.

Ung charretil qui s'apelle charrete neufve que l'on maine vendre........................... ii d.

Et si l'acquit dessusd. a esté payé ou bourg Nostre-Dame

ou aux Ponts-Fouchart, quant les marchans trespassent par lad. bastille ilz portent ung marreau de ceulx qui font la recepte esdiz lieux, et par ce n'en payent riens dud. pavaige à lad. bastille, en le monstrent dedans le jour que iceulx marchans ont acquicté, et non font semblablement ceulx qui ont acquicté à lad. bastille de Saumur. Et vault led. acquit par an, environ la somme de vi livres.

Fait led. iie jour de decembre, l'an dessusd. mil cccc lxxvii, presens les dessusdiz.

G. Rayneau.

198

13 décembre 1477.

Consentement donné par Jehan de la Riviere que l'opposition donnée par le procureur d'Anjou contre les terres des heritages feu Jacques Chabot soit vuidée par le Conseil du Roy de Sicile.

Arch. Nat. P 1334¹⁰, f° 114 v°.

Le xxiiie jour de decembre l'an mil cccc lxxvii.

Ou Conseil du Roy de Sicile etc... tenu en sa Chambre des comptes à Angiers, ouquel estoient le chancelier, le president des comptes, le lieutenant d'Angiers, l'avocat et procureur d'Anjou, maistre Jehan Muret, Raoulet Lemal, le receveur d'Anjou et autres.

A esté appoincté que la cause d'opposition qui a esté donnée par le procureur d'Anjou contre les criées et bannies faictes à la requeste de Jehan de la Riviere, par vertu de certain mandement de scolarité impetré par luy des heritaiges de feu Jacques Chabot, dont procès pend par devant le conservateur desd. previlleges ou son lieutenant, et dont à la requeste dud. procureur d'Anjou il a esté assigné jour aud. de la Riviere pardevant messeigneurs les gens tenans les requestes du palays à Paris par vertu des lectres de commictimus dud. seigneur, il en sera cogneu

cyens de xvᵉ en xvᵉ. Et bailleront lesd. procureur d'Anjou et Jehan de la Rivière par escript les causes d'opposition, responses, replicques et duplicques, produiront
ce que bon leur semblera.......(1), fourniront de contrediz et salvacions, et sera mis le procès soubz droict. Et
consent led. de la Riviere que sentence soit sur ce donnée,
cyens tout ainsi qu'elle seroit par les gens tenans les requestes du palais. Et pourra led. de la Riviere poursuivre
le procès par lui intenté pardevant led. conservateur contre les autres opposans, pourveu que ce qu'il fera ne portera point de prejudice à l'opposition donnée par led. procureur et au procès qui en sera faict cyens, et que si la
cause d'opposition dud. procureur vuydée cyens il est
trouvé que led. procureur ait eu ou ait bonne matiere d'opposition, que pour led. seigneur Roy de Sicile se pourra
faire execucion sur les biens et heritaiges dud. Jacques
Chabot qui pourroient avoir esté ou estre adjugés aud. de
la Riviere.

199

16 avril 1478.

*Mandement à Estienne Aubin de faire la despence de mon-
sieur le procureur, maistre Jehan Muret et l'avocat
d'Anjou commis à faire l'enqueste touchant le droit de
confiscation des bestes non herbagées de la forest de
Belle-Poule.*

Arch. Nat. P 1334¹⁰, fᵒ 139 rᵒ.

Estienne Aulbin receveur ordinaire de Beaufort, faictes la
despence qu'il conviendra faire pour le procureur d'Anjou,
maistre Jehan Muret et l'avocat fiscal d'Anjou, et pour les
tesmoings qui seront examinez par lesd. procureur et maistre Jehan Muret; et la despence que ferez vous sera allouée
en voz comptes et rabatue de vostre recepte sans difficulté,
en rapportant ces presentes et certificacion desd. procureur

---

(1) Surcharge illisible.

et Muret de lad. despence tant seullement touchant lesd. enquestes, le droit de confiscacion de bestes non herbagées en la forest de Belle-Poule et en la forest de Beaufort, et aussi touchant les limitacions d'entre la conté de Beaufort et la viconté de Sorges. Presens, le juge d'Anjou, le president des comptes, le lieutenant d'Angiers, maistres Jehan Bridé advocat fiscal d'Anjou, Jehan Legay, René Breslay et autres. Fait en la Chambre des comptes à Angiers le xxvie jour d'avril l'an mil cccc soixante dix huit.

200

28 juillet 1478.

Acquit de LXIIII *s.* I *d. pour Pierre Lebouteiller, receveur d'Anjou.*

Arch. Nat. P 1334¹⁰, fᵉ 156 rᵒ.

De l'ordonnance des gens des comptes du Roy de Sicile, d'Arragon etc., duc d'Anjou, per de France etc., estans à Angiers, Pierre Lebouteiller receveur ordinaire d'Anjou a payé et baillé comptant des deniers de sa recepte la somme de soixante quatre sols ung denier tournois pour les causes qui s'ensuyvent; c'est assavoir à Huguet Rocher enquesteur d'Anjou la somme d'un escu d'or vallant xxxii s. I d. t. pour avoir vacqué par commandement des gens du Conseil dud. seigneur à faire une informacion en laquelle a douze tesmoigns examinez à la requeste du procureur dud. seigneur, contre ung nommé Jehan Pochart soy disant procureur et receveur du seigneur de Foudon, touchant certains excès; au clerc dud. enquesteur la somme de dix solz tournois pour avoir mynuté et grossoyé lad. informacion, et aux douze tesmoigns contenuz en lad. informacion, à chacun deux unzains (1) pour paye et despens, qui font en somme xxii s. t.; lesquelles parties font ensemble lad. somme de LXIIII s. 1 d. t.; laquelle somme sera par

---

(1) Le unzain = 11 deniers.

nous alouée en ses comptes, desduite et rabatue de sa recepte sans difficulté ou contredit, rapportant par led. receveur ces presentes tant seulement. Donné en la Chambre des comptes à Angiers soubz noz signetz le xxviiie jour de juillet l'an mil iiiie soixante dix huit.

201

24 et 25 janvier $147\frac{7}{8}$.

Lettres missives du procureur et lieutenant de Saumur touchant certaines personnes.

Arch. Nat. P 1334[10], f° 118 r° et v°.

Très-honnorés seigneurs nous nous recommandons très-humblement à voz bonnes graces, et vous plaise savoir que arsoir nous fut envoyé unes lettres missives du procureur du Roy de Sicile nostre maistre à Paris, contenans que envoyons querir incontinent ung nommé Jehan Loyseau detenu prisonnier en la consiergerie du palays à Paris au moyen de certain appel frivol qu'il avoit faict de moy lieutenant, lequel appel a été vuidé, par lequel il a été mal appellé par led. prisonnier; et combien que eussons escript aud. lieu de Paris au procureur de nostred. maistre qu'il fust executé par delà sans qu'il fust renvoyé par deczà, messeigneurs de la court de Parlement ne l'ont pas voulu, et nous a dict celluy qui a apporté desd. lectres dud. procureur qu'ils ont deliberé qu'il soit pugny par deczà où il a commis le delict, et par ce est de neccessité de l'envoyer promptement querir pour ce que il y a jà bien ung moys que led. arrest fut prononcé contre led. prisonnier, et dit on que depuis la prononciation que le Roy nostre maistre paya ses despens au concierge de la conciergerie dud. pallays. Nous avons en noz prinsons ung autre paillart qui pareillement est appellant, lequel il fault envoyer par delà, et par ceulx que on envoyroit querir led. Loyseau y meneront le paillart que nous avons et ne feront que une despence, et quant il seroit

par delà, les procureurs et autres gens du Conseil du Roy
nostred. maistre pourront fere tel dilligence que l'appel dud.
paillart sera incontinent vuidé pour amener tout ensemble
pour le moins de mise ; mais on ne peult faire le voyaige
sans grant despence, et pour ce très-honnorés seigneurs vous
plaise deliberer et conclure sur ce voz bons plaisirs et
les nous faictes savoir pour les acomplir à l'aide de Nostre
Seigneur qui vous doint acomplissement de vos desirs.
Escript à Saumur, ce sebmadi xxiiiie jour de janvier, et au
vers desd. lettres est escript : les tous vostres serviteurs, les
lieutenant et procureur de Saumur. Et sur le doux des lettres est escript : A nos très-honnorés seigneurs nos seigneurs du Conseil du Roy de Sicile estant à Angers.

Lectres missives du Conseil responsives aux lectres dessusd.

Très-chiers freres et espiciaulx amis, nous recommandons à vous. Hyer par ce porteur receusmes les lectres de
vous lieutenant et procureur, et eust été bien fait que vous
eussiez envoyez les lectres que vous a escriptes le procureur du Roy nostre maistre à Paris, et pour pourveoir promptement à ce que nous escrivez avons conclud et deliberé que
sur les exploiz de ces presentes assises de Saumur, prendrez
et ferez prendre telle somme de deniers que adviserez estre
resonnable et convenable pour mener le prisonnier que
vous avez es prisons par delà, appellant en la conciergerie
du palays à Paris, veu que escrivez qu'il n'a de quoy fere la
despence, et aussi pour ramener l'autre qui est à Paris, et
tous les deux ensemble si l'appel peut estre brief vuidé, et
qu'il soit trouvé par la court n'avoir esté faict aucun grief à
celuy que faictes presentement mener ; et escripvez aud. procureur et autres du Conseil du Roy nostred. maistre à Paris,
faire diligence de faire vuider led. appel, et en rapportant ces
presentes avecques certiffication de vous troys de la somme
que ordonnerez estre baillée pour faire led. voyage et quictance de celuy ou ceulx qui la recevront, lad. somme sera
allouée es comptes dud. receveur d'Anjou sans difficulté.
Très-chiers freres et especiaulx amis ce scet Nostre Seigneur
qui vous ait en sa garde. Escript en la Chambre des comptes

à Angiers le xxvᵉ jour de janvier mil cccc seixante dix sept.
Et au bas desd. lectres est escript: les touz vostres, les
chancelier, president des comptes et autres gens du Conseil
et des comptes du Roy de Sicile estans à Angiers. J. Peletier.
Et au bas sur le dos desd. lectres est escript : à nos très-
chiers freres et especiaulx amis les juge d'Anjou, lieutenant,
et procureur à Saumur.

202

1ᵉʳ août 1478.

*Commission au procureur d'Anjou et à maistre Jehan Muret
de faire les enquestes touchant le different d'entre les officiers de Beaufort et le segraier et fermier de l'erbage de
Belle-Poulle.*

Arch. Nat. P 1334¹⁰, fᵒ 158 rᵒ.

Le premier jour d'aoust l'an mil iiiiᶜ soixante dix-huit.
Ou Conseil du Roy de Sicile duc d'Anjou tenu à Angiers
en la maison de son chancellier, presens led. chancellier, le
president des comptes, le lieutenant d'Angiers, le procureur
de Baugé et maistre Symon Brehier, sur le differant qui
estoit entre le procureur de la court de Beaufort d'une part,
et le segraier et fermier de l'erbaige de Belle-Poulle d'autre
part, pour les bestes de l'erbaige de la forest de Belle-Poule
merchées au merc de la fleur de lis que lesd. segraier et
fermier disoient avoir esté prinses par les officiers de Beaufort
pour le deffault qu'ilz disoient que lesd. bestes dedans la
Saint-Jehan-Baptiste dernier passé n'avoient esté mises en
escript comme il est de coustume par les officiers du conté
de Beaufort, et par ce disoient que lesd. officiers de Beaufort les pretendoient estre confisquées et acquises à la court ;
et lesd. segraier et fermier de Belle-Poule disoient que de
toute ancienneté lesd. bestes de l'erbaige dud. Belle-Poule
merchées à la fleur de lis quelque part qu'elles allassent ne
qu'elles peussent estre trouvées, soit en lad. conté de Beaufort ou autre part ne pevent estre arrestées ne empeschées,
et sont franches en payant seulement quatre deniers tour-

nois, et que ainsi en a esté acoustumé de user; led. procureur de Beaufort disant au contraire. Sur quoy en ensuyvant ce qui autreffois et puys nagueres avoit esté appoincté oud. Conseil, a esté dict et ordonné que par le procureur d'Anjou et maistre Jehan Muret seront faictes et parfaictes les enquestes d'une part et d'autre et dedans la Toussaint prouchainement venant, pour icelles veues oud. Conseil avec tout ce que pourra servir en ceste matiere et ce que ce pourra trouver en la Chambre des comptes et autre part, y estre appoincté et ordonné ainsi que sera de raison ou Conseil dud. seigneur en ceste ville d'Angiers. Et ce pendant les bestes qui ont esté ou pourroient estre prinses dud. herbaïge de Belle-Poule merchées aud. merc de la fleur de lys, seront delivrées reaulment et de faict par les officiers dud. Beaufort à ceux à qui elles sont, apreciacion raisonnable de la valleur desd. bestes faite par les lieutenant et procureur dud. Beaufort, ou l'un d'eulx en absence de l'autre, et caucion suffisante baillée de la valleur desd. bestes ausd. lieutenant et procureur ou l'un d'eulx des gens subgitz estagiers dud. seigneur Roy de Sicile, duc d'Anjou, en nuepce par moyen des ressorts d'Angiers, de Baugé et de Saumur. Et a esté ordonné ainsi le faire ausd. lieutenant et procureur de Beaufort presens à ce et messeigneurs devant escripts.

203

5 août 1478.

Ordonnances touchant les despences des assises des forets.

- Arch. Nat. P 1334[10], ff° 160 v° et 161 r°.

Le cinquiesme jour d'aoust l'an mil cccc lxxviii, en la Chambre des comptes du Roy de Sicile, duc d'Anjou, per de France, etc. Presens sire James Louet president, Symon Brehyer, Raoulet Lemal, Jehan Legay, conseillers et auditeurs en lad. Chambre, et autres.

A esté ordonné au segraier de Monnoys present en lad.

Chambre que d'ores en avant il ne paie pour la despense qui se fera en tenant les assises des forests et eaux dud. lieu (1) de Monnoys que jusques à la somme de cent solz sur paine de le recouvrer sur luy, si non que monseigneur le senneschal qui est general refformateur desd. eaux et forests fust present ausd. assises, ouquel cas lad. despence seroit plus grande. Et de ce que ce montera lad. despence oultre lad. somme de c s., en prenant certiffication par led. segraier signée dud. monseigneur le seneschal refformateur desd. eaux et forests et icelle rapportant sur ses comptes, la somme à quoy se montera lad. despence sera allouée en iceulx.

Item, Que d'ores en avant il ne se face baillée à heritaige en lad. forest, que premierement lesd. baillées bien confrontées soient bannies aux prosnes des eglises parrochialles de Longue Jumelles, Vernoil le Fourier, Vernantes, Parcay, et autres prochaines parroisses voisines de lad. forest de huitaine, xve et xle, et qu'il en soit rapporté certiffication des curés ou chappellains desd. parroisses ou du sergent de la garde où seront assises lesd. heritaiges desd. baillées, et rapportées en lad. Chambre, pour y estre ordonné et en rescripre aud. senneschal refformateur desd. eaux et forests, et que lesd. baillées soient faictes durant les assises des forests.

Item, A esté ordonné au segraier de Baugé et de Chandelays aussi present en lad. Chambre, que pareillement il ne face d'ores en avant despence en tenant les pletz desd. forets de Baugé et de Chandelays à la paine que dessus, que jusques à la somme de xl s.

Item, Aussi qu'il ne face nulles baillées en lad. segraierie, que premierement lesd. baillées bien confrontées soient bannies et rapportées en lad. Chambre comme dessus est escript touchant l'article de Monnoys.

Item, A esté ordonné que les juges desd. forests ne facent d'ores en avant moderacion sur la tauxacion des amendes pour boys prins, couppé et emporté desd. forests que selon les ordonnances anxiennes sur ce faictes touchant icelles, sur paine de les recouvrer sur eulx ; et soit sur ce parlé aux ser-

_____

(1) Le registre a écrit *luy*.

gens de la garde pour le notiffier auxd. juges des forests, es presences de monseigneur le senneschal general refforma-teur et du procureur à Baugé et ou ressort.

Item, Pareillement a esté ordonné au segraier de Vouldre qu'il ne face despence en tenant les assises de lad. segraierie jusques à la somme de XL s.

Item, Aussi qu'il ne face d'ores en avant baillée de heritai-ge, que premierement lesd. baillées bien confrontées soient bannies es parroisses voysines et rapportées en lad. Cham-bre, pour en estre ordonné comme dessus est decleré en l'article de Monnoys.

Item, Et pareillement a esté ordonné au segraier de Belle-Poule qu'il ne face despence en tenant les assises dud. lieu de Belle-Poule que jusques à la somme de XXX s.

Item, Aussi qu'il ne face bailler à heritaige que premie-rement lesd. baillées bien confrontées soient banyes es par-roisses voysines et rapportées en lad. Chambre pour en es-tre ordonné comme dessus.

204

16 mars 14$\frac{79}{80}$ pres. le même jour à l'assise du Mans.

L'adveu de la sergenterie des Quintes.

P 343, n° XXXII. (Ancien inventaire MIL LI.)

De vous très-hault et puissant prince et mon très-redoublé seigneur, monseigneur le duc de Calabre, conte du Maine, de Guyse, de Mortaing et de Gyen, per de France, viconte de Chastellerault et de Martigné, je Guillaume de Champhuon congnoys et confesse à cause de vostred. conté du Maine estre vostre homme de foy lige à cause et par raison de l'office et sergenterie fayée du Mans appelée la sergenterie faye des quintes, que je tiens et exerce ou faiz excercer en vostre ville et quinte du Mans, appelée la sergenterie fayée des quintes, dont et de laquelle je suis entré en vostre foy et hommaige lige avec les droiz, hon-neurs, prouffiz et esmolumens d'icelle office. Et pour rai-son d'icelle office tiens de vous soubz lad. foy et hommaige le merc et visitacion des mesures à vin sur touz céulx et celles qui vendent vin à detail par toute vostred. ville, forsbourgs et quinte du Mans et qui seront vos subgez, et où voz mesures ont cours, et ailleurs où sera vostre mesure pour l'apetissaige ; et à ceulx qui n'auront mesure, la leur bailler et mercher comme en tel cas est acoustumé de faire. Et aussi soubz lad. foy et hommaige ligé, ay droit de visiter les pressouers aux huilles par toute la conté du Maine, et bailler mesure à ceulx qui n'en auront point ; et à touz vendans huille à detail, visiter les mesures et les leur bailler s'ilz n'en ont point. Et à ceulx que je treuve vendans vin ou huille à faulse mesure les prendre et les mectre en vostre court es assises du Mans ou extraordinairement, affin que celui ou ceulx qui auront vendu à faulse mesure soient par vostre juge du Maine condampnez à païer telle amende qu'il verra estre à faire par raison et à vostre proufft. Aussi ay droit que si je previens premierement que vostre prevost à trouver quelque personne marchant ou autre qui vende ou achate blé, ou à hostellier qui ait mesure non merchée, de prendre le bouesseau ou mesure non merchez, et le adjourner pardevant vostred. juge envers vostre procureur pour le luy faire reparer et amender comme au cas appartient ; et de les merchez au merc de la fleur de lys comme pourroit faire vostre prevost. Et oultre pour raison dud. office je suis tenu par chacun an le jour de Pasques fleuries, d'aller à cheval ma verge en la main, houzé, esperonné, l'espée et dague au costé, avequez vos autres sergens faiez de vostred. conté, et ceulx de la prevosté du Mans, acompaignez vostre procureur general de vostred. conté, bailli de lad. prevosté, vostre prevost et recepveur ordinaire, à veoir rompre les lances des francs du Mans au pau de voz halles, et d'illeques aller queriz la croiz de l'eglise du Mans au lieu de Saint-Vincent ou ailleurs où elle aura esté portée le vendredi devant Pasques fleuries, et la conduire jusques à l'eglise de monseigneur Saint-Julien du Mans ; et d'illec retourner à l'entour de la ville du Mans, et nous rendre en jugement devant vostred. prevost. Et soubz ledit office j'ai droit de visiter aud. pau des halles touz les

autres sergens qui y sont, et de savoir et veoir si chacun
d'eulx a sa verge en main, espée, dague, houzeaux, et bons
esperons : et si aucun d'eulx avoit lessé le cordeau ou li-
coul au coul de son cheval, le luy oster et le confisquer à
moy. Et si aucun desd. sergens a deffault d'avoir houseaux
et bons esperons qu'il n'y faille boucle ne molete, ne autre
chose qui ne soit entier à ses esperons, et garny d'espée et
dague, comme ils sont tenuz de faire, je suis tenu de le dire
celui jour à vostred. procureur affin qu'il face reparer et
amender led. deffault de telle amende que de raison, et que
par le bailli de vostred. prevost sera ordonné au prouffit
de vostred. prevost. Et pour raison desd. mercs et mesures
à vin et huille, j'ay droit de prendre sur chacun vendant
vin ou huille par chacun an une foiz l'an huit deniers
tournois de visitacion. Et quant je leur baille mesure
neufve de boys et la leur merche, xvi d. t. Et pour raison de
ce je vous en suis tenu faire par chacun an au jour de
Toussains à vostre recepte ordinaire vingt solz t. de service, avecques plege gaige, droit et obeissance, telle
comme homme de foy lige doit à son seigneur, avec les
autres loyaulx aides, o avenant semonce quant le cas y advient, et selon la coustume du pays du Maine. Et sont les
choses que je tiens de vous soubz lad. foy et homaige
lige ; et autre chose n'en treuve dont j'aye vraye congnoes-
sance. O protestacion, très-hault et puissant prince que s'il
est trouvé que j'aye obmis aucune chose à vous bailler et
mectre en mon adveu comme je y suis tenu, je me offre le
faire et le vous bailler plus au long. En tesmoing de verité
je vous rens signé de mon seing manuel et seellé de mon
seel duquel je use en mon office faisant ; et à greigneur confirmacion fait signer du seing manuel de Pierres Maceot
notaire des contratz du Mans cy mis le seiziesme jour de
mars l'an de grace mil quatre cens soixante dix neuf, et
d'abondant fait seeller du contreseel roïal establi aux contractz du Mans.   (Signé)   CHAMPHUON. MACEOT.
     Au dos est écrit :
     Presenté ce present advou par Guillaume Champhuon es
assises du Mans par l'amenée des quintes, tenues par hono-

rable homme et sage mons^r maistre Pierre de Courthardi licencié es loix, juge ordinaire du Maine, le xvi° jour de mars mil cccc soixante dix neuf.

(Signé) Metaïër.

(Les sceaux manquent.)

205

11 mars 150$\frac{2}{3}$, presenté le même jour.

Aveu par Robert Richome, relevant du Roi de France au regard de son chastel, ressort et seigneurie de Baugé, par raison de sa terre et fief du Gault, et de son office de ser-gent fayé de Vendosme. (Lige.)

P 348, n° XXIII. (Ancien inventaire XIII ᶜ LI.)

..... *Item*, L'autre hommaige lige si est à cause de mon office de sergent fayé de Vandosme qui a acoustumé estre excercée en par tout led. conté dud. lieu et pays de Vandosme par moy ou mon commis et depputé, et par bail-lée à rente, à ferme, ou autrement ainsi que je veil, et dont j'ay usé par moy et mes predecesseurs sobz vostre main et auctorité royal de vous et messieurs vos officiers aud. lieu à Baugé. Pour raison duquel office je suys tenu moy ou mesd. depputez me tenir aud. pays de Vandosme pour illec ayder et administrer justice, faire informacions des cas quant ilz y arivent, recevoir denunciemens, applegemens, requestes de lectres, bailler adjournemens et autres ex-ploitz de justice, les rapporter à vostre court et siege royal dud. Baugé tant en l'ordinaire que en l'extraordinaire quant les cas et parties le requierent, de serrer, amasser et appor-ter par chacune de voz quatre assises de Baugé les proffilz, amendes, appellacions ou opposicions d'icelles, ou plus tost si le cas le requiert, et icelles bailler à vostre receveur, ou rapporter lesd. opposicions et appellacions à vostre greffier et aux despens de moy ou de mes depputez, et sans ce que moy ne mes commis et depputez y prennent aucune somme desd. amendes ou partie d'icelles. Pour raison duquel office fayé que je tiens de vous à foy et hommaige lige et dont je vous en doy la bouche et les mains, j'ay justice fonciere et les droitz qui en pevent deppendre, et selon l'usaige et la coustume de ce pays d'Anjou, plege gaige, serte et obeissauce telles comme homme de foy lige doit à son seigneur de fyé, et les tailles et aides telles si elles y appartiennent. Et sont lesd. choses que je tiens de vous.....

Cet aveu porte les signatures autographes de Richome, Aubry et L. Péchin.

206

Octobre 1480.

Lettre de chartre de la creacion de ceste Chambre des comptes nouvellement refformée.

Arch. Nat. P 1334¹¹, f° 93.

Loys par la grâce de Dieu, Roy de France, savoir faisons à tous presens et à venir que comme après le trespas de feu nostre oncle René en son vivant Roy de Jerusalem et de Sicile, duc d'Anjou, led. païs et duché d'Anjou nous soit retourné comme heritaige de la couronne de France, et à nostre premiere entrée en la ville d'Angiers faicte après led. retour, ayons veu et faict veoir le gouvernement et estat dud. duchié afin de le tenir au temps à venir en bon ordre au prouffit et utilité de nous et du bien dud. pays, et entre autres choses ayons entendu et cogneu par vray effect le grant prouffit qui peut avenir de l'entretient de la Chambre des comptes dud. lieu, pour plusieurs bonnes causes et raisons et mesmement que les ducs d'Anjou qui par cy-devant y ont esté estoient gens de bon et hault couraige, tellement que en leur temps ils ont traicté grans et haulx affaires tant eu nostre royaume que autre pais, lesquels comme dignes de memoire ont esté bien redigés et escripts de lad. Chambre, qui nous est chose moult plaisant et prouffitable, et pour riens ne vouldrions iceulx escriptz desplacer ne mectre ailleurs en

confusion d'autres escriptz, et ne nous seroit prouffict ne
agreable chose d'en faire mutacion, car en lad. Chambre
promptement se treuvent et pourront à toute heure estre
trouvées plusieurs lettres, chartres, escriptures et beaux fais
par les gens desd. comptes redigés par escript comme dict est,
et mis en très-bonne ordre et à nous moult prouffitable, par la
grant et bonne conduite qui y a esté mise et gardée par les
gens d'iceulx comptes qui es temps passez en ont eu la
charge, ce que desirons estre bien continué sans y faire
rompture. Et pour ces causes et autres à ce nous mouvans
ayons donné aucthorité et puissance, et par edit royal deliberé, conclud et ordonné, concluons et ordonnons par l'advis
et deliberacion de plusieurs seigneurs de nostre sang et
gens de nostre Grant Conseil, que lad. Chambre des comptes
à Angiers sera et demourra, voulons et nous plaist qu'elle y
soit de par nous entretenue en l'estat et forme que es temps
des ducs d'Anjou, et mesmement du vivant de nostred feu
oncle, et en la maison et lieu où il est accoustumé la tenir ;
et en tant que mestier en seroit l'avons crée, insti-
tuée, establye et ordonnée, creons, instituons, establissons et ordonnons tout de nouvel garnie d'un president et
troys maistres audicteurs, ung clerc et ung huissier ou sergent ; auxquels gens de nosd. comptes à Angiers presens et
à venir et leurs successeurs, nous avons donné et donnons
par ces presentes faculté, puissance et auctorité d'oyr,
clorre et affiner les comptes de tous et chacuns les receveurs de nostre dommaine dud. pays et de la seigneurie de
Lodun, maistre de nos eaux et forets, segrayers, maistres
des euvres et repparacions, receveurs des francs fiefs et nouveaux acquets, peaiges, terraiges et autres entremises quelxconques, et aussi de tous les grenetiers, receveurs de noz
aides et tailles dud. païs et de lad. seigneurie de Lodun,
fermiers de traictes d'Anjou et Thouars, imposition foraine,
trespas de Loyre et autres deniers ordinaires et extraordinaires qui se sont levés ou temps passé, se lievent de present et pourront estre levez à l'avenir oud. pays et duché
d'Anjou, tant en chef que en membres, et pareillement en lad.
seigneurie de Lodun, de contraindre et faire contraindre

par adjournement, impositions d'amendes, paines, multes,
prinses de corps et de biens se mestier est et comme pour
noz propres debtes, et autrement ainsi qu'ilz verront estre
à faire touz et chacuns lesd. receveurs, grenetiers, fermiers,
leurs pleiges, compaignons, clercs et entremecteurs de noz
deniers et touz autres qui ont, auront ou auroient eu aucunes charges, administration ou entremises de noz droiz et
finances en nostred. pays d'Anjou, tant ordinaires, extraordinaires de nostre dommayne comme dit est que autrement, à
aller rendre, clore et affiner leurs comptes en icelle nostre
Chambre des comptes à Angiers et non ailleurs, ne pardevant autres de quelque povoir qu'ils usent ou seront fondés,
et à paier le reliqua et restes qu'ils devront et pourront
devoir par leursdicts comptes ou autrement, de congnoistre, decider et determiner de toutes questions principalles, incidentelles et autres soit de faulceté, abuz et
autres choses qui auroient esté commises touchant le faict
desd. receptes, comptes, finances et entremises soit par
actions indeues ou aultres faultes par eulx ou aucuns d'eulx
faictes touchant lesd. comptes et finances, leurs circonstances, leurs deppendances, de prendre et faire païer sur le
reliqua et reste desd. comptes les choses ou sommes necessaires qu'ilz verront estre à faire pour l'entretenement,
repparacions et menuz affaires de lad. Chambre des comptes, et aussi de tauxer et ordonner sallaires et vacacions aux
personnes qu'ils auront commis ou envoyés pour besongner
ou fait de nostred. dommaine desd. comptes et des deppendances, et faire tout ce qu'ilz verront estre neccessaire pour
le bien et conservacion de noz droiz, dommaines et finances
dud. pays, et de faire finances et compositions de ventes,
rachaptz, indempnitez se mestier est, et baillées et arrente-
ments au bien et utilité de nostre dommaine des lieux et pla-
ces vacques et inutilles ainsi qu'ils verront estre à faire, et
en tant et par tant besongner et entendre en telz et semblables droiz, honneurs, prerogatives et preheminences que
font et ont accoustumé de faire noz amez et feaulx les
gens de noz comptes à Paris. Et pour ce que jà ceulx que
avons promeuz par noz lectres particullieres des offices de

president et maistres auditeurs en nostred. Chambre des
comptes par nostre commandement de bouche ont jà besongné en pluseurs audicions de comptes, non obstant que ces
presentes ne feussent veriffiées, nous voulons que tout ce que
jà ils ont fait et feront avant lad. verification soit d'autelle
valleur et effect comme si faict avoit esté après lad. verification. Et n'entendons et n'est nostre plaisir que de ceste matere ne des deppendances d'icelle noz gens de nosd. comptes
à Paris aient ne puissent avoir aucune congnoissance, soit
en premiere instance ou audicion par ressort, appel ne autrement en quelque maniere que ce soit ; ains leur en avons
interdit et deffendu, interdisons et deffendons toute congnoissance et entremise par ces presentes, et pareillement aux
receveurs, grenetiers, fermiers et autres qui se seroient en-
tremis de nosd. deniers, que ne soyent si hardiz en tenir
compte ailleurs que en nostred. Chambre des comptes à
Angiers, sur paines d'amendes arbitraires, d'encourir nostre
indignacion, de perdre ce qu'ilz y auroient mis ; et d'abondant tout ce que nosd. gens des comptes à Paris ou autres
quelxconques auroient faict ou vouldroient faire au contraire, avons declaré et declarons nul et de nulle valleur et
effect avec loy et establissement irritant. Si donnons en mandement à noz amez et feaulx conseilliers les chancellier et
gens de nostre Grant Conseil, tresoriers de France, generaulx par nous ordonnez sur le faict et gouvernement de
toutes noz finances, senneschal d'Anjou ou son lieutenant, et
à tous noz justiciers et officiers ou à leurs lieutenans presens et à venir, à chacun d'eulx si comme à luy appartiendra, que noz presente creacion, volenté, edit et ordonnance
royal et tout le contenu en ces presentes ilz gardent entierement et acomplissent, et facent garder, entretenir et
accomplir de point en point sans enfraindre ne aucunement
venir au contraire, et à ce fere et seuffrir contraignent et facent contraindre tous ceulx qui pour ce seront à contraindre reaument et de faict, non obstant opposicions ou appellacions contraires, car ainsi nous plaist il estre faict. Et afin
que ce soit chose ferme et estable à tousjours, nous avons faict
mectre nostre seel à cesd. presentes, au vidimus desquel-

les fait sous seel royal nous voullons foy estre adjoustée
comme à l'original, sauf en autres choses nostre droict et
l'autruy en toutes. Donné au Plesseys du Parc les Tours, ou
moys d'octobre, l'an de grace mil cccc quatre-vingts, et de
nostre regne le vingtiesme. Ainsi signé sur le replet desd.
lettres : Par le Roy : G. Briconnet. Et au bas dud. replet est
escript ce que s'ensuit : Visa : Après ce que ces presentes
ont esté monstrées au procureur du Roy en son Grant Conseil
qui a dit qu'il ne voulloit empescher la publicacion et l'expedicion d'icelles puis que s'estoit le bon plaisir du Roy, et
qu'il s'en rapportoit au Conseil, elles ont esté publiées et
enregistrées es registres dud. Grant Conseil du Roy, sauf
l'opposition du procureur du Roy à Lodun en tant que touche la ville, terre et seigneurie de Loudun. Faict oud. Grant
Conseil du Roy tenu à Thouars le vingt neuviesme jour de
janvier l'an mil cccc quatre-vingt et ung. Ainsi signé : Ville-
bresme : contentor. J. Texier. Au dox desquelles lettres entre
le laz de soye est escript : Registrata.

Il faut peut-être lire: Visa contentorum, J. Texier. Après ce
que ces présentes etc...

207

23 février 148$\frac{0}{1}$

*Serment de Bertin Poullain de notaire des contraz royaulx
d'Angers.*

P 1334[11], feuille intercalée entre les ff. 25 et 26.

Le xxiii[e] jour de feuburier l'an mil iiii[c] iiii[xx].

En la Chambre des comptes pour le Roy nostre sire à
Angiers.

Je Bertin Poullain clerc ay promis et juré aux Sainctes
Evvangiles de Dieu bien et loyalment passer et recepvoir
toutes manieres de lectres dont je seray requis soubz les
seaulx establiz aux contralz d'Angiers, et toutes celles lectres que je passeray mectré et redigeré en ung pappier par escript, et à celuy papier avecques les lectres que je passeray

grosser et faire, et les rapporteray au seel pour estre seellées
pour les rendre aux parties à qui elles seront, et ay promis
et juré que nulles desd. lectres que je passeray je ne rendré
sans estre seellées, et icelles lectres ou le protecolle apor-
teray pardevers le seel ou à la Chambre des comptes dedans
deux moys après qu'elles seront passées, à peine de cent
livres. Et ay fait led. serement en la presence de maistres
Jehan Muret, Raoullet Lemau. Et en tesmoign de ce je ay
cy mis et apposé mon signet manuel duquel je passeray lesd.
lectres.

B. POULLAIN (pièce autographe).

208

28 février 14$\frac{79}{70}$.

Ordonnance à Jehan Dupré faire de neuf la remembrance
des cens d'Anjou.

Arch. Nat. P 1334[10], f° 218 v°.

Aujourd'uy derrain jour de fevrier l'an mil CCCC LXXIX, en
la Chambre des comptes à Angiers où estoient presens honnorables hommes et saiges, maistres Pierres Guiot president
d'icelle, sire Jehan Bernart tresorier d'Anjou, Jehan Bridé
avocat, Jehan Muret, Raoulet Lemal conseillers et auditeurs
des comtes, et autres, ont esté mandez et faiz venir Jehan
Dupré, greffier des cens, eaux et forests d'Anjou, et Jehan
de la Fleche sergent desd. cens ; auquel Dupré present en
icelle Chambre a esté ordonné et enjoint par mesd. seigneurs
faire de neuf la remenbrance dud. censif d'Anjou, après
icelle par eulx veue et fait aporter par iceluy Dupré en lad.
Chambre dedans les prouchains plez d'iceulx cens, appellé
avecques luy led. de la Fleche auquel a esté ordonné se y
trouver, aussi le clerc du receveur d'Anjou pour y besoigner
avecques eulx ; et en icelles faisant proceder par ordre par
les ruees, ainsi que es papiers censifs de la recepte d'Anjou
est contenu.

209

Janvier 148$\frac{1}{2}$.

Confirmation de l'erection de la baronnie de Laval en comté, en faveur de Guy de Laval et ses successeurs, avec aneantissement du procez meu et intenté à cet effet pardevant le juge du Mayne, et que lad. comté sera perpetuellement tenue à foy et homage lige de la couronne, et non à cause du comté du Mayne. Union aud. comté de Laval des seigneuries de Saint-Ouain et Jevigné.

A. Arch. Nat. *Parlement*, X^{IA} 8608, f° 7 v°.
B. Dom Housseau, t. IX, n° 4079. Reg. de la Chambre des comptes.
Bibl. Sagerman, t. VII, f° 117 et suiv.

Le texte que je publie est rigoureusement conforme à celui qui est reproduit sur le registre du Parlement au moment de l'enregistrement. La copie faite par dom Housseau a peut-être été faite sur un autre original présenté à la Chambre des Comptes, car il fait mention de l'enregistrement en cette Chambre postérieur à celui en Parlement. Il est possible que ce texte ait été un peu different de celui que je publie.

Loys par la grace de Dieu Roy de France, savoir faisons à tous presens et à venir que comme dès piecà nostre tres-chier seigneur et pere que Dieu absole, considerant l'antiquité, grandeur et estandue de la seigneurie de Laval et le revenu d'icelle qui estoit et est composé de plusieurs chastellenies, fiefs, hommages, dommaines et autres beaulx droiz et devoirs, la proximité de lignage en quoy attenoient à luy et à la maison de France nostre trescher et amé cousin Guy à present comte de Laval, ses freres et predecesseurs, et les grans, louables, vertueulx et recommandables services qu'ilz avoient faiz à luy et à la couronne de France, tant pour le fait des guerres que es autres grans et principaulx affaires touchans le bien et la deffence de la chose publicque de nostre royaume, et pour plusieurs autres grans, justes et raisonnables causes qui à ce le meurent, eust erigé en conté lad. seigneurie de Laval qui par avant estoit seullement baronnie, et en ce faisant voulu, declaré, ordonné et octroyé à nostred. cousin que dès lors en avant luy et ses suctesseurs contes de Laval fussent ditz, nommez, censez, tenuz et repputez comtes, et qu'ils joyssent de toutes telles et semblables preeminences, honneurs, prerogatives, droiz et libertez dont les aultres contes de nostred. royaume joyssent et avoient acoustumé de joyr et user de toute ancienneté, et sur ce octroyé à nostred. cousin ses lectres patentes faictes et seellées en forme de chartre, par vertu desquelles il ait depuis tousjours joy et joysse encores de present dud. tiltre de conte, et des preeminences, honneurs, prerogatives, droiz et libertez dessusd. : Mais pour ce que feuz nostre oncle et cousin le conte du Maine et le feu Roy de Secille aussi conte du Maine, son filz, nagueres decedé, et leurs officiers en icelle conté s'estoient par plusieurs fois efforcez de luy donnez sur ce trouble et empeschement et l'en avoient mis en proces, qui est encores pendant indecis pardevant nostre juge du Maine ou son lieutenant en l'ordinaire des assises de nostre ville du Mans, nostred. cousin de Laval depuis que lad. comté du Maine est venue et escheue en noz mains et reunye, adjoincte et annexée à nostre dommaine et à la couronne, voyant que l'interest que nosd. feuz oncle et cousin y povoient pretendre nous appartiennent ou appartenoit et non autres, nous a humblement fait supplyer et requerir par nostre très-cher et amé nepveu et cousin Françoys de Laval conte de Montfort son filz aisné et heritier principal presumptif que nostre plaisir fust ratiffier, approuver et confermer l'erection, ordonnance et octroy dessusd., et mettre au neant led. procès et tous autres exploictz qui s'en seroient ensuyz ou prejudice de nostred. cousin de Laval : Savoir faisons que Nous, reduisans à memoyre les causes dessusd. qui meurent feu nostred. seigneur et pere à eriger lad. seigneurie baronnie de Laval en

conté, et aussi les grans services que nostred. cousin et
sesd. freres ont tousjours depuis faiz et continuez à nous
et à la couronne de France, et mesmement nostred. nepveu
qui à l'exemple de sesd. predicesseurs et comme vray imi-
tateur de leurs grans louables et vertueux faiz et dignes (1)
de memoyre, s'est continuellemeut et de tout son povoir
sans y espergnez corps ne biens employé en nostred. service, et fait chacun jour alentour de nostre personne en
très-grande cure, sollicitude et dilligence, et a vouloir et entencion de faire et perseverer plus que jamais ainsi que par
vraye et notoire experiance l'avons evidamment congneu et
apercu, actendu aussi la grant proximité de lignage en
quoy luy qui est filz de la fille de la propre sœur germaine
de nostred. feu seigneur et pere nous actient : Pour ces causes et autres à ce nous mouvans, lad. erection ainsi faicte
par nostred. feu seigneur et pere de lad. baronnie de Laval
en conté avec l'octróy par luy faict à nostred. cousin Guy
de Laval pour luy et ses suctesseurs de eux dire, porter,
nommer et reputer contes de Laval et de joyr desd. preeminances, honneurs, prerogatives, droiz et libertez dont
les autres contes de nostred. royaume ont acoustumé de
joyr et user de toute anciennetè, avons de nostre certaine
science , grace espiciale, plaine puissance et auctorité
royal louez, ratifiez, approuvez et confermez, louons, ratifions, approuvons et confermons, et en tant que mestier est
l'avons de nouvel octroyé et octroyons, erigé et erigeons en
conté par cesd. presentes, pour en jouir d'ores en avant paisiblement et perpetuellement par nostred. cousin Guy de
Laval nostre nepveu, son fils, et leurs hoirs et successeurs
contes de Laval, sans aucun destourbier ou empeschement
au contraire, et mettons du tout au neant led. procès meu et
intenté pardevant led. juge du Maine ou sond. lieutenant,
et tous autres proces, et exploictz et procedeures qui à l'octa-
sion dessusd. avoient esté meuz et intentez contre nostred.
cousin et sesd. officiers en quelque maniere que ce soit et
en quelque estat qu'ilz soient, avec toutes leurs deppendan-

----

(1) Le ms. porte *disnes.*

ces, et sur ce avons imposé et imposons sillence perpetuel à tous noz procureurs, justiciers, officiers et autres quelxconques. Et en oultre afin de aproucher tousjours plus près de nous et de la couronne de France lad. maison de Laval, et monstrer par effect la grant et naturelle amour, singulier vouloir et afection que nous avons au bien, honneur, exaulcement et augmentation d'icelle, et mesmement de nostred. nepveu et de toute sa posterité, avons de nostre certaine science, plaine puissance et auctorité dessusd. voulu, declaré, descerné, ordonné et octroïé, voulons, descernons, declarons, ordonnons et octroyons par edit et statut royal irrevocable et permanent par cesd. presentes, que lad. conté de Laval soit d'ores en avant et perpetuellement tenue et mouvent neuement à foy et hommaige lige de nous et de noz suctesseurs Roys de France à cause de nostre couronne, et non pas à cause de nostred. conté du Maine de laquelle elle a esté tenue et subgecte par cy-devant à foy et hommage lige et ressort ; mais d'icelle conté du Maine nous l'avons du tout distraicte, separée et disjoincte, distraïons, separons et desjoignons par cesd. presentes, à telle et semblable charge et devoir qu'elle estoit tenue envers les contes du Maine à muence d'omme et de seigneur. Et pour de plus en plus augmenter et acroistre lad. conté, nous y avons uny et adjoinct, unissons et adjoignons (1) la chastellenie, terre et seigneurie de Saint-Ouain et de Jeuigné (2) avec ses appartenances et deppendances qui compecte et appartiennent à nostred. cousin le conte de Laval, et souloit estre tenu et mouvant en foyz et hommaiges lige et simple de la chastellenie d'Ernée membre deppendant de la baronnie de Mayenne-la-Juhez : Voulons et octroyons qu'elle soit desormais perpetuellement censée et repputée membre deppendant de lad. conté de Laval, et que lesd. hommaiges deus à cause d'icelle soient comprins et entenduz avec led. hommaige lige qui d'ores en avant sera fait à nous et à nosd. suctesseurs pour raison de lad.

(1) Le ms. porte : enjoignons.
(2) Juvigné, note de Dom Housseau, v. Expilly, page 884, col. 2.

conté de Laval à cause de nostred. couronne. Et avec ce
avons pareillement voulu, declaré, ordonné et octroyé, voulons, declarons, ordonnons et octroyons par cesd. presentes que d'ores en avant les subjectz tenans en fiefz, arriere-
fiefz et censive de lad. conté de Laval, et de la chastellenie de Sainct-Ouain, de Jeuigné et des autres membres
appartenances et depeendances de lad. conté de Laval,
et qui en tiendront ou temps à venir, ne puissent ou
doyent estre convenuz, adjournez, traiz ne mis en cause ou
procès en premiere instance pardevant aucuns de noz juges
ne ailleurs que pardevant le senneschal ou baillif de nostred.
cousin et de sesd. suctesseurs aud. lieu de Laval, ou leurs
lieutenans presens et à venir, ou pardevant les juges subalternes dud. senneschal ou bailly de nostred. cousin et de
sesd. suctesseurs aud. lieu de Laval ou leurs lieuxtenans
presens et à venir, ou pardevant les juges subalternes dud.
senneschal ou bailly ; et que les appellations qui seront
interjectées d'icelluy seneschal ou bailly ou de leursd. lieuxtenans soient relevées et devolues sans aucun moyen en nostre cour de Parlement à Paris et non ailleurs, tout ainsi que
sont et ont acoustumé d'estre celles qui ont esté, sont et seront interjectées de noz bailliz et senneschaulx. Et au regard des causes et procez meuz et intentez, et pendans
indecis pardevant noz senneschal et juge du Maine et de
Mayenne-la-Juhez ou autres noz justiciers et officiers ou
leurs lieuxtenans, d'entre nostred. cousin et les subjectz
de sad. conté de Laval tenans de luy en fiefz, arriere-
fiefz et censive en premiere instance contre quelques parties que se soient, nous voulons, declarons et mandons à
nosd. officiers que toutes lesd. causes et matieres, tant
celles qui sont pendans en premiere instance que des
causes d'appel qui auroient esté interjectées des juges
subjectz et justiciers dud. conté de Laval en obmectant
le moyen, et aussi les causes d'appel qui estoient pendans entre les subjectz de nostred. cousin en la cour et jurisdicion du Mans, Mayenne-la-Juhez et Ernée, soient ren-

voyées pardevant led. senneschal ou bailly en quelque estat
qu'elles soient, avec les procès, sacs, escritures et muni-
mens quelxconques estans pardevers eulx, pour en cognoistre et les decidez et determinez pardevant led. senneschal ou
bailly ou leursd. lieuxtenans aud. lieu de Laval à certain et
compectant jour toutes et quantes fois qu'ilz en seront requis. Et en tant qu'il touche la cause d'appel s'aucunes
y en a interjectées par cy-devant, et qui aient esté relevées
pardevant lesd. senneschal et juge du Maine, ou leurs lieuxtenans ou ez Grans Jours du Maine, elles seront renvoyées pour
juger, decider et determiner en nostred. court de Parlement en quelque estat qu'elles soient sans plus en tenir aucune court, jurisdiction et congnoissance par lesd. senneschal
et juge du Maine ne leursd. lieuxtenans, et lesquelles nous
leur avons interdicte et deffendue, interdisons et deffendons
par cesd. presentes, par lesquelles donnons en mandement
à noz amez et feaulx conseillers les gens de nostre court de
Parlement, de nos comptes et tresoriers à Paris, ausd. senneschal et juge du Maine, et à tous noz autres justiciers et
officiers ou à leurs lieuxtenans presens et à venir, et à chacun d'eulx comme à luy appartiendra, que (1) de noz presens ratifficacion, aprobacion, confirmacion, volunté, declaracion, ordonnance et octroy et de tout le contenu en ces
presentes, ilz facent, seuffrent et laissent nostred. cousin et
sesd. suctesseurs contes de Laval joir et user plainement,
paisiblement, perpetuellement et à tousjours sans leur faire
ne souffrir estre fait, mis ou donné aucun destourbier ou

---

(1) La fin de ces lettres patentes jusqu'à *Donné à Thouars, etc.*,
est remplacé dans la copie de Dom Housseau par le passage suivant: « Que des presentes et le contenu d'icelles soit mis en
execution sans qu'il y soit apporté aucun trouble, arrest ou empeschement au contraire, aincois si fait, mis, ou donné lui estoit,
ils facent incontinent et sans delay le tout reparer et mettre à
pleine et entiere delivrance; car ainsi nous plaist il et voulons
estre fait, non obstant quelconques ordonnances, mandemens ou
deffenses à ce contraires. »
La copie de Dom Housseau est d'ailleurs fort imparfaite.

empeschement au contraire. Et afin que ce soit chose ferme
et estable à tousjours, nous avons fait mectre nostre seel à
cesd. presentes, sauf en autres nostre droit, et l'aultruy en
toutes. Donné à Thouars ou moys de janvier l'an de grace
mil cccc quatre vings un, et de nostre regne le vingt uniesme ; Ainsy signé : Par le Roy, l'arcevesque de Vienne ;
l'evesque d'Alby; le conte de Marle mareschal de France ;
le sire de Precigny president des comptes ; le sire de Saint-
Pere grant seneschal de Normandie; maistre Pierre de Cour-
thardy juge du Maine ; et autres, presens. Visa contentorum.
Texier. Lecta, publicata et registrata absque prejudicio jurium sigillorum regiorum in comitatu Cenomanie et de Burgo
novo, aliorum que jurium et exempcionum de fundatione
capelle Regie de Mauny existentium ; pro quibus thesaura-
rius et canonici dicte capelle nec non jurium, libertatum,
exemptionum, privilegiorum et preeminentiarum, decani
et capituli ecclesie Cenomanensis, suorumque hominum et
subditorum, pro quibus ipsi decanus et capitulum se oppo-
suerunt ; quibus juribus, privilegiis, libertatibus et exemp-
tionibus dicti opponentes respective prout et quemadmodum ante publicacionem presentium uti consueverunt, uten-
tur et gaudebunt. Actum in Parlamento vii die februarii
anno Domini millesimo cccc^{mo} octuagesimo primo. Sic signatum : Chartelier. Collacio facta est cum originali.

Lecta, publicata et registrata in camera computorum Domini nostri Regis Parisiis, die vigesima secunda mensis
martii, amo Domini millesimo quadringentesimo octuagesimo primo. Sic signatum, Leblanc. (1)

---

(1) La mention de publication en la Chambre des Comptes de
Paris ne se trouve pas, bien entendu, dans l'enregistrement en
Parlement.

210.

12 novembre 1482.

Lettres patentes du Roy par lesquelles sera mandé au senes-
chal et juge d'Anjou faire commandement à touz les sergens
en Chastellet exerçant leursd. offices soubz leurs juridi-
cions d'aller demeurer chacun en leur bailliaige sur les
paines etc.....

Arch. Nat. P 1334[11], f° 139 r°.

Loys par la grace de Dieu Roy de France, au seneschal et
juge d'Anjou ou à leurs lieuxtenants salut. Nostre amé et feal
conseiller maistre Loys Garnier nostre procureur general
en noz pais et duchié d'Anjou nous a faict dire et remonstrer, que jassoit ce que en ensuyvant les ordonnances
royaulx jà pieçà et de longtemps faictes et les usances
des senneschaussées et bailliages de nostre royaulme touchant les sergens de nostre royaulme, il ne soit loisible
ne permis à aucun desd. sergens demeurer en aucune
des seneschaussées ou bailliaiges de nostre royaulme fors
seulement en celles dont ils sont sergens ordinaires, ne autre part que chacun en son bailliaige où ils ont leur ressort,
et que en ensuivant lad. ordonnance et lesd. usances d'icelle
seneschaussées et bailliages vous et chacun de vous avez
faiz par cy-devant plusieurs commandemens et injuncions
à tous les sergens demeurans en voz juridictions de ainsi le
faire et de aller demourer sur les lieux de leursd. bailliaiges,
pour obvier à plusieurs faultes, abus et pilleries qui chacun
jour se font et commectent en vosd. juridicions pour le
grant nombre et multiplicacion des sergens estrangiers qui
vont demourer hors de leursd. bailliaiges, à la grant charge
et foulle du peuple menu de nostred. royaulme; neanmoins
iceulx sergens en eux demonstrans rebelles et desobeissans à
nous et à justice quelque commandement ou injuncion qui
leur aient esté sur ce faiz par vous ou aucun de vous et par ce
encourans es peines à eulx sur ce indites, ont esté et sont reffu-

sans et delayans de ce faire, dont plusieurs maulx, pilleries, exactions et voies indeues ont esté et sont faictes sur nostred. pouvre peuple à nostre très-grant desplaisance, et plus seroit se par nous n'estoit sur ce donné provision convenable, ainsi que nostred. procureur exposant nous a faict dire et remonstrer requerant icelle ; pour quoy Nous, ces choses considerées, voulons relever noz subgectz des charges et oppressions indeues, vous mandons, et pour ce que lesd. commandements et injunctions ont esté faicts par vostre auctorité et justice par quoy la congnoissance vous en doit appartenir, aussi qu'ilz sont soubz vosd. juridicions, commectons par ces presentes et à chacun de vous sur ce requis et comme à luy appartendra, que faictes ou faictes faire de rechef et d'abondant ausd. sergens et à chacun d'eulx demourans en vosd. juridicions et frequantans en icelles soubz certaines et grans peines à nous applicquer, lesd. commandements et injunctions de aller demourer sur les lieux de leursd. bailliaiges dont chacun d'eulx est ordonné et estably sergent, en recevant nostred. procureur et lequel nous voulons par vous estre receu, à vous requeriz la declaracion des paines et multes en quoy iceulx sergens et chacun d'eulx pevent ou pourront estre encouruz envers nous et justice, et en procedant par vous à icelles declaracions faire et à l'execucion d'icelles ainsi que verrez estre à faire par raison et qu'il est acoustumé de faire en tel cas, non obstant opposicions ou appellacions quelxconques pour lesquelles ne voullons en ce estre aucunement differé ne retardé, car ainsi le voulons et nous plaist estre faict. De ce faire vous donnons auctorité, commission et mandement espicial, mandons et commandons à tous nos justiciers, officiers et subjectz et à chacun de vous, voz commis et depputez en ce faisant obeissent et entendent diligemment. Donné au Plessez du Parc, le xiiᵉ jour de novembre, l'an de grace mil cccc quatre vingts et deux, et de nostre regne le xxiiᵉ. Ainsi signé, par le Roy, le comte de la Marche, l'arcevesque de Narbonne, le grant seneschal de Normandie, Mᵉ Symon Radin et autres presens. Amys.

211

10 decembre 1482.

Touchant la prevosté d'Angers et les boullengiers appellez
les pestreux dud. lieu

Arch. Nat. P 1334¹¹, f° 141 r°.

Les gens des comptes du Roy nostre sire estans à Angers,
en la cause pendant pardevant maistre Jehan Belin, licencié en loix, lieutenant à Angers et ou ressort de monseigneur le seneschal d'Anjou, entrè les procureur d'Anjou et
prevost d'Angers demandeurs d'une part ; et les boullengiers faitissiers de lad. ville appellez les pestreux, d'autre
part : Sur ce que led. prevost disoit que chascun dud. mestier devoit et estoit tenu paier une foiz l'an à lad. prevosté la somme de doze solz t. pour leur droit d'estallaige
sur le pavé au jour du sabmedi, et requeroit qu'ilz fussent
condempnez et contrains à paier lad. somme : à quoy estoit
respondu par lesd. deffendeurs qu'ilz ne devoient à lad.
prevosté par chacun sabmedi de l'an que chascun ob., et
de ce ilz en voulloient croire les quaternes et instruccions
anciennes estans en la Chambre des comptes à Angers et
en prandre droit pardevant nous. Ouyes lesd. parties d'une
part et d'autre, de leurs consentemens, et de maistre
Estienne Garnier, substitut dud. procureur, lad. cause a
esté renvoyée pardevant nous pour sur ce leur faire tel
droit que de raison. Après ce que avons vu et visité lesd.
quaternes et instruccions anciennes faictes sur le fait dud.
mestier, avons appoincté que lesd. boullengiers yront touz
ensemble ou chascun par soy pour une foiz faire escriprè
leurs noms et sournoms ou papier de lad. prevosté ; et au
seurplus seront tenuz porter ou envoyer sur paine d'a-
mende chacun sabmedi de l'an au tablier de lad. prevosté
chascun ob., en quoy avons trouvez par lesd. quaternes
iceulx boulengiers estre tenuz pour leurd. droit d'estal-

laige seulement, ce qu'ilz ont voulu, consenty et accordé ;
dont nous les avons jugez. Fait en lad. Chambre des comptes à Angers soubz le seing du greffier d'icelle, le xe jour
de decembre l'an mil iiii^c iiii^{xx} et deux. Ainsi signé du
commandement de messieurs des comptes du Roy à
Angers, Guiteau.

212

28 janvier 148$\frac{2}{3}$.

*Lettres patentes du Roy de declaracion par luy faicte de cer-
taine question meue entre le comte de Vendosme et le seigneur de Craon touchant le premier jour et audience dc
l'assise d'Angiers que chacun d'eulx pretend à avoir.*

Arch. Nat. P 1334¹, f° 149.

Loys par la grace de Dieu Roy de France, à touz ceulx
qui ces presentes lectres verront, salut. Comme dès le treiziesme jour du mois de decembre derrain passé, nostre
cher et amé cousin le conte de Vendosme eust presenté et
baillé aux gens de nostre Grant Conseil certaine requeste par
laquelle et pour les causes à plain contenues et declairées
en icelle, il requiert entre autres choses que le premier jour
des assises de nostre duchié d'Anjou fust pour l'audience
de l'amenée dud. conte et de ses subgectz, et que d'ores en
avant sesd. subgectz ne fussent tenuz plaider es assises d'Anjou sinon en cas d'appel, et que deffence fust faicte à sesd.
subgectz de non traicter l'un l'autre en la ville d'Angiers,
sinon en cas d'appel et en premiere instance, et que pendant l'appellation par lui iuterjectée du juge d'Anjou et relevée en nostre court de Parlement, icelui conte et sesd. subgectz ne feussent contrains respondre esd. assises d'Anjou
au jour auquel on s'efforçoit le contraindre, et que seulement
ilz repondissent en Parlement ou par appel devant autre
juge royal ; laquelle requeste eust esté signiffiée tant aud.
juge d'Anjou que à nostre procureur oud. duchié ; lesquelx
eussent dict et respondu entre autres choses que lad. conté

de Vendosme estoit tenue dud. duché d'Anjou, et que led.
conte comme vassal d'icelle estoit tenu garder les droiz et
juridicion d'icelle, et que led. conte et sesd. subgectz
avoient tousjours obey ausd. assises, et se rapportoient à
nostred. Conseil de la prerogative et preheminence que le
conte pretendoit avoir esd. assises, et que de lad. matiere estoit procès pendant en nostred. court de Parlement
au moyen de l'appel fait par led. conte dud. juge d'Anjou,
et que d'une mesme chose ne devoit estre fait procès en
divers lieux, en requerant que l'un d'iceullx procès cessast,
et que par led. conte en repondant ausd. choses eust esté
dict qu'il estoit content que les gens de nostred. Conseil
congneussent de lad. cause d'appel, iceulx gens de nostred.
Conseil eussent entre autres choses ordonné et appointé du
consentement d'icelles parties ou de leurs procureurs pour
elles comparans en nostred. Conseil que la cause demouroit en nostred. Conseil et que nostre cher et amé cousin
Loys seigneur de la Trimoille, seigneur et baron de Craon,
auquel lad. matiere touchoit, serait oy sur le contenu en
lad. requeste, pour au seurplus en estre ordonné et appoincté ainsi que de raison. En fournissant auquel appointement icelui seigneur de Craon eust faict dire et
proposer entre autres choses pour ses deffenses que, à
cause de sad. seigneurie et baronnie de Craon, il avoit
plusieurs beaux droiz et entre autres qu'il estoit premier
baron dud. duché d'Anjou et devoit avoir la premiere audiance dud. duché, et que lui et ses predicesseurs en
avoient tousjours ainsi jouy et usé, mais que ce neantmoins
pour ce que noz officiers oud. duchié d'Anjou avoient ref-
fusé la premiere audiance aud. conte de Vendosme, led. conte
s'en estoit porté pour appellant, et sond. appel avoit relevé
en nostred. court de Parlement, et que lad. conté avoit
puis nagueres esté erigée en conté, qui ne luy devait
prejudicier, et n'estoit recevable led. conte à requerir les
choses dessusd. à plain declairées en sad. requeste ; à
quoy par led. conte demandeur et requerant l'enterignement de sad. requeste et en persistant en icelle eust esté
dit en repliquant, que en tant que touchoit l'appellacion par

luy intergetée dud. juge d'Anjou, il l'avoit seulement relevée
contre nostre procureur oud. duchié, et n'avoit faict intimer
led. seigneur de Craon deffendeur en requerant que pendant
led. procès lui fust pourveu d'autre juge que noz officiers
oud. duché d'Anjou, et que par led. seigneur de Craon eut
esté requis que actendu sa longue possession qu'on luy
devoit adjuger la premiere audiance à lad. assise, et que
par nostred. procureur eust esté dit que au regart de la
prerogative que icelles parties pretendoient, ilz s'en rapportoient aux gens de nostred. Grant Conseil pour en ordonner
ainsi que de raison, requerant en oultre que les droiz de nostred. duché nous fussent gardez, et que si provision estoit
faicte aud. demandeur que on luy baillast juge en nostred.
ville d'Angiers. Lesquelles parties à plain oyes sur les choses
dessusd. tant d'une part que d'autre dès le seiziesme jour
du moys de janvier derrenier passé, eussent esté appointées
à escripre par advertissement et à produire par devers les
gens de nostred. Conseil tout ce que bon leur sembleroit
dedans le sabmedi prouchain après ensuivant, pour le tout
vu en appointer par provision ou autrement ainsi qu'il appartendra par raison ; en fournissant auquel appointement lesd.
parties aient depuis mis et produit pardevers les gens de
nostred. Conseil leursd. advertissemens et tout ce que bon
leur a semblé, Savoir faisons que veu par iceulx gens de
nostre Grant Conseil lesd. advertissemens et autres choses produites par lesd. parties tant d'un cousté que
d'autre, ensemble l'appointement à oir droit, et consideré
ce que faisoit à veoir et considerer, à grant et meure deliberacion iceulx gens de nostred. Grant Conseil par leur
ordonnance, jugement et appointement ont mis et mectent lad. appellacion intergetée par led. conte de Vendosme demandeur et requerant l'enterignement de lad. requeste au neant sans amende et sans despens, et ont dit et
dient que lesd. parties font contraires, si feront leurs faiz sur
lesquelx seront faictes enquestes, et icelles faictes et parfaictes rapportées et receues pour juger leur sera faict droit, et
pour ce faire ont donné et donnent ausd. parties delay jusques au landemain de Quasimodo prouchain venant ; et au
seurplus ont les gens de nostred. Conseil ordonné et ordon-

nent que les causes et amenées qui soulloient ressortir à Baugé, lesquelles ont esté translatées en nostred. ville d'Angiers,
seront tenues et expediées aud. lieu d'Angiers separement
de lad. assise d'Angiers, et en tel temps et ordre qu'elles
avoient accoustumé d'estre expediées aud. lieu de Baugé ;
et semblablement sera expediée lad. assise d'Angiers et les
causes et amenées qui en deppendent en tel ordre que l'en
avoit accoustumé de faire avant lad. translacion, et ce par
maniere de provision et jusques à ce que par les gens de
nostred. Conseil autrement en soit ordonné. Si donnons
en mandement et commectons par ces presentes aux seneschal et juge d'Anjou ou à leurs lieuxtenans et à chacnn d'eulx
que à la requeste dud. demandeur l'ordonnance et appoine-
tement des gens de nostred. Grant Conseil et tout le contenu
en ces presentes ils enteriuent, acomplissent et mettent
ou facent mectre à execucion deue selon sa forme et teneur
en ce que execucion y est et sera requise, en contraignant
à ce faire et souffrir touz ceulx qu'il appartendra et qui
pour ce seront à contraindre par toutes voies et manieres
deues et raisonnables, car ainsi nous plaist il estre fait. De
ce faire leur donnons et à chacun d'eulx plain povoir, auctorité, commission et mandement especial, mandons et
commandons à touz noz justiciers, officiers et subgectz que
à l'execucion de ces presentes soit obey diligemment. Donné
en nostred. Grant Conseil à Tours, le xxviiie jour de janvier
l'an de grace mil cccc quatre vingts et deux, et de nostre
regne le vingt et deuxiesme. Ainsi signé, par le Roy à la relacion des gens de son Grant Conseil, J. Demoulins.

213

13 fevrier 148$\frac{2}{3}$.

*Veriffication et expedition donnée ausd. lettres par
messire Jehan Binel, juge ordinaire d'Anjou.*

Arch. Nat. P 1334¹¹, ff. 150 et suiv.

Jehan Binel, docteur es lois, juge ordinaire d'Anjou,

commissaire en ceste partie, aux sergens ordinaires du Roy notre sire es assises royaulx d'Angers, en ce qui touche les bailliaiges de Vendosme, Le Lude et autres qui sont au dedans du ressort de Baugé et qui y soulloient ressortir, salut. Receu avons les lectres royaulx à nous adressans données à Tours au Grant Conseil du Roy nostred. seigneur le xxviiie jour de janvier derrain passé, ausquelles ces presentes sont atachées soubz nostre seel, impetrées et à nous presentées de la partie de hault et puissant prince le conte de Vendosme, contenant entre autres choses certain appointement par maniere de provision donnée oud. Grant Conseil entre led. comte d'une part et le seigneur de Craon d'autre part, sur le differend et procès d'entreulx touchant la prerogative et le premier jour d'audiance que chacune desd. parties pretendoit avoir esd. assises d'Angiers et l'ordre de expedier les causes des bailliaiges et amenées de Vendosme, Le Lude et autres qui soulloit ressortir aud. lieu de Baugé depuis que le duchié d'Anjou a esté reduict et reuny à la couronne par le decès de feu Roy de Sicile René, en son vivant duc d'Anjou, ont esté mises et translatées esd. assises d'Angiers, nous requerant ledict conte de Vendosme l'enterignement desd. lectres royaulx, par vertu et auctorité desquelles, du povoir à nous donné et commis par icelles mesmement en icelles enterignant et executant, avons voulu, consenty et declairé, voulons, consentons et declairons en ensuivant la teneur desd. lettres que les causes desd. bailliaiges et amenées de Vendosme, Le Lude, La Fleche, des sergens generaux et des sergens des regalles anciennes dud. ressort de Baugé, touz lesquelx sergens, depuis lad. reunyon ont acoustumé ressortir et faire ressort de leurs exploiz esd. assises d'Angiers soient appellées et expediées en ceste ville d'Angiers, separement de lad. assise d'Angiers, en tel temps et ordre qu'on avait accoustumé de tenir l'assise de Baugé, laquelle assise de Baugé a acoustumé de tenir les lundi et sepmaine après les Cendres, le lundi et sepmaine devant la Saint-Barnabé, le lundi et sepmaine après Saint-Berthelemer, le lundi et sepmaine

devant Saincte-Catherine, et expediront lesd. bailliaiges
en l'ordre qui s'ensuit : c'est assavoir le lundi au matin de
chacune desd. sepmaines le bailliaige et admenée de Vendosme, et celui mesme jour après disner, le bailliaige du
Lude ; le mardy ensuyvant seront depechées pour tout led.
jour les amenées de Jehan Rortereau, Jehan Aubert, et
Jacques Hirely, et le mercredy ensuyvant pour tout led.
jour seront despechées les bailliaiges generaulx de Jehan
Gastineau et René Velier, et l'amenée de Macé de Lespine
sergent de La Fleche, et semblablement seront lad. assise
d'Angiers et les causes et amenées qui en deppendent expediées en tel ordre et en tel temps et assignacion que l'en
avoit acoustume de faire avant ladicte reunyon, et pour
led. temps et ordre d'expediez lesd. causes et amenées
de Vendosme, Le Lude et autres dessus declairez qui soulloient estre expediées et estoient du ressort de Baugé, tant
Vendosme, le Lude que autres dessus declairées, leur avons
assigné et assignons par maniere de provision et jusques à
ce que autrement par justice en soit ordonné, les jours et
temps dessus declairez, sauf et excepté que lesd. causes
et bailliaiges de Vendosme, Le Lude et autres dessus declairées qui soulloient estre le ressort de Baugé seront encores expediées à ceste prouchaine assise d'Angiers qui
commancera de lundy prouchain en quinze jours en l'ordre
accoustumée, c'est assavoir la tierce sepmaine de l'assise
d'Angiers, laquelle excepcion et reservacion nous avons
faicte pour tant que touche cested. assise d'Angiers,
parce que lesd. lettres de provision obtenues par led. conte
nous ont encores presentement esté baillées et présentées,
et que lundi prouchain estoit le jour et assignacion qui estoit
à escheoir selon la teneur desd. lettres pour depescher lesd.
amenées de Baugé, pendant lequel temps du jourd'uy jusques aud. lundi prouchain venant les subgectz desd.
bailliaiges et amenées, ne les sergens et autres officiers du
Roy ne pourroient ne eussent peu savoir, estre advertiz et
acertenez du contenu esd. lectres, et pour ce avons appointé pour ceste foiz seulement, et sans ce qu'il puisse
porter prejudice aud. seigneur de Vendosme, à ses sub-

gectz ne autres subgectz dud. ressort de Baugé, que lesd.
bailliaiges et amenées seront depeschez ainsi qu'ilz ont
esté expediez et appellez depuis deux ans en czà que a
esté fait lad. reunyon comme dessus est contenu et lad.
assise d'Angiers expediée comme dit est, seront pour
le temps lors à venir et ensuivant lesd. amenées de Vendosme, Le Lude et autres dessus declairées, expediées oud.
temps que lad. assise de Baugé souloit tenir aux jours et
en l'ordre cy dessus contenuz. Sy donnons en mandement en
commectant si mestier est et par vertu du povoir à nous
donné et commis par lesd. lectres aux sergens desd. bailliaiges et à chacun d'eulx comme à luy appartendra, que
lesd. lectres royaulx ilz signiffient et publient et facent assavoir à son de trompe par cry publicque esd. lieux de
Vendosme, Baugé, Le Lude et es autres lieux où il appartendra, en contraignant à ce faire et souffrir touz ceulx qu'il
appartendra et qui pour ce seront à contraindre par toutes
voies et manieres deues et raisonnables en cas de deffault
ou en l'absence desd. sergens ordinaires. Mandons et commectons comme dessus au premier sergent du Roy nostred.
seigneur faire lad. publicacion et significacion ainsi qu'il
appartendra par raison, de ce faire deuement leur avons
donné plain povoir, auctorité et mandement especial en
nous faisant suffisant relacion de tout ce que fait aura esté
sur ce. Donné à Angiers soubz nostre seel le mercredy xiii°
jour de fevrier l'an mil cccc quatre vingts et deux.

214

13 juin 1491.

Ménage, vita Ærodii quæsitoris Andegavensis, p. 287.

Le lundi 13° jour du mois de juin 1491 tenant par honorable homme et sage maistre François Binel, licencié ès
loix, juge ordinaire d'Anjou, qui a aujourdhuy fait faire publication de ses lettres de don dudit office de judicature qui
ont esté leues et publiées, lui estant en siege, en presence de
venerables et discrets maistres Jehan de la Vignole licencié

es loix, doyen d'Angers et president du Conseil du Roi à Angers ; messire Gui Pierre docteur es loix, maistre-ecole et chanoine d'Angers ; maistre Amauri Deniau doyen de Craon et chanoine en ladite eglise ; maistres Pierre Guyot et Jehan Belin lieutenants à Angers et ou ressort du seneschal d'Anjou ; sire Jehan de Loheac conseiller du Roy nostre sire, et garde de la prevosté d'Angers ; monsieur Bertrand du Vau licencié es loix elu d'Angers ; maistre Thibaud Lemacon licencié es loix procureur general du Roi nostre sire en Anjou, Mᵉ Jehan Grudé licencié es loix, avocat du Roi nostre sire audit lieu ; sire Jehan Falet, maire d'Angers ; Jehan de la Valée lieutenant de mondit sieur juge ; maistre René Mauvel, Pierre Fournier, Abel de Seillons, Guy Poyet, Pierre Damours, Guillaume Bouju, Jehan Dabert, Jacques du Moulinet, Jehan Patry, Nicolle Daudier, Pierre Landevy, Pierre Martin, Guillaume Jarzé, Pierre Jarry, licenciés es loix, avocats et conseillers en cour laye ; François Dubois, Jacques Chauvart, Jehan Jouaisnier, Simonet Petitpré, Jehan de Chernate, Jehan Presourie, Pierre Benoist, Jehan Baillard, Guillaume Villain, Pierre Perchier, sergens ordinaires du Roy nostre sire en ses ville et quintes d'Angers...

215

22 août 1495.

Offre pour l'ommaige de la Grislardiere tenu de Baugé.

P 348, n° XXX. (Ancien inventaire XIII ᶜ LVII.)

Aujourd'uy vingt deuxieme jour du moys d'aoust l'an mil iiiᶜ iiiˣˣ quinze, damoiselle Guillemine Connain dame d'Estyau et de la Grislardiere veufve de feu sire Jehan Bernart en son vivant esleu d'Angiers et seigneur desd. lieux, s'est transportée au chastel de Baugé en la presance du notaire cy-dessobz signé et des presans cy-après nommez, et mesmement au lieu où l'on a acoustumé de offriz les hommaiges deuz en la seigneurie et ressort dud. lieu de Baugé ; et laquelle après ce qu'elle s'est dilligentement enquise s'il y avoit per-

sonne qui eust puissance de recevoir aucune foy et
hommaige et que de ce elle s'est mise en son devoir, a offert
faire au chastel de Baugé foy et hommaige lige ou simple
et tel qu'il est deu au ¡Roy nostre sire en sond. chastel à
cause et par raison dud. lieu, fyé, et appartenances de
la Grislardiere, et tant en fyé que en dommaine, en tant et
pour tant que d'iceluy y en a, tenir dud. seigneur à cause
de sond. chastel, ressort et seigneurie de Baugé ; et tout
ainsi que ses predicesseurs l'ont autreffoys offert et fait. Et
ad ce faire et offriz estoient presans honnorables hommes
Michel Hulot, licencié en loix procureur dud. seigneur aud.
Baugé et ressort, et Gilles de Fontenay receveur ordinaire
dud. lieu, dont et duquel offre icelle damoiselle et led. procureur ont requis à moy ¡Jehan Bernart notaire royal de
lad. court de Baugé ce present escript et instrument,
ce que leur ay octroyé sobz mon seing manuel pour
leur servir et valloir en temps et en lieu ce que de raison,
en la presence de Franczois Lezin clerc, Jehanne femme de
Guillaume Chauvigné, Jaquete femme de Thómas Villahyer,
et d'autres plusieurs ; les jour et an que dessus.

Signé : DE FONTENAY, BERNARD,
N. HUBERT, LEZIN.

216

Derrain février 149$\frac{7}{9}$

Fin du procès entre Ledain, d'une part, et Emery Louet,
Richomme et Le Bigot.

Parlement, *Conseil*, XIA 1504, f° 260 v°.

Il s'agissait d'une accusation de faux portée contre eux
par Ledain pour irrégularités dans les enregistrements des
plaidoiries dans les registres de Baugé...

... Et pour obvier aux inconveniens qui sont advenuz
et porroient escheoir et advenir au moïen de la diversité
des actes et registres des parties plaidans es cours et juridicions des païs d'Anjou et du Maine, enjoinct lad. court

aux seneschaulx et juges de Baugé, d'Anjou et du Maine et à
leurs lieuxtenans, et à tous les autres juges et officiers, greffiers, leurs clercs et commis desd. lieux et pais, que d'ores en
avant ilz facent enregistrer bien au long les actes et appoincte
mens faiz pardevant eulx entre les parties, et leur defend lad.
court de ne les bailler ou delivrer, ne faire bailler ou delivrer
ausd. parties ne autres, qu'ilz ne soient entiers et pareilz
collationnez les ungs aux autres sans diversité ou diminucion
quelzconques, et ce sur peine de privacion de leurs offices,
et ce non obstant l'usaige ou coustume au contraire, laquelle lad. court a [con]dampné, aboli et abolist. Et enjoinct
lad. court ausd. officiers et à chacun d'eulx faire publier
lad. ordonnance en leurs cours et auditoires dedans le
lundi de Quasimodo, afin que doresnavant aucun n'en puisse
pretendre cause d'ignorance. Et à y obeir et entendre contraignent et facent contraindre tous les conseillers, advocats
et praticiens par privacion de postulacion et autres peines
qu'ilz verront estre à faire par raison.

217

4 février 151 $\frac{4}{5}$.

Littera doni ducatus Andegavie ac comitatus Cenomanie et
Bellifortis.

Arch. Nat. X^{IA} 8611, f° 10 r°.

·F° 10 v°.

... Nous avons fait et faisons icelle nostre dame et mere
sad. vye durant duchesse et contesse et vraye dame proprie
taire et fructuaire, et voulons qu'elle en joysse à commancer
du premier jour de janvier dernier passé ; et y faire exercer la
justice et jurisdicion en son nom comme à duchesse et contesse peult et doit appartenir, par les juges, seneschaulx,
officiers et mynistres de la justice qui à present la tiennent
et excercent, lesquelz pour ceste fois elle y laissera et continuera ; et d'ores en avant quant vacacion y escherra, ensemble à tous officiers du dommaine et ordinaire desd. pays, elle

y pourvoira à son plaisir ; et pareillement à tous patronna-
ges d'eglises et collacions de benefices estans à nostre disposicion esd. duché et contez. Et pour ce que pour decider
des procès et matieres des gardes des eglises cathedralles
et des autres de fondacion royale et qu'ilz sont à ce priville-
giez, desd. cas royaulx et de ceulx dont par prevencion noz
officiers ont acoustumé congnoistre esd. pays que comme
dit est nous avons reservez il est besoing d'avoir juge royal
de par nous, nous avons depputé, ordonné et establly, depputons, ordonnons et establissons les juges d'Anjou quant
aud. duché d'Anjou et conté de Beaufort, et le juge du
Maine quant à la conté du Maine, pour desd. procès et matieres decider et determiner comme noz juges esd. lieux et
sieges acoustumez ; et quant vacacion de leurs offices
escherra, nous avons octroïé et octroïons à nostred. dame
et mere qu'elle nous y puisse nommer, et à sad. nominacion et non autrement nous y pourvoyerons. Toutesvoyes
le revenu, proufit et emolument des confiscations, amendes, forfaictures, greffes, seaulx et autres qui proviendront
de leur jurisdiction seront et demourront à nostred. dame
et mere, sur lesquelz seront payez les gaiges desd. juges en
la forme et maniere acoustumées. Et quant aux offices
royaulx desd. duché et contez, comme grenetiers, contre-
rolleurs, receveurs d'aydes et tailles, esleuz, greffiers et
procureurs desd. cours des esleuz et autres quelzconques
ordonnez sur le fait de l'extraordinaire, d'ores en avant quant
vaccacion y escherra soit par mort, resignacion ou forfaicture, la nominacion en appartiendra à nostred. dame et
mere, et à sad. nominacion et presentacion nous les donnerons et non autrement.....

... A Compiegne le 4ᵉ jour de fevrier 1514... Lecta, publicata et registrata in quantum demanium domini nostri
Regis et parriam concernit duntaxat, et absque processus
dicti comitatus de Belloforti inter procuratorem generalem
dicti domini nostri Regis et comites Lavallis et Allesii in curia pendentis prejudicio, Parisius in Parlamento xiiᵃ die
marcii anno Domini millesimo quingentesimo decimo
quarto. Sic signatum, Pichon.

219

4 août 1515 - 22 décembre 1515.

Archives départementales de la Sarthe. Registre E 234, f° 1.

Franczois par la grace de Dieu Roy de France, à tous
ceulx qui ces presentes lectres verront, salut. Comme nous
ayons esté advertiz que puis naguieres nostre très-chere et
très-aymée dame et mere la duchesse d'Angoulesme et d'Anjou comtesse du Maine et de Beaufort, après que luy avons
eu faict don desd. duchez et contez, elle a par ses officiers
fait regarder et donner ordre et provision ou fait de la justice desd. pays d'Anjou, du Maine et de Beaufort, esquelx
entre autres choses ils ont trouvé qu'il y a ung grant excessif et effrené nombre de notaires, dont la pluspart sont non
scavans et ignorans le fait et excercisse de leurs offices, et
qui pis est ne scavent lire, escrire ne faire seings, tellement
que les contractz, lectres et tiltres qui sont passez, receuz et
expediez par eulx à grant difficulté peuvent estre tenuz bons
et vallables sans estre suspicionnez de vice ou de faulx, dont
plusieurs inconveniens, fraudes et abbus sont advenuz et
encores pouroient avenir au detriment, charge et dommaige
de mad. dame et mere et de la chose publicque desd. pais
si provision n'y estoit par nous sur ce donné; pour ce est il
que Nous, desirans à ce pourveoir au bien, repos et soullai-
gement desd. subgetz, lesquelz en faveur d'icelle nostred.
dame et mere nous desirons favorablement traicter et à elle
obtemperer es choses qui luy touchent, pour ces causes et
autres bonnes raisons et consideracions à ce nous mouvans, avons de nostre plaine puissance et auctorité royal
voulu ordonné et declaré, voulons ordonnons et declarons
par ces presentes que le nombre desd. notaires qui sont
establiz de par nous esd. pays d'Anjou et du Maine et oud.
conté de Beaufort sera reduit et moderé à nombre certain
et compectant, ainsi que du vivant de nostre très-cher seigneur et beau pere le Roy Loys dernier decedé que Dieu

absolle, et depuis par nous a esté faict en plusieurs autres
pays et jurisdicions de nostre royaulme ; et pour ce faire y
donner la provision sur ce requise, saichans que nostre
dame et mere le saura bien faire faire, luy avons donné et
donnons par cesd. presentes plain pouvoir et auctorité de
commectre et depputer de par nous aucuns bons et notables
parsonnaiges, gens lectrez, entenduz et experimentez en telles matieres esd. pais d'Anjou, le Maine et conté de Beaufort,
lesquelx, appellez les officiers de justice de nous et de nostred. dame et mere esd. pays, informeront et s'enquerront
des plus prudes hommes saichans et experimentez desd.
notaires, et quel nombre il sera necessaire d'en mectre et
establir en chascun sieige, ville, bourg, baronnye, chastelle-
nye et villaige desd. pais, et desd. prudes hommes ainsi
scavans et choisiz ou autres ydouenes et suffisans s'ilz
voyent que bon soit y en commectre pour l'exercisse desd.
offices de notaires en telle quantité que besoing sera pour
le bien du pais ; desquelz notaires dès lors ilz prandront
les sermens de bien et loyaument servir nous et la chose
publicque desd. offices es lieux où ils seront establiz, et leur
en seront baillées lectres de par nostred. dame et mere ou
sesd. commissaires chacun en son regard, en vertu desquelles nous leur en ferons expedier les nostres confirmatives d'icelles quant ilz les requerront dedans temps deu. En
faisant deffenses de par nous sur grandes peines aux notaires desd. pais qu'ilz n'ayent à passer aucunes lettres s'ilz
ne sont de ceulx qui seront receuz, choasiz et esleuz de par
lesd. commissaires sur ce depputez de par nostred. dame
et mere, en declairant de nostred. puissance et auctorité
lesd. autres offices de notaire qui seront suspenduz par
lesd. commissaires supprimez et aboliz, et iceulx par cesd.
presentes supprimons et abolissons ; et donnons en mandement par ces mesmes presentes à touz noz justiciers et
officiers esd. pays d'Anjou, le Maine et Beaufort et à chacun
d'eulx si comme à luy appartiendra que ceste presente nostre ordonnance, declaracion, pouvoir et contenu cy-dessus
ilz facent entretenir, garder et observer de point en point
selon leur forme et teneur, et à desfaire et souffrir contrai-

gnent ou facent contraindre royaulment et de fait tous lesd.
notaires et autres qu'il appartiendra et qui pour ce seront à
contraindre non obstant opposicions ou appellacions quelconques, pour lesquelles ne voullons estre differé, car tel est
nostre plaisir. Et pour ce que de ces presentes on pourra
avoir à besongner en plusieurs lieux, nous voullons que au
vidimus d'icelles fait soubz seel royal soit foy adjouxtée
comme à l'original auquel en tesmoing de ce nous avons
fait mectre notre seel. Donné à Grenoble le quatriesme jour
d'aougst l'an de grace mil cinq cens et quinze et de nostre
regne le premier. Et sur le reply sont escriptz ces motz : par
le Roy, le sire de Boisy grant maistre de France et autres
presens ; signée Gedouyn et seellée en queue double de cire
jaulne.

Et le jeudi dixiesme jour de janvier mil cinq cens et quinze,
comparans davant nous lesd. parties par led. procureur,
par la bouche de maistre Phelippe Querlavaine advocat a
esté dit qu'ilz avoient lectres royaulx pour contraindre les
barons, chastellains et autres vassaulx à de leur part obeyr
et restraindre le nombre effrené de leurs notaires dabtée
du 22ᵐᵉ de decembre dernier passé, qu'il nous a presentées
et dont la teneur ensuit :

François par la grace de Dieu Roy de France, à nostre
amé et feal conseiller maistre Jacques Tahureau lieutenant
du senechal du Maine, commis pour nostre tres-chère et
très-amée dame et mere à la reduction du nombre effrené
des notaires de son pais et comté du Maine, salut. Noustred.
dame et mere nous a fait remonstrer que, après le don par
nous à elle fait dud. conté, luy avions donné plain pouvoir par nos lectres patentes de commectre et depputez gens
lectrez et experimentez pour reduire le nombre efrené des
notaires dud. conté à nombre certain et compectant, laquelle noustred. dame et mere a ensuyvant noz lectres
auroit decerné commission à vous adressée pour faire lad.
reduction oud. conté, ouquel affaire et negoce avez jà commencé besongner ; mais neantmoings soubz coulleur que
par lesd. lectres est seullement mandé reformer le nombre
effrené des notaires creez de par nous, et non ceulx des sei-

gneurs barons, vicomtes, chastellains et autres justiciers dud.
pais du Maine et anxien ressort d'icelluy, avez differé et diferez
de plus avant proceder, mesmes que pour neant seroit faire
lad. reduction de nosd. notaires si le nombre des notaires
desd. seigneurs barons, vicomtes, chastellains et autres dud.
pais et anxien ressort n'estoit à semblable reduict à certain et
competant nombre, et par ce nosd. lectres d'octroy et commission et celles de noustred. dame et mere pour faire lad.
reduction demoureroient inexecutées et illusoires, qui seroit
ou grant dommaige, interest et prejudice de la chose publique si par nous ny estoit donné provision, pour quoy Nous
ces choses considerées qui desirons les octroiz par nous
faiz a noustred. dame et mere et aussi les commissions et
lectres patentes par elle octroyées estre executées et sor-
tir leur effect et en ce et autres ses affaires singulierement
luy soustenir, vous mandons, et pour ce que par icelle
noustred. dame et mere avez esté commis et depputé à faire
la reduction desd. notaires oud. pais du Maine, fins et limites d'iceluy, commectons par ces presentes que s'il vous
appert sommairement et de plain et sans figure de procès
de nosd. lectres d'octroy ainsi par nous fait à nostred.
dame et mere, par lesquelles luy avons donné pouvoir faire
reduire led. nombre effrené de notaires en sond. pays
et conté du Maine, et des lectres et commissions de
noustred. dame et mere par elle à lad. fin octroyées à vous
adressans en ce cas, proceder à l'entiere execution desd.
lectres de commission de noustred. dame et mere et à reduire à nombre certain, suffisant et compectant tous et chascuns les notaires dud. pais et conté du Maine, fins, limytes
de l'anxien ressort d'icelluy, en y commectant de par nous
en chacuns desd. seigneuryes, baronnyes, vicomtez, chastellenyes et bourgs d'icelluy certain nombre de notaires
tel que verrez estre à faire, et avecques ce faictes exprès
commandement à touz seigneurs, vicomtes, barons, chastellains et aultres quelzconques ayans seel à notaires en leurs
terres et jurisdictions oud. pais du Maine et anxien ressort
d'icelluy, tant evesques, chappitres, abbez, gens d'eglise, laiz
et autres, de reduire à nombre certain et suffisant les notai-

res instituez de par eulx en leursd. seigneuryes et jurisdicions, et en leur reffuz de proceder à la reduction d'iceulx
notaires desd. baronnyes, vicomtez, chastellenyes et seigneuryes quelzconques estant au dedans dud. conté du Maine,
fins, limites et anxien ressort d'icelluy, et contraignant à ce
faire et souffrir et à y obeyr royaulment et de fait tous ceulx
quil appartiendra, et qui pour ce seront à contraindre par
toutes voyes et manieres deues et raisonnables en tel cas
requises ; car ainsi nous plaist il estre fait non obstant oppo-
sitions et appellacions quelzconques faictes ou à faire, relevées ou à relever, pour lesquelles ne voullons par vous aucunement estre differé, et lectres ad ce contraires. Mandons
et commandons à touz noz officiers et subgectz que à vous,
vos commis et depputez en ce faisant soit obey. Donné à
Lyon le xxii° jour de decembre mil cinq cens et quinze, et de
noustre regne le premier. Par le Roy à la relacion du Conseil, Filleul, et sellé en queue simple de cire jaulne. Desquelles
a demandé l'enterignement. Et en l'assignacion quilz avoient
à respondre a led. Querlavaine advocat et led. procureur
present dit quilz avoient veu les chartes, tiltres et enseignemens et enquestes par nous faictes, et ce que auroit esté produit par lesd. du Gué-de-Maulny, ensemble leurs conclusions
contenues en leur intendit, et que au moyen desd. lectres de
madame et declaracion d'icelle et en ensuyvant le vouloir
et intencion de lad. dame et lectres de fondacion desd.
thesauriers, chappellains et clercs, consentoit et accordoit
l'enterignement desd. lectres de madame et en la qualité
de procureur du Roy ne vouloit deffendre ne rien dire au
contraire, et que ne fust procedé jouxte les lectres de fun-
dacion et autres lectres cy-dessus declarées par mad.
dame octroyées ausd. thesauriers chap....... (la suite
manque).

220

Cremyeu, 14 mai 1516.
Enregistré en Parlement le 16 février 151$\frac{6}{7}$.

Edit concernant le nombre et lès devoirs des notaires en Anjou.

Arch. Nat. X¹ᴬ 8611, f° 202 v°.

Francoys par la grace de Dieu Roy de France, à tous ceulx qui ces presentes lectres verront, salut. Comme pour aucunes bonnes, grandes et raisonnables causes feu nostre très-cher seigneur et beau pere eust ordonné les notaires de nostre royaume estre reduitz à nombre competent et non effrené, et sur ce eust faict ordonnance qui auroit esté leue, publiée et enregistrée de son temps en nostre court de Parlement, et en ensuyvant icelle commancé en plusieurs bailliages et endroiz de nostred. royaume à faire faire lad. reduction, et considerans à nostre nouvel advenement à la couronne lad. ordonnance avoir esté faicte pour le bien de la chose publique et obvier à plusieurs abuz et faulsetez, voulans parachever ce que de par nostred. feu seigneur et beau pere auroit esté encommancé, avons octroyé plusieurs lectres et commissions à lad. fin et entre autres à nostre très-chere et très-amée dame et mere, par lesquelles luy aurions permis faire reduyre à nombre compectent de par nous es pays et duché d'Angoulmois, d'Anjou, conté du Maine et de Beaufort dont luy aurions fait don à nostred. advenement les notaires estans en iceulx ; laquelle pour faire lad. reduction en ensuyvant nostred. povoir en sesd. duché d'Anjou et conté de Beaufort auroit octroyé commission à nostre amé et feal maistre Raoul Leroy lieutenant du seneschal d'Anjou qui auroit procedé à lad. reduction, et reduit les notaires des ville et foresbourgs d'Angiers au nombre de vingt, lesquelz par nostred. dame et mere comme regente en nostre royaume pendant nostre absence et

voyage que avons fait delà les mons auroient esté pourvueuz
esd. offices, et iceulx octroyé lectres de don et creation; et
à ce que pour l'advenir lesd. ordonnances et tout ce qui a
esté fait à ceste occasion soit entretenu et gardé de point en
point sans riens en enfraindre à la conservacion de noz
droiz et utilité de noz subgetz, et que lesd. notaires puissent
vivre de leursd. estatz et offices, Savoir faisons que nous ce
considéré et voulans lad. ordonnance de nostred. feu seigneur et beau pere et ce qui a esté fait en ceste matiere de
par nous et nostred. dame et mere estre entretenu et ob-
servé, Nous, à ces causes et autres à ce nous mouvans, en
ayant agreable lad. reduction ainsi faicte de par nostred.
dame et mere, don et creacion desd. offices, et en ratiffiant
et approuvant tout ce qui en a esté fait en ceste matiere,
avons ordonné, declairé et statué, et par la teneur de ces
presentes de nostre grace especial, plaine puissance et auctorité royal declairons, ordonnons et statuons que pour
l'advenir led. nombre de vingt notaires en lad. ville, foresbourgs et juridicion d'Angers en la residence d'icelle ville et
foresbourgs ne pourra estre augmenté soit par nouvel advenement à la couronne, nativité de Daulphin, ne pour quelque
autre cause que ce soit, et qu'il ne sera permis ne souffert
à aucun autre notaire demourer, resider, ne passer aucuns
contractz, ne faire autre acte appartenant et deppendant
dud. office de notaire en lad. ville et foresbourgs d'Angers,
fors que ausd. vingt notaires et leurs successeurs. Voulons,
ordonnons et declairons en oultre que les autres notaires et
tabellions qui jà par nostred. feu seigneur et beau-pere ou
de par nous ont esté et seront creez es baronnies et chastellenies de lad. seneschaucée et pays d'Anjou, soient et
seront tenuz resider et faire leur continuelle demeure et
residence chacun en droit soy es chefz et lieux principaulx
d'icelles baronnies et chastellenies de lad. seneschaucée
d'Anjou. Et pour ce que par cy-devant par les seigneurs,
barons, chastellains et autres de lad. seneschaucée d'Anjou
ou leurs officiers ont esté creez grant effrené nombre de
notaires passant soubz leurs seelz et juridicions, et que chacun jour encores multiplient mesmement depuis lad. ordon-

nance et publicacion d'icelle, ou grant prejudice de nosd.
droitz et de la chose publique, au moyen de quoy adviennent plusieurs faulx et reprouvez contractz, avons voulu,
declairé et ordonné, voulons, declairons et ordonnons par
cesd. presentes lesd. seigneurs, barons et autres qu'il appartiendra estre contrainctz reduyre et mectre à nombre limité
et moderé lesd. notaires ainsi qu'il a esté ordonné ; c'est
assavoir six en chacune des baronnies et quatre en chacune
des chastellenies, qui passeront et recevront soubz leursd.
seelz et juridicions, qui seront en ensuyvant nostred. ordonnance tenuz resider et demourer aux chefz et lieux principaulx desd. baronnies et chastellenies et non ailleurs. Et à
ce faire et souffrir voulons lesd. seigneurs, barons et chastellains, leursd. notaires et autres qu'il appartiendra estre
contraincts par toutes voyes et manieres deues et raisonnables. Si donnons en mandement par cesd. presentes à
noz amez et feaulx conseillers les gens tenans noz cours de
Parlement et à tous noz seneschaulx, juges, bailliz, prevostz
et autres noz justiciers et officiers ou à leurs lieuxtenams
presens et advenir, et à chacun d'eulx si comme à luy appartiendra, que noz presens ordonnance, statut, edict et
declaracion et tout le contenu en cesd. presentes ilz facent
lire et publier par toutes leurs cours et jurisdictions. sieges
et lieux à ce faire acoustumez, et après les entretieignent,
gardent et observent, facent entretenir, garder et observer
inviolablement sans enfraindre, et ce non obstant opposicions ou appellacions quelzconques, pour lesquelles ne
voullons estre differé, ne l'execucion de lad. ordonnance et
de cesd. presentes demourer illusoires en faisant ou faisant
faire inhibicions et defenses de par nous sur certaines et
grans peines à nous à appliquer à tous qu'il appartiendra
de non faire ne venir à l'encontre de cesd. presentes, et d'estre pugniz comme infracteurs de lad. ordonnance. Et pour
ce qu'il est besoing pour l'advenir ausd. noz notaires et tabellions garder leurs droiz et privileges, nous leur avons
permis et permectons eulx assembler toutes foiz et quantes que bon leur semblera, appellé toutesfoiz le juge principal du lieu, son lieutenant ou commis, et constituer ung

ou plusieurs procureurs pour la conservacion de leursd. drois et affaires. Et pour ce que de ces presentes l'on pourra avoir à besongner en plusieurs et divers lieux, nous voulons que au vidimus d'icelles fait soubz seel royal foy soit adjoustée comme à ce present original, car tel est nostre plaisir. En tesmoing de ce nous avons fait mectre nostre seel à cesd. presentes. Donné à Cremyeu le quatorziesme jour de may l'an de grace mil cinq cens et seze. et de nostre regne le deuxiesme, *Sic signatum :* par le Roy, messire Anthoine Le Viste, chevalier, maistre des requestes ordinaires de l'ostel et autres presens, De Bonjan. Lecta, publicata et registrata in quantum numerum notariorum ville et quinte Andegavis dumtaxat tangit quoad presens. Actum in Parlamento decima sexta die februarii anno Domini millesimo quingentesimo decimo sexto. Sic signatum, Pichon.

Collacio facta est cum originali.

221

2 décembre 1524.

R⁵ 400, f° 39, original sur parchemin relié avec le registre.

Pardevant nous Christofle Perot licencié es droictz, seneschal du Maine, s'est huy comparu et presenté en jugement honneste femme Suzanne veufve de deffunct Julien Torcé, à l'encontre de Jehan Le Paillier qui se deffault de jour simple à luy baillé à huy par Jehan Quesvene nostre sergent ainsi qu'il nous a relaté de bouche. Si donnons en mandement aud. Quesvene ou autre premier nostre sergent ou de hault justicier sur ce requis adjourner led. deffaillant terme o jugement vers lad. comparante à tel jour competant qu'elle requerra, pour luy venir veoirs adjuger le prouffit de ce present deffault, et oultre proceder comme de raison. Donné au Mans le second jour de decembre l'an mil cinq cens vingt quatre.

(2 signatures effacées).

222

Paris 26 juin 1528.
Enregistré en Parlement le 2 juillet 1528.

Edits supprimant les Grans Jours d'Anjou et du Maine.

Arch. Nat. X^{IA} 8612, f° 101 v°.

Francoys par la grace de Dieu Roy de France, à tous
ceulx qui ces presentes lectres verront, salut. Nostre très-
chere et très-amée dame et mere duchesse d'Angoulesme
et d'Anjou, contesse du Maine nous a dit et remonstré que
à nostre nouvel advenement à la couronne luy avons fait
don, cession et transport desd. duchez d'Angoulesme, d'Anjou et conté du Maine, avec tout droit de juridicion, et en
tiltre, preheminence et previlleige de perrie ; et pour icelle
excercer oultre les officiers ordinaires desd. pais luy fut par
nous permis et octroyé faire tenir ses Grans Jours esd. pais ;
esquelz Grans Jours les appellations qui seroient interjectées des juges ordinaires et officiers d'iceulx pais ressortiroient et y seroient relevées, decidées et determinées,
et les appellacions interjectées des gens et officiers de
nostred. dame et mere qui tiendroient lesd. Grans Jours
ressortiroient et seroient relevées en nostre court de
Parlement à Paris. Et pour excercer la juridicion desd.
Grans Jours auroit commis et depputez plusieurs bons
et notables personnaiges, et par iceulx faict tenir sesd.
Grans Jours jusques à present. Et pour ce que plusieurs de
ses subjectz luy ont faict plainctes et doleances, au moyen
de ce que les appellacions interjectées de ses juges et officiers ordinaires ressortissoient esd. Grans Jours qui ne sont
tenuz que une foiz l'an ne peuvent avoir expedicion de
justice, et à la poursuite se consument, et est ung moyen
qui ne peult porter prouffit à nostred. dame et mere ne à
sesd. subjectz, ains toute despense, travail et ennuy à leur
grosse charge et interestz, par quoy desirant nostred. dame

et mere de tout son cuer relever sesd. subjectz de fraiz, mises, travaulx et despens, et justice briefve leur estre faicte, administrée et icelle accellerée, nous a requis actandu les choses dessusd. que nostre plaisir fust abolir et supprimer lesd. Grans Jours dud. pais d'Anjou, excercice et juridicion d'iceulx, et ordonner que les appellations qui seront interjectées du seneschal d'Anjou ou son lieutenant et autres ses juges et officiers oud. pais qui ressortissoient esd. Grans Jours soient relevées et ressortissent sans moyen en nostre court de Parlement à Paris, et sur ce luy pourvoir. Pour ce est il que Nous, inclinans et obtemperans liberallement à la supplication et requeste de nostred. dame et mere, et en ensuivant son bon voulloir desir et affection, avons de nostre certaine science, plaine puissance et auctorité royale par ces presentes aboly et suprimé, abolissons et supprimons lesd. Grans Jours d'Anjou, excercice et juridicion d'iceulx, voulons, statuons et ordonnons par edict irrevocable que les appellations qui d'ores en avant seront interjectées dud. seneschal d'Anjou, ses lieuxtenans, et autres juges et officiers de nostred. dame et mere oud. pays' d'Anjou qui ressortissoient et estoient relevées esd. Grans Jours, soient d'ores en avant neuement relevées en nostre court de Parlement à Paris, et en icelles decidées et determinées, et pareillement les appellations tant civilles que criminelles qui par cy-devant ont esté relevées esd. Grans Jours, lesquelles ne sont decidées, et icelles avons evocquées et evocquons avec leurs circonstances et dependances en nostred. court de Parlement à Paris, et luy en avons commis et commectons par cesd. presentes la congnoissance et decision. Si donnons en mandement par ces mesmes presentes à noz amez et feaulx les gens tenans et qui tiendront nostre court de Parlement à Paris, au seneschal d'Anjou ou à son lieutenant, et à tous noz autres justiciers et officiers ou à leurs lieuxtenans et à chacun d'eulx si comme à luy appartiendra, que noz presens suppression, abolicion, statut et ordonnance ilz gardent et observent, facent garder et observer de point en point selon leur forme et teneur, sans souffrir ne permectre qu'il y soit contrevenu en aucune maniere. Car tel est nostre plaisir, non obstant quelzconques ordonnances, mandemens et lectres à ce contraires, ausquelz nous avons desrogué et desrogeons par cesd. presentes ; et à icelles en tesmoing de ce faict mectre nostre seel. Donné à Paris le xxvIᵉ jour de jung l'an de grace mil cinq cens vingt-huit, et de nostre regne le quatorziesme. Sic signatum supra plicam, Par le Roy, Robertet. Lecta, publicata et registrata audito procuratore generali Regis Parisius in Parlamento, secunda die julii anno Domini millesimo quingentesimo vicesimo octavo. Sic signatum, Dutillet.

Collatio factà est cum originali.

DUTILLET (sign. autog.)

. Eod. fᵒ 102 vᵒ.

Du même jour et dans les mêmes termes édit portant suppression des Grands Jours du Maine.

Eod. fᵒ 327 rᵒ.

4 août 1534, suppression à peu près dans les mêmes termes des Grands Jours de Berry.

Ceux de Tours paraissent avoir été tenus plus tard, X¹ᴬ 1538 fᵒ 140 vᵒ, mars $153\frac{4}{5}$. Un arrêt du Parlᵗ du 14 mars $153\frac{3}{4}$ cite un arrêt desd. Grands Jours du 26 septembre 1533.

223

Rouen 27 février $153\frac{7}{8}$
Pas de mention d'enregistrement.

Edit de suppression de l'office de juge ordinaire du Maine, et attribution de toute la juridiction de la province au senechal. Jacques Tahureau juge du Maine est creé lieutenant general du senechal.

Arch. Nat. X¹ᴬ 8612, fᵒ 296 rᵒ.

Francoys par la grace de Dieu Roy de France, à tous ceulx qui ces presentes lectres verront, salut. Comme nous advertiz que combien que tant du vivant de feue nostre très-chere et très-amée dame et mere que de noz predecesseurs les

Roys Loys unziesme, Charles huitiesme et Loys douziesme
que Dieu absoille, en nostre ville du Mans principalle du
pays et conté du Maine et depuis le temps qu'elle fut donnée en appanage par le Roy Jehan, la juridicion ait esté excercée et administrée à noz subgectz dud. pays et conté du
Maine par les officiers y establiz quant es cas royaulx et
ressort des juridicions subalternes d'icelluy pays et province, c'est assavoir par le seneschal du Maine ou ses lieuxtenans general et particulier et juge du Maine accesseur,
lequel puis nagueres a eu lieuxtenans general et particulier,
touteffoiz après le trespas de feue nostre dame et mere que
les pays et conté du Maine a esté par nous reduict et incor-
poré à nostre couronne et dommaine en ensuivant sa premiere nature, se seroit meu quelque controversité et differend sur le fait de nostre juridicion ; au moïen de quoy
aurions mandé venir pardevers nous lesd. seneschal et juge
du Maine pour leur donner reigle et forme sur le fait de
l'excercice d'icelle juridicion ; Savoir faisons que après ce
que avons fait oyr en leursd. faitz, causes et raisons Christofle Perot, escuïer, seneschal du Maine, et Mᵉ Jaques Tahureau juge du Maine, nous avons dit, declairé et ordonné,
disons, declairons et ordonnons, voullons et nous plaist de
nostre certaine science, plaine puissance et auctorité royal
par ces presentes, que led. seneschal du Maine sera et demourera juge provincial en nosd. pays et conté du Maine
et aura la totalle juridicion, gouvernement et administracion
de la justice dud. pays, ensemble la juridicion et congnoissance de la garde des eglises cathedrales et autres eglises
de fondacion royal, des cas royaulx, et autres cas dont par
prevencion noz jugent (1) doyvent et ont acoustumé congnoistre, et generallement de tous cas afferans à juges de
province. Et au surplus quant est aud. office de juge du
Maine, il demourera et demeure estainct, supprimé et aboly,
et par ces presentes le supprimons et abolissons. Et neantmoins led. Mᵉ Jaques Tahureau par ci-devant juge du Maine
sera et demeurera lieutenant general dud. seneschal, et

---

(1) En marge : *Sic, in originali.*

Me Odin Mestaïer aussi par ci-devant lieutenant general dud. seneschal du Maine lieutenant particulier dud. seneschal, en tous telz droitz, auctoritez, prerogatives, preheminances et excercice que à telz estatz et office de seneschal, lieuxtenans general et particulier peult et doit competer et appartenir, et sans ce que pour quelzques lectres, institucion ou usaiges qu'ilz aient eu par ci-devant ilz puissent aucune chose entreprendre sur les droitz, auctoritez et preheminences les ungs des autres. Si donnons en mandement par ces mesmes presentes à noz amez et feaulx les gens tenans nostre court de Parlement à Paris, aud. seneschal du Maine, lieutenant general et particulier, et à tous noz autres justiciers et officiers ou à leurs lieuxtenans qu'il appartiendra, que ceste notre presente declaracion et ordonnance ilz entretiennent, gardent et observent, facent entretenir, garder et observer sans faire ne souffrir aucune chose estre faicte au contraire, laquelle si faicte avoit esté ou estoit ilz la reparent et remectent, ou facent reparer et remectre incontinent et sans delay à plaine et entiere delivrance, et au premier estat et deu; en prenant au surplus par led. seneschal desd. Tahureau et Mestayer si mestier est les sermens sur ce requis et acoustumez pour les mectre et instituer de par nous en possession et saisine de leursd. offices respectivement; Car tel est nostre plaisir; non obstant quelzconques dons ou provisions que tant par nous que par feue nostred. dame et mere pourroient avoir esté par ci-devant faitz, et quelzconques appanages, edictz, statutz, ordonnances, restrinctions, mandemens ou defenses à ce contraires. En tesmoing de ce nous avons fait mectre nostre seel à cesd. presentes. Donné à Rouen le vingt septiesme jour de fevrier l'an de grace mil cinq cens trente et ung, et de nostre regne le dix huitiesme. Sic signatum supra plicam. Par le Roy, Breton.

   Collacio facta est cum originali.

DUTILLET.

(sign. autogr.)

124

Chasteaubryant 59 mai 1532.
Enregistré en Parlement le 17 juin 1532.

*Ordonnance portant reunion en une seule juridicion du siege
du seneschal d'Anjou et de celui du juge ordinaire d'Anjou,
et reglement du sort des titulaires des offices supprimés.*

Arch. Nat. X^{IA} 8612, f° 298 v°.

Francoys par la grace de Dieu Roy de France, à touz ceulx
qui ces presentes lectres verront, salut. Comme après que
nous eusmes faict don à vie à feue nostre très-chere et très-
honnorée dame et mere que Dieu absoille du duché d'Anjou
et ses appartenances avec l'emolument qui proviendroit du
greffe des cas royaux et de ceulx qui par prevention nous
appartiendroient, pour congnoistre d'iceulx cas royaulx le
juge d'Anjou auroit esté ordonné, et le seneschal d'Anjou et
ses lieuxtenans pour congnoistre de tout le demeurant qui
proviendroit de l'ordinaire, par ainsi l'ordre et congnoissance des cas qui soulloit appartenir ausd. seneschal et
juge du temps que tenons icellui duché en noz mains respectivement fut changé et mué, et ce par maniere de provision
et pour le temps que nostred. dame et mere tiendroit icellui
duché, lequel par son decès est retourné en nostre possession ; de sorte que led. seneschal et ses lieuxtenans sont à present juges royaulx et pouvant congnoistre tant des cas royaulx
que de tous autres ; au moyen de quoy n'y a plus de lieu
de separer la jurisdiction desd. cas royaulx et des ordinaires,
ains devroient par raison iceulx seneschal et juge retourner
au mesme estat, povoir et jurisdiction qu'ils estoient'auparavant icelluy don par nous faict à feue nostred. dame et
mere ; mais d'autant qu'il nous a esté remonstré que en ce
faisant pour les divisions et diferendz d'entre eulx sur la
conservation de leurs jurisdictions plusieurs appellacions
sont interjectées à nostre court de Parlement à Paris, comme

par cy après pourroit encores advenir, à la retardacion de
justice et foulle de nostre peuple ; à cause de quoy seroit
requis, utille et necessaire redduire iceulx deux sieges en
ung, ainsi que nagueres nous avons faict au pays du Maine,
à quoy ne s'est trouvé autre difficulté sinon que par ce moyen
plusieurs officiers demeureroient desmis et destituez des
estatz et offices es quelz ilz ont bien longuement et loyaument
servy en maniere qu'ilz en meritent recompense ; Savoir
faisons que Nous, par meure deliberation des gens de nostre
Conseil privé, de nostre certaine science, plaine puissance
et auctorité royal, avons par ces presentes reuny et reunys-
sons iceulx deux sieges de seneschal et de juge ; et pour
entretenir les officiers d'iceulx sieges leur vie durant seullement, après laquelle avons supprimé et supprimons les
offices cy-après declairez, nous voullons, ordonnons et
nous plaist que ledit juge d'Anjou duquel nous avons
supprimé l'office, au lieu d'icelle jugerie ait et tiegne par
cy-après l'office de lieutenant general dudit seneschal aud.
pays d'Anjou et ses successeurs, toutes foys et quantes que
vaccation escherra dudit office de lieutenant general, sans
ce que ledit office soit plus impetrable ne vaccant comme
supprimé et aboly. Semblablement avons voullu et ordonné,
voullons et ordonnons que celluy qui du vivant de nostred.
dame et mere estoit lieutenant general dud. seneschal, soit
et demeure lieutenant particulier d'icelluy seneschal, à telz
gaiges, pension et biens faictz qu'il avoit en excercant l'office
de lieutenant general, sans aucunement les diminuer durant
sa vie seullement et sans le tirer à consequence. Et davan-
taige pour l'interest qu'il y pourroit avoir, nous voullons
que tant qu'il tiendra led. office de lieutenant particulier
seullement, il soit conservateur des privilleiges de l'Université d'Angiers, des quelz congnoissoit le lieutenant general ;
et pareillement des privilleiges de la Monnoye d'Angiers,
avec condition que son decès advenu lesd. offices de con-
servateursreviendront au siege du seneschal et de son lieutenant. En oultre voullons que durant sa vie seullement il
ait et parcoive l'emolument du seel desd. conservations,
ensemble de ce qui appartient à l'office de lieutenant par-

ticulier. Au regard du lieutenant dud. juge d'Anjou pour autant que sond. office demeure supprimé afin de le pourveoir d'autre estat, nous voullons et ordonnons qu'il soit lieutenant criminel du seneschal, et après son trespas, ou s'il le renuncoit ou parvenoit à quelque autre estat, ledit office de lieutenant criminel retournera comme estoit auparavant, Et touchant celluy qui du temps de nostred. dame et mere estoit lieutenant particulier de ladicte seneschaucée, nous l'avons fait et estably, faisons et establissons accesseur tant en la court du seneschal que du criminel durant sa vie seullement et sans tourner à consequence. Quant est du greffier du juge au siege d'Angiers qui tient son office en tiltre, nous voullons et ordonnons que durant sa vie et tant qu'il le tiendra il soit et demeure seullement greffier en la court criminelle dudit siege. En tant que touche les lieuxtenans dud. seneschal es sieges de Saumur et Baugé, nous n'entendons aucune chose innover, si n'est que avons emplyé et emplyons leur povair et jurisdicion de la congnoissance des causes desquelles les lieuxtenan sesd. sieges d'icelluy juge supprimé soulloient congnoistre, dont congnoistront par cyaprès les seneschal, sond. lieutenant general et iceulx particuliers esd. lieux, ainsi et par la forme et maniere que l'on a acoustumé de faire es autres sieges de nostre royaume où il y a eu divers lieux, sieges et lieuxtenans particuliers. Et pour autant que les lieuxtenans dud. juge esd. sieges de Saumur et Baugé sont par le moyen que dessus destituez de leursd. estatz, nous voullons et ordonnons qu'ilz demeurent lieuxtenans particuliers dud. lieutenant criminel et assesseurs au civil esd. sieges et ressortz d'iceulx. Si donnons en mandement par ces mesmes presentes à noz amez et feaulx conseillers les gens tenans nostre court de Parlement à Paris que nostre present edict et ordonnance ilz facent publier et enregistrer, garder et observer inviolablement, et à tous noz autres justiciers et officiers qu'ilz aient chacun en son endroit à y obeir et entendre sans aucunement venir au contraire ; car ainsi nous plaist il et voullons estre faict. Donné à Chasteaubryant le xxixe jour de may l'an de grace mil cinq cens trente deux, et de nostre regne le dix huiteme. Sic signatum supra plicam, Par le Roy en son Conseil, Bayard. Quadruplicata, Lecta, publicata, et registrata, audito et requirente procuratore generali Regis Parisius in Parlamento decima septima die junü, anno millesimo quingentesimo tricesimo secundo. Sic signatum De Vergnolles.

Collatio facta est cum originali.

225

Moulins, 19 mai 1533.

Edit de suppression de l'office de juge ou bailli de Chasteau-du-Loir, et reunion de cette juridiction à celle de lieutenant du senechal du Maine audit lieu.

Arch. Nat. JJ 246, n° 254, f° 75 v°. (Registres du Trésor des chartes).

Francoys.... A tous presens et advenir salut. Comme après le trespas de feue nostre très-chere et amée dame et mere que Dieu absoille nous aïons reduit les sieges des seneschaulx et des juges baillifz [d'Anjou et du Maine et suprimé les offices desd. juges et baillifz], et en ce faisant statué et ordonné que lesd. seneschaulx et leurs lieuxtenans respectifz demoureroient seulz juges ordinaires et provinciaulx, et mesmes que oud. pais du Maine nostred. seneschal ou son lieutenant auroit seul la totale jurisdicion tant en assise que dehors, et tant des cas royaux que de toutes matieres civiles et criminelles ; touteffoys pour ce que par noz lectres de edict, declaracion ou reduction dud. pais du Maine n'est exprimé ne escript du lieu et siege de seneschal au Chasteau-du-Loir situé oud. pais du Maine comme en nostred. declaracion dud. pais d'Anjou est escript et exprimé des sieges de seneschal tant à Saulmur que Baugé ou autrement, se seroient meuz procès et debatz de la jurisdicion mesmes en nostred. court, entre feu maistre Guillaume Gault nagueres decedé qui occuppoit l'office de juge ou bailly aud. Chasteau-du-Loir, et M° Jehan Gauchier licencié es loix lieutenant de par nous pourveu pour led. seneschal du

Maine aud. Chasteau-du-Loir, pour l'entreprinse de jurisdiction faicte par led. deffunct et empeschement que luy et nostre procureur aud. Chasteau-du-Loir son beau-frere faisoient aud. Gaucher lieutenant de congnoistre et decidder en plaictz et en assises de toutes causes, ainsi que font respectivement lesd. lieuxtenans de seneschal à Saulmur et Baugé, jacoit ce que lesd. pais d'Anjou et du Maine se soient toujours gouvernez en seneschaucée, et que de toute ancienneté y ait eu aud. Chasteau-du-Loir lieutenant et siege de seneschal dès le temps qu'il y avoit ung seul seneschal esd. pais d'Anjou et du Maine, sans qu'il y eust encores aucun juge ou bailly erigé pour accesseur dud. seneschal, soubz coulleur desd. faveurs, intelligences, et pour l'entreprinse de jurisdicion faicte par led. feu Gault, mesmes de ferre expedier à jour de samedy, au grand prejudice, circuyt, et retardement de nostre droict et des vassaux subgectz dud. Chasteau-du-Loir ; Savoir faisons que pour remedier et donner ordre à ce que dessus, après que avons esté très-bien informez des tiltrez dud. Gaucher, et qu'il y a pareille raison qu'il joisse aud. siege de Chasteau-du-Loir comme font lesd. autres lieuxtenans ausd. sieges de Saulmur et Baugé, par bonne et meure deliberacion des gens de nostre Conseil, et de nostre certaine science, grace especial, propre mouvement, plain pouvoir et auctorité royal, avons suprimé et estainct led. office de juge ou bailly aud. Chasteau-du-Loir, sans que aucun le puisse avoir impetré ou impetrer par la mort dud. feu Gault ne en joir à l'advenir ; et avons dict, decleré, statué et ordonné, et par ces presentes disons, declerons, statuons et ordonnons par edict perpetuel et loy irrevocable que led. Gaucher et ses successeurs lieuxtenans en office de seneschal aud. Chasteau-du-Loir, auront en plaictz et assise la totale et entiere jurisdicion et congnoissance aud. lieu et siege dud. Chasteau-du-Loir de toutes causes et matieres civilles et criminelles des choses, vassaulx et subgectz dud. Chasteau-du-Loir, et tant des cas royaulx que autres quelzconques, tout ainsi que led. seneschal du Maine a aud. lieu et siege du Maine des choses et subgectz dud. lieu ; et que les appellacions dud. Gaucher et sesd. successeurs ressortiront sans moyen en nostred. court de Parlement ainsi que celles desd. sieges de Saulmur et Baugé. Si donnons en mandement par ces mesmes presentes à noz amez et feaulx les gens tenans nostre court de Parlement à Paris et aud. seneschal, et à tous noz autres justiciers et officiers et autres qu'il appartiendra, que ceste presente nostre declaracion, edict et ordonnance ilz entretiennent, gardent et observent, facent garder, entretenir et observer sans faire ne souffrir aucune chose estre faicte au contraire, laquelle si faicte avoient esté ou estoit ilz la reparent et remectent, ou facent reparer et remectre incontinent et sans delay à plaine et entiere delivrance et anxien estat et deu ; Car tel etc... non obstant quelzconques dons ou provisions qui pourroient avoir esté par cydevant faictes, et quelzconques apanaiges, edictz, statutz, ordonnances, restrinctions, mandemens ou deffences à ce contraires. En tesmoing etc... Donné à Molins le xixᵉ jour de may l'an de grace mil cinq cent trente et troys, et de nostre regne le dix neufiesme. Ainsi signé, par le Roy en son Conseil, Derue (?). Visa contentorum, Deslandes.

226

29 mai 1533.

Parlement, *Matinées*, XIᴬ 4894, fᵒ 189 rᵛ.

Sur les lectres patentes du Roy données à Molins, le xixᵉ jour de ce moys de may, par lesquelles led. seigneur a supprimé l'office de juge ou bailly à Chasteau-du-Loir, icelles leues,

Après que Remry (?) pour Mᵉ Jehan Gaulcher, lieutenant en office de seneschal aud. Chasteau-du-Loir, a requis que sur le reply desd. lectres fust mis *lecta, publicata et registrata,*

Et que Delyon procureur du seneschal du Maine a dict qu'il y avoit procès ceans pendant entre les officiers du Mans et ceulx du Chasteau-du-Loir, et pour ce demandoit copie desd. lectres pour venir dire ce qu'il appartiendroit,

A dit Remry qu'il y a arrest donné, par lequel est ordonné que led. Gaulcher joyra par provision.

De Montholon pour le procureur general du Roy a dit qu'il consentoit que sur lesd. lectres fust mis *lecta, publicata et registrata.*

La court a ordonné et ordonne que sur le reply desd. lectres sera mis *lecta, publicata et registrata audito procuratore generali Regis et hoc requirente,* sans prejudice du procès qui est ceans pendant entre les officiers du Mans et les officiers de Chasteau-du-Loir, et tout par maniere de provision suivant l'arrest de lad. court.

227

6 juin 1534 *mane.*

Parlement, *Conseil,* XᴵᴬA 1537, fᵒ 300 vᵒ.

Entre Mᵉ Francoys Lebret, juge et garde de la prevosté d'Angiers demandeur en execucion d'arrest à l'encontre de Mᵉˢ Jehan Cadu lieutenant general du seneschal d'Anjou à Angiers, Jehan de Pincé lieutenant criminel dud. seneschal, et Pierre Loryot nagueres lieutenant particulier ou commis dud. seneschal d'Anjou et à present assesseur commis par le Roy en lad. seneschaucée d'Anjou aud. Angiers, à ce que lesd. Cadu, Pincé et Loryot lieuxtenant et assesseur dessusd. soient par la court condamnez respectivement proceder et aller avant avec led. demandeur juge prevostal susd. en la cause et matiere d'execucion d'arrest et y defendre pour estre reiglez sur le different estant entre eulx pour la congnoissance dès causes qu'ilz doivent avoir à cause de leurs estatz et offices, d'une part — Et lesd. Cadu, de Pincé et Loryot defendeurs d'autre. — Veu par la court l'acte accordé d'entre lesd. parties du penultieme octobre derrain, leurs advertissemens et tout ce que par elles a esté mis et produict pardevers certain commissaire commis à parler à elles ; oy son rapport, et tout consideré ;

Il sera dit que lad. court a joinct ceste presente demande dud. demandeur à l'appellacion verballe pendant en la court entre feu M⁰ Jehan Lecamus juge de la prevosté de la ville d'Angiers appellant des gens tenans lors les Grans Jours d'Anjou (1), et Pierre Justeau prevost fermier de la prevosté d'Angiers joinct avec led. appellant d'une part, et M⁰ Pierre Loryot commis de M⁰ Raoul Leroy, lieutenant general du seneschal d'Anjou adjourné et intimé en cas d'appel, et chacun de mess.ⁱˢ Jaques de Daillou chevalier, seneschal du pays et duché d'Anjou, led. M⁰ Raoul Leroy son lieu-tenant, René de la Noue, Jehan Mocquet, Silvestre Josse, Estienne de Pierremont, Jehan Bahuet, Jehan Lefevre, Pierre Mesnyer, Guillaume Cousturier et Jehan Duboys sergens ordinaires en la seneschaucée d'Anjou, joinctz oud. procès avec led. intimé d'autre, ou pourra led. de-mandeur en plaidant lad. cause d'appel faire ses demande et conclusions telles que bon luy semblera à l'encontre desd. defendeurs, et lesd. defendeurs y defendre au contraire, despens de ceste instance reservez en la diffinitive de lad. cause d'appel.

En marge : d. le vi⁰ juing.

---

(1) Supprimés le 26 juin 1528.

TABLE

ANALYTIQUE ET ALPHABÉTIQUE

DES MATIÈRES CONTENUES

DANS LES QUATRE VOLUMES DES RECHERCHES SUR LES JURIDICTIONS
DE L'ANJOU ET DU MAINE

TABLE

ANALYTIQUE ET ALPHABÉTIQUE

DES MATIÈRES CONTENUES

DANS LES QUATRE VOLUMES DES RECHERCHES SUR LES JURIDICTIONS DE L'ANJOU ET DU MAINE.

A

B

D

E

F

I

J

M

N

O

P

S

T

CHAUMONT. — IMPRIMERIE ET LITHOGRAPHIE CAVANIOL.